PSICOMETRIA CONTEMPORÂNEA

COMPREENDENDO OS MODELOS DE RASCH

ORGANIZADORES

HUDSON F. GOLINO
CRISTIANO M. A. GOMES
AMANDA AMANTES
GEIDE COELHO

PSICOMETRIA CONTEMPORÂNEA

COMPREENDENDO OS MODELOS DE RASCH

Artesã

Psicometria Contemporânea - Compreendendo os Modelos Rasch

1ª edição - 1ª reimpressão

COORDENAÇÃO EDITORIAL
Karol Oliveira

DIREÇÃO DE ARTE
Tiago Rabello

CAPA
Karol Oliveira

PROJETO GRÁFICO
Casa de Ideias

NUVEM DE PALAVRAS
Hudson F. Golino

Dados Internacionais de Catalogação na Publicação (CIP)
Angélica Ilacqua CRB-8/7057

Psicometria contemporânea : compreendendo os Modelos Rasch / Hudson F. Golino...[et al.]. – Belo Horizonte : Ed. Artesã, 2019.
416 p.

Bibliografia
ISBN 978-85-8800-995-0

1. Psicometria 2. Testes psicológicos 3. Testes de aptidão I. Golino, Hudson F.

15-0614 CDD 153.94

Índices para catálogo sistemático:
1. Testes de aptidão

IMPRESSO NO BRASIL
Printed in Brazil

(31)2511-2040 (31)99403-2227
www.artesaeditora.com.br
Rua Rio Pomba 455, Carlos Prates - Cep: 30720-290 I Belo Horizonte - MG
/artesaeditora

"Suponha que um pensador não muito convencional no campo da psicologia tropeçasse em um modelo psicométrico, e que ele reconhecesse seu potencial. Suponha, também, que esse pensador fosse utilizar esse modelo para analisar dados coletados por meio de um teste psicológico tradicional. Rapidamente ele depararia com um problema: os modelos psicométricos têm a tendência de desmentir suposições comumente elaboradas, como a unidimensionalidade e a invariância da medida. O pesquisador, então, se envolve com problemas fundamentais sobre a estrutura dos atributos que investiga e sua relação com as observações realizadas. Esse tipo de questão está entre as mais importantes e fascinantes em qualquer ciência, mas não é tão popular na Psicologia..."

(Denny Borsbcom, em "The attack of the Psychometricians", *Psychometrika 71*(3), 2006)

Dedicamos este livro ao professor Oto Neri Borges, por toda a sua dedicação e entusiasmo pela ciência.

À minha esposa Mariana, por todo apoio e amor que tornaram estes quatro anos de elaboração do livro muito mais felizes e leves. Aos meus pais, Arnaldo e Dinah, pelos longos anos de financiamento e apoio aos meus estudos.

Hudson F. Golino

Dedico este livro à minha esposa, Flávia, e à minha filha, Isabella, além do grande mestre, Oto Neri Borges.

Cristiano M. A. Gomes

À Marlinda Amantes, meu pilar; a Alessandro Ribeiro, meu incansável apoio; a Oto Neri Borges, meu eterno mestre.

Amanda Amantes

Dedico este livro à minha mãe, força motriz para minha formação, ao meu companheiro Marcelo Marinho e ao meu grande mestre Oto Neri Borges.

Geide Coelho

Esta obra contou com o apoio e o financiamento da Fapemig, CNPq e Inep aos dois primeiros autores, em projetos elaborados entre os anos de 2011 e 2015.

Prefácio

Michael Lamport Commons
Harvard Medical School
Patrice Marie Miller
Salem State College

Este livro introduz um conjunto de modelos estatísticos genericamente chamados de *Modelos Rasch*. Os Modelos Rasch são utilizados para criar medidas verdadeiras, com propriedades lineares e uma série de características que os tornam extremamente valorosos. Aqui neste prefácio, vamos ver por que é útil aprender a utilizar os Modelos Rasch e por que esta é uma obra fundamental para a área.

O propósito de uma medida é realizar um mapa das relações qualitativas observadas em variáveis em um sistema numérico que garanta as propriedades relacionais verificadas. No entanto, não é qualquer sistema de mapeamento que gera uma medida. O conjunto de Modelos Rasch conta com uma série de propriedades que torna possível obter uma medida verdadeira dos construtos investigados, transformando em escalas lineares dados que originalmente são categóricos ou ordinais.

Por que é tão crucial obter medidas das pessoas e dos itens dos instrumentos utilizados, em uma mesma escala linear? Como esse processo contribui para o desenvolvimento de testes, avaliações e instrumentos no geral, e por que é, portanto, tão importante de aprender? Suponha que a questão global a ser respondida seja, essencialmente, a respeito de intensidade. Questões oriundas dessa grande questão podem incluir: a) o quão difícil é este item, em relação aos demais, no meu instrumento? b) o quão doloroso é este evento em relação aos outros? c) quão deprimida é essa pessoa em relação às outras?

Quando um instrumento está sendo criado, não será claro quão difícil um item pode ser em relação aos demais sem que se utilize um escalonamento proporcionado pelos Modelos Rasch. De um lado, contar o número de pessoas que acerta um item e o número de pessoas que erra não proporciona informações sobre *onde* no contínuo medido o item se encontra e qual é sua relação com os demais itens que fazem parte desse contínuo. Se o procedimento utilizado na construção de um instrumento basear-se apenas no percentual de respostas corretas, ou na contagem de pontos de uma escala, não é possível dizer especificamente *quão mais difícil*, *quão mais doloroso* ou *quão mais deprimida*, ao investigar um item, um evento ou uma pessoa. Por outro lado, os Modelos Rasch mostram onde um item se localiza em um contínuo de interesse, com uma escala linear com intervalos iguais, possibilitando comparações múltiplas e informativas. Por meio desses modelos, pode-se obter uma medida do construto investigado. Se o interesse for descobrir a localização de um item em um contínuo comparado aos demais, ou se o objetivo for descobrir quão doloroso é um evento em relação aos demais, ou quão deprimida está uma pessoa em relação às demais, os Modelos Rasch não são apenas necessários, são fundamentais. E isso se aplica a qualquer dimensão estudada que varie de intensidade (de menos a mais).

As medidas geradas pelos Modelos Rasch têm um número de características importantes, mas talvez a mais importante seja sua linearidade e igualdade de espaçamento. A diferença de uma medida obtida por meio dos Modelos Rasch de 1 e 2 *logits*, por exemplo, é a mesma diferença de −3 e −2 *logits*. Os Modelos Rasch possibilitam, também, a alocação de pessoas e itens (ou de questões) em uma mesma escala linear contínua, permitindo a comparação entre eles. Diferentemente das técnicas psicométricas clássicas, os Modelos Rasch não demandam amostras representativas da população para que se tenha uma interpretação do contínuo investigado nem requerem um número amostral grande, sendo possível realizar estimativas robustas com poucos casos (por exemplo, acima de 30). Também é possível verificar onde uma pessoa se encontra na variável latente que se esteja estudando, e o significado disso pode ser imediatamente conectado à localização dos itens nessa variável latente e, por consequência, com o significado que isso tem de acordo com o modelo teórico que embasa a construção desses itens. O número de características importantes dos Modelos Rasch é alto, e elas serão discutidas e apresentadas com parcimônia ao longo desta obra.

O presente livro é o primeiro a tornar os Modelos Rasch acessíveis a um grande número de leitores da Língua Portuguesa. Os autores elaboraram os capítulos visando proporcionar o conhecimento básico necessário para que se entendam os modelos e o porquê de serem tão importantes. Ao mesmo tempo, os leitores com conhecimento prévio avançado nas teorias de medidas, teoria de conjuntos e probabilidade poderão aproveitar as discussões realizadas ao longo dos capítulos, além de ter acesso a modelos pouco empregados na literatura especializada, como Modelos Rasch estendidos e suas aplicações. Esta é, sem dúvida, uma obra fundamental para a área, pois conjuga modelos axiomáticos de medida com os Modelos Rasch, proporcionando ao leitor a possibilidade de conhecer a fundo as características, as aplicações e a importância desses modelos. Com este livro, os autores estão criando um novo momento na Psicometria do Brasil e dos demais países de Língua Portuguesa.

Cambridge, MA, EUA, fevereiro de 2015.

Sumário

Introdução
Psicometria Contemporânea: Compreendendo os Modelos Rasch

Hudson Fernandes Golino
Universidade Estadual de Feira de Santana

"Como a mensuração desempenha um papel essencial em todas as ciências, pode-se antecipar grande interesse no que diz respeito às teorias de medida. No entanto, isso não é verdade..."

(Krantz, Luce, Suppes, & Tversky, 1971)

A citação que abre a introdução deste livro foi escrita em 1971. Passaram-se 44 anos e seu conteúdo ainda é, infelizmente, verdadeiro. Apesar de continuar sendo central em todas as ciências, a medida é um assunto de interesse apenas a um pequeno e seleto número de pessoas. Minha hipótese para explicar o baixo interesse das pessoas pela questão da medida tem quatro pontos principais. Os dois primeiros deles, e talvez os mais relevantes, são a força que nossa sensação e percepção sobre o mundo têm na compreensão sobre o que nos rodeia, e a relevância central que colocamos nos nossos sentidos em detrimento de uma construção cuidadosa do pensamento lógico. O terceiro é a lacuna em termos de conhecimentos matemáticos necessários para compreender artigos, livros e textos no geral que abordam as teorias de medida. Já o quarto, e último, ponto diz respeito ao número reduzido (se existente) de trabalhos publicados em Português sobre o tema.

Nas aulas que ministro costumo dar duas tarefas diagnósticas aos alunos:

1. *Quando olhamos para a folha de uma árvore saudável, vemos a cor verde. A verdadeira cor da folha é verde?*

2. *Seguindo um exemplo famoso do livro* O mundo assombrado pelos demônios, *de Carl Sagan, suponha que eu entre na sala e afirme que há um dragão que cospe fogo pelas ventas em minha garagem. Elabore um método para tentar levantar evidências de que, de fato, há um dragão que cospe fogo pelas ventas em minha garagem.*

A típica resposta que obtenho à primeira pergunta é que sim, a verdadeira cor da folha da árvore saudável é verde. Mais do que apenas um *sim*, as respostas tendem a ser vigorosas e dotadas de uma certeza basicamente incontestável de que a cor da folha da árvore *é* verde. A justificativa, quase que invariavelmente, tende a ser: *porque é a cor que eu vejo*. Já a pequena tarefa mental do dragão tende a ser abordada, inicialmente, da maneira mais simples e direta possível: *vou até a sua garagem para ver se o dragão está lá* ou *podemos tirar uma foto para provar que o dragão está em sua garagem*. Quando rebato essa estratégia inicial adicionando mais uma premissa, inexistente em minha exposição inicial do problema, parte considerável dos alunos perde o chão. Eis a premissa adicional: o dragão é invisível! O raciocínio que se segue à adição dessa premissa, que denomino carinhosamente *premissa do demônio*, é que, se não podemos ver o dragão, então, ele não existe. Rebato essa posição de maneira retórica: *Então, o que não vemos não existe!?* – silêncio é o que se segue, no geral. Continuo: *Então, o elétron (ou o próton, ou o hidrogênio etc.) não existe porque não o vemos diretamente?* – mais silêncio como resposta. Após o desconforto inicial com essa pergunta, é comum um ou outro responder que sim, o elétron (ou qualquer outra partícula subatômica, ou célula, ou substância, ou elemento químico etc.) existe porque foi provado pela ciência. Continuo a atividade mudando o foco do dragão para a *altura* das coisas. Pergunto aos alunos: *E a altura (comprimento) da parede desta sala, existe? E a altura (comprimento) desse prédio? Como você sabe qual é a altura de alguma coisa?* A resposta geralmente segue o padrão das anteriores: *a altura da parede da sala, ou do prédio, existe porque eu vejo a altura* e *eu sei a altura de alguma coisa pegando uma régua e medindo essa coisa*.

A força de nossas sensações é tão grande que parece ser muito difícil vencer o obstáculo da visão. As coisas existem porque eu vejo, e se eu não vejo, não existe (pelo menos até alguém dizer que existe), parece ser o modo de operar sobre o mundo de uma grande parcela de pessoas. Elas podem estar se esquecendo de que todos os conceitos científicos são construções realizadas por um grupo de pessoas e que as medidas desenvolvidas servem para operacionalizar esses conceitos, e não para *descrever* algo concreto do mundo que está lá apenas aguardando ser observado. Os conceitos são abstrações e as medidas desenvolvidas a partir dos conceitos são, também, abstrações. O comprimento de uma parede ou de um prédio, por exemplo não é algo concreto pertencente à parede ou ao prédio em si. O comprimento, assim como qualquer outra medida, é a *recriação* ou a *tradução* de um atributo em uma forma linear abstrata:

> Há uma falácia popular de que uma unidade de medida é uma coisa, como um pedaço de régua de madeira. Isso não é verdade. Uma unidade de medida é sempre um processo do tipo que pode ser repetido sem modificação em diferentes partes do contínuo medido (Thurstone, 1931, p. 257).

O processo de medida é uma operação conjunta: um instrumento de medida (por exemplo, uma régua) tem a propriedade de implementar uma abstração (por exemplo, comprimento). A concretude está na realização dessa operação conjunta (o ato de fazer o instrumento de medida e o objeto a ser medido se encontrarem de modo a produzir uma medida), mas é confundida com a natureza da medida. Habituou-se a trabalhar com uma série de instrumentos de medida, operacionalizando um conjunto de atributos, como comprimento e outros, geralmente, de natureza física. Essa incorporação no cotidiano das pessoas deixa no passado o grande esforço intelectual envolvido tanto na construção dos conceitos (comprimento, massa etc.) quanto na operacionalização destes por meio de instrumentos de medida. Como apontado anteriormente, o comprimento de um prédio ou de uma parede, por exemplo, não é diretamente observável por si só, bastando apenas a sensibilização de nosso aparato de visão, nem uma propriedade concreta da realidade. É um conceito abstrato operacionalizado por meio de um procedimento que surge a partir de um corpo de teorias abstratas. A confiança que temos em nossas sensações, assim como em nossa percepção sobre o mundo, é um dos empecilhos para a compreensão da medida em ciências. É necessário deixar de lado o que chega até nós por meio dos nossos órgãos do sentido, como a cor das plantas, para que analisemos o mundo e os fenômenos que queremos estudar de maneira mais aprofundada. O que temos, no geral, são grandes dragões invisíveis dentro de nossas garagens. É necessário muito mais do que as sensações para construirmos um entendimento sobre o mundo. É necessário, também, que não deixemos de lado o esforço intelectual, e o processo de construção de conceitos abstratos e suas operacionalizações, quando estivermos lidando com medidas já amplamente utilizadas em nosso dia a dia. E é aí que entra a importância da construção cuidadosa do pensamento lógico.

No geral, os currículos brasileiros das ciências humanas, das ciências da Saúde e da Educação não possuem componentes suficientes para que os estudantes entrem no mundo da medida de maneira satisfatória. A lacuna em áreas como cálculo sentencial, lógica e álgebra dificulta ou torna superficial o aprendizado das teorias da medida e da probabilidade. Como consequência, o acesso a artigos e livros da área fica comprometido. Será necessária uma mudança radical dos currículos dos cursos de graduação e pós-graduação, no geral, para que possamos ver mudanças significativas nas próximas décadas em termos de desenvolvimento de tecnologias nessas áreas. E toda tecnologia começa ou está fortemente relacionada com a medida de atributos. Como poderemos, por exemplo, construir sistemas de predição de desempenhos humanos (o desempenho educacional, por exemplo) sem a mensuração de variáveis centrais na explicação desses desempenhos? Como poderemos avançar na compreensão da arquitetura intelectual do ser humano, e em como ela muda ao longo do tempo, sem desenvolver medidas verdadeiras de seus componentes? Como poderemos compreender as psicopatologias sem criar medidas de suas características?

Um dos primeiros passos para mover as áreas das ciências humanas, da saúde e da educação brasileiras em direção ao reino da medida envolve a elaboração de material didático na Língua Portuguesa. E este é um dos principais pontos que nos fez dedicar cerca de quatro anos à elaboração desta obra. Há uma lacuna considerável de obras publicadas em Português que tratem da questão da medida. E, apesar de existir um número limitado de obras sobre Psicometria, no geral, e sobre Teoria de Resposta ao Item, em particular, não há obras que tratem exclusivamente dos Modelos Rasch. Por esses motivos, elaboramos um livro que tem como objetivo ser um guia introdutório no reino da medida, que será útil tanto para aqueles que nunca tiveram qualquer contato anterior com o tema quanto para aqueles que já possuem um conhecimento intermediário ou avançado.

O livro está organizado em três partes (Figura 1). A primeira parte (capítulos 1, 2, e 3) trabalha com os conceitos fundamentais para a compreensão das características dos Modelos Rasch. O primeiro capítulo introduz as principais teorias de medida e mostra por que o ato de quantificar não é igual ao ato de medir. Nele, apresentamos a definição de medida de S. S. Stevens e como ela gera problemas lógicos importantes. Depois, introduzimos a teoria representacional da medida e a teoria de medidas aditivas conjuntas, e mostramos o porquê de os Modelos Rasch serem os únicos modelos probabilísticos da teoria de medidas aditivas conjuntas. No segundo capítulo apresentamos conceitos básicos de cálculo sentencial e da teoria de conjuntos para ajudar o leitor a compreender a expressão de invariância dos parâmetros dos Modelos Rasch. Essa expressão é uma das partes centrais ligando os Modelos Rasch à teoria de medidas aditivas conjuntas, pois possibilita uma série de características necessárias às medidas verdadeiras. Já no terceiro capítulo apresentamos os conceitos básicos de probabilidade, com seus axiomas, suas regras e algumas de suas propriedades.

A segunda parte do livro (capítulos 4, 5, 6 e 7) apresenta os principais Modelos Rasch e suas características, bem como as principais técnicas para verificar o ajuste de itens e pessoas aos modelos. No Capítulo 4, retomamos os principais conceitos de medida trabalhados no primeiro capítulo e apresentamos o modelo logístico simples de Rasch para dados dicotômicos. No Capítulo 5 apresentamos os principais modelos politômicos, isto é, o modelo de crédito parciais e o modelo de escala gradual. No Capítulo 6 a pesquisadora Ida Marais (The Western Australia University) apresenta as principais técnicas para verificar o ajuste de itens e de pessoas aos Modelos Rasch. Já no Capítulo 7, Patrick Mair (Harvard University), Reinhold Hatzinger e Marco J. Maier (Wirtschaftsuniversität Wien) apresentam o pacote *eRm* do software *R*, que implementa uma série de funções para aplicar os Modelos Rasch tradicionais. Os autores também introduzem os chamados Modelos Rasch estendidos: o modelo linear de teste logístico; o modelo linear de escala gradual e o modelo linear de créditos parciais.

A terceira parte do livro (capítulos 8, 9, 10, 11 e 12) apresenta diferentes aplicações dos Modelos Rasch em diferentes áreas. No oitavo capítulo, Pedro Armelin Almiro e Mário R. Simões (Universidade de Coimbra) utilizam um dos Modelos Rasch para estudar a qualidade dos itens da versão portuguesa do EPQ-R (*Eysenk Personality Questionnaire Revised*). No Capítulo 9 apresentamos um estudo que investiga a validade estrutural do Teste de Desenvolvimento do Raciocínio Indutivo (*TDRI* – 3ª versão) para a identificação de estágios de desenvolvimento utilizando o modelo logístico simples de Rasch e o modelo linear de teste logístico. No Capítulo 10, Nelson Hauck Filho (USF) e Marco A. P. Teixeira (UFRSG) utilizam o modelo de escalas graduais na construção de uma escala para avaliar traços de psicopatia. Já no Capítulo 11, estudamos a utilização do Modelo Rasch bifatorial no estudo da estrutura da inteligência. Por fim, o Capítulo 12 apresenta uma discussão sobre a medida na área da educação, fechando o livro.

Figura 1 ■ Estrutura do livro: P1 = Parte 1, P2 = Parte 2, P3 = Parte 3. C1 a C12 = capítulos do livro.

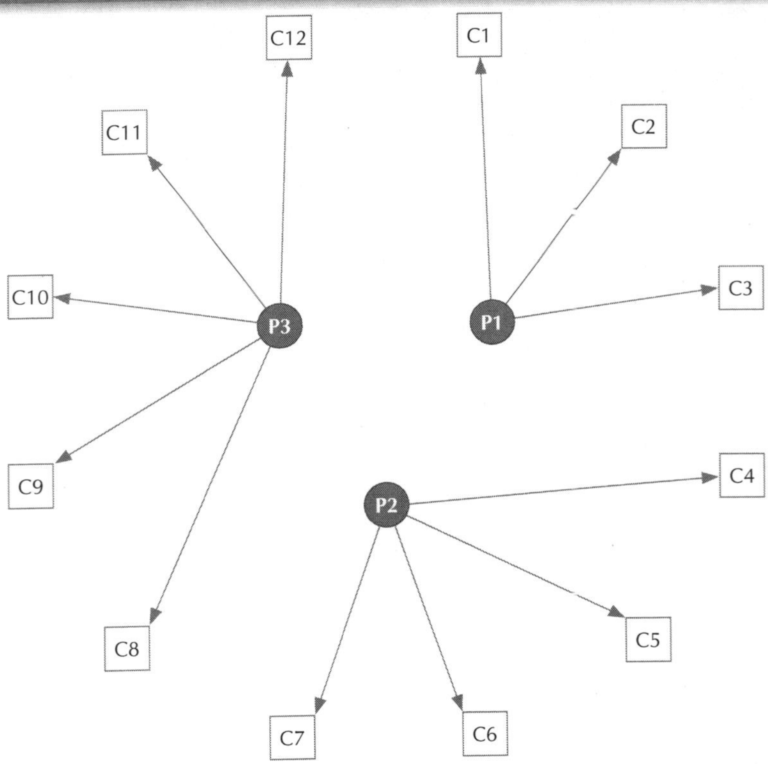

Os capítulos das duas primeiras partes do livro foram escritos da maneira mais didática possível. O objetivo é fazer que o leitor, independentemente de sua experiência na área ou de quais conteúdos já estudou mais profundamente, tenha um aproveitamento adequado do conteúdo. No entanto, o primeiro capítulo é um dos mais desafiadores do livro. Por esse motivo, sugerimos aos leitores iniciantes que leiam o primeiro capítulo com bastante cuidado, mas que não deixe seu conteúdo mais denso desanimá-los com o restante do livro. A estratégia é ler os capítulos subsequentes, fazer os exercícios (quando houver) e, ao finalizar a obra, retornar ao primeiro capítulo para mais uma leitura.

Figura 2 ▪ Percurso de leitura sugerido para leitores iniciantes na área.

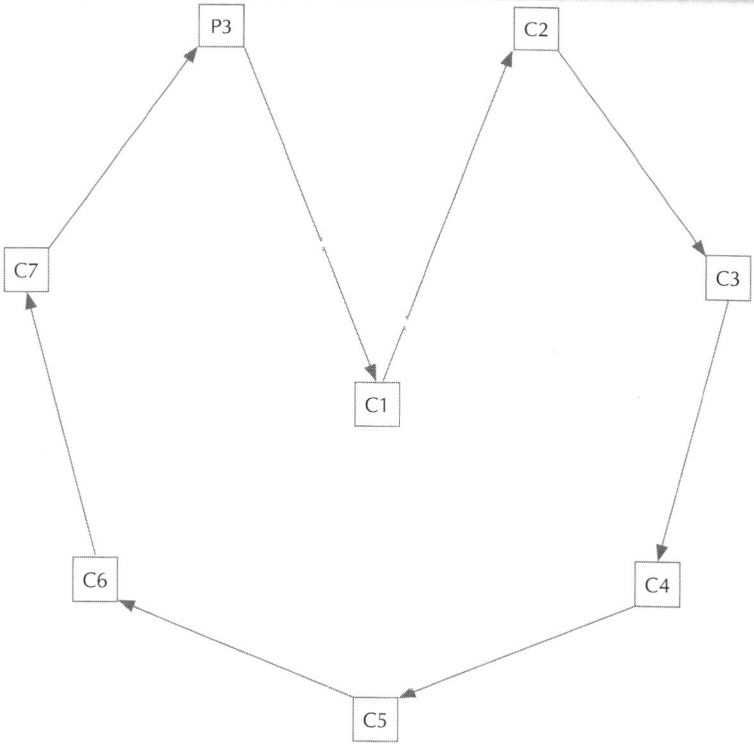

Já os leitores mais experientes podem adotar uma estratégia diferente, começando com o primeiro capítulo e, depois, passando para o Capítulo 4 e subsequentes. No que diz respeito aos capítulos da terceira parte do livro, estes foram escritos de modo a exemplificar algumas possibilidades de uso dos Modelos Rasch e não tem, necessariamente, o mesmo cuidado didático dos capítulos das duas primeiras partes. De qualquer maneira, constituem uma parte importante do livro, pois mostram tanto aplicações tradicionais dos Modelos Rasch (capítulos 8 e 10) quanto aplicações mais inovadoras que lançam mão de modelos menos usuais (capítulos 9 e 11).

Figura 3 ■ Percurso de leitura sugerido para leitores mais avançados no campo.

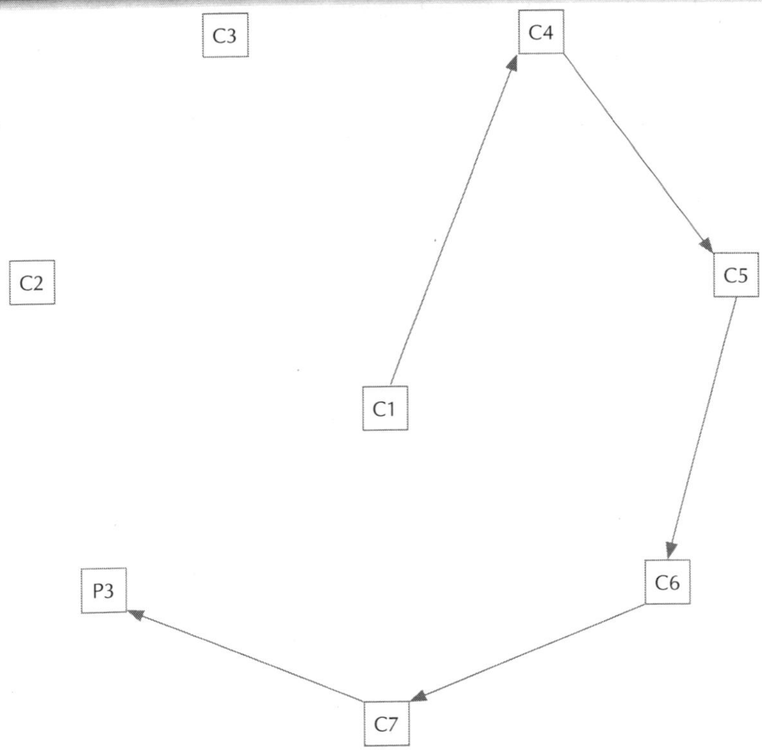

Esperamos e desejamos que esta obra seja utilizada em cursos avançados na graduação e em cursos de nível introdutório, intermediário ou avançado na pós-graduação. Se ao menos um leitor se inspirar para seguir estudando o campo de estudo sobre medidas em ciência e/ou o mundo dos Modelos Rasch, todo o esforço já terá valido a pena.

Agradecemos a todos que contribuíram, direta ou indiretamente, com a revisão desta obra. Em especial à Professora Mariana Teles Santos Golino (UFBA), por ter revisado cada um dos capítulos, dando sugestões sobre a cadência da leitura, a gramática, o conteúdo, a estética e sobre as implicações do livro. Agradecemos a cada um dos pesquisadores que cordialmente aceitaram enviar contribuições significativas para o livro. Por último, agradecemos às agências de fomento, em especial a Fapemig, o CNPq e o Inep, pelos financiamentos concedidos ao Professor Cristiano M. A. Gomes e a mim. Sem essas fontes de financiamento, a elaboração deste livro teria sido consideravelmente mais árdua e demorada.

Vitória da Conquista, março de 2015.

Referências

Krantz, D. H., Luce, R. D., Suppes, P., & Tversky, A. (1971). *Foundations of measurement* (Vol. I). New York: Academic Press.

Thurstone, L. L. (1931). The measurement of social attitudes. *The Journal of Abnormal and Social Psychology*, *26*(3), 249-269.

medida
exemplo
sistema
relação
forma
concatenação
pedaços
relações
números
madeira
semelhante
número
escala
numérico
pessoa
meio
item
empírica
maior
função
intervalo
dificuldade
dois
propriedades
habilidade
tipo
figura
conjunto
qualquer
Teoria
pode
Medida
propriedade
chamada
atribuição
magnitude
itens
iguais
semelhantes
Humanas
Borsboom
fatores
pessoas
partir
seguinte
estrutura
valor
pedaço
singularidade
empíricas
símbolo
valores
modelo
diferentes
variável
independente
matemática
matematicamente
mapeamento
temperatura
Krantz
Aditiva
variáveis
diferença
dados
mesma
medido
então
empírico
processo
linha
outro
outras
igual
Dessa
cada
todos
possível
representar
Ciências
escalas
modelos
palavras
sobre
apenas
feito
representado
amento
ponto
vez
autores
lado
intervalos
atributo
axioma
ordinal
representam
capítulo
possuem
axiomas
habilidades
assim
objetos
operação
acordo
podemos
representacional
veremos
vamos
elementos
todas
unidade
bem
medir
mantida
magnitudes
Vamos
presente
regras
fenômenos
fator
dado

Parte

I

Conceitos fundamentais dos Modelos Rasch

> “*A mensuração possui um papel significativamente especial nas descobertas científicas.*”
>
> (Kuhn, T. S.)

Capítulo

1

Teoria da Medida e o Modelo Rasch

Hudson Fernandes Golino
Universidade Estadual de Feira de Santana
Cristiano Mauro Assis Gomes
Universidade Federal de Minas Gerais

OBJETIVO

Em ciências humanas, estamos ainda engatinhando no processo de construir medidas verdadeiras. Buscando iniciar nossa caminhada, precisaremos compreender dois aspectos básicos neste capítulo. O primeiro sustenta que o tratamento de uma variável com métodos quantitativos não necessariamente é uma medida desta. A medida está além da quantificação, pois nem toda quantificação é uma ação de medida. O segundo sustenta que a quantificação somente se torna uma medida verdadeira se atingir algumas propriedades fundamentais. Vamos apresentá-las, assim como mostrar que a família de estatísticas Rasch alcança seus requisitos e propicia medidas verdadeiras.

Medir e quantificar não são a mesma coisa: desmistificando um equívoco

Vamos procurar refletir sobre o que normalmente pensamos quando nos referimos a medida. Imagine que um professor lhe pede para fazer uma prova de matemática. Essa prova conta com 20 questões, cada uma valendo 1 ponto. O somatório dessa prova será de 20 pontos, e o professor dará a você a pontuação de 16 pontos se você acertar 16 questões da prova. Se outra pessoa também fizer essa prova e acertar 12 questões, o professor dará a essa pessoa a pontuação de 12 pontos, e assim por diante. Não é incomum pensarmos na pontuação da prova dada pelo professor como uma medida para o conhecimento em matemática. No entanto, por mais estranho que possa parecer, isso está errado. Ao longo do livro, esperamos poder explicar por que nem toda quantificação é uma mensuração e por que o professor, por mais bem intencionado que seja, não está medindo seu conhecimento em matemática.

A primeira coisa que precisamos ter em mente para compreender o desafio da medida é entender que não basta ter números para que algo seja medido. Não é incomum alguém realizar um tratamento quantitativo em seus dados, como o exemplo do professor que somou os itens corretos da prova de matemática, e acreditar que os números relacionados são medidas. A crença presente é mais ou menos a seguinte: se alguma coisa pode apresentar números, como é o caso da prova, em que cada item certo valia um ponto, então, essa coisa está sendo medida. Buscaremos mostrar, neste capítulo, que essa crença está errada e que medir não é o mesmo que quantificar ou colocar números nas coisas. Evidentemente, nossa intenção não é apenas mostrar o que não é uma medida. Mais adiante, em capítulos futuros, mostraremos com calma as características fundamentais de uma medida e a sua importância capital para o desenvolvimento de qualquer campo da ciência.

Em síntese, para refletir, mantenhamos em mente que:

- Contar moedas não é um ato de medida.
- As notas que um aluno da oitava série tira no fim do ano, em todas as disciplinas de sua escola, não são medidas.

- A nota média global que um aluno universitário obtém no final do semestre letivo não é uma medida.

Muito bem, estamos com um problema complicado. Estamos dizendo que uma crença arraigada está errada. Usar números não é medir. Vamos continuar nosso argumento e mostrar a você de onde vem essa crença equivocada. Esperamos que ao final do livro você esteja do nosso lado.

A crença de que quantificar e medir são a mesma coisa provém de um momento histórico importante, relacionado ao desafio de realizar medidas em ciências humanas. Em 1946, Stevens elaborou um novo postulado sobre a medida científica, como resposta a um comitê especial da Associação Britânica para o Avanço da Ciência, que concluíra que a medida em Psicologia era uma tarefa impossível de ser obtida (Borsboom, 2003). Ganhando extrema popularidade, a proposta de Stevens obteve uma forte influência para a definição de medida nas ciências sociais, humanas e da saúde e, mais importante, manteve essa influência até os dias atuais.

Ele definiu a medida como a atribuição de números a objetos, coisas, fenômenos etc., de acordo com alguma regra específica qualquer. Em outras palavras, segundo seu postulado, medir é inserir números para representar a variação de uma variável qualquer, a partir de alguma regra bem definida, seja ela qual for. Segundo essa ideia, a mensuração do comprimento de uma pessoa, por exemplo, é a atribuição de algum número para a distância existente entre o chão e o ponto mais alto da cabeça da pessoa, com a utilização de uma régua que represente uma regra bem definida que estipule a sequência de números da medida. Conforme já dito, essa definição surge como uma tentativa de mostrar, por meio de postulados e axiomas matemáticos, que os atributos psicológicos poderiam ser mensuráveis.

A partir da concepção de que a medida é a atribuição de um número a coisas, de acordo com certas regras, Stevens elaborou uma hierarquia de escalas de medida, organizadas de acordo com as regras empregadas. Ele propôs quatro tipos de escalas de medida, sendo que as mais completas englobavam as características das escalas anteriores, e adicionavam novos componentes (Figura 1.1).

Figura 1.1 ■ Escala de Stevens.

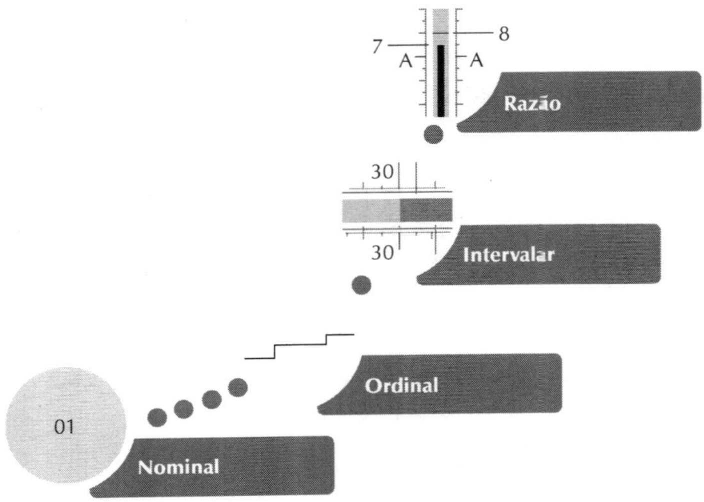

A escala de medida do tipo nominal é definida como o processo de agrupar objetos em classes de modo que todos aqueles dentro de uma mesma classe sejam equivalentes em relação a um atributo ou propriedade. Não apresenta propriedades numéricas, exceto aquelas relacionadas com a categorização, ou seja, 1 é diferente de 2, e ambos são diferentes de 3. Podemos apontar alguns exemplos desse tipo de escala de medida: a) sexo, que pode ser dividido em pelo menos duas categorias, masculino e feminino, 1 e 2, por exemplo; b) classe social, que pode ser dividida em categorias ou grupos distintos, tais como classes A, B, C e D, ou 1, 2, 3 e 4; c) diagnóstico clínico, que é dividido em categorias específicas, como transtorno de personalidade antissocial (1), transtorno de personalidade *borderline* (2), transtorno de personalidade dependente (3), e assim por diante. Nesse tipo de escala, as categorias ou os grupos podem ser representados tanto por números quanto por letras ou outros símbolos quaisquer. Nesse nível, o que importa é a singularidade de cada grupo ou categoria, e qualquer símbolo que preserve essa característica pode ser utilizado.

Já a escala de medida do tipo ordinal informa, para além da singularidade, diferentes níveis de um atributo ou propriedade nos objetos medidos. Esse tipo de escala diz respeito à ordem ou ao grau de um atributo que algo ou alguém possui, do menor para o maior (ou vice-versa). Tem como propriedades numéricas a singularidade e o ordenamento. Os questionários psicológicos utilizam esse tipo de escala, por exemplo, a *Escala de Depressão*, na qual as pessoas respondem quão fortemente um comportamento relacionado com o quadro clínico de depressão está presente em suas vidas, variando de 0 (não está presente) a 5 (está completamente presente). Nesse exemplo, o resultado final dos escores de 10 itens somados forma uma escala ordinal com pontuação máxima de 50 pontos. Por meio desta, você consegue classificar as pessoas de acordo com a intensidade autorrelatada da presença de um conjunto de comportamentos específicos, de menos presentes a mais presentes. Além disso, você pode inferir que José, por exemplo, que teve um escore total de 10, obteve uma pontuação menor que Joana, Júnior e Jaqueline, que tiveram 20, 30 e 40 pontos, respectivamente. No entanto, não podemos inferir que a diferença entre 10 e 20 pontos representa a mesma quantidade que a diferença entre 40 e 50 pontos. A Figura 1.2 mostra graficamente esse aspecto; as distâncias entre os escores de 10, 20, 30 e 40 pontos não são as mesmas e representam, pois, diferentes magnitudes na escala. Em uma escala ordinal, os números presentes (de 0 a 50, no nosso exemplo) não possuem todas as propriedades numéricas. Em uma escala ordinal, eles representam apenas a ordem daquilo que se está identificando, possuindo apenas as propriedades de singularidade e ordenamento. Eles não representam corretamente as distâncias entre os valores ordenados.

Figura 1.2 ■ Escala ordinal de 50 pontos.

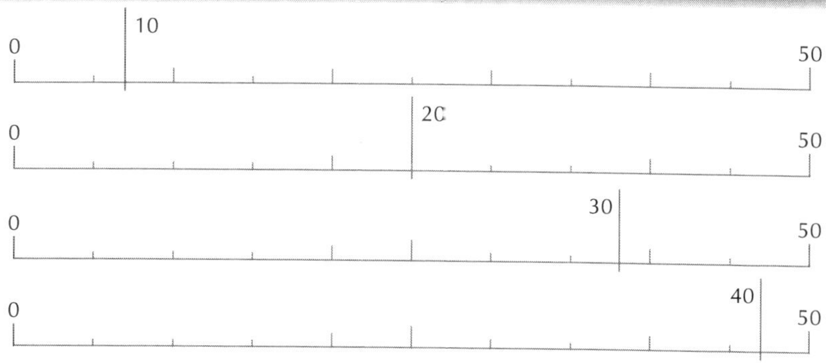

Podemos substituir a pontuação de 1 a 50 de nosso exemplo por quaisquer outros símbolos que mantenham apenas a singularidade (por exemplo, ↽≠⇂≠...≠⇁), em que um símbolo é igual somente a si mesmo e diferente de todos os demais, e o ordenamento (↽>⇂>...>⇁), no qual um símbolo é maior que o outro, seguindo uma ordem específica. Fazer esse exercício mental ajuda a compreender que, em uma escala ordinal, o número é apenas um símbolo com as duas propriedades mencionadas anteriormente.

A escala de medida do tipo intervalar, por sua vez, é utilizada para distinguir diferentes quantidades de uma propriedade em determinado objeto, bem como para discernir diferenças iguais entre objetos. Além da singularidade e do ordenamento, as escalas intervalares apresentam a seguinte propriedade: diferenças iguais entre números representam diferenças iguais no montante da propriedade ou atributo medido (veja a Figura 1.3).

Figura 1.3 ■ Escala intervalar de 0 a 50.

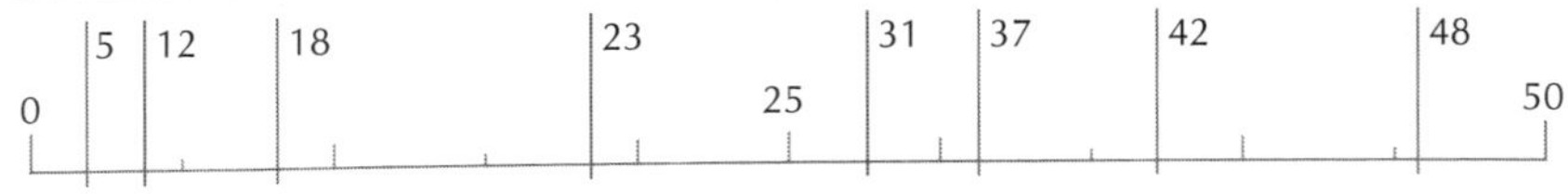

No exemplo da Figura 1.2, a diferença entre os pontos 0 e 25 representa uma magnitude igual à diferença entre 25 e 50, ou seja, as distâncias entre os pontos são as mesmas e representam diferenças iguais de magnitude daquilo que se está medindo. Não importa se dentro do intervalo 0 e 25 os outros valores existentes, por exemplo 5, 12, 18 e 23, não têm uma relação intervalar. O importante é que existam intervalos cujas distâncias entre os pontos sejam iguais. É claro que, quanto menor for o intervalo, mais precisa é a medida. Por exemplo, se em vez de distâncias iguais entre o intervalo 0-25 e 25-50, houvesse distâncias iguais a cada unidade, 0-1 e 1-2, a medida obtida por esse último exemplo seria mais precisa que o primeiro exemplo. Esse tipo de escala necessita de uma unidade de medida para ser matematicamente operacionalizada. O zero não indica, necessariamente, ausência da propriedade ou do atributo, uma vez que é arbitrariamente definido. Um exemplo desse tipo de escala é a temperatura medida na escala Celsius. Essa escala apresenta, usualmente, 100 pontos equidistantes (centígrados) que representam aumentos médios iguais na energia cinética das moléculas de um sistema. Diferentemente das escalas anteriores, as escalas intervalares podem ser matematicamente operacionalizadas com sucesso, e podem ter suas estatísticas paramétricas calculadas. Por exemplo, pode-se calcular a média da temperatura em graus Célsius de uma estação do ano. No caso das ciências humanas, sociais e da saúde, é possível obter escalas intervalares por meio de algumas estratégias. A mais conhecida e empregada é a utilização do Escore Z, que constrange um dado de origem ordinal (como o escore total em um teste ou questionário) em um sistema intervalar. Outra maneira de produzir escalas intervalares é por meio do emprego dos Modelos Rasch, cuja unidade é chamada de *logits* (ver capítulos 4 e 5).

Por último, as escalas de razão contam com zero não arbitrário, isto é, o zero de fato indica ausência da propriedade ou do atributo medido, e a razão dos números na escala é significativa. As propriedades numéricas desse tipo de escala englobam todas as propriedades anteriores mais a propriedade de multiplicação e divisão. Se medirmos a temperatura de duas panelas com água na escala Kelvin, uma com 273, e a outra, com 373 graus (ver Figura 1.4), é possível afirmar que a segunda panela tem 1,37 vezes mais energia cinética média das moléculas de seu sistema que a outra. A primeira panela com água, a 273 °K, está no exato ponto de fusão da água, ao passo que a segunda panela, a 373 °K, está no exato ponto de ebulição da água. O ponto 0 °K indica a ausência absoluta de temperatura, ou seja, ausência de energia cinética média dos átomos da água. Os construtos da Física contam com instrumentos de medida com escalas de razão. No entanto, nem todas as escalas físicas são de razão. As escalas Celsius e Fahrenheit de temperatura, por exemplo, são escalas intervalares.

Figura 1.4 ■ Escala Kelvin de temperatura.

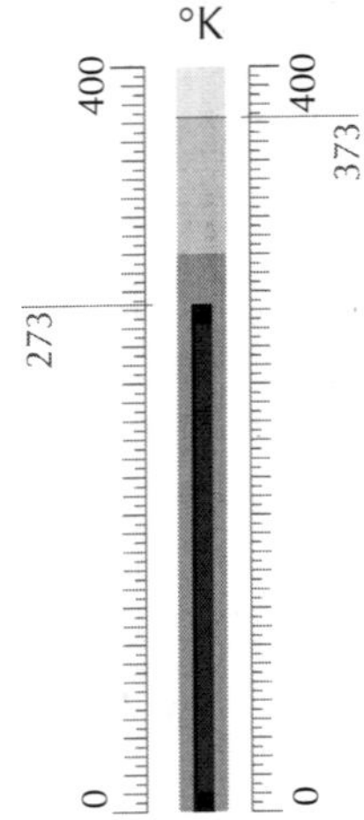

A definição de medida criada por Stevens (1946) foi uma tentativa de enquadrar a Psicologia dentro do campo das ciências passíveis de mensuração. As variáveis em ciências humanas poderiam ser medidas e tratadas cientificamente, tendo em vista a tipificação de suas escalas, que geralmente se enquadravam nas categorias ordinal e intervalar. Essa forma de compreender as variáveis psicológicas, seu tratamento quantitativo e sua medida parece ser a mais usual e presente em quase todos, se não em todos, os manuais de ensino de estatística e medida em ciências humanas (Borsboom, 2003). A esta altura, você pode estar pensando: "Sim, foi assim que aprendi na faculdade e é assim que os livros ensinam!". E é isso mesmo. O que estamos querendo lhe mostrar é que os livros, todos ou quase todos, estão ensinando errado, por causa da influência de Stevens (1946).

Ao buscar solucionar a questão da mensurabilidade em ciências humanas, Stevens gerou um sério problema. A partir do momento em que definiu a medida como a atribuição de um número a objetos, fenômenos etc. de acordo com alguma regra, ele abriu espaço para que qualquer regra pudesse ser empregada, uma vez que não definiu ou especificou a natureza da regra que deveria ser utilizada. Em consequência, a medida tornou-se passível de ser alcançada em qualquer atividade de quantificação. Essa visão permanece fortemente estabelecida até o presente momento, sendo reforçada pela sua exposição nos principais livros didáticos sobre o tema (Borsboom, 2003).

Vamos fazer um rápido exercício de raciocínio para que fique mais clara a necessidade de se especificar a natureza das regras para a atribuição de números a objetos ou fenômenos, a fim de que uma medida possa ser de fato constituída. Ela ajudará a perceber que nem toda regra é válida para representar as magnitudes do que se está medindo, facilitando o entendimento sobre o equívoco de Stevens.

Primeiro, imagine uma situação na qual desejamos medir o comprimento de um conjunto de pedaços retos de madeira. Podemos manusear esses pedaços, pegá-los, perceber pelos cinco sentidos algumas de suas características. Continuando com a situação do exemplo, os vários pedaços de madeira presentes têm tamanhos variados, e inclusive repetidos. Por exemplo, os pedaços *a* e *a*' têm o mesmo tamanho perceptível visualmente, assim como *b* e *b*' e *c* e *c*'. Ou seja, nesse momento você não tem uma medida do comprimento desses pedaços, mas sua percepção visual está lhe "dizendo" que eles são iguais em comprimento, ou praticamente iguais. Também pela percepção visual, ou seja, olhando diretamente para os objetos, podemos identificar que os pedaços *a*, *b*, e *c* têm tamanhos diferentes.

Agora que você entrou em nosso exemplo imaginário, continuemos com o desafio. Precisamos medir esses pedaços. O que vamos fazer? Sugestão: façamos o que Stevens (1946) indica. Não sabemos o valor exato do comprimento de cada pedaço de madeira, mas podemos construir a seguinte regra, que articula os números aos pedaços de madeira: cada pedaço, seja ele o pedaço *a*, *b*, *c*, ou outro qualquer, deverá ter um número aleatório qualquer, mas diferente dos outros pedaços. Pedaços que parecem ser visualmente do mesmo tamanho deverão apresentar o mesmo número. Assim, cada pedaço de madeira terá, na sorte (aleatoriamente), um número próprio, e os pedaços que parecem visualmente ter o mesmo tamanho também terão esse mesmo número, de tal modo que:

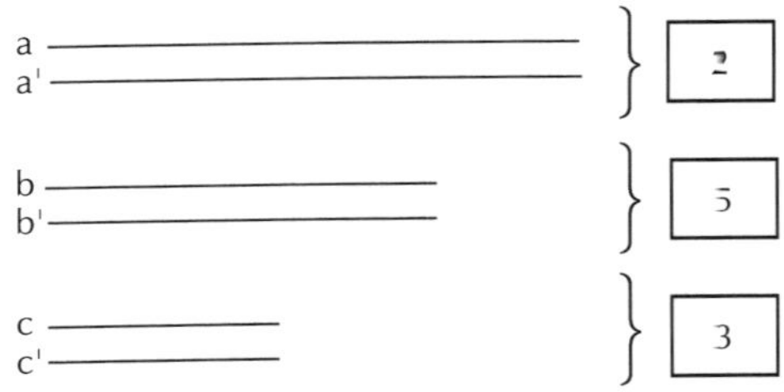

Por puro acaso, o pedaço de madeira *a* recebeu o número 2 para representar seu comprimento, e o pedaço *a*' também, em função de parecer visualmente ser do mesmo tamanho. Por conseguinte, os dois pedaços *b* e *b*' receberam o número 5, e os pedaços *c* e *c*' receberam o número 3. Você pode estar se perguntando por que não utilizamos os números maiores para representar os pedaços que nossa percepção visual mostra que são maiores, e deixamos os números menores para representar os pedaços perceptivelmente menores. No entanto, lembremo-nos de que estamos fazendo o que Stevens indica. A definição de medida de Stevens (1946) determina claramente que qualquer regra pode ser utilizada para atribuir números a objetos, coisas ou fenômenos que se desejam medir. Em nosso exercício imaginário, estamos adotando como regra a seleção de números aleatórios quaisquer para representar pedaços com comprimentos perceptivelmente diferentes. Na base da sorte, os números 2, 5 e 3 foram os escolhidos para representar cada pedaço (*a*, *b*, *c*).

Agora, façamos a seguinte tarefa: peguemos um pedaço de madeira de cada tamanho, concatenando-os, ou seja, juntando-os de modo que no final tenhamos três pedaços de madeira com tamanhos perceptivelmente diferentes: $a \circ b \circ c$ (lê-se: *a* concatenado a *b* concatenado a *c*). É esperado que, caso coloquemos um pedaço de madeira ao lado do outro, ligando uma de suas extremidades, tenhamos uma magnitude *X* qualquer, ou seja, $a \circ b \circ c \sim X$ (lê-se: *a* concatenado a *b* concatenado a *c* é semelhante a *X*). Podemos realizar a mesma operação com os outros pedaços de mesmo tamanho ($a' \circ b' \circ c'$), também com tamanhos diferentes entre si, cuja união gera um pedaço grande semelhante a *X*'. A magnitude de *X* e a de *X*' devem ser semelhantes. Por consequência, o processo de medida desses pedaços (a atribuição de números aos pedaços de madeira de acordo com alguma regra qualquer) deve produzir números semelhantes:

$$\begin{cases} a \circ b \circ c \sim X \\ a' \circ b' \circ c' \sim X' \\ X \sim X' \end{cases}$$

Fazendo uma representação visual, temos:

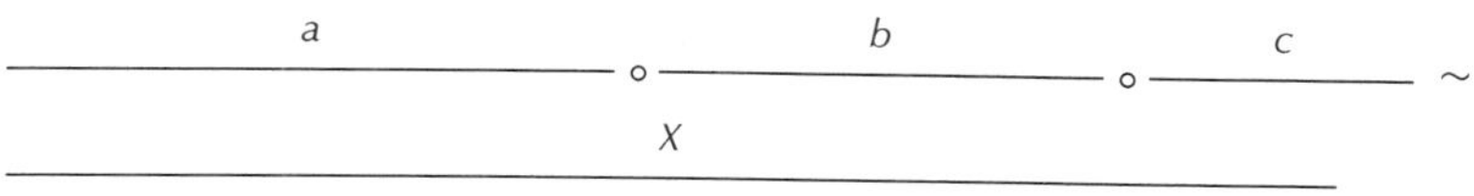

e

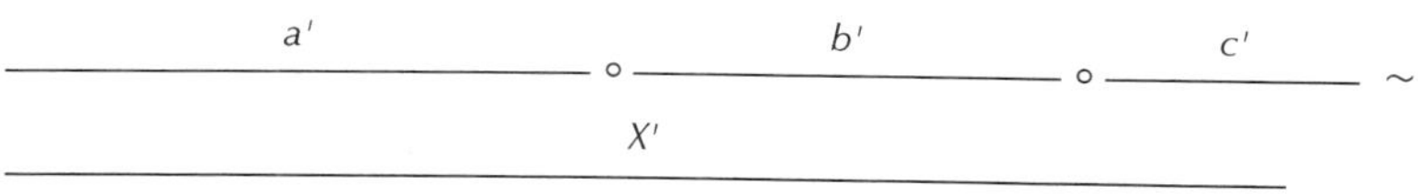

Substituindo as letras pelos números que representam o comprimento de cada pedaço de madeira, ou seja, aplicando uma função ϕ que mapeia as propriedades do atributo medido a um conjunto de números, assim como mapeia a concatenação "∘" com a adição (+), e a semelhança (∼) com a igualdade (=), encontramos que:

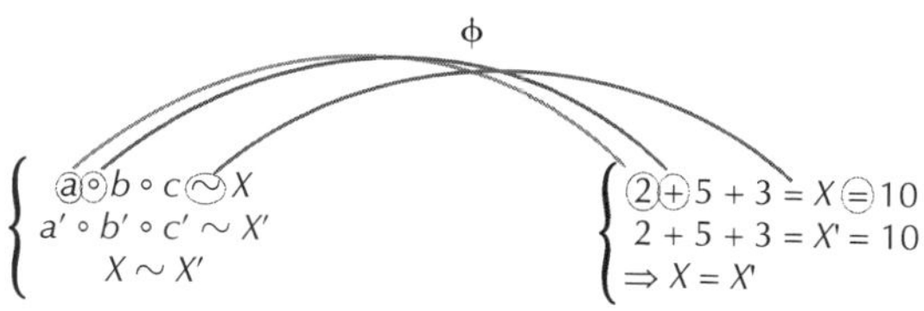

Ou seja, o que foi verificado por nosso sentido da visão, isto é, X e X' apresentam magnitudes semelhantes, está refletido em nossa operação de medida (utilização de uma função ϕ que mapeia as propriedades de um atributo a um sistema numérico específico). Encontramos que X e X' têm valor 10. Mas será que as relações qualitativas entre a, b e c verificadas por meio de nossa percepção serão sempre corretamente refletidas na operação de medida? Vamos fazer outra concatenação utilizando o mesmo exemplo. Concatenemos os pedaços *b* e *b'*. Como o número atribuído a cada um desses pedaços é 5, então, a junção de *b* com *b'* é igual a 10.

$$b \circ b' = 5 + 5 = 10$$

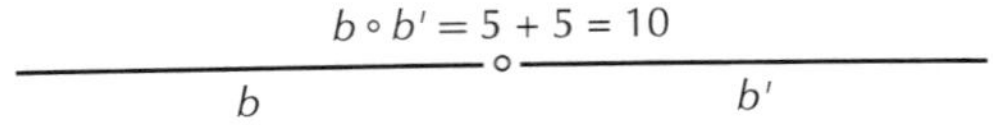

Da mesma forma, se concatenarmos *a*, *b* e *c*, cujos os valores atribuídos no processo de medida foram $\phi(a) = 2$, $\phi(b) = 5$ e $\phi(c) = 3$, teremos:

$$a \circ b \circ c = 2 + 5 + 3 = 10$$

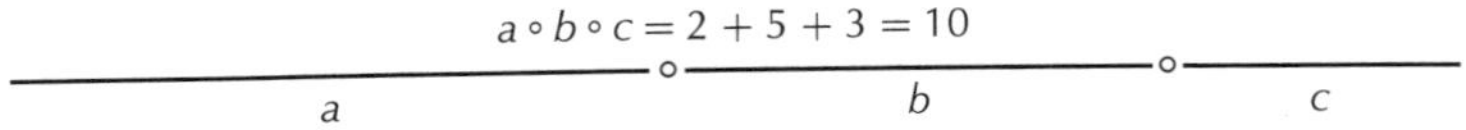

Se compararmos $b \circ b'$ com $a \circ b \circ c$, veremos que, pelo processo de medida, deveríamos obter uma relação tal que $b \circ b' \sim a \circ b \circ c$ (leia-se: *b* concatenado com *b'* é semelhante à concatenação de *a*, *b* e *c*). No entanto, quando utilizamos os pedaços de madeira, observamos visualmente que o tamanho resultante de $b \circ b'$ é completamente diferente do tamanho resultante de $a \circ b \circ c$:

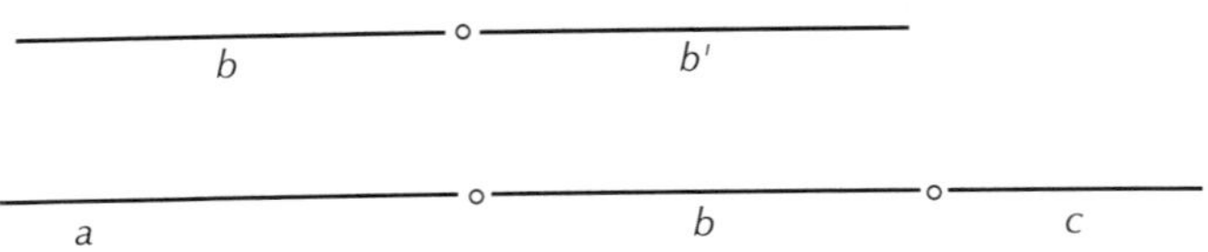

Ou seja, a definição de medida de Stevens (1946) leva a erros lógicos inadmissíveis. O processo de medida deve ser tal que as relações qualitativas verificadas, como é o caso de nossa análise perceptiva visual do tamanho dos pedaços de madeira, sejam adequadamente refletidas pelo sistema numérico adotado. As relações como $a > b > c$ têm de ser preservadas no processo de medida. Na próxima seção, veremos que a utilização de regras não pode ser feita de maneira indiscriminada. Há de se especificar quais tipos de regras são válidas para fazer que o processo de medida consiga chegar a sua finalidade, isto é, representar fidedignamente, em um sistema numérico, a magnitude daquilo que se está medindo.

Teoria Representacional da Medida

Tome um fôlego. Até agora tivemos de lidar com muita informação ao mesmo tempo, pois o que argumentamos anteriormente vai contra o pensamento comum sobre medida. Vamos relembrar? Até agora, vimos que:

- Medida não é igual a colocar números nas coisas.
- Normalmente aprendemos errado nos livros didáticos sobre as medidas em função da influência de Stevens (1946), que tentou resolver o problema da medida em ciências humanas e sociais.
- A medida implica regras bem definidas que articulam os números às coisas.

Nosso maior desafio, agora, será compreender quais regras definem uma medida. Sem isso, teremos apenas uma crítica ao trabalho de Stevens e nada mais. Retomou o fôlego? Pois agora desbravaremos justamente o caminho das regras para uma medida verdadeira.

Repetindo mais uma vez, para que você não se esqueça mais: a utilização de regras para atribuir números a coisas, fenômenos etc., como definido por Stevens (1946), abre espaço para que se empregue qualquer tipo de regra. A não especificidade dessas regras pode gerar situações bastante estranhas, como visto no exemplo dos pedaços de madeira representados pelos números aleatórios. A Teoria Representacional da Medida (TRM), por outro lado, é uma abordagem que especifica as condições necessárias para a construção de uma representação adequada dos atributos medidos por meio de um sistema numérico (Borsboom, 2003). Ela estipula uma série de condições que têm de ser satisfeitas para que se obtenha uma medida, ou como os proponentes da área a chamam, uma medida extensiva. Para podermos conversar sobre o modelo formal da TRM, vamos empregar algumas noções da Teoria dos Conjuntos, mas de maneira intuitiva. O Capítulo 2 é inteiramente dedicado ao tópico dos conjuntos e à sua importância para a compreensão dos Modelos Rasch.

Imaginemos um conjunto de pedaços de madeira, o qual chamaremos de conjunto A. Esses pedaços de madeira são exatamente iguais aos pedaços do exemplo da seção anterior. Eles podem ser combinados de diversas maneiras, de modo que possamos comparar seus comprimentos, por exemplo, verificar visualmente que a madeira *a'* apresenta maior comprimento que a madeira *c*. Vamos chamar essa relação entre a madeira *a'* e a madeira *c* de R_1, ou seja, relação 1. As outras relações receberão nomes diferentes, até que todas as relações possíveis entre as madeiras estejam representadas. Não sabemos o número possível de relações existentes entre elas, e por isso daremos um nome diferente para esse número: R_n. Sendo assim, o conjunto *A* de pedaços de madeira conta com várias relações possíveis entre as madeiras: $R = R_1, R_2, R_3, ..., R_n$.

Figura 1.5 ■ Diagrama de Venn-Euler do conjunto *A*.

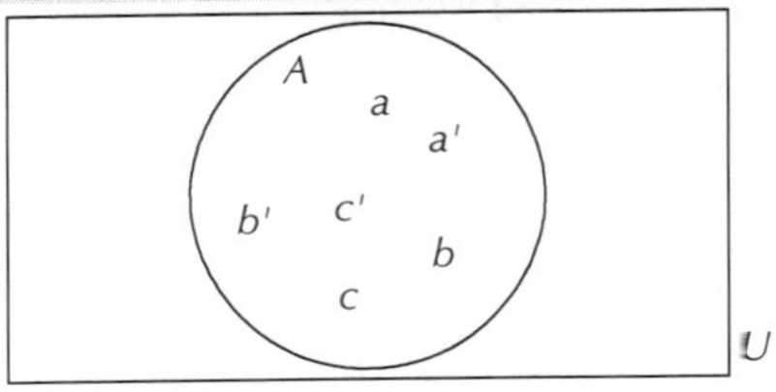

Tal qual fizemos na seção anterior, vamos representar a operação de concatenação entre os pedaços de madeira por meio do símbolo "∘". A combinação dos pedaços *a*, *b* e *c* é representada por meio da expressão $a \circ b \circ c$. Até aqui, não há muita novidade. Já brincamos com a operação de concatenação anteriormente. A novidade é a definição do *sistema de relações empíricas*: os pedaços de madeira do conjunto *A*, junto com as relações *R* e a operação de concatenação ∘, formam um sistema *S* de relações empíricas entre os pedaços de madeira. Esse sistema completo pode ser representado da seguinte maneira: $S = \langle A, R, \circ \rangle$. O sistema *S* é eminentemente empírico, ou seja, tanto os objetos de *A* (as madeiras) quanto suas relações observáveis (*R*) e a operação de concatenação ∘ são dados empíricos, observados no mundo. Em outras palavras, você está pegando nos pedaços de madeira desse conjunto, comparando-os visualmente e determinando as relações entre eles por meio dessa comparação visual empírica. Compreendeu a brincadeira? O processo de medida na Teoria Representacional da Medida é a ação de mapear esse sistema de relações empíricas *S* em um sistema numérico que preserve suas informações (Borsboom, 2003; Borsboom, &

Scholten, 2008; Krantz, Luce, Suppes, & Tversky, 1971). Em outras palavras, o que se pretende é atribuir: a) para cada pedaço de madeira, um elemento de um sistema numérico (número) N; b) para cada relação empírica R, uma relação matemática específica M; e c) para a operação de concatenação, uma operação matemática $*$, de tal modo que teremos um novo sistema R, denominado sistema representacional: $R = \langle N, M, * \rangle$. O sistema S e o sistema R formam a chamada estrutura da medida.

Figura 1.6 ■ Estrutura da medida.

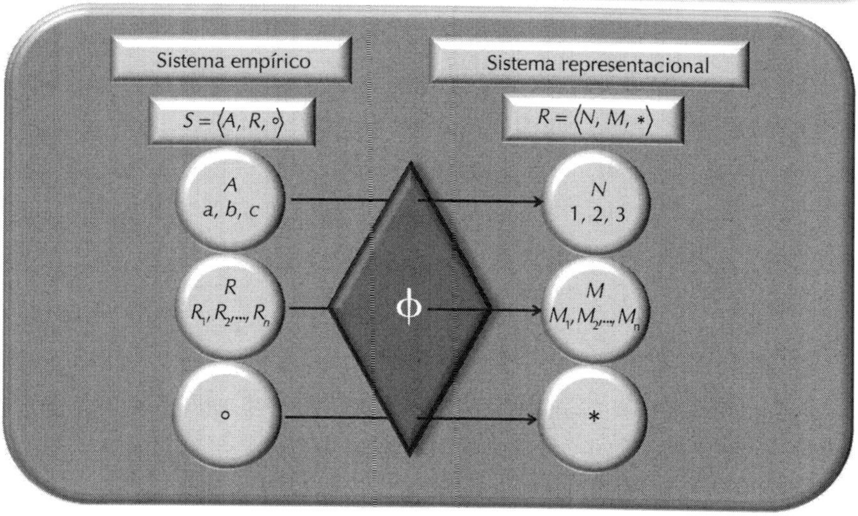

As relações entre A e N, R e M e entre ∘ e * são possíveis graças à aplicação de uma função ϕ, que deve satisfazer certas propriedades. Caso essas propriedades sejam satisfeitas, obtém-se a chamada medida extensiva. Para verificar quais são essas propriedades, vamos retornar ao exemplo da seção anterior. A regra utilizada (atribuição aleatória dos números 2, 5 e 3 para os pedaços de madeira) pode funcionar bem para determinadas junções das madeiras, como vimos na obtenção dos pedaços X e X', compostos pela concatenação de a, b e c, e a', b' e c', respectivamente. A regra também funcionou bem para a comparação de junções semelhantes, por exemplo a e a'. Mas é bastante claro que esse procedimento, ou a regra utilizada, não vai representar adequadamente o comprimento das madeiras em todas as situações.

Por exemplo, se pegarmos o valor atribuído ao pedaço b e o somarmos ao valor atribuído ao pedaço b', teremos um valor igual a 10, pois: $\phi(b) = 5$; $\phi(b') = 5$. Utilizando a terminologia da Teoria Representacional da Medida, temos que a função ϕ mapeia o elemento empírico b' ao elemento do sistema numérico representado por 5, bem como mapeia o elemento empírico b' ao elemento do sistema numérico representado por 5. Então, a concatenação de b com b', cuja função ϕ vai também mapear a operação matemática de soma será:

$$b \circ b' = 5 + 5 = 10$$

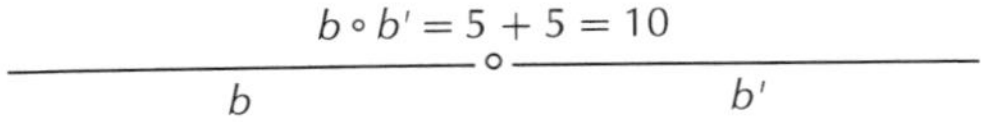

Da mesma forma, se concatenarmos a, b e c, cuja função (ou regra) atribuiu os valores $\phi(a) = 2$, $\phi(b) = 5$ e $\phi(c) = 3$, teremos:

$$a \circ b \circ c = 2 + 5 + 3 = 10$$

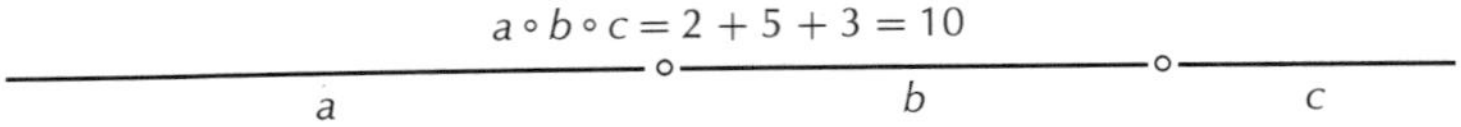

O valor 10 obtido da soma dos valores de b e b' é igual ao valor obtido da soma dos valores atribuídos a a, b e c, mas representam diferentes magnitudes do objeto medido, o que não pode acontecer.

Vejamos, então, as regras fundamentais para uma medida. Em primeiro lugar, a singularidade dos elementos empíricos tem de ser preservada no sistema numérico, ou seja, se os elementos a, b e c são tais que $a \not\approx b \not\approx c$ (lê-se: a não é igual nem aproximadamente igual a b, que não é igual nem aproximadamente igual a c), então, o sistema numérico utilizado para representá-los deve garantir que essa condição se mantenha. Em nosso exemplo, essa condição foi mantida, uma vez que $\phi(a) = 2$, $\phi(b) = 5$ e $\phi(c) = 3$ tem uma estrutura singular, tal que $2 \not\approx 5 \not\approx 3$ mantém a informação empírica $a \not\approx b \not\approx c$. Se por algum motivo b tivesse sido representado pelo número 3, não teríamos a manutenção das informações empíricas no sistema representacional, já que a singularidade estaria afetada. No entanto, isso não quer dizer que dois objetos não possam receber dois números iguais. Caso dois objetos tenham comprimentos semelhantes, ou seja, $x \sim y$, podemos representá-los pelo mesmo número, por exemplo, 4. A singularidade estará mantida caso a relação $a \not\approx b \not\approx x \sim y$ seja mantida pelos números, por exemplo, $2 \not\approx 5 \not\approx 4 \sim 4$.

Em segundo lugar, o ordenamento percebido visualmente no plano empírico tem de ser refletido no ordenamento do sistema numérico. Em nosso exemplo sabemos, por meio de uma inspeção visual rápida nos pedaços de madeira, que $a > b > c$ (lê-se: a é maior que b que é maior que c. Observação: os símbolos > e < estão sendo empregados para representar uma relação entre dois elementos não numéricos, e os símbolos $>$ e $<$ estão sendo utilizados para representar uma relação entre dois elementos numéricos). Essa característica, de ordenamento, não foi mantida pelos números que foram atribuídos aos pedaços de madeira, uma vez que $3 > 5 > 2$ não é válido numericamente nem reflete a relação encontrada nos pedaços de madeira ($a > b > c$). Em outras palavras, a característica de ordenamento dos elementos empíricos não foi mantida pelo sistema numérico adotado. Para que ela seja mantida, é necessário que o valor numérico atribuído a objetos, fenômenos etc. reflitam a ordem empírica de magnitude do que se está medindo. Então, como em nosso caso $a > b > c$, os números atribuídos a cada um dos pedaços de madeira devem ser tais que $\phi(a)>\phi(b)>\phi(c)$ seja válido. Um exemplo disso seria se $\phi(a) = 10$, $\phi(b) = 7$ e $\phi(c) = 4$, uma vez que $10 > 7 > 4$. Assim, as relações empíricas (>) estariam bem representadas pelas relações numéricas ($>$).

Além do problema encontrado no ordenamento, a concatenação ($\circ$) não é representada fielmente pela operação matemática de soma ($+$) em nosso exemplo. A aditividade não é mantida, pois: $a \circ b \circ c \sim X$, ou seja a concatenação de a, b e c é semelhante a X, ao passo que $b \circ b \nsim X$, ou seja b concatenado a b, não é semelhante a X. Vimos que, ao substituir as letras pelos números, acabamos encontrando que $2 + 5 + 3 = 10$, e que $5 + 5 = 10$, o que fere a relação percebida visualmente de que $b \circ b \nsim X$. Quando a atribuição de um número (ϕ) a um objeto ou fenômeno mantém o ordenamento e a aditividade, diz-se que houve um *homomorfismo* entre a estrutura empírica e a estrutura numérica[1].

---

[1] Krantz *et al.* (1971) utilizam a expressão *homomorfismo* (em vez de isomorfismo), porque a relação entre o sistema empírico e o sistema numérico não é, geralmente, de um para um. Por exemplo, eles afirmam, na página 8, que $\phi(a) = \phi(b)$ não implica que os pedaços a e b são iguais, mas apenas que têm o mesmo comprimento. Outro exemplo que pode ser dado é que, ao mapear um sistema empírico em um sistema numérico, como os números reais, um número não vai representar exclusivamente uma mesma magnitude de um mesmo atributo, podendo representar magnitudes diferentes de atributos diferentes.

A partir dessas três análises rápidas de nosso exemplo, vimos que, apesar de estar correta do ponto de vista de Stevens, a atribuição de números aos pedaços de madeira não refletiu de maneira adequada o que conseguimos perceber visualmente (empiricamente). A singularidade é mantida, mas nem o ordenamento nem a concatenação são fielmente traduzidos do sistema empírico para a representação numérica. A última condição a ser satisfeita envolve a regra de que, independentemente da unidade de medida com que se trabalhe, a razão dos números tem de ser única. Em outras palavras, se eu tenho a medida de uma madeira *h na unidade de metro, de tal modo que* $\phi(h) = 5$ (metros), e outra madeira *g* com $\phi(g) = 7$ (metros), a transformação da escala de metros para centímetros deverá produzir o seguinte resultado: $\phi'(h) = 5 * 100 = 500$ (centímetros) e $\phi'(g) = 7 * 100 = 700$ (centímetros). Se dividirmos $\phi(h)$ por $\phi'(h)$, e $\phi(g)$ por $\phi'(g)$, teremos de encontrar o mesmo valor: $\phi(h)/\phi'(h) = 0{,}01$, enquanto $\phi(g)/\phi'(g) = 0{,}01$. A conversão de metros para centímetros, por exemplo, é chamada transformação de semelhança.

De acordo com a Teoria Representacional da Medida (TRM), qualquer procedimento de medida é extensivo se três axiomas forem satisfeitos:

1. O mapeamento do conjunto dos elementos empíricos a um sistema numérico é tal que reflete, por meio de números, as relações de ordem encontradas no sistema empírico.
2. O mapeamento das operações empíricas (por exemplo, a concatenação das madeiras) a um conjunto de operações matemáticas (por exemplo, a soma), é tal que mantém a aditividade encontrada nas concatenações.
3. O mapeamento do sistema empírico a um sistema numérico manterá as características empíricas, independentemente das transformações de semelhança a que suas unidades forem submetidas.

Esses três pontos são denominados, na TRM, axiomas de unicidade, e determinam matematicamente o tipo de escala de medida. Caso uma medida gere apenas um mapeamento numérico das relações empíricas de ordenamento, sua escala será de nível ordinal. Caso uma medida gere um mapeamento entre o sistema empírico e o numérico, de modo a manter as relações de ordem e a aditividade em relação à concatenação, sua escala será de nível intervalar. Por outro lado, mantendo-se a estrutura empírica independente da unidade de medida, ou seja, as transformações do tipo $\phi'(g) = a\phi(g)$, sendo $\phi(g)$ a escala original e a a unidade de medida, então, a escala será do tipo de razão.

Alguns autores, como Campbell (1920, como citado por Borsboom, 2003), argumentam que as medidas só são verdadeiras quando são extensivas, no sentido de que o mapeamento do sistema empírico no sistema representacional satisfaz todos os axiomas de unicidade, mantendo todas as informações do sistema empírico. Ademais, autores que seguem a tradição de Campbell argumentam que qualquer medida sem concatenação empírica não é uma medida (Pasquali, 2011). Essa abordagem, que pode ser chamada de representacionalismo clássico (Borsboom, 2003), ajudou a sustentar a ideia de que os construtos psicológicos não são mensuráveis, conclusão esta atingida pelo comitê especial da Associação Britânica para o Avanço da Ciência, citado no início do capítulo. Stevens (1946) tentou definir a medida de tal modo que não dependesse da concatenação empírica, possibilitando à Psicologia e às ciências sociais, humanas e da saúde, no geral, a defesa da mensurabilidade de suas variáveis. Como vimos ao longo das duas primeiras seções deste capítulo, em um dos lados da história temos a tentativa de Stevens, a qual afirmamos não ser bem-sucedida, e, no outro lado, temos uma teoria (a TRM) que forneceu subsídios capazes de tirar a Psicologia e outros domínios das ciências humanas do rol das disciplinas cujos construtos são mensuráveis, afirmando que medidas verdadeiras não são possíveis em áreas nas quais não se trabalha com a concatenação empírica daquilo que se pretende medir ou em que não há interpretação adequada da concatenação.

No entanto, a história não termina com esses dois caminhos, mas aponta uma terceira frente, chamada de representacionalismo contemporâneo, que surge a partir do trabalho seminal de Krantz *et al.* (1971). Nesse trabalho, os autores axiomatizam a teoria da medida e definem matematicamente uma série de propriedades fundamentais que resultam em medidas numéricas adequadas, tanto para a Física, a Geometria e outras áreas exatas, quanto para a Psicologia e as ciências humanas em geral. Krantz *et al* (1971) argumentam que é errado pensar que apenas um único sistema formal de relações leva à medida verdadeira. Mais que isso, eles argumentam que "apesar de valiosa quando disponível, a concatenação empírica não é uma condição necessária para se obter uma medida verdadeira" (Krantz *et al.*, 1971, p. 123). A própria Física trabalha com a mensuração de atributos que não são passíveis de operações de concatenação empírica e que não contam com uma interpretação adequada sobre tais operações, por exemplo, a temperatura. Imagine se, para medir a temperatura de algum objeto, um pesquisador tivesse de observar as relações entre os elementos fundamentais da temperatura. Esse pesquisador chegaria à conclusão de que não seria possível mensurar a energia cinética média das moléculas daquele objeto, porque ele não teria como verificar sua concatenação empírica. Borsboom (2003) fornece outro exemplo que nos leva a verificar que, mesmo na Física, a concatenação empírica dos objetos e fenômenos que se deseja medir é difícil de ser operacionalizada e pensada:

> Ao mesmo tempo em que é possível concatenar hastes rígidas de comprimentos possíveis de serem manejados, é sem dúvida muito difícil concatenar objetos que possam pôr à prova distâncias interestelares, ou colocar Júpiter em uma balança. Ainda assim, minha enciclopédia menciona o fato de que a distância média entre a Terra e o Sol é de cerca de 149597890 quilômetros, e que a massa de Júpiter é $1{,}967 \times 10^{27}$ quilos; e eu suspeito fortemente que os escritores da minha enciclopédia quando falam desses valores, se referem às mesmas dimensões como, por exemplo, a distância entre a minha xícara de café e o meu telefone, e a massa do meu computador onde estou trabalhando. Na forma rígida da teoria da medida [...] essa interpretação não é garantida; mas em uma interpretação mais liberal do representacionalismo, sim. Além do mais, qualquer estrutura imaginável que permita uma representação homomórfica, pode ser submetida à alguma categoria geral de medida. Isso inclui estruturas observadas em medidas psicológicas (Borsboom, 2003, pp. 82-83).

Teoria da Medida Aditiva Conjunta

Vamos formar um cenário do que falamos até agora. Vimos que:

- É obrigatória a presença de uma definição precisa de regras que demarcam o que é de fato uma medida.
- A definição precisa, dada pela teoria da representação clássica, tira da Psicologia e de várias ciências humanas e sociais a possibilidade de ter medidas.

- No entanto, a tentativa de Stevens (1946) de resolver esse problema mais atrapalhou do que ajudou.

Mas haverá outra definição capaz de indicar regras claras de medida e que sirva aos propósitos e às necessidades das ciências humanas e sociais? Evidentemente que sim, senão não teríamos escrito este livro! Brincadeira à parte, Krantz *et al.* (1971) argumentam que é errado pensar que apenas um sistema formal de relações leva à medida verdadeira. Eles propuseram a Teoria da Medida Aditiva Conjunta (TMAC) e demonstraram matematicamente que é possível fazer um mapeamento do sistema empírico em um sistema numérico, sem que seja preciso satisfazer alguns dos axiomas da Teoria Representacional da Medida, que são difíceis de serem satisfeitos em áreas das ciências humanas, sociais, da saúde, da educação etc.

A ideia de estruturas aditivas conjuntas diz respeito à relação entre três variáveis: duas "independentes" e uma "dependente". A medida não é definida isoladamente em nenhuma das três variáveis, mas simultaneamente entre elas (Borsboom, 2003), e em função dessa simultaneidade obrigatória se encontra a origem da expressão *medida conjunta* (Krantz *et al.*, 1971). Por exemplo, suponha que desejemos estimar a habilidade das pessoas e a dificuldade dos itens de determinado teste. O Gráfico 1.1 mostra a habilidade de três pessoas (b_i, b_j, b_k) e mostra o grau de dificuldade de três itens do teste (d_p, d_q, d_r).

Gráfico 1.1 ■ Relação entre dois fatores.

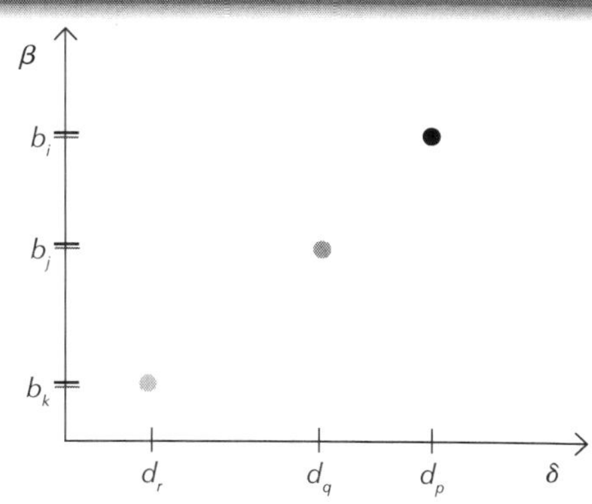

As habilidades são tais que $b_i \geqslant b_j \geqslant b_k$, sendo que o símbolo $\geqslant$ denota uma relação qualitativa. A interpretação dessas relações é a de que b_i

apresenta uma habilidade qualitativamente maior ou semelhante à de b_j, a qual, por sua vez apresenta habilidade qualitativamente maior ou semelhante à de b_k. Quanto maior a habilidade, mais para cima no eixo y ficará localizada a pessoa, e pessoas com habilidades semelhantes são alocadas no mesmo ponto do eixo y. Por sua vez, as dificuldades dos três itens são tais que $d_p \succcurlyeq d_q \succcurlyeq d_r$, o que significa que d_p apresenta uma dificuldade qualitativamente maior ou semelhante à de d_q, que, por sua vez, apresenta uma dificuldade qualitativamente maior ou semelhante à de d_r. Quanto maior a dificuldade, mais para a direita no eixo x ficará localizado o item, e itens com dificuldades semelhantes são alocados no mesmo ponto do eixo x.

Krantz *et al.* (1971) mostram que o ordenamento $\succcurlyeq$ ocorre pela relação conjunta de duas variáveis, em nosso caso, a variável habilidade das pessoas e a variável dificuldade dos itens. Só é possível verificar a relação qualitativa de ordem quando uma das variáveis é deixada fixa. Por exemplo, $b_i \succcurlyeq b_j$ ocorrerá se, e somente se, o efeito produzido por (b_i, d_r) for maior ou semelhante ao efeito produzido por (b_j, d_r). Ou seja, para que a relação de ordem $b_i \succcurlyeq b_j$ entre as habilidades seja verdadeira, ao fixar o fator dificuldade (δ) em d_r o efeito conjunto de $b_i d_r$ deve ser maior ou semelhante ao efeito conjunto de $b_j d_r$. Da mesma forma, $d_p \succcurlyeq d_q$ ocorrerá se, e somente se, o efeito produzido por $d_p b_k$ for maior ou igual ao efeito produzido por $d_p b_k$.

Façamos uma pequena pausa. Você percebeu que Krantz *et al.* (1971) estão propondo uma maneira alternativa de concatenar variáveis, na medida em que a relação entre as variáveis pode ser tratada como se fossem "pedaços de madeira"? Qual é a grande novidade? Nessa proposta, não é necessário que os objetos medidos sejam observados diretamente pelos sentidos humanos para que a concatenação seja possível. Mas isso significa que, graças a esse estratagema, o dia foi salvo e as ciências humanas podem construir medidas verdadeiras? Sim, pois os autores propõem matematicamente que é possível concatenar elementos puramente abstratos e intangíveis. Ideia maluca? Vejamos como isso funciona.

Para ficar mais claro, vamos voltar ao Gráfico 1.1. Vamos supor que uma pessoa com habilidade b_i acerte um item dificuldade d_r, e que outra pessoa com habilidade b_j erre esse mesmo item. A partir dessa constatação, é possível verificar que a pessoa com habilidade b_i apresenta maior grau dessa habilidade que a pessoa b_j. Agora, imagine a relação da pessoa *i* com o item *p*, e a da pessoa *j* com o item *q*. É fácil perceber que, na Figura 1.7, a relação de i com $p(b_i, d_p)$, representado no gráfico pelo ponto preto, é maior que a de j com q (b_j, d_q), representado no gráfico pelo ponto cinza escuro. Dessa forma, podemos representar $(b_i, d_p) \succcurlyeq (b_j, d_q)$, lembrando que o símbolo $\succcurlyeq$ denota uma relação qualitativa. Podemos, então, atribuir um número a (b_i, d_p) que seja maior que o número atribuído a (b_j, d_q) por meio de uma função específica ϕ. Sendo assim, podemos supor, por exemplo, que a pessoa i respondeu corretamente ao item p do teste, ao passo que a pessoa j respondeu incorretamente ao item q. Atribuiremos, portanto, um número tal que $\phi(b_i, d_p) \succcurlyeq \phi(b_j, d_q)$. O que fizemos foi basicamente utilizar o sistema relacional qualitativo $S = \langle \beta, \delta, \succcurlyeq \rangle$, composto pelo produto cartesiano das variáveis independentes (habilidade e dificuldade; β, δ) e pela operação qualitativa de comparação $\succcurlyeq$, e o mapeamos em um sistema representacional numérico $R = \langle \mathbb{R}, \geq \rangle$, composto pelos números reais e pela operação matemática de comparação $\geq$, por meio de uma função específica ϕ.

Com os números que atribuímos a cada uma das duas combinações de pessoas e itens, temos que: $\phi(b_i, d_p) = X$ e $\phi(b_j, d_q) = Y$. Mantemos a relação de ordem se, e somente se, $X > Y$. Não há necessidade de empregarmos qualquer tipo de concatenação empírica. As relações são todas do nível qualitativo entre as combinações das variáveis independentes. O segredo para chegar a esse tipo de operação é encontrar uma função ϕ que tenha um conjunto de propriedades que permita o mapeamento do sistema de relações qualitativas em um sistema representacional numérico. Não é fantástico?

Considerando o Gráfico 1.1 e os argumentos dos parágrafos anteriores, sabemos que a habilidade da pessoa i é maior que a habilidade da pessoa j, ou seja, $b_i \succcurlyeq b_j$. As habilidades são diferentes porque não se encontram no mesmo ponto do eixo y do gráfico cartesiano. Suponha que queiramos tornar as duas habilidades semelhantes ($b_i \sim b_j$). É razoável pensar que se "adicionarmos" a uma quantidade X de habilidade semelhante à diferença entre b_i e b_j, ou seja, $b_i \ominus b_j \sim X$, então, poderemos igualar as duas habilidades: $b_j \oplus X \sim b_i$. Wright e Stone (1999) fazem uma manobra lógica interessante ao realizar um exemplo parecido. Os autores propõem que um item de dificuldade específica d_m seja dado à pessoa b_j, e um item de dificuldade d_n seja dado à pessoa b_i, de modo que o efeito produzido por $b_j d_m$ seja semelhante ao efeito produzido por $b_i d_n$. No fundo, o que os autores propõem é que se substitua o X de $b_i \ominus b_j \sim X$ por uma relação entre dois itens d_m e d_n. A magnitude representada pela diferença de um item pelo outro deverá ser igual à magnitude da diferença da habilidade b_i pela b_j: $b_i \ominus b_j = d_n \ominus d_m$. Assim, $b_j \oplus (b_i \ominus b_j) = b_j \oplus (d_n \ominus d_m) = b_j$. Estamos utilizando os símbolos $\oplus$ e $\ominus$, porque as relações que estamos expressando são todas qualitativas, construções lógicas, e não construções numéricas. Essa é uma forma aditiva de construir uma escala linear intervalar sem a utilização de concatenação empírica! Vamos entender, no próximo parágrafo, por que esse procedimento gera uma escala intervalar sem utilizar o processo de concatenação empírica, mas por meio de concatenações qualitativas.

Quando temos uma estrutura relacional qualitativa $S = \langle \beta \times \delta, \succcurlyeq \rangle$, cuja operação de ordenamento $\succcurlyeq$ surja como efeito conjunto de duas variáveis – habilidade da pessoa e dificuldade do item (β, δ) –, é possível haver concatenação (Krantz *et al.*, 1971). No entanto, essa concatenação ocorre *nos intervalos dentro de uma das variáveis*, diferente da teoria representacional clássica da medida, na qual as concatenações tinham de ser todas de natureza empírica (literalmente pegar pedaços de madeira de diferentes magnitudes e colocar um junto ao outro para fazer comparações de magnitudes!). Seguiremos a estratégia de Krantz *et al.* (1971), que utilizaram um plano cartesiano para mostrar essas concatenações qualitativas dentro de uma variável. O Gráfico 1.2 é relativamente semelhante ao Gráfico 1.1 do exemplo anterior. No entanto, substituímos as letras minúsculas (que representavam diferentes pessoas ou itens) por números.

Gráfico 1.2 ▪ Relação entre dois fatores (variáveis).

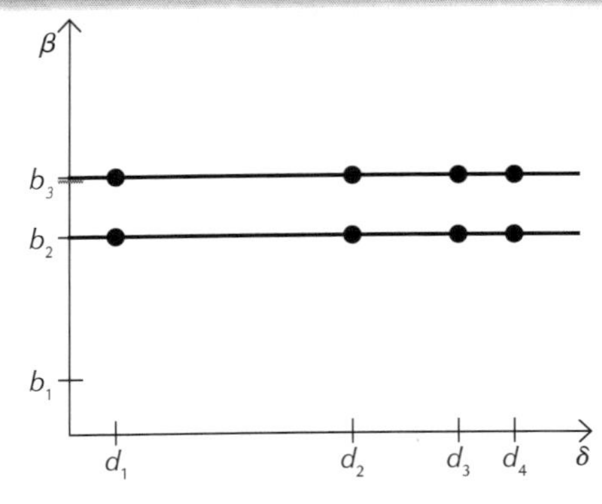

O intervalo d_4d_3 é adjacente ao intervalo d_4d_2, e $d_4 \geqslant d_3 \geqslant d_2$. Portanto, o intervalo d_4d_2 pode ser representado como junção ou concatenação dos intervalos d_4d_3 e d_3d_2:

$$d_4d_2 \sim (d_3d_2 \oplus d_4d_3)$$

ou

$$\underline{\quad d_4d_2 \quad} \sim \underline{\quad d_3d_2 \quad} \oplus \underline{\ d_4d_3\ }$$

Em outras palavras, a magnitude do intervalo d_4d_2 é semelhante à magnitude da junção dos intervalos d_4d_3 e d_3d_2. Essa concatenação só é possível caso tenhamos um intervalo no fator β que seja semelhante ao intervalo d_4d_3 do fator δ. Considerando que o intervalo b_3b_2 representa a mesma magnitude de β que o intervalo d_4d_3 representa de δ, podemos construir uma sequência crescente de magnitude em δ: $d_1d_2 \leqslant d_2d_2 \leqslant d_3d_2 \leqslant d_4d_2$. Como b_2 é constante em todos os pares de coordenadas, conclui-se que $d_4 \geqslant d_3 \geqslant d_2 \geqslant d_1$, e a concatenação, ou aditividade, torna-se possível. A concatenação qualitativa em um fator (variável) é resultado da ação conjunta de ambos os fatores (variáveis), uma vez que o ordenamento $\geqslant$ ocorre pelo efeito conjunto de β e δ. Essa concatenação gera uma sequência-padrão com unidades semelhantes, porém, para visualizarmos essa relação, precisaremos de outra figura, a qual construiremos a partir da anterior e de acordo com o exemplo de Krantz *et al.* (1971).

Na Figura 1.7 estão representados os fatores δ do lado esquerdo e β do lado direito. As dificuldades d_4, d_3, d_2 são as mesmas do Gráfico 1.2, assim como as habilidades b_3, b_2. Quanto mais para cima nas retas, maior é a habilidade ou a dificuldade. A linha pontilhada no meio representa ω, que representa o efeito conjunto de δ e β. Perceba que, assim como vimos anteriormente, se fixarmos β no ponto b_2 teremos que $d_4 \geqslant d_3 \geqslant d_2 \geqslant d_1$, e que d_4d_2 pode ser representado pela junção ou concatenação dos intervalos d_4d_3 e d_3d_2. Se imaginarmos o ponto b_2 como o ápice de um triângulo, veremos que a base d_4d_2 é semelhante à junção de dois outros triângulos menores com ápices também em b_2: um de base d_4d_3 e outro de base d_3d_2 (Figura 1.7a). Ou seja, a Figura 1.7 representa exatamente o que vimos no Gráfico 1.2, mantendo todas as relações já discutidas. No entanto, ela facilita a verificação da sequência-padrão produzida pelo efeito conjunto de δ e β. Veja que o intervalo criado na linha pontilhada pelos pares d_4b_2 e d_2b_3 é semelhante ao intervalo criado pelos pares d_4b_2 e d_4b_3. Esses intervalos estão representados por pequenas linhas cinzas (na linha pontilhada do meio) de tamanho perceptualmente semelhantes (sequência-padrão). O efeito de d_4b_2 e d_4b_3 é superior ao efeito de d_2b_2 e d_2b_3. É assim que a Figura 1.7 deve ser interpretada, ou seja, ela informa que o efeito do item com dificuldade d_4 é superior ao efeito do item com dificuldade d_2 relativo ao intervalo b_3b_2. Note, também, que esses intervalos se repetem para qualquer par formado por um dos elementos de δ e pelos dois de β (isto é, d_4b_2 e d_4b_3, ou d_4b_2 e d_3b_3, ou d_2b_2 e d_2b_3). Se mudarmos o intervalo de referência de b_3b_2 (Figura 1.7a) para d_4b_2 (Figura 1 7b e c), veremos que a magnitude da sequência-padrão muda, mas também permanece igual nas comparações dos intervalos.

Figura 1.7 ■ Relação entre dois fatores.

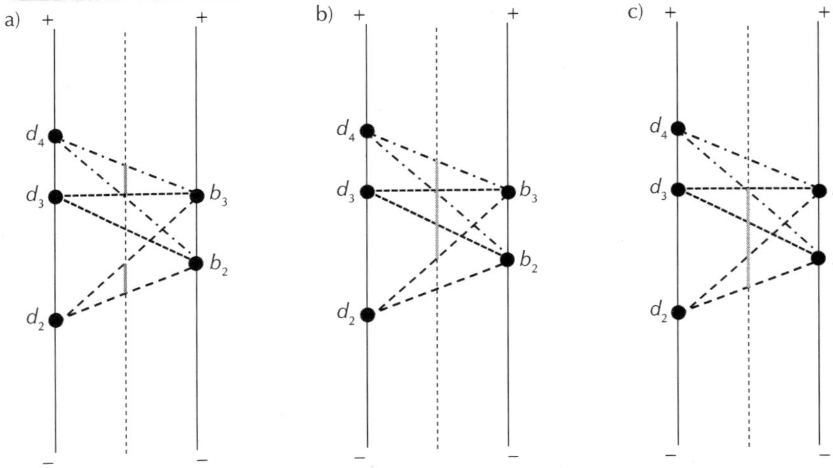

Por exemplo, o intervalo b_3d_4 e b_3d_2 tem um efeito (linha cinza-claro na Figura 1.7b) semelhante ao intervalo b_2d_4 e b_2d_2 (linha cinza-claro na Figura 1.7c). O efeito é semelhante visualmente, pois as duas linhas laranjas visualmente apresentam o mesmo tamanho ou magnitude. Portanto, podemos ver claramente no plano gráfico que a medida conjunta de dois fatores pode produzir aditividade (concatenação) e sequência em um fator, com mesma unidade de medida, relativo a intervalos iguais no outro fator. Intervalos iguais têm magnitudes semelhantes; logo, a escala gerada pela Teoria de Medida Aditiva Conjunta é de natureza intervalar.

Vale lembrar que Wright e Stone (1999) sugerem a utilização da relação entre dois itens para "igualar" o efeito sobre duas habilidades de magnitudes diferentes. O que eles fazem pode ser visualizado em um exemplo presente na Figura 1.7. Sabemos que $d_4 \geqslant d_3$, e a manobra lógica proposta pelos autores é que se utilize um par de itens, por exemplo b_2b_2, que faça o efeito sobre d_4 ser semelhante ao efeito sobre d_3. A manobra lógica de Wright e Stone (1999, p. 4) leva-os a formular a seguinte questão: "Qual item *j de dificuldade* d_j fará a performance da pessoa *B* ser semelhante à performance da pessoa *A* no item *i*?". Se olharmos a Figura 1.7, veremos um exemplo que reflete a manobra lógica dos autores: a linha formada pela relação entre d_4b_2 cruza a linha do meio no mesmo ponto em que a linha formada pela relação de d_3b_3. Isso significa que $(d_4 \ominus d_3) \sim (b_4 \ominus b_3)$, ou seja, o intervalo d_4b_3 é semelhante ao intervalo b_4b_2 .

Para que todas as características apontadas aconteçam e a estrutura seja do tipo aditiva conjunta, é necessário que quatro regras ou axiomas das medidas aditivas conjuntas sejam satisfeitas:

1. *A ordem entre as combinações deve ser uma "ordem fraca"*. Para obter a chamada "ordem fraca", é necessário que haja transitividade, ou seja, se $(b_l, d_p) \geqslant (b_j, d_q)$ e $(b_j, d_q) \geqslant (b_k, d_r)$, então, $(b_j, d_q) \geqslant (b_k, d_r)$. Além da transitividade, é necessário que haja conectividade: para todas as comparações, pelo menos uma dessas relações deve ocorrer, ou seja, $(b_l, d_p) \geqslant (b_j, d_q)$ ou $(b_j, d_q) \geqslant (b_i, d_p)$, ou ambas.
2. *A relação entre as variáveis β e δ, deve ser duplamente independente*. Utiliza-se aqui a expressão "duplamente independente" porque há dois tipos de independência de componentes, como veremos a seguir, que são interconectados. O primeiro tipo é a independência de realização dos componentes, ou seja, o valor de β pode ser escolhido sem afetar o valor de δ. O segundo tipo de independência advém da chamada *estrutura decomposta*, que garante que o componente β e o δ contam com efeitos independentes no atributo a ser medido. A partir dessa propriedade, é possível mapear o sistema de relações empíricas qualitativas *S* em um sistema representacional numérico *R* para os dois componentes, e encontrar

uma função F que combine β e δ de modo que se preserve o ordenamento qualitativo do atributo medido. Em outras palavras, a independência permitirá o ordenamento independente de β e δ ao longo da variável ω.

3. *As combinações devem gerar duplo cancelamento*. O aumento na variável dependente ω produz um efeito específico de aumento na variável *habilidade* β e na variável *dificuldade* δ, mas de maneira independente uma da outra. Borsboom (2003) fornece um exemplo elucidativo. Ele sugere que seja construído uma tabela de três linhas por três colunas, com as informações sobre ambos os fatores independentes; em nosso caso, β e δ, crescente da esquerda para a direita e de cima para baixo.

Tabela 1.1 ▪ Dois fatores independentes.

		Fator β		
		k	j	i
	r	(b_k, d_r)	(b_j, d_r)	(b_i, d_r)
Fator δ	q	(b_k, d_q)	(b_j, d_q)	(b_i, d_q)
	p	(b_k, d_p)	(b_j, d_p)	(b_i, d_p)

O autor pontua que a aditividade requer que qualquer combinação (b, d) seja representada por meio da função $f(b) + f(d)$. Suponha que (b_j, d_r) indique um maior valor de ω do que (b_k, d_q); então, $(b_j, d_r) \geqslant (b_k, d_q)$. Isso acontecerá se, e somente se,

$$(f(b_j) + g(d_r)) \geqslant (f(b_k) + g(d_q))$$

Suponha, também que $(b_i, d_q) \geqslant (b_j, d_p)$:

$$(f(b_i) + g(d_q)) \geqslant (f(b_j) + g(d_p))$$

Sendo os efeitos de β *e* δ aditivos, então:

$$f(b_j) + g(d_r) + f(b_i) + g(d_q) \geqslant f(b_k) + g(d_q) + f(b_j) + g(d_p)$$

Cancelando os elementos do lado esquerdo com seus iguais do lado direito, temos:

$$\cancel{f(b_j)} + g(d_r) + f(b_i) + \cancel{g(d_q)} \geqslant f(b_k) + \cancel{g(d_q)} - \cancel{f(b_j)} + g(d_p)$$

Gerando a nova inequação:

$$(f(b_i) + g(d_r)) \geqslant (f(b_k) + g(d_p))$$

4. *Deve-se ser satisfeito o axioma de Arquimedes*. Esse axioma basicamente estipula que nenhuma diferença em β gera uma mudança infinitamente maior em ω que qualquer outra diferença em β. O mesmo é válido para δ. Em outras palavras, esse axioma estipula que quaisquer valores de β são comparáveis, assim como quaisquer valores de δ.

A partir das medidas aditivas conjuntas, a Psicologia e as demais ciências humanas, sociais e da saúde contam com um sistema formal de medida que é semelhante àqueles encontrados na Física, possibilitando medidas verdadeiras, mas sem levar em consideração a necessidade de concatenação empírica dos objetos a serem medidos (Borsboom, 2003; Borsboom, & Scholten, 2008; Krantz *et al.*, 1971). Esse tipo de medida é obtido quando se aplica uma função específica que mapeia as relações qualitativas encontradas em estruturas aditivas conjuntas em um sistema representacional numérico, de modo que sejam satisfeitos todos os quatro axiomas da Teoria de Medidas Aditivas Conjuntas. Essa função quase milagrosa existe e foi desenvolvida na década de 1960 pelo estatístico dinamarquês Georg Rasch.

Os Modelos Rasch são os únicos modelos probabilísticos da Teoria da Medida Aditiva Conjunta

O que o modelo desenvolvido por Rasch (1960) faz é verificar na estrutura de dados obtida, por meio dos instrumentos psicológicos ou educacionais, se existem relações do tipo aditivas conjuntas que satisfaçam os quatro axiomas mostrados anteriormente. Quando não há ajuste aos Modelos Rasch os dados não refletem uma estrutura aditiva conjunta. Como os Modelos Rasch são as funções que possibilitam o mapeamento das relações qualitativas em um sistema representacional numérico, se não há ajuste, não há um processo de medida verdadeira. Portanto, o que os Modelos Rasch fazem é buscar anomalias no dado que o distancie de um critério operacional matematicamente bem definido, ao qual o dado deveria se ajustar. Não havendo ajuste dos dados ao critério operacional de medida, novos dados são obtidos, e esse procedimento é repetido até que os dados se ajustem ao modelo. Como Andrich (2004, p. 12) argumenta, "identificar anomalias substantivas a partir da análise de desajuste, resistindo à modificação do modelo, [e] coletando novos dados guiados pelo modelo é consistente com o papel da medida nas ciências físicas como enunciado por Kuhn".

Mas como esses Modelos Rasch funcionam? Bom, para exemplificar essa discussão, apresentaremos brevemente o modelo dicotômico, que é o modelo mais simples. Uma discussão mais aprofundada sobre esse modelo será realizada no Capítulo 4.

O modelo dicotômico de Georg Rasch, também chamado de modelo logístico simples (MLS), estabelece que a resposta X_{pi}, que surge do encontro da pessoa p com o item i, depende da habilidade β da pessoa e da dificuldade δ do item, e é expressa em termos probabilísticos. A probabilidade de a pessoa acertar determinado item varia de acordo com sua habilidade β. Assim, se β_p for igual à δ_i, estima-se que a pessoa tenha 50% de chance de acertar o item. Caso β_p seja menor que δ_i, espera-se que a pessoa tenha menos que 50% de chance de acerto. Por outro lado, se β_p for maior que δ_i, espera-se que a pessoa tenha mais de 50% de chance de responder corretamente. A relação entre habilidade e dificuldade é representada pela seguinte relação matemática genérica para respostas dicotômicas:

$$P\left\{X_{pi} = x_{pi}\right\} = \frac{e^{x_{pi}(\beta_n - \delta_i)}}{1 + e^{(\beta_n - \delta_i)}}$$

Dentre as várias propriedades do MLS, a *invariância* pode ser apontada como uma das mais importantes. Essa propriedade garante que os parâmetros do objeto medido e do instrumento de medida são separáveis, ou seja, comparações de habilidades das pessoas independem da dificuldade dos itens, e vice-versa. E essa é uma propriedade do modelo matemático, e não dos dados empíricos em si (Wright, & Stone, 1999). Em um par de itens, a probabilidade de uma pessoa acertar o primeiro e errar o segundo, dado que ela acerta apenas um dos dois, depende única e exclusivamente da dificuldade desses itens. Essa propriedade pode ser expressa da seguinte maneira:

$$P\left\{\left(x_{p1}=1,\, x_{p2}=0\right) \middle| \left(x_{p1}=1,\, x_{p2}=0\right) \text{OU} \left(x_{p1}=0,\, x_{p2}=1\right)\right\} = \frac{e^{-\delta_1}}{e^{-\delta_1}+e^{-\delta_2}}$$

De forma semelhante, sendo duas pessoas, 1 e 2, respondendo a um item *i*, a probabilidade de a primeira acertar e a segunda errar o item, dado que apenas uma das duas acerta, depende única e exclusivamente da habilidade dessas pessoas. Essa propriedade pode ser expressa da seguinte maneira:

$$P\left\{\left(x_{1i}=1,\, x_{2i}=0\right) \middle| \left(x_{1i}=1,\, x_{2i}=0\right) \text{OU} \left(x_{1i}=0,\, x_{2i}=1\right)\right\} = \frac{e^{\beta_1}}{e^{\beta_1}+e^{\beta_2}}$$

A expressão de invariância dos parâmetros no modelo dicotômico de Rasch satisfaz um dos principais axiomas da Teoria da Medida Aditiva Conjunta (TMAC), que é o da relação duplamente independente entre os fatores (no caso, habilidade e dificuldade). Trata-se de uma verificação matemática de que o modelo satisfaz duas condições.

A primeira condição é que o valor de β pode ser escolhido sem afetar o valor δ (independência de realização dos componentes). A segunda condição garante que os componentes β e δ têm efeitos independentes no atributo a ser medido. Desse modo, o modelo dicotômico de Rasch prova, matematicamente, que há ordenamento independente de β e δ, ao longo da variável latente, satisfazendo o axioma 2 da TMAC.

Além de satisfazer as duas condições do axioma 2, a expressão de invariância dos parâmetros tem como consequência, também, que o aumento na variável latente produz um efeito específico de aumento na habilidade β e na dificuldade δ, mas de maneira independente uma da outra. Assim, satisfaz-se o axioma 3 da TMAC (duplo cancelamento). Por último, como a comparação da habilidade de duas pessoas β_1 e β_2 depende da relação entre as habilidades dessas pessoas, então, os valores de β são comparáveis.

Igualmente, como a comparação da dificuldade de dois itens δ_1 e δ_2 depende da relação entre as dificuldades desses itens, então, os valores de δ também são comparáveis. Satisfaz-se, assim, o axioma 4 da TMAC (axioma de Arquimedes). Por último, se os dados se ajustam ao modelo dicotômico de Rasch, então, a ordem entre as relações é do tipo fraca, satisfazendo o axioma 1 da TMAC. Se a ordem das relações não for fraca, os dados não se ajustam ao modelo.

Em suma, o modelo dicotômico de Rasch (1960) e os modelos derivados são as únicas funções probabilísticas "mágicas" que mapeiam as relações qualitativas encontradas em estruturas aditivas conjuntas em um sistema representacional numérico, de modo que sejam satisfeitos todos os quatro axiomas da Teoria de Medida Aditiva Conjunta. Uma das primeiras evidências de que o Modelo Rasch é um caso especial da Teoria de Medida Aditiva Conjunta foi elaborada por Perline, Wright e Wainer em 1979, mas a prova matemática definitiva só foi apresentada recentemente por Newby, Conner, Grant e Bunderson (2009). Este livro vai ajudá-lo(a) a compreender melhor os detalhes dos principais Modelos Rasch, suas características e aplicações.

Referências

Andrich, D. (2004). Controversy and the Rasch model: a characteristic of incompatible paradigms? *Medical Care*, *42*, 7-16.

Borsboom, D. (2003). *Conceptual issues in psychological measurement*. Amsterdam: Universiteit van Amsterdam.

Borsboom, D., & Scholten, A. (2008). The Rasch model and additive conjoint measurement theory from the perspective of psychometrics. *Theory, & Psychology*, *18*, 111-117.

Krantz,D. H., Luce, R. D., Suppes, P., & Tversky, A. (1971). *Foundations of measurement* (Vol. I). New York: Academic Press.

Newby, V. A., Conner, G. R., Grant, C. P., & Bunderson, C. (2009). The Rasch model and additive conjoint measurement. *Journal of Applied Measurement, 10*(4), 348-354.

Pasquali, L. (2011). *Psicometria: teoria dos testes na psicologia e educação.* Petrópolis: Vozes.

Perline, R., Wright, B. D., & Wainer, H. (1979). The Rasch model as additive conjoint measurement. *Applied Psychological Measurement, 3*(2), 237-255.

Rasch, G. (1960). *Probabilistic models for some intelligence and attainment tests.* Copenhagen: Paedagogiske Institut.

Stevens, S. S. (1946). On the theory of scales of measurement. *Science, 103*, 667-680.

Wright, B. D., & Stone, M. H. (1999). *Measurement essentials*. Wilmington: Wide Range.

> *"Os símbolos matemáticos ganham vida quando a matemática é tocada na mente."*
>
> (Sautoy, M.)

Capítulo 2

Aprendendo a ler a expressão de invariância dos parâmetros

Hudson Fernandes Golino
Universidade Estadual
de Feira de Santana
Cristiano Mauro Assis Gomes
Universidade Federal de Minas Gerais

OBJETIVO

No Capítulo 1, mostramos a fórmula do modelo dicotômico de Rasch e dissemos que essa fórmula funciona como um elixir para a medida verdadeira. Tudo muito bonito, mas se você não conseguiu ler com facilidade a fórmula por meio de seus símbolos matemáticos, seu entendimento da ideia pode ser prejudicado. Se isso ocorreu, este capítulo será muito útil para você. Aqui, vamos *aprender a ler* a expressão que mostra a invariância de comparação de parâmetros, uma das propriedades mais importantes da medida, e entender algumas das relações contidas nessa expressão. Para isso, precisaremos compreender o que são os conectivos "e" e "ou", dentro do contexto da teoria dos conjuntos.

Primeiros passos para a leitura da expressão

Como visto no capítulo anterior, um dos requisitos mais importantes para obter uma medida verdadeira é a invariância dos parâmetros. Essa propriedade garante que os parâmetros do instrumento de medida e os do objeto a ser medido são separáveis. No modelo logístico simples de George Rasch, essa invariância de comparação dos parâmetros pode ser verificada utilizando uma elegante estratégia: empregando probabilidade condicional, que será abordada de modo mais completo no Capítulo 4. Vamos, nesta primeira parte do capítulo, aprender a ler a expressão a seguir, que apresenta a seguinte situação: seja um par de itens, a probabilidade de acertar o primeiro item e errar o segundo, dado que se acerta apenas um dos dois itens, depende *exclusivamente* da dificuldade δ (delta) desses itens.

$$P\left\{\left(x_{v1}=1 \wedge x_{v2}=0\right) \middle| \left(x_{v1}=1 \wedge x_{v2}=0\right) \vee \left(x_{v1}=0 \wedge x_{v2}=1\right)\right\} = \frac{e^{-\delta_1}}{e^{-\delta_1}+e^{-\delta_2}}$$

De fato, essa expressão é uma espécie de hieróglifo para qualquer pessoa que está começando a estudar o assunto. Vamos aprender a ler o que está escrito na primeira parte da expressão, para depois compreender as relações que são expressas por seus símbolos.

Preste atenção à primeira parte da expressão:

$$P\left\{\left(x_{v1}=1 \wedge x_{v2}=0\right) \middle| \left(x_{v1}=1 \wedge x_{v2}=0\right) \vee \left(x_{v1}=0 \wedge x_{v2}=1\right)\right\}$$

Para que possamos fazer uma leitura fácil, precisaremos entender o que cada símbolo significa:

- P = probabilidade;
- x = resposta observada;
- v = pessoa;
- *1* = item 1;
- *2* = item 2;
- $\wedge$ = conectivo lógico "e";

- | = tal que / dado que;
- ∨ = conectivo lógico "ou".

Agora, vamos trocar os símbolos por seus significados, de modo que seja possível ler o que está representado na expressão:

A probabilidade de a resposta da pessoa v ao item 1 ser correta e

P — $X_{v1} = 1$ — $\wedge$

a resposta da pessoa v ao item 2 ser incorreta,

$X_{v2} = 0$

$|$ — $X_{v1} = 1$ — $\wedge$

dado que a pessoa v responde corretamente o primeiro item e incorretamente o segundo item

$X_{v2} = 1$

$\vee$ — $X_{v1} = 0$ — $\wedge$

OU a pessoa v responde incorretamente o primeiro item e corretamente ao segundo item...

$X_{v2} = 1$

Vamos a um exemplo concreto: uma pessoa deve fazer duas tarefas de matemática. Compreenda que cada tarefa é um item. No primeiro item, a pessoa tem de somar 2+5. Já no segundo item a pessoa deve subtrair 8 – 4. Sabemos que X é a resposta que a pessoa dá aos itens (resposta observada). Essa resposta pode ser certa ou errada. Uma resposta certa é representada pelo número 1, ao passo que uma resposta errada é representada pelo número 0. A pessoa tem uma probabilidade de ter acertado a soma do item 1 e de ter errado a subtração do item 2. A expressão a seguir representa exatamente o que foi dito na frase anterior.

$$P\left(X_{v1} = 1 \wedge X_{v2} = 0\right)$$

Queremos verificar a probabilidade de uma pessoa responder corretamente ao item de adição e incorretamente ao item de subtração. Esse é nosso objetivo, e está representado na expressão acima. Diante desse objetivo, temos duas condições: ou a pessoa acerta o item de adição e erra o de subtração $(X_{v1} = 1 \wedge X_{v2} = 0)$ ou ela erra o item de adição e acerta o de subtração $(X_{v1} = 0 \wedge X_{v2} = 1)$. A pessoa também poderia acertar ambos os itens, ou errar ambos os itens. No entanto, queremos descobrir a probabilidade levando em consideração que *a pessoa acerta apenas um dos dois itens*, ou seja:

$$P\{(X_{v1} = 1 \wedge X_{v2} = 0) | (X_{v1} = 1 \wedge X_{v2} = 0) \vee (X_{v1} = 0 \wedge X_{v2} = 1)\}$$

Agora, imaginemos que, em vez de comparar dois itens (por exemplo, 1 e 2), queremos comparar duas pessoas, $v = 1$ e $v = 2$. A expressão de invariância das habilidades dessas pessoas é dada por:

$$P\{(X_{1i} = 1 \wedge X_{2i} = 0) | (X_{1i} = 1 \wedge X_{2i} = 0) \vee (X_{1i} = 0 \wedge X_{2i} = 1)\} = \frac{e^{\beta_1}}{(e^{\beta_1} + e^{\beta_2})}$$

Ou seja, considerando duas pessoas (1 e 2), a probabilidade de a primeira pessoa acertar um item e a segunda errar, dado que apenas uma delas acerta o item, depende *exclusivamente da habilidade* β dessas pessoas. Vamos aprender a ler a primeira parte da expressão de invariância da comparação de duas pessoas. Para isso, preste atenção na primeira parte da expressão:

$$P\{(X_{1i} = 1 \wedge X_{2i} = 0) | (X_{1i} = 1 \wedge X_{2i} = 0) \vee (X_{1i} = 0 \wedge X_{2i} = 1)\}$$

Vamos substituir cada símbolo por seu significado:

$$\underbrace{\textit{A probabilidade}}_{P}\ \textit{de a}\ \underbrace{\textit{resposta da pessoa 1 ao item i ser correta}}_{X_{1i} = 1}\ \underbrace{\textit{e}}_{\wedge}$$

$$\underbrace{\textit{a resposta da pessoa 2 ao item i ser incorreta,}}_{X_{2i} = 0}$$

$|$ $\quad X_{1i} = 1 \quad \wedge$

dado que a pessoa 1 responde corretamente o item i e a pessoa 2 responde incorretamente

$X_{2i} = 0$

$\vee \quad X_{1i} = 0 \quad \wedge$

OU a pessoa 1 responde incorretamente o item i e a pessoa 2 responde corretamente o item i.

$X_{2i} = 1$

Vamos continuar a exercitar a leitura dos símbolos matemáticos envolvidos na expressão de invariância utilizando outro exemplo concreto. Duas pessoas, João e Maria, devem fazer uma tarefa (item) qualquer. Definimos que X é a resposta que cada pessoa dá aos itens (resposta observada), podendo ser certa (1) ou errada (0). João tem uma probabilidade de ter acertado um item qualquer e Maria tem uma probabilidade de ter errado um item qualquer. A expressão a seguir representa exatamente o que foi dito na frase anterior.

$$P\left(X_{João_i} = 1 \wedge X_{Maria_i} = 0\right)$$

Queremos verificar a probabilidade de João responder corretamente a um item qualquer (i) e de Maria responder incorretamente ao mesmo item. Esse é nosso objetivo, e está representado na expressão anterior. Diante desse objetivo, temos duas condições: ou João acerta o item e Maria erra $\left(X_{João_i} = 1 \wedge X_{Maria_i} = 0\right)$, ou João erra o item e Maria acerta $\left(X_{João_i} = 0 \wedge X_{Maria_i} = 1\right)$. É claro que as duas pessoas poderiam também acertar ou errar o item. No entanto, como já comentamos, queremos descobrir a probabilidade de João acertar e Maria errar determinado item, levando em consideração que *apenas um dos dois acerta esse item*; ou seja:

$$P\left\{\left(X_{João_i} = 1 \wedge X_{Maria_i} = 0\right) \middle| \left(X_{João_i} = 1 \wedge X_{Maria_i} = 0\right) \vee \left(X_{João_i} = 0 \wedge X_{Maria_i} = 1\right)\right\}$$

A partir desses exemplos, esperamos que você tenha aprendido a ler a primeira parte da expressão de invariância da comparação dos parâmetros de itens (dificuldade, ou delta "δ") e de pessoas (habilidade, ou beta "β"). No entanto, ainda não explicamos algumas particularidades de cada símbolo dessa expressão: o que significa o conectivo lógico "e" ($\wedge$) e o conectivo lógico "ou" ($\vee$). Essa parte será tratada a seguir.

Conjuntos: decifrando as relações contidas na expressão

Para compreender as relações existentes entre os elementos da expressão de invariância de parâmetros, será necessário aprender o básico sobre a teoria dos conjuntos. A partir da teoria dos conjuntos, ficará claro o significado dos conectivos lógicos "e" ($\wedge$) e "ou" ($\vee$). Além disso, essa teoria é de grande relevância para a compreensão básica sobre probabilidade. A teoria dos conjuntos é atribuída ao matemático russo de origem alemã George Ferdinand Ludwig Cantor (1845-1918), que em meados de 1859 definiu o conceito de conjunto como "qualquer coleção dentro de um todo de objetos distintos definidos, de nossa intuição ou pensamento" (Cantor, como citado por You-Feng, & Shwu-Yeng, 1974). No entanto, somente em 1874 a teoria foi definitivamente sistematizada por Cantor (como citado por Johnson, 1972), em um artigo publicado na revista alemã *Crelle*, sobre matemática pura e aplicada (Cantor, 1874). Sendo um campo da Matemática, a Teoria dos Conjuntos é repleta de axiomas e conta com uma série de demonstrações de suas relações lógicas. Neste capítulo, abordaremos superficialmente alguns conceitos fundamentais e as principais relações, ou operações lógicas, entre conjuntos finitos.

Conjuntos finitos são coleções arbitrárias de um número finito de objetos distinguíveis e definidos, também chamados de elementos (You-Feng, & Shwu-Yeng, 1974). Os conjuntos podem ser representados de várias maneiras. Uma letra maiúscula identifica um conjunto, como os conjuntos *A*, *B*, *C*, *D* etc. Números, letras minúsculas, nomes próprios, entre outros, dentro de chaves também são representações de conjuntos.

Exemplos:

1. $A = \{a, b, c, d, e, f, g, h\}$.

2. $B = \{$psicólogos brasileiros$\}$.
3. $C = \{1, 2, 3, 4\}$.
4. $D = \{\varnothing\}$ ou $\{\ \}$.

Dentro das chaves estão os elementos daquele conjunto, que podem ser uma coleção arbitrária de letras, números, objetos, pessoas ou uma coleção de respostas de uma pessoa aos itens de um teste ou questionário. Outra maneira de representar os conjuntos é utilizando o diagrama de Venn-Euler (Figura 2.1):

Figura 2.1 ■ Diagrama de Venn-Euler.

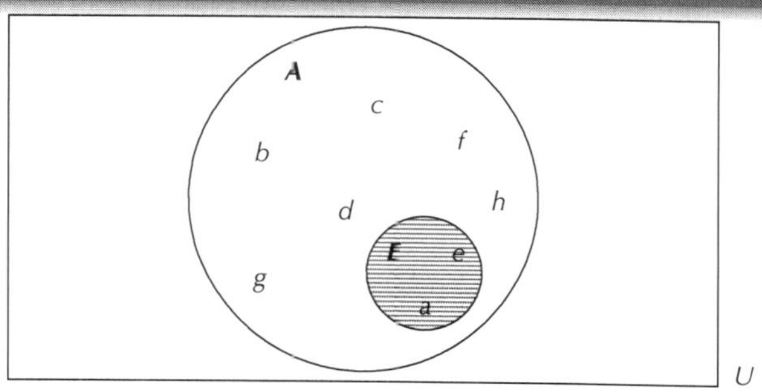

Todo conjunto finito tem propriedades que o definem. Nos Exemplos, temos o conjunto A, que é definido como o conjunto das letras do alfabeto que vão de a até h. Podemos representar esse conjunto do seguinte modo: $A = \{x$: letras do alfabeto de a até $h\}$. Portanto, estamos dizendo que o conjunto A é formado pelos elementos x que satisfazem a condição de serem letras do alfabeto de a até h. De forma genérica, esse tipo de representação possui a seguinte estrutura:

$$\{x: \alpha(x)\}$$

Onde se lê "o conjunto de todas as coisas x tal que x possui a propriedade α".

Vamos relembrar o exemplo da primeira seção deste capítulo: uma pessoa tinha de responder a um item de adição e a outro de subtração. A pessoa pode acertar ou errar o item. Temos, então, dois conjuntos, Y e Z:

1. $Y = \{$resposta correta$\}$
2. $Z = \{$resposta incorreta$\}$

Esses dois conjuntos, Y e Z, estão contidos em um universo U (Figura 2.2).

Figura 2.2 ■ Diagrama de Venn-Euler dos conjuntos Y e Z

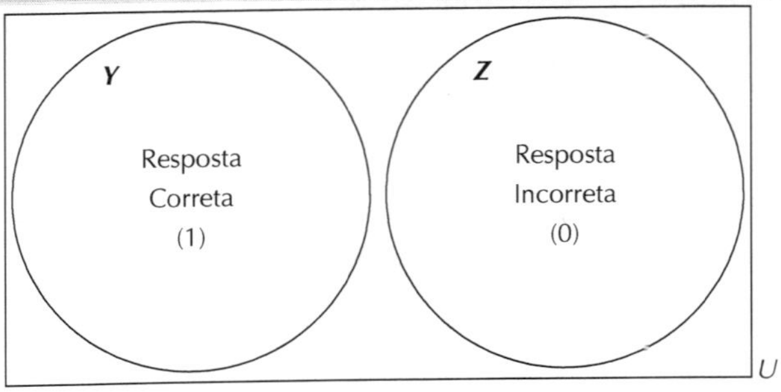

Para fazer parte do conjunto Y, a resposta a um item ou tarefa deve satisfazer uma condição: estar correta. Assim, $Y = \{x: \alpha(x)\}$, onde se lê, "o conjunto Y é formado por elementos x, tais que x possuem a propriedade α". Nesse caso, sabemos que a propriedade α é responder corretamente a um item. Já o conjunto $Z = \{x: \beta(x)\}$, onde se lê "o conjunto Z é formado por elementos x, tais que x possuem a propriedade β". Nesse exemplo, sabemos que a propriedade β é responder incorretamente a um item. O universo, portanto, é o superconjunto formado pelos conjuntos de todas as respostas corretas (Y) e de todas as respostas incorretas (Z). Se Maria respondeu corretamente ao item 1 (2 + 5), e incorretamente ao item 2 (8 − 4), temos, então, que:

$$X_{(Maria)1} = 1 \text{ e } X_{(Maria)2} = 0$$

Portanto, $\left[\left(X_{(Maria)1} = 1\right) \in Y\right]$, ou seja, a resposta X de Maria ao item 1 $\left(X_{(Maria)1} = 1\right)$ pertence ($\in$) ao conjunto Y. Da mesma maneira, $\left[\left(X_{(Maria)2} = 0\right) \in Z\right]$, ou seja, a resposta X de Maria ao item 2 $\left(X_{(Maria)2} = 0\right)$ pertence ($\in$) ao conjunto Z. De maneira genérica, podemos escrever uma expressão matemática que represente as condições para que a resposta de uma pessoa v ao item i seja alocada em um dos dois conjuntos, Y ou Z:

$$(X_{vi}) \in Y \leftrightarrow (\forall X_{vi})\{\alpha(X_{vi})\}$$

Onde se lê: a resposta X da pessoa v ao item i (X_{vi}) pertence ($\in$) ao conjunto Y se, e somente se ($\leftrightarrow$), para toda ($\forall$) resposta X_{vi}, X_{vi} apresentar a propriedade α.

De forma semelhante, temos que:

$$(X_{vi}) \in Z \leftrightarrow (\forall X_{vi})\{\beta(X_{vi})\}$$

Onde se lê: a resposta X da pessoa v ao item i (X_{vi}) pertence ($\in$) ao conjunto Z se e somente se ($\leftrightarrow$), para toda ($\forall$) resposta X_{vi}, X_{vi} possuir a propriedade β.

Tanto o conjunto Y quanto o Z são conjuntos de seus próprios elementos e são subconjuntos do superconjunto, ou universo, U (ver Figura 2.2). Por sua vez, todo elemento é conjunto de si mesmo e subconjunto do conjunto ao qual pertence. Sendo assim, o conjunto das respostas corretas ao item de adição do exemplo da seção anterior, por exemplo, é subconjunto do universo U, que contém todas as possíveis classes de respostas (certa ou errada) ao item. Cada elemento do conjunto Y é conjunto de si mesmo, e subconjunto de Y (veja a Figura 2.3).

Figura 2.3 ▪ Diagrama de Venn-Euler dos conjuntos Y e Z.

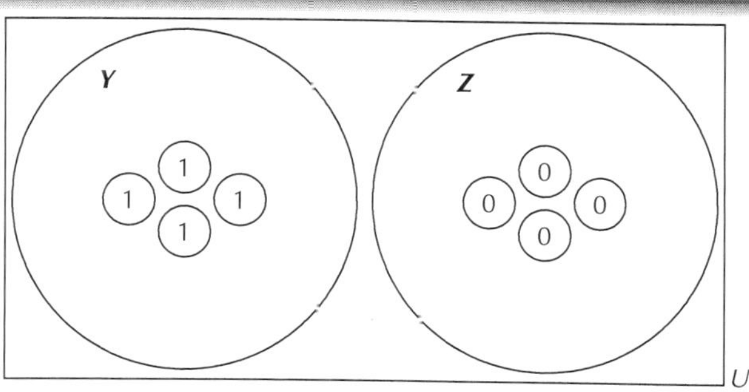

Subconjuntos são conjuntos de elementos pertencentes a um conjunto geral (ou superconjunto). Foquemos os exemplos de conjuntos, que apresenta o conjunto A. Se o conjunto E é formado pelos elementos $\{a, e\}$, e se $a \in A$ (lê-se: a pertence ao conjunto A, ou a é elemento do conjunto A), e se $a \in A$, então, E é um subconjunto de A, uma vez que todos os elementos do E estão contidos no conjunto A.

A representação lógica formal da relação descrita é:

$$E \subset A \equiv \forall i\left[\left(i \in E\right) \rightarrow \left(i \in A\right)\right] \tag{1}$$

E lê-se da seguinte maneira: o conjunto E está contido no conjunto $A(E \subset A)$, e isso é equivalente à ($\equiv$) dizer que para todo $i(\forall)$, se i pertence ao conjunto E, então i também pertence ao conjunto $A\left[\left(i \in E\right) \rightarrow \left(i \in A\right)\right]$. O símbolo $\rightarrow$ designa uma relação de implicação do tipo "se... então". Outra forma de ler a definição formal de subconjutos apresentada, é: o conjunto E está contido no conjunto A, ou é subconjunto de A. Isso é equivalente a dizer que, para todo elemento i, i pertencer ao conjunto E implica seu pertencimento ao conjunto A.

A representação gráfica esquemática, utilizando o diagrama de Venn--Euler, dos conjuntos E e A do exemplo dado no início da seção (Figura 2.4):

Figura 2.4 ■ Diagrama de Venn-Euler dos conjuntos A e E.

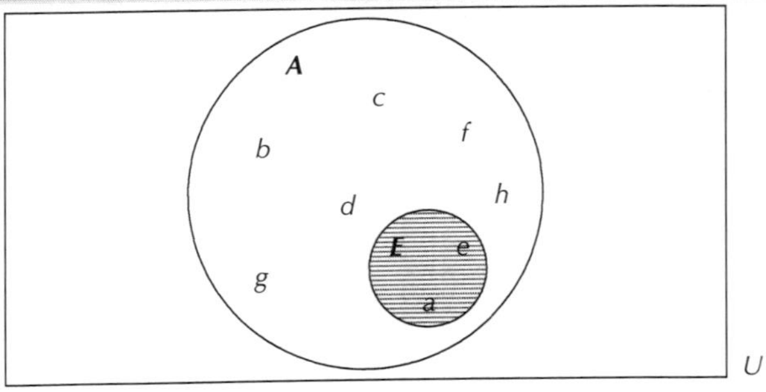

Conjuntos iguais são aqueles que contam com os mesmos elementos, não importando a ordem na qual aparecem. Portanto, se

$$A = \{a, b, c, d, e, f, g, h\}$$

e

$$F = \{c, d, a, b, f, h, g, e\}$$

então $A = F$.

$$\therefore\ A = F \ \rightarrow (\forall i)(i \in A) \leftrightarrow (i \in F) \tag{2}$$

A representação formal apresentada lê-se: "portanto, se o conjunto A é igual ao conjunto F, então para todo elemento i, i pertence ao conjunto A, se e somente se, i pertence ao conjunto F".

Exercícios

1. Defina, com suas próprias palavras, o que são conjuntos.

2. Sejam os conjuntos $A = \{1, 2, 3, 4, 5, 6, 7, 8, 9, 10\}$, e $B = \{1, 2, 3, 5, 7, 9\}$:

a) B é subconjunto de A?

b) Faça uma representação lógica formal (sintática) que ajude a justificar a resposta da questão a.

c) Escreva uma frase que mostre o significado da representação lógica formal da questão b.

d) Faça uma representação esquemática gráfica dos conjuntos A e B.

3. Escreva em uma frase o significado de cada uma das seguintes representações lógicas a seguir:

a) $K \subset A \equiv (\forall i)\big[(i \in \mathrm{K}) \rightarrow (i \in A)\big]$

b) $L = J \ \rightarrow (\forall x)[x \in L] \leftrightarrow [x \in J]$

4. Seja o conjunto $A = \{a, b, c, d\}$, mostre que A é subconjunto de si mesmo.

5. A partir dos conjuntos $H = \{1, 2, 5, 7, 9, 12, 14\}$ e $J = \{3, 4, 6, 8, 11, 21\}$:

a) Monte um conjunto N que satisfaça a seguinte condição: $N = \{x \in J \mid x$ é primo$\}$

b) Monte um conjunto M, que satisfaça a seguinte condição: $M = \{x \in H \mid x$ não é primo$\}$

c) Represente os conjuntos H, J, M e N utilizando o diagrama de Venn-Euler;

d) Tendo os conjuntos H, J, M e N, aponte quais são superconjuntos e quais são subconjuntos

e) Seja $K = \{1, 3, 2, 14, 13, 7, 22\}$, monte um diagrama de Venn-Euler mostrando a interação entre os conjuntos H, J, M, N e K

Relações ou operações lógicas

Depois de ter lido a seção anterior, você pode estar se perguntando por que entender de conjuntos finitos pode ajudar a compreender a invariância dos parâmetros e também se os autores deste capítulo não escreveram algo desnecessário. Então, vamos lá. A seguir você tirará essa dúvida, se a tiver possuído. Nesta seção, entraremos diretamente na questão dos conectivos e da sua relação com os conjuntos.

Dois ou mais conjuntos podem se relacionar de três maneiras específicas: (1) podem ser unidos, formando um superconjunto; (2) podem compartilhar elementos, formando uma interseção; ou (3) podem ser separados um do outro, ou dos demais conjuntos pertencentes a um espaço ou universo de conjuntos. Essas relações são as operações lógicas possíveis de serem realizadas entre os conjuntos e são similares às operações de soma, multiplicação e subtração (Soong, 2004).

Vamos explicar isso com alguns exemplos coisas bem simples. Se $A = \{3, 5, 7, 9\}$ e $B = \{2, 3, 4, 5\}$, e os dois conjuntos forem unidos, obtemos um superconjunto $A + B = \{2, 3, 4, 5, 7, 9\}$. Caso tiremos de A e B seus elementos comuns, poderemos formar um conjunto composto por esses elementos $\{3, 5\}$. No entanto, caso retiremos do conjunto A – e de todos os outros conjuntos pertencentes ao espaço ou universo de conjuntos disponíveis – todo e qualquer elemento pertencente ao conjunto B, obteremos o conjunto $\overline{B}$ (lê-se conjunto B complementar, ou conjunto complementar de B em A), e que, nesse caso, é justamente tudo que não é B, e composto pelos elementos $\{7, 9\}$.

Podemos elaborar uma representação lógica formal de cada uma das três operações mostradas no parágrafo anterior. Essas representações vêm a seguir:

1. **Interseção de conjuntos:** sejam dois conjuntos A e B, sua interseção forma um conjunto composto por elementos i, de tal forma que

$$(i \in A) \wedge (i \in B) \tag{3}$$

onde: i pertence ao conjunto A e i pertence ao conjunto B. Observação: na lógica da teoria dos conjuntos, o conectivo "e", representado pelo símbolo lógico de conjunção $\wedge$, designa que um elemento qualquer satisfaz ambas as proposições. O conjunto de elementos i da interseção de A com $B(A \cap B)$ pertencem simultaneamente aos dois conjuntos (Figura 2.5).

Figura 2.5 ■ Representação gráfica esquemática da interseção de dois conjuntos.

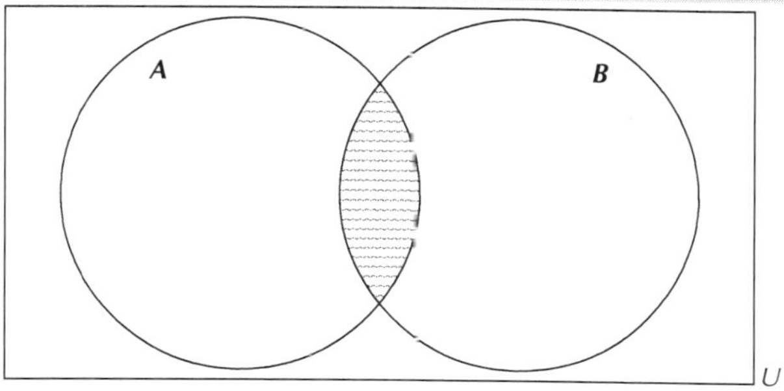

O importante é você perceber que o conectivo "e" tem essa característica de operação de interseção de conjuntos. Vamos mostrar isso agora com um exemplo: se A e B são conjuntos, cujas propriedades estão definidas pelos predicados α e β.

$$A = \{x: \alpha(x)\}, \qquad B = \{x: \beta(x)\},$$

Então,

$$A \cap B = \{x : \alpha(x) \wedge \beta(x)\} \tag{4}$$

onde: o conjunto *A interseção B é formado pelos elementos x, tal que x apresenta a propriedade* α e (olha o conectivo "e" aí na brincadeira!) a propriedade β.

Retomemos o primeiro exemplo visto na primeira seção deste capítulo. As pessoas tinham de responder a dois itens, um de adição (item 1) e outro de subtração (item 2). Sabemos que há uma probabilidade de o item de adição ser respondido corretamente (item 1), e de o item de subtração ser respondido incorretamente (item 2). A expressão a seguir representa exatamente o que foi dito na frase anterior:

$$P\left(X_{v1} = 1 \wedge X_{v2} = 0\right)$$

Nessa expressão, temos dois conjuntos. O primeiro é formado pelas respostas das pessoas ao item 1, e o segundo é formado pela resposta das pessoas ao item 2. Então,

$$P\left(\underbrace{X_{v1}}_{\text{A}} = 1 \wedge \underbrace{X_{v2}}_{\text{B}} = 0\right)$$

tanto o conjunto *A quanto o conjunto B contam com dois subconjuntos, o das respostas corretas (1) e o das respostas incorretas (0)* (Figura 2.6).

Figura 2.6 ▪ Diagrama de Venn-Euler dos conjuntos *A* e *B*.

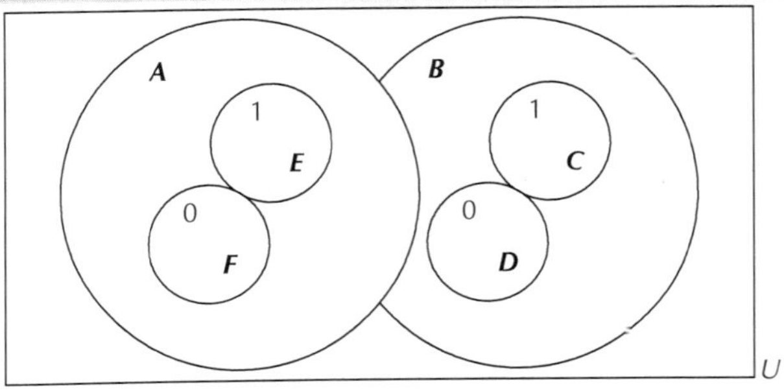

Por meio das definições trabalhadas na segunda seção, sabemos que:

$A = \{i$: respostas das pessoas ao item 1$\}$;

$$\left(X_{v1}\right) \in E \leftrightarrow \left(\forall X_{v1}\right)\left\{\gamma\left(X_{v1}\right)\right\};$$

$$\left(X_{v1}\right) \in F \leftrightarrow \left(\forall X_{v1}\right)\left\{\eta\left(X_{v1}\right)\right\};$$

$$\left(E \subset A\right);$$

$$\left(F \subset A\right).$$

$B = \{i$: respostas das pessoas ao item 2$\}$;

$$\left(X_{v2}\right) \in \mathrm{C} \leftrightarrow \left(\forall X_{v2}\right)\left\{\gamma\left(X_{v2}\right)\right\};$$

$$(X_{v2}) \in D \leftrightarrow (\forall X_{v2})\{\eta(X_{v2})\};$$

$$(C \subset B);$$

$$(D \subset B).$$

Sendo o predicado γ (gama) a característica de ser uma resposta correta, e o predicado η (eta) a característica de ser uma resposta incorreta. A pergunta que fazemos agora é a seguinte: existe algum elemento de A que também é elemento de B? Vamos verificar. Se os elementos de A são aqueles que englobam as respostas das pessoas ao item 1, e se os elementos de B são aqueles que englobam as respostas das pessoas ao item 2, então, não há possibilidade de haver elementos comuns. Utilizando a definição de interseção de conjuntos, temos que:

$$A \cap B = \{x : \alpha(x) \wedge \beta(x)\} = \{\varnothing\}$$

Onde se lê: o conjunto A interseção B é formado pelos elementos x, tal que x possui ambas as propriedades α (respostas ao item 1) e β (respostas ao item 2). O conjunto *A interseção B* é um conjunto vazio. Nesse sentido, o conjunto "Respostas ao item 1 interseção respostas ao item 2", é vazio. E isso terá uma consequência na maneira de calcular a probabilidade $P(X_{v1} = 1 \wedge X_{v2} = 0)$, que veremos no Capítulo 3.

Vamos a outro exemplo: considere um universo composto pelos números inteiros de 1 a 10. O conjunto *A é formado por inteiros pares,*

$$A = \{x : x \text{ é par}\}$$

e o conjunto B é formado pelos inteiros menores que 3,

$$B = \{x : x \text{ é menor que } 3\}$$

Então,

$$A \cap B = \{x : \alpha(x) \wedge \beta(x)\} = \{x : x \text{ é par } e \text{ menor que } 3\} = \{2\}$$

O número 2 é o único que satisfaz a ambas as propriedades, ou seja, de ser par e menor que três. Como dito anteriormente, o conectivo "e", representado pelo símbolo lógico de conjunção $\wedge$, designa que um elemento qualquer satisfaz as proposições de ambos os conjuntos. Ou seja, o conjunto de elementos i da interseção de A *com* $B(A \cap B)$ pertencem simultaneamente aos dois conjuntos. Em suma, você compreende que o conectivo "e" representa a interseção de conjuntos? Esperamos que sim.

2. **União de conjuntos:** podemos dizer que a união de conjuntos forma um novo conjunto composto por todos os elementos do conjunto, de tal modo que:

$$i \in A \cup B \leftrightarrow (i \in A) \vee (i \in B) \quad (5)$$

onde: o elemento i pertence ao conjunto "A união com o conjunto B" $(A \cup B)$ se e somente se ($\leftrightarrow$) i pertence ao conjunto $A(i \in A)$ ou ($\wedge$) i pertence ao conjunto $B(i \in B)$. Concentre nesse aspecto: na lógica da teoria dos conjuntos, a união é caracterizada pelo conectivo "ou" e representada pelo símbolo lógico de disjunção $\vee$. O conjunto $A \cup B$ é, portanto, formado por todos os elementos que pertencem ao A ou ao B (Figura 2.7).

Figura 2.7 ▪ Representação gráfica esquemática da união de dois conjuntos.

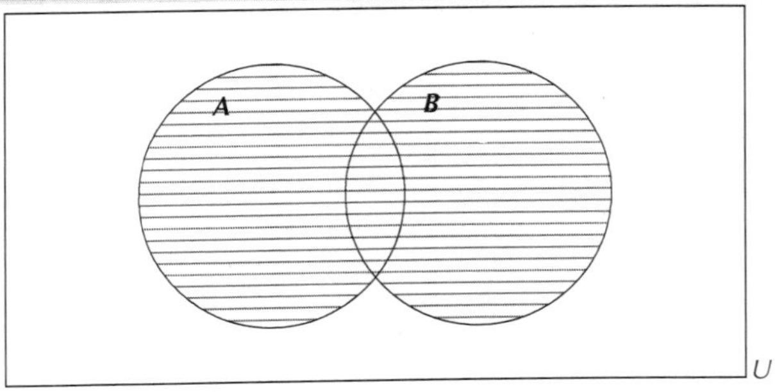

Podemos verificar a relação existente entre a união de conjuntos e o conectivo "ou" escrevendo essa união por meio de suas propriedades descritivas. Se A e B são conjuntos cujas propriedades estão definidas pelos predicados α e β, sendo que predicados representam relação ou propriedade de algo, temos que:

$$A = \{x: \alpha(x)\}, \qquad B = \{x: \beta(x)\} \quad (6)$$

onde: o conjunto A é formado pelos elementos x, tal que x apresenta as propriedades α, e o conjunto B é formado pelos elementos x que apresentam as propriedades β.

Então,

$$A \cup B = \left\{x : \alpha(x) \vee \beta(x)\right\} \tag{7}$$

onde: o conjunto A união B é formado pelos elementos x, tal que x tem as propriedades α, ou x tem as propriedades β.

Retomemos, agora, a expressão de invariância dos parâmetros, visto na primeira seção deste capítulo.

$$P\left\{\left(x_{v1} = 1 \wedge x_{v2} = 0\right) \middle| \left(x_{v1} = 1 \wedge x_{v2} = 0\right) \vee \left(x_{v1} = 0 \wedge x_{v2} = 1\right)\right\}$$

As pessoas tinham de responder a dois itens, um de adição (item 1) e outro de subtração (item 2). O interesse na expressão de invariância dos parâmetros é saber qual a probabilidade de acertar um item e errar o outro, dado que se acerta apenas um dos dois. O condicionante *dado que se acerte o primeiro e erre o segundo ou que se erre o primeiro e acerte o segundo* contém o conectivo lógico de conjunção "e" ($\wedge$) e o conectivo de disjunção "ou" ($\vee$). Veremos o que esse "ou" significa. De acordo com a definição de união, já apontada, um conjunto formado pela união de dois outros conjuntos possui todos os elementos de ambos os conjuntos. No condicionante da expressão de invariância, temos a união de $\left(x_{v1} = 1 \wedge x_{v2} = 0\right)$, que chamaremos de Q, com $\left(x_{v1} = 0 \wedge x_{v2} = 1\right)$, que chamaremos de R. Ou seja, os elementos pertencentes a Q e a R compõem o conjunto $Q \cup R$. Essa constatação terá uma influência grande no cálculo da probabilidade (Capítulo 3).

Considere um universo composto pelos números inteiros de 1 a 10. O conjunto A é formado por inteiros pares,

$$A = \{x : x \text{ é par}\}$$

E o conjunto B é formado pelos inteiros menores que 3,

$$B = \{x : x \text{ é menor que } 3\}$$

então,

$$A \cup B = \{x : x \text{ é par } ou \text{ menor que } 3\} = \{1,\ 2,\ 4,\ 6,\ 8\}$$

Os números 1 e 2 estão incluídos no conjunto A união com B, porque são menores que 3, ao passo que 4, 6 e 8 estão incluídos porque são pares (observação: o número 2 satisfaz ambas as condições, visto que é par e menor que 3). Portanto, o conjunto $A \cup B$ é formado por elementos pares ou menores que 3. Assim, é possível verificar que a união de conjuntos envolve o conectivo "ou". Na união de dois conjuntos, como no exemplo, os elementos têm de satisfazer pelo menos uma das duas propriedades definidoras (ou de A, ou de B, ou de ambos) para estar contido no conjunto $A \cup B$.

3. **Complementos de conjuntos:** sejam dois conjuntos A e B, o complemento de B em A, ou $\overline{B}$, pode ser representado como A – B, e é definido como se segue:

$$A - B \equiv \overline{B} = \{i \in A \mid i \notin B\} \tag{8}$$

onde: o complemento de B em A é formado pelos elementos i que pertencem ao conjunto A tal que não pertençam ao conjunto B (Figura 2.8). Caso $B \subset A$, então, a representação gráfica utilizando o diagrama de Venn-Euler fica da seguinte maneira (Figura 2.9):

Figura 2.8 ■ Representação gráfica esquemática do complemento de B em A, considerando que há apenas os conjuntos A e B no universo U.

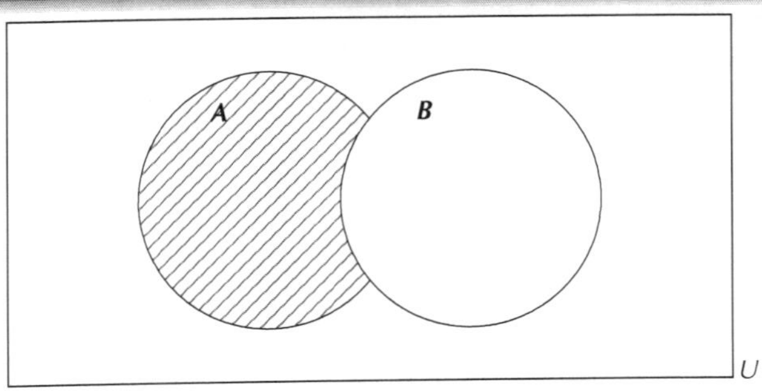

Figura 2.9 ■ Representação gráfica esquemática do complemento de B em A, considerando que há apenas os conjuntos A e B no universo U.

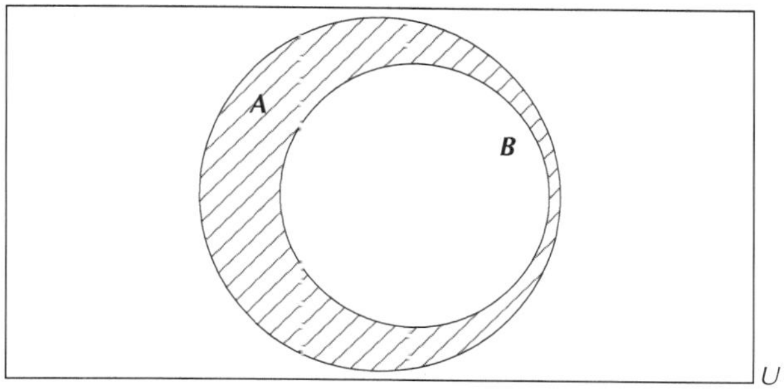

Agora, considere o conjunto A em relação ao universo de conjuntos U. Assim como nos exemplos anteriores (figuras 1.5 e 1.6), o complementar de A $\left(\overline{A}\right)$ é formado por todos os elementos que pertencem ao universo U e não pertencem ao conjunto A (Figura 2.10):

Figura 2.10 ■ Representação gráfica esquemática do complemento de A.

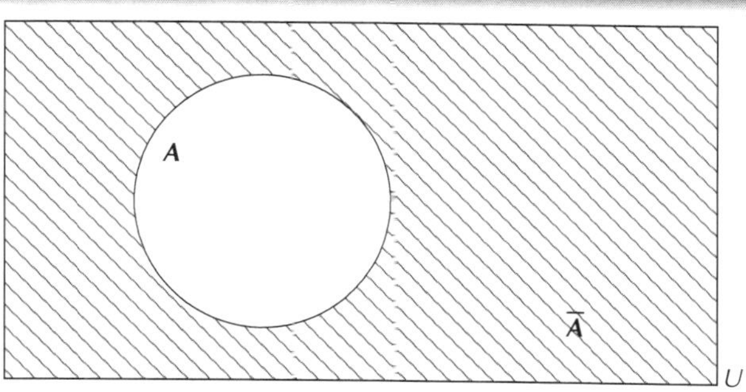

Observação: caso não haja elementos em U que não pertençam ao conjunto A, então $\overline{A} = \{\varnothing\}$.

Em termos de propriedades definidoras,

$$\overline{A} = \{x : \overline{\alpha}(x)\} \tag{9}$$

Voltando ao exemplo utilizado nas operações anteriores, se A é o conjunto formado pelos números inteiros pares que vão de 1 a 10, então, em relação ao universo U – que são os números inteiros de 1 a 10 –, $\overline{A} = \{1,3,5,7,9\}$.

No caso de $A = \{3, 5, 7, 9\}$ e $B = \{2, 3, 4, 5\}$, podemos fazer as seguintes representações gráficas esquemáticas utilizando o diagrama de Venn-Euler (figuras 2.11 e 2.12):

$$A \cup B = \{2, 3, 4, 5, 7, 9\}$$

Figura 2.11 ■ Representação gráfica esquemática *A* união *B*.

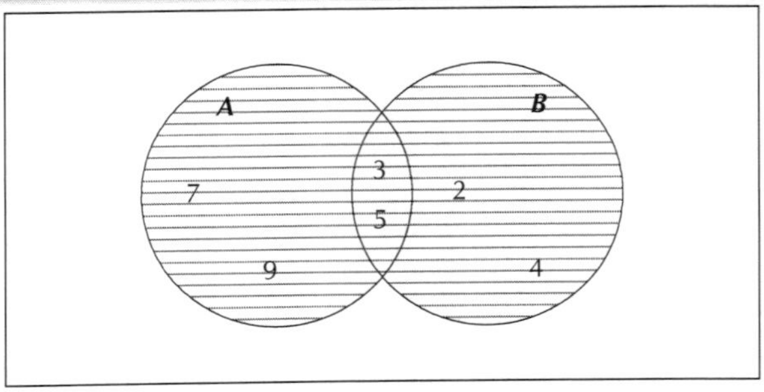

U

$$A \cap B = \{3, 5\}$$

Figura 2.12 ■ Representação gráfica esquemática *A* interseção *B*.

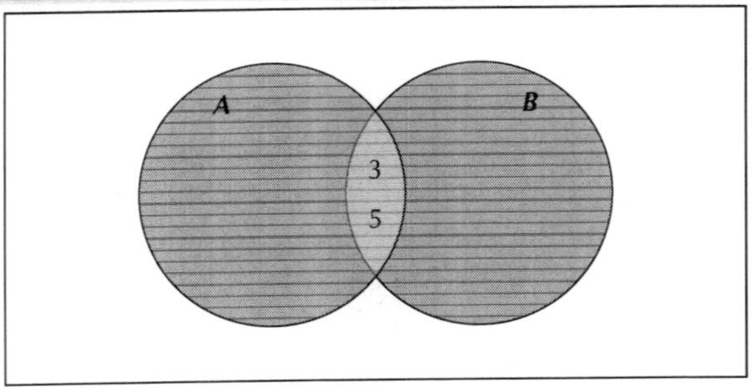

U

Note que, nos dois casos a seguir (figuras 2.13 e 2.14), $A - B$ é igual a $\overline{B}$, e $B - A$ é igual a $\overline{A}$, uma vez que só há os conjuntos A e B no universo U, dos exemplos:

$$A - B = \overline{B} = \{7, 9\}$$

Figura 2.13 ■ Representação gráfica esquemática de B complementar.

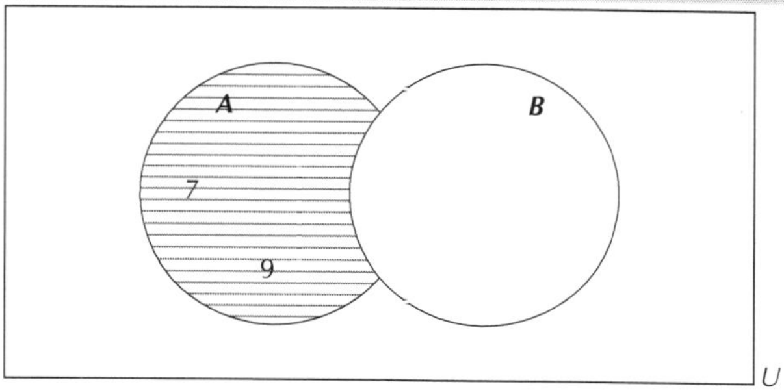

$$B - A = \overline{A} = \{2, 4\}$$

Figura 2.14 ■ Representação gráfica esquemática de A complementar.

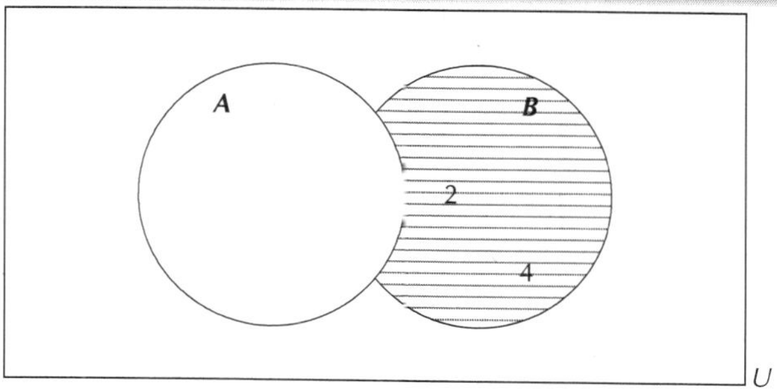

Por outro lado, se também acrescentarmos ao universo U o conjunto $C = \{10, 15, 20\}$, veremos que $A - B \neq \overline{B}$, e $B - A \neq \overline{A}$. Em relação ao universo U, $\overline{B} = \{7, 9, 10, 15, 20\}$, enquanto $A - B = \{7, 9\}$ (Figuras 2.15).

Figura 2.15 ■ Representação gráfica esquemática de *B* complementar em relação a *U*.

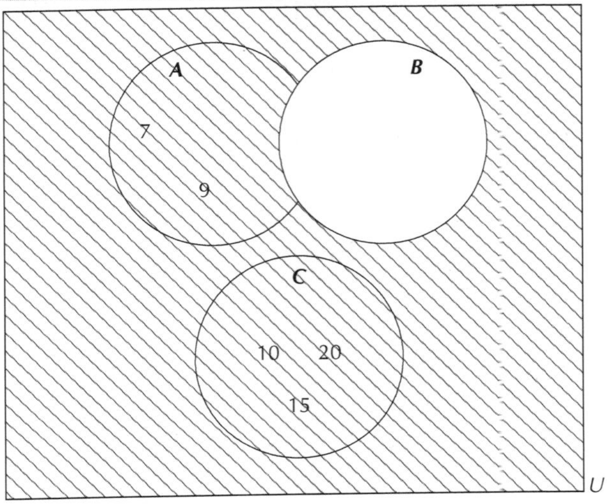

Por sua vez, $\overline{A} = \{2, 4, 10, 15, 20\}$, enquanto $B - A = \{2, 4\}$ (Figura 2.16).

Figura 2.16 ■ Representação gráfica esquemática de *A* complementar em relação a *U*.

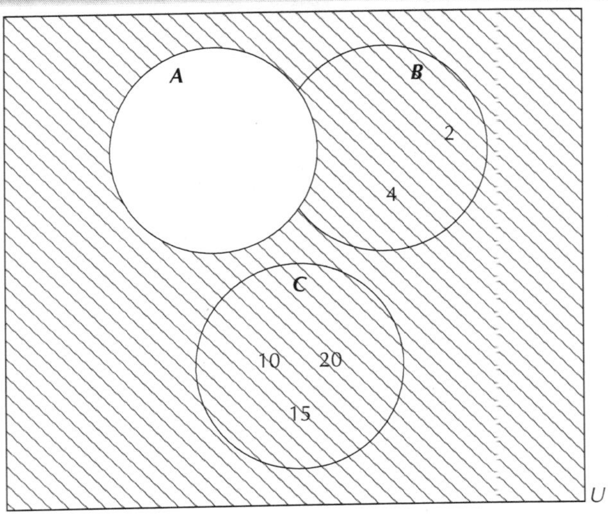

A definição dada para a complementação de conjuntos é válida para qualquer caso. No entanto, é necessário verificar em qual(is) conjunto(s) a operação está sendo realizada. Se a operação de complementação for realizada em relação ao conjunto A, por exemplo, a definição se mantém $A - B \equiv \overline{B} = \left\{ i \in A \mid i \notin B \right\}$, mas se a complementação for realizada em relação ao universo de conjuntos U, então, substituímos o conjunto A pelo universo U, obtendo:

$$U - B \equiv \overline{B} = \left\{ i \in U \mid i \notin B \right\} \qquad (10)$$

Exercícios

1. Seja $A = \{10, 20, 30, 40, 50\}$, $B = \{1, 10, 11, 21, 31, 41, 51\}$ e $C = \{2, 4, 6, 8\}$, contidos no universo U, complete:

a) $A \cup B =$

b) $A \cup C =$

c) $B \cup C =$

d) $A \cap B =$

e) $B \cap C =$

f) $A - B =$

g) $C - B =$

h) $\overline{A} =$

i) $\overline{B} =$

j) $\overline{C} =$

k) Faça um diagrama de Venn-Euler para cada item deste exercício.

2. Seja $A = \{a, b, c, d\}$, $B = \{d, e, f, g\}$ e $C = \{m, n, o, p\}$, contidos no universo U, verifique as relações a seguir e justifique sua resposta:

a) $\overline{A} = B \cup C$

b) $A \cup B \cup C = B \cup C \cup A$

c) $A \cap B = B \cap A$

d) $(A \cap B) \cup C = \{d, m, n, o, p\}$

e) $A \cap C = \{\varnothing\}$

3. Se $A \cup B$ forma um conjunto composto por todos os elementos x, então, qual das características a seguir (opção *a* ou opção *b*), os elementos x devem possuir:

a) $(x \in A)$ ou $(x \in B)$

b) $(x \in A)$ e $(x \in B)$

4. Se $M \cap N$ forma um conjunto composto por todos os elementos x, então, qual das características a seguir (opção *a* ou opção *b*), os elementos x devem possuir:

a) $(x \in A)$ ou $(x \in B)$

b) $(x \in A)$ e $(x \in B)$

5. Preencha a segunda coluna de acordo com a primeira:

(1) $\varnothing$	( ) pertence
(2) $\subset$	( ) união
(3) $\notin$	( ) portanto
(4) $\cup$	( ) não pertence
(5) $\supset$	( ) e
(6) $\vee$	( ) equivalente a
(7) $\wedge$	( ) diferente
(8) $\mid$	( ) ou
(9) $\equiv$	( ) contém
(10) $\neq$	( ) interseção
(11) $\cap$	( ) tal que
(12) $\rightarrow$	( ) se e somente se
(13) $\leftrightarrow$	( ) vazio
(14) $\in$	( ) está contido
(15) $\therefore$	( ) se, então

6. Seja $A = \{3, 5, 6, 7\}$, $B = \{1, 2, 3, 4, 5\}$, $C = \{10, 12, 14\}$ e $D = \{1, 2, 4, 5, 7, 8, 10, 11\}$, complete:

a) $A \cup B \cup C \cup D =$

b) $(A \cup B) \cap D =$

c) $\overline{A \cup B} =$

d) $\overline{A \cup B \cup C} =$

e) $\overline{(A \cup B) \cap D} =$

f) $\overline{(A)} \cap D =$

g) $\overline{\overline{(A)} \cap B} =$

h) $\overline{\overline{(B)}} =$

Propriedades das operações com conjuntos e magnitude de conjuntos finitos

Estamos quase lá! Lemos os símbolos da invariância dos parâmetros na primeira seção deste capítulo. Nas seções seguintes, argumentamos sobre os conectivos "e" e "ou" e sua relação com a teoria dos conjuntos. Agora veremos brevemente que os conjuntos e, por conseguinte, os conectivos, têm propriedades algébricas, que serão úteis em capítulos posteriores.

1. **Propriedade reflexiva:**

a) $A \cup A = A$ (11)

Pela definição de conjunto, sabemos que $A = \{x\colon \alpha(x)\}$, ou seja, que o conjunto A é formado pelos elementos x tal que x apresenta as propriedades específicas α, e que $B = \{x : \beta(x)\}$. Sabemos também que $A \cup B = \{x : \alpha(x) \vee \beta(x)\}$, ou seja, que a união dos conjuntos A e B forma um conjunto $A \cup B$ composto por elementos x, tal que x apresenta as propriedades α ou x possui as propriedades β. Caso A = B, então $A \cup B = A \cup A$. Logo:

$$A \cup A = \{x : \alpha(x) \vee \alpha(x)\} \leftrightarrow \{x : \alpha(x)\} = A$$

onde: se a união de A com A forma um conjunto cujos elementos x são tais que satisfazem a propriedade α ou satisfazem a propriedade α então, os elementos desse conjunto são os mesmos do conjunto A. Portanto, $A \cup A = A$.

b) $A \cap A = A$ (12)

Seguindo a mesma lógica da demonstração supra, sabemos que $A \cap B = \{x\colon \alpha(x) \wedge \beta(x)\}$, ou seja, que a interseção dos conjuntos A e B forma um conjunto $A \cap B$ composto por elementos x, tal que x apresenta as propriedades α, e x apresenta as propriedades β. Caso $A = B$, então, $A \cap B = A \cap A$. Logo:

$$A \cap A = \{x : \alpha(x) \wedge \alpha(x)\} \leftrightarrow \{x : \alpha(x)\} = A$$

onde: se a interseção de A com A forma um conjunto cujos elementos x são tais que satisfazem a propriedade α e satisfazem a propriedade α, então, os elementos desse conjunto são os mesmos do conjunto A. Portanto, $A \cap A = A$.

2. Propriedade inclusiva:

a) $A \subset A \cup B$ (13)

A definição de subconjunto informa que, quando um conjunto E é subconjunto de um conjunto A, $(\forall i)[(i \in E) \rightarrow (i \in A)]$ "para todo elemento i, se i pertence ao conjunto E, então, i também pertence ao conjunto A". A partir dessa definição é fácil perceber que A é um subconjunto do conjunto $A \cup B$, uma vez que todo elemento do conjunto A é também elemento do conjunto $A \cup B$.

b) $B \subset A \cup B$ (14)

É possível verificar que B é subconjunto de $A \cup B$, por meio da mesma lógica apresentada no item anterior. Ou seja, todo elemento do conjunto B é também elemento do conjunto $A \cup B$.

c) $A \cap B \subset A$ (15)

Dada a definição de interseção, sabemos que $A \cap B = \{x : \alpha(x) \wedge \beta(x)\}$, ou seja, que o conjunto A interseção B é formado pelos elementos x, tal que x apresenta ambas as propriedades α e β. Em outras palavras, todos os elementos x do conjunto $A \cap B$ pertencem tanto ao conjunto A quanto ao conjunto B. Se todos os elementos de $A \cap B$ pertencem ao conjunto A, então, o primeiro é subconjunto do segundo, ou seja, $A \cap B \subset A$.

d) $A \cap B \subset B$ (16)

Seguindo essa mesma lógica, se todo elemento de $A \cap B$ pertence ao conjunto B, o primeiro é subconjunto do segundo, ou $A \cap B \subset B$.

3. Propriedade associativa:

a) $A \cup (B \cup C) = (A \cup B) \cup C$ (17)

Para verificar a propriedade associativa para união, basta recorrer à definição de união, que é a seguinte: $i \in A \cup B \leftrightarrow (i \in A) \vee (i \in B)$ um elemento i pertence ao conjunto A união com B se, e somente se, i pertencer ao conjunto A ou i pertencer ao conjunto B. Portanto,

$$i \in A \cup (B \cup C) \leftrightarrow (i \in A) \vee (i \in B \cup C)$$

Substituindo $B \cup C$ pela definição de união, tem-se

$$i \in A \cup (B \cup C) \leftrightarrow (i \in A) \vee (i \in B \ \vee \ i \in \ C)$$

Essa expressão foi elaborada aplicando a definição de união às uniões entre os conjuntos do lado esquerdo da expressão $A \cup (B \cup C) = (A \cup B) \cup C$. Agora, basta repetir o processo no lado direito da expressão e comparar os resultados.

$$i \in (A \cup B) \cup C \leftrightarrow (i \in A \cup B) \vee (i \in C)$$

logo,

$$i \in (A \cup B) \cup C \leftrightarrow (i \in A \ \vee i \in B) \vee (i \in C)$$

concluindo:

$$i \in A \cup (B \cup C) \leftrightarrow (i \in A) \vee (i \in B \ \vee i \in C) =$$
$$i \in (A \cup B) \cup C \leftrightarrow (i \in A \ \vee i \in B) \vee (i \in C)$$

portanto,

$$A \cup (B \cup C) = (A \cup B) \cup C$$

b) $A \cap (B \cap C) = (A \cap B) \cap C$ (18)

A propriedade associativa explicada nas uniões entre os conjuntos A, B e C tem a mesma ocorrência nas interseções entre os conjuntos. Por isso, não entraremos em detalhes para explicar este item.

4. **Propriedade comutativa:**

a) $A \cup B = B \cup A$ (19)

b) $A \cap B = B \cap A$ (20)

5. **Propriedade distributiva**

a) $A \cap (B \cup C) = (A \cap B) \cup (A \cap C)$ (21)

b) $A \cup (B \cap C) = (A \cup B) \cap (A \cup C)$ (22)

Exercícios

1. Demonstre que a propriedade associativa se mantém para interseção de conjuntos.
2. Demonstre que a propriedade comutativa é válida para as expressões 19 e 20.
3. Demonstre que a propriedade distributiva é válida para as expressões 21 e 22.

Magnitude de conjuntos finitos

Apesar de a magnitude de conjuntos finitos não ser uma propriedade das operações com conjuntos em si, decidimos incluir este tópico dentro deste capítulo por dois motivos. O primeiro deles é que a magnitude de conjuntos finitos é uma ideia que se liga fortemente às propriedades de operações com conjuntos. O segundo, é que os livros de estatística geralmente deixam essa noção diluída e implícita nos conceitos básicos de probabilidade.

Um conjunto arbitrário A pode conter ou não elementos. Caso A não contenha elementos, ele é considerado um conjunto vazio, ou seja, $A = \{\varnothing\}$.

Nesse caso, o número de elementos do conjunto *A*, que é um conjunto vazio, é igual a zero.

$$n(A) = n(\varnothing) = 0 \tag{23}$$

Caso o conjunto *A* contenha elementos, ele necessariamente não será vazio e, assim, será possível verificar o número de elementos pertencentes a ele, ou seja,

$$n(A) > 0 \tag{24}$$

Dois conjuntos *A* e *B*, não vazios, terão um número específico de elementos caso esses conjuntos sejam unidos. Esse número pode ser calculado somando-se a quantidade de elementos (n) de cada conjunto. No entanto, esse cálculo somente será válido caso os conjuntos sejam disjuntos, isto é, caso os conjuntos *A* e *B* apresentem interseção vazia. Assim,

$$\left[n(A \cup B) = n(A) + n(B)\right] \rightarrow \left[(A \cap B) = \varnothing\right] \tag{25}$$

Onde se lê: o número de elementos (n) do conjunto $A \cup B$ é igual à soma do número de elementos do conjunto *A* com o número de elementos do conjunto *B* se, e somente se, a interseção de *A* com *B* for vazia $(A \cap B) = \varnothing$. Voltemos ao exemplo utilizado na terceira seção deste capítulo, na qual focamos parte da expressão de invariância dos parâmetros para verificar o significado do conectivo lógico "e" ($\wedge$):

$$P(X_{v1} = 1 \wedge X_{v2} = 0)$$

Lembre-se de que concluímos que o conjunto "Respostas ao item 1 interseção respostas ao item 2", é vazio. Portanto, se quisermos calcular o número de elementos contidos no conjunto $A \cup B$, sendo *A* o conjunto formado por todas as possíveis classes de resposta ao item 1 (0 ou 1), e *B* o conjunto formado por todas as possíveis classes de resposta ao item 2 (0 ou 1), teremos de somar o número de elementos de *A* e o número de elementos de *B*:

$$n(A \cup B) = n(A) + n(B)$$

Essa constatação é fundamental para entendermos alguns cálculos da probabilidade básica (Capítulo 3), e é de extrema importância para o Capítulo 4, quando formos verificar a lógica e os cálculos por trás da separação dos parâmetros de dificuldade e habilidade no modelo dicotômico de Rasch.

A magnitude de um conjunto, portanto, é caracterizada pelas seguintes regras: (1) um conjunto vazio tem zero elementos; (2) nenhum conjunto pode ter número negativo de elementos; e (3) dois conjuntos disjuntos são aditivos. Caso dois conjuntos não sejam disjuntos, pode-se calcular o número de elementos de sua união retirando o número de elementos comuns. Seja $A = \{a, b, c, d\}$ e $B = \{a, c, e, g\}$, o conjunto $A \cup B$ possui:

$$\begin{aligned} n(A \cup B) &= n(A) + n(B) - n(A \cap B) \\ &= (4) + (4) - (2) = 6 \text{ elementos} \end{aligned} \tag{26}$$

Essa conta pode ser facilmente verificada por meio do diagrama de Venn-Euler:

Figura 2.17 ▪ Representação gráfica esquemática de A união B.

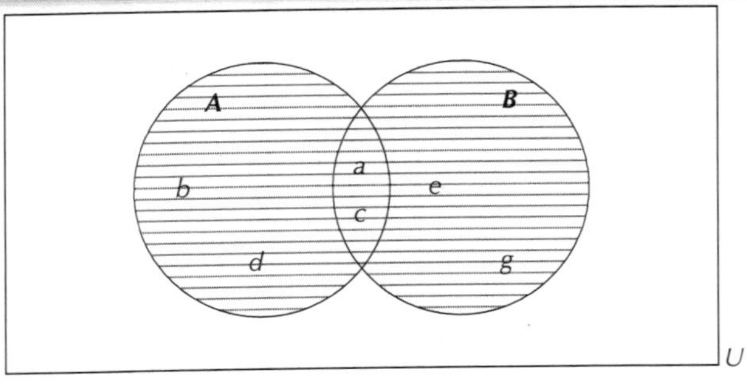

A partir do diagrama mostrado na Figura 2.17, é possível perceber que o conjunto $A \cup B$ pode ser separado em três subconjuntos mutuamente exclusivos, ou seja, subconjuntos que possuem interseção vazia.

São eles:

$$A \cap \overline{B}$$
$$A \cap B$$
$$\overline{A} \cap B$$

Separando-se a união de A e B em três subconjuntos mutuamente exclusivos, é possível calcular o número de elementos de $A \cup B$ (Figura 2.18), independentemente de o conjunto ser ou não disjunto, por meio da seguinte expressão:

$$n(A \cup B) = n(A \cap \overline{B}) + n(A \cap B) + n(\overline{A} \cap B) \tag{27}$$

Figura 2.18 ■ Representação gráfica esquemática dos três subconjuntos mutuamente exclusivos de *A* união *B*.

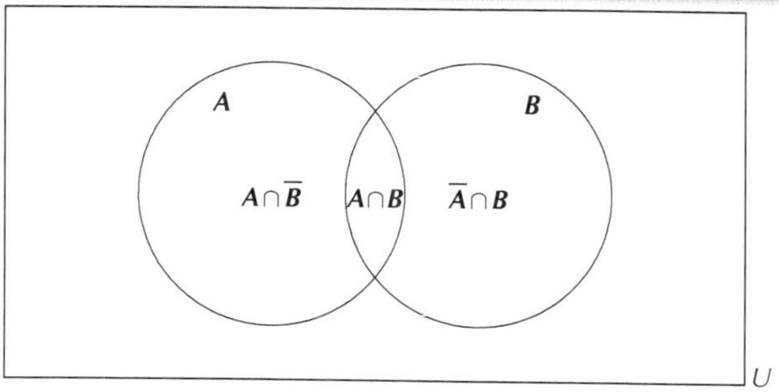

EXERCÍCIOS

1. Seja $A = \{1, 3, 5, 7, 9\}$, $B = \{1, 2, 3, 4, 5, 6, 7, 8, 9, 10\}$ e $C = \{2, 4, 6, 8\}$, construa diagramas de Venn-Euler para cada uma das situações a seguir:

a) $A \cap A$

b) $A \cap B$

c) $A \subset A \cup B$

d) $C \subset B$

e) $(A \cap B) \cup (A \cap C)$

f) $A \cup (B \cup C)$

g) $A \cup (B \cap C)$

h) $A \cap (B \cup C)$

i) $(A \cap B) \cap (A \cup C)$

2. Assinale V, se verdadeiro, ou F, se falso, para cada uma das afirmações a seguir:

( ) Para qualquer conjunto finito A, o número de elementos de A será sempre maior ou igual a zero, ou seja, $n(A) \geq 0$.

( ) Em todo conjunto finito vazio, o número de elementos nunca é igual a zero, ou seja, $n(\varnothing) \neq 0$.

( ) Se um conjunto A qualquer é subconjunto da união dos conjuntos A e B, então, a expressão $A \cap B \subset A$ é sempre correta.

( ) Se um conjunto D união com E é subconjunto do conjunto F, então, a expressão $(D \cap F) \cup (F \cap \text{E}) = (E \cup D)$ é verdadeira.

( ) O número de elementos do conjunto A união com B é igual ao número de elementos de A mais o número de elementos de B, desde que a interseção seja vazia. Ou seja, $n(A \cup B) = n(A) + n(B)$, $(A \cap B) = \varnothing$.

( ) Caso $(A \cap B) \neq \varnothing$, então, o número de elementos da união de A com B será igual ao número de elementos de A mais o número de elementos de B menos o número de elementos da interseção de A com B, ou seja $n(A \cup B) = n(A) + n(B) - n(A \cap B)$.

3. Sejam X e Y conjuntos disjuntos. O primeiro possui 4 elementos, e o segundo, 20. Quantos elementos há no conjunto $X \cup Y$?

4. Sendo $n(X) = 3$, $n(Y) = 5$, e considerando que $X \cap Y$, qual é a magnitude do conjunto $X \cup Y$?

5. Seja $A = \{1, 5, 7, 10\}$, $B = \{2, 3, 4, 5, 6\}$ e $C = \{1, 3, 5, 7, 9\}$. Calcule o número de elementos em $A \cup B \cup C$.

6. A partir do exemplo anterior, deduza uma expressão para calcular o número de elementos em $A \cup B \cup C$, para quaisquer A, B e C.

Referências

Cantor, G. (1874). Über eine Eigenschaft des Inbegriffes aller reellen algebraischen Zahlen, *Crelles Journal für die reine und angewandte Mathematik*, *77*, 258--262.

Johnson, P. (1972). *A History of set theory*. Prindle: Weber, & Schmidt.

Restle, F., & Greeno, J. G. (1970). *Introduction to mathematical psychology*. Reading: Addison-Wesley.

Soong, T. T. (2004). *Fundamentals of probability and statistics for engineers*. Hoboken: Wiley-Interscience.

You-Feng, L., & Shwu-Yeng, L. T. (1974). *Set theory: an intuitive approach*. Boston: Houghton Mifflin Harcourt.

"...até mesmo uma moeda viciada que tenda ao fracasso às vezes cairá do lado do sucesso."

(Mlodnow, L.)

Capítulo

3

Avançando na compreensão da invariância de parâmetros: Probabilidade e suas características

Hudson Fernandes Golino
Universidade Estadual de Feira de Santana
Cristiano Mauro Assis Gomes
Universidade Federal de Minas Gerais

OBJETIVO

No Capítulo 2, tivemos a oportunidade de ler os símbolos matemáticos da expressão de invariância de parâmetros e vimos a forte conexão entre os conectivos dessa expressão e a teoria dos conjuntos. Neste capítulo, continuaremos a explorar a invariância dos parâmetros, pois ela é um dos elementos centrais de uma medida. No entanto, agora faremos isso utilizando o conceito de probabilidade e as suas principais características.

Introdução: axiomas da probabilidade

Relembrando: a expressão de invariância dos parâmetros apresenta a probabilidade de acertar um item e errar o outro, dado que se acerta apenas um dos dois, como dependente *exclusivamente* da dificuldade δ desses itens:

$$P\{(x_{v1}=1\wedge x_{v2}=0)|(x_{v1}=1\wedge x_{v2}=0)\vee(x_{v1}=0\wedge x_{v2}=1)\}=\frac{e^{-\delta_1}}{e^{-\delta_1}+e^{-\delta_2}}$$

Já sabemos o que os símbolos de conjunção ($\wedge$) e disjunção ($\vee$) significam, assim como suas operações fundamentais e suas características. Agora, resta entender o que significa o P do início da expressão. Trata-se de uma representação de *probabilidade*. Mas o que é, afinal de contas, probabilidade?

Em 1933, Kolmogorov propôs os axiomas definidores da probabilidade. Para tornar a compreensão mais fácil, vamos definir que probabilidade é a *chance de ocorrência de um evento incerto (ou aleatório)*. Os possíveis resultados desse evento aleatório constituem-se como os elementos (subconjuntos, ou eventos) de um conjunto chamado de espaço amostral (superconjunto). O espaço amostral, portanto, contém todas as possibilidades de resultado para o evento em questão. Para ficar mais claro, vamos retomar o exemplo de matemática do capítulo anterior, no qual a pessoa deve somar 2 + 5. O espaço amostral (E), nesse caso, é o superconjunto formado por todas as possíveis classes de resposta ao item 1, ou seja, acertar (A) ou errar (B) o item (Figura 3.1).

Figura 3.1 ■ Representação gráfica esquemática do espaço amostral E.

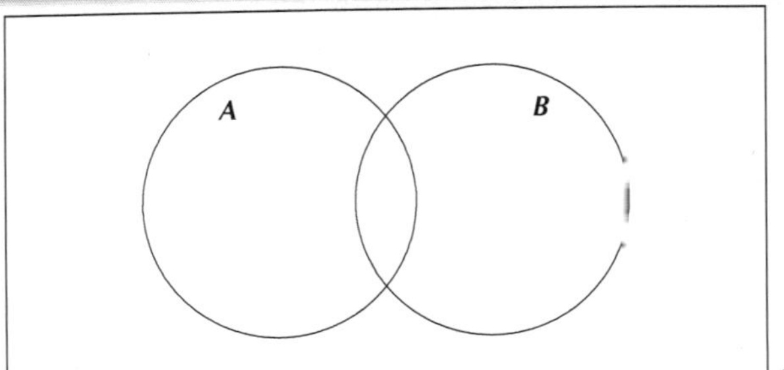

Se a resposta das pessoas ao item 1 for codificada como 1 no caso de acertarem o item, e como 0 no caso de errarem, então, $E = \{0, 1\}$. Sendo X_{v1} a reposta observável (X) de uma pessoa qualquer (v) ao item 1, então, X_{v1} pertencerá ao conjunto A se, e somente se, a pessoa acertar o item, ou seja, se $X_{v1} = 1$. Nesse caso, a característica definidora, ou predicado, do conjunto A é *acertar o item*, e vamos chamá-lo de alfa (α). Traduzindo para uma linguagem formal, como visto no capítulo anterior:

$$\left(X_{v1}\right) \in \mathrm{A} \leftrightarrow \left(\forall X_{v1}\right)\left\{\alpha\left(X_{v1}\right)\right\}$$

Por outro lado, X_{v1} pertencerá ao conjunto B se, e somente se, a pessoa errar o item, ou seja, se $X_{v1} = 0$. Nesse caso, a característica definidora, ou predicado, do conjunto B é *errar o item*, e vamos chamá-lo de ômega (ω). Traduzindo para uma linguagem formal, temos:

$$\left(X_{v1}\right) \in \mathrm{B} \leftrightarrow \left(\forall X_{v1}\right)\left\{\omega\left(X_{v1}\right)\right\}$$

Quando qualquer pessoa (v) for responder ao item 1, ela terá uma probabilidade de acertar o item e uma probabilidade de errá-lo. Kolmogorov (1933/1956) definiu as características da probabilidade por meio de uma série de axiomas, dos quais os três mais importantes para nossa compreensão são apresentados a seguir. Considere E um espaço amostral não vazio e $A \wedge B \in E$:

- **Axioma 1:** $P\left(A\right) \geq 0$
- **Axioma 2:** $P\left(E\right) = 1$
- **Axioma 3:** Se $A \cap B = \left\{\varnothing\right\}$, então, $P\left(A \cup B\right) = P\left(A\right) + P\left(B\right)$

Vamos interpretar o significado de cada um dos axiomas de Kolmogorov (1933/1956) sobre probabilidade. O axioma 1 define que a probabilidade de A é igual ou maior que zero. Isso significa que não existe probabilidade negativa. Quando uma pessoa responde ao item 1 de matemática de nosso exemplo, a probabilidade de acertar o item, ou seja $P(A)$, é no mínimo zero (ou melhor, no mínimo *aproximadamente* zero). A pessoa não pode ter probabilidade -1 de acertar o item nem probabilidade *exatamente* zero.

Probabilidade exatamente igual a zero implicaria uma impossibilidade de uma pessoa acertar o item, o que deixaria de ser probabilidade e se tornaria *determinação*. O mesmo ocorre para o outro extremo, ou seja, a pessoa não pode ter uma probabilidade *exatamente* igual a um, pois isso implicaria uma impossibilidade de errar o item, o que também deixaria de ser probabilidade e se tornaria *determinação*.

O axioma 2 estabelece que a probabilidade do espaço amostral $P(E)$ é igual a um, ou seja, que a probabilidade conjunta de todos os eventos que compõem o espaço amostral é um. No exemplo da matemática, a probabilidade de uma pessoa acertar ou errar o item 1 é igual a um. Juntando o axioma 1 ao axioma 2, temos que a probabilidade de ocorrência de um evento aleatório qualquer (X) é limitada entre 0 e 1, ou seja: $0 \geq P(X) \leq 1$. Note que, ao argumentarmos que a probabilidade de alguém acertar um item é no máximo *aproximadamente* um não impossibilita que a probabilidade de acertar ou errar (espaço amostral) seja exatamente igual a um. Pense o seguinte: ao responder a um item como 2 + 5, ou você acerta ou erra o item. A probabilidade de ocorrência do espaço amostral é exatamente igual a 1 (ou você acerta → conjunto A; ou você erra → conjunto B). Essa situação ficará ainda mais clara com a interpretação do próximo axioma.

De acordo com o axioma 3, quando a interseção de dois conjuntos é vazia: $A \cap B = \{\varnothing\}$. A probabilidade da união de A com B é igual à soma de suas probabilidades individuais. Em nosso exemplo da matemática, a interseção dos conjuntos A e B é vazia, não é mesmo? Afinal de contas, uma pessoa só pode acertar (conjunto A) ou errar (conjunto B) o item 1. Ambos os eventos não podem ocorrer simultaneamente, portanto, a interseção é vazia: $A \cap B = \{\varnothing\}$. Assim, voltamos à discussão do parágrafo anterior, na qual afirmávamos que a probabilidade de acertar ou errar era exatamente igual a um. Vejamos uma formalização dessa afirmação:

Se $E = \{A, B\}$, então $P(E) = P(A \cup B)$.

Se $A \cap B = \{\varnothing\}$, pelo axioma 3: $P(A \cup B) = P(A) + P(B)$.

Logo, $P(E) = P(A \cup B) = P(A) + P(B)$.

Pelo axioma 2, temos que $P(E) = 1$. Portanto, $P(A \cup B) = P(A) + P(B) = 1$.

Em outras palavras, se o conjunto E (espaço amostral) é formado pelos subconjuntos A e B, então, a probabilidade de E será igual à probabilidade de A ou B. Isso acontece porque E é formado por A e B juntos, portanto, a probabilidade do espaço amostral será igual à probabilidade conjunta dos seus elementos. Lembre-se do capítulo anterior, no qual mostramos que o conectivo de disjunção *ou* representa a união de dois conjuntos, em que os elementos pertencerão ao conjunto A, ao conjunto B ou a ambos os conjuntos simultaneamente. Portanto, quando se responde a um item dicotômico (cujas possibilidades sejam apenas acertar ou errar), a pessoa acerta ou erra o item, e a probabilidade de acertar mais a probabilidade de errar é igual a um, visto que a pessoa não tem como acertar e errar ao mesmo tempo. No caso de itens dicotômicos, no qual é possível apenas acertar ou errar um item, esses dois eventos são chamados de *eventos exaustivos*. Eventos exaustivos são aqueles em que no mínimo um dos eventos tem de ocorrer. Em outras palavras, quando você responde a um item em que se pode acertar ou errar, ou a primeira situação ocorre ou a segunda, necessariamente. Essa situação também ocorre para itens com mais de duas classes de respostas, como aqueles nos quais é possível obter uma resposta correta, parcialmente correta ou incorreta. Outro exemplo de itens com mais de duas classes de resposta são as perguntas de questionários em que a pessoa precisa escolher uma categoria dentre alguns possíveis, sendo que cada categoria representa um tipo específico de resposta; por exemplo, "discordo totalmente", "discordo parcialmente", "concordo parcialmente", "concordo totalmente". Nesses casos, cada classe de resposta pode ser considerada um evento, e necessariamente um desses eventos *tem de* ocorrer. Eles são, portanto, eventos exaustivos.

No Capítulo 2, estudamos uma maneira de verificar a magnitude de conjuntos finitos. Vamos relembrar suas regras: (1) um conjunto vazio não possui qualquer elemento; (2) nenhum conjunto possui número negativo de elementos; e (3) dois conjuntos disjuntos (com interseção vazia) são aditivos. Assim, para termos a magnitude da união de dois conjuntos X e Y, calculamos o número de elementos de X mais o número de elementos de Y e subtraímos pelo número de elementos compartilhados pelos dois conjuntos:

$$n(X \cup Y) = n(X) + n(Y) - n(X \cap Y)$$

Caso X e Y sejam disjuntos, ou mutuamente exclusivos, a magnitude da união será igual à soma do número de elementos de X com o número de elementos de Y.

$$X \cap Y = \{\varnothing\} \rightarrow n(X \cup Y) = n(X) + n(Y)$$

Podemos rapidamente estabelecer um paralelo entre as regras da magnitude de conjuntos finitos com a teoria da probabilidade (Tabela 3.1).

Tabela 3.1 ■ Regras da magnitude de conjuntos finitos e teoria da probabilidade.

Regra da magnitude de conjuntos finitos	O que diz a regra	Paralelo com a teoria da probabilidade	Interpretação
Regra 1	Um conjunto vazio tem 0 elementos	Evento impossível	Um conjunto vazio na probabilidade representa um evento impossível de ocorrer, com probabilidade exatamente igual a 0. A interseção dos eventos "acertar o item" e "errar o item" é vazia, representando um evento que não é possível de ocorrer, isto é, acertar e errar um item ao mesmo tempo.
Regra 2	Nenhum conjunto pode ter número negativo de elementos	Axioma 1 de Kolmogorov	Assim como nenhum conjunto tem número negativo de elementos, a probabilidade de um evento não pode ser menor que zero.
Regra 3	Dois conjuntos disjuntos (com interseção vazia) são aditivos	Axioma 3 de Kolmogorov	Na união de dois conjuntos com interseção vazia, o número de elementos resultantes é igual à soma do número de elementos individuais de cada conjunto. Da mesma forma, caso dois eventos sejam mutuamente exclusivos, a probabilidade da união dos eventos é igual à soma de suas probabilidades individuais.

Assim como na magnitude de conjuntos finitos, um conjunto vazio tem zero elementos, na probabilidade esse conjunto vazio é chamado de evento impossível, com probabilidade exatamente igual a zero. Por exemplo, acertar e errar o item 1 de matemática do nosso exemplo não é possível de ocorrer ao mesmo tempo. Logo, a interseção entre os dois conjuntos é vazia, e a probabilidade é exatamente zero. Note que essa situação é diferente da situação apontada ao descrevermos o axioma 1, na qual argumentamos que a probabilidade de um evento aleatório não pode ser exatamente igual a zero nem exatamente igual a um, porque deixaria de ser probabilístico e passaria a ser determinístico. Na situação da interseção entre os conjuntos "acertar o item" e "errar o item", a probabilidade pode ser considerada igual a zero sem acarretar qualquer contradição lógica no problema citado, uma vez que essa interseção é simplesmente impossível de ocorrer. Também é possível verificar que a probabilidade de um evento impossível é igual a zero utilizando os axiomas de Kolmogorov. Imaginemos que um evento E é composto unicamente pelo conjunto A, de tal modo que $E = \{A\}$. Podemos dizer também que E é formado pelo conjunto A e por um conjunto vazio. Afinal de contas, $E = \{A\}$ é semelhante a $E = \{A, \varnothing\}$. Como sabemos que o conjunto A e o conjunto vazio têm interseção vazia, ou seja $A \cap \varnothing = \varnothing$, então, pelo axioma 3, podemos escrever que:

$$P(E) = P(A \cup \varnothing) = P(A) + P(\varnothing)$$

Se, de acordo com o axioma 2, $P(E) = 1$, então, $P(A) + P(\varnothing) = 1$. Como estipulado inicialmente, se $E = \{A\}$, $P(E) = P(A)$. Portanto, $P(A) = 1$. Sendo $P(A) + P(\varnothing) = 1$, e $P(A) = 1$, então

$$1 + P(\varnothing) = 1 \rightarrow P(\varnothing) = 0$$

No que diz respeito à segunda regra da magnitude de conjuntos, a comparação com a teoria da probabilidade parece ser bastante direta. Assim como não há conjuntos com número negativos de elementos, não há probabilidade negativa. A probabilidade de um evento aleatório acontecer é limitada ao intervalo entre zero e um. A terceira regra da magnitude de conjuntos também tem uma conexão clara e direta com o terceiro axioma de Kolmogorov, uma vez que o número resultante (ou o tamanho) da união de dois conjuntos que não contam com elementos comuns é igual à soma do número de elementos que cada conjunto possui em separado. A mesma lógica dos conjuntos está presente na probabilidade da união de dois eventos que têm interseção vazia (eventos mutuamente exclusivos). Por consequência, conjuntos disjuntos e eventos mutuamente exclusivos são sinônimos.

O axioma 3 não se restringe apenas a dois conjuntos A e B. Ele pode ser expandido para qualquer quantidade n de conjuntos finitos mutuamente exclusivos. Se temos um superconjunto Q formado por conjuntos mutuamente exclusivos, $Q = \{Q_1, Q_2, Q_3, \ldots, Q_n\}$, então, a união de todos os elementos Q_i, ou seja, $\{Q_1 \cup Q_2 \cup Q_3 \ldots \cup Q_n\}$ poderá ser representado sinteticamente pelo operador:

$$\bigcup_{i=1}^{n} Q_i$$

Esse operador é lido da seguinte maneira: a união de todos os elementos Q_i, em que i vai do elemento 1 ao elemento n. Visto que a probabilidade da união de eventos mutuamente exclusivos é igual à soma da probabilidade individual desses eventos (axioma 3), então, podemos representar que:

$$P\left(Q_1 \cup Q_2 \cup Q_3 \ldots \cup Q_n\right) = P\left(\bigcup_{i=1}^{n} Q_i\right) = P(Q_1) + P(Q_2) + P(Q_3) + \ldots P(Q_n)$$

Assim como utilizamos o grande operador de união para sintetizar a união de todos os elementos do conjunto Q, podemos utilizar um grande operador de soma para sintetizar a adição das probabilidades individuais dos elementos de Q. Portanto:

$$P(Q_1) + P(Q_2) + P(Q_3) + \ldots P(Q_n) = \sum_{i=1}^{n} P(Q_i)$$

Esse operador é lido da seguinte maneira: a soma das probabilidades de Q_i, em que i vai do elemento 1 ao elemento n. Juntando ambas as representações, e considerando que Q_i são eventos mutuamente exclusivos, temos que:

$$P\left(\bigcup_{i=1}^{n} Q_i\right) = \sum_{i=1}^{n} P(Q_i)$$

Exercícios

1. Explique com suas palavras o que é probabilidade.
2. Sendo S um espaço amostral composto pelos eventos J e K, faça um diagrama de Venn-Euler representando:
   a) J e K mutuamente exclusivos.
   b) J e K não mutuamente exclusivos.
3. Se juntarmos os axiomas 1 e 2 de Kolmogorov, a qual conclusão chegaremos?
4. Se juntarmos os axiomas 2 e 3 de Kolmogorov, a qual conclusão chegaremos? Responda utilizando linguagem formal matemática para um espaço amostral $S = \{I, J, K, L\}$.
5. Um aluno vai responder a um questionário de personalidade, que tem o seguinte enunciado: "Para cada frase a seguir, coloque 1 se essa frase representa uma atitude que não está nem um pouco presente em sua vida; 2 se a atitude está um pouco presente; 3 se a atitude está presente; 4 se está muito presente; ou 5 se a atitude está totalmente presente em sua vida". O item 10 é composto pela seguinte frase: "Gosto de frequentar festas para conhecer novas pessoas". Sobre o espaço amostral do item 10, responda:
   a) Os conjuntos que compõem o espaço amostral do item são mutuamente exclusivos? Por quê?

b) Supondo que o aluno responda ao item 10, qual é a probabilidade do espaço amostral?

c) Monte uma equação que demonstre a probabilidade do espaço amostral. Para isso, utilize o terceiro axioma de Kolmogorov.

d) Sendo cada classe de resposta (de 1 a 5) do questionário de personalidade um evento específico, responda e justifique: os eventos são exaustivos?

6. Suponhamos que um conjunto R seja formado pelos elementos $\{1, 2, 3, 4, 5\}$ e que um conjunto S seja formado pelos elementos $\{2, 4, 6, 8, 10\}$. Baseando-se na magnitude de conjuntos finitos e no terceiro axioma de Kolmogorov, desenvolva uma forma de calcular a $P(R \cup S)$.

7. Seja T_{aluno} um conjunto formado por 400 alunos, faça uma representação da união de todos os alunos do conjunto.

8. Sabe-se que a probabilidade de responder 1 [$P(1)$] no questionário de personalidade descrito na questão 5 é de 0,10; $P(2) = 0,25$; $P(3) = 0,30$; $P(4) = 0,20$; e $P(5) = 0,15$. Cada resposta representa um conjunto diferente, de R_1 a R_5. Agora, resolva as seguintes questões:

a) Faça uma representação esquemática para a resolução de $P\left(\bigcup_{i=1}^{5} R_i\right)$

b) Resolva: $P\left(\bigcup_{i=1}^{5} R_i\right)$

9. Se $P(A) = 0,80$, calcule $P(\bar{A})$.

10. Responda às questões abaixo:

a) Sendo A e B eventos mutuamente exclusivos, escreva uma expressão que represente a probabilidade de A e B ocorrerem.

b) Sendo C e D eventos mutuamente exclusivos, escreva uma expressão que represente a probabilidade de C ou D ocorrerem.

Regras da probabilidade e da independência estatística

Na seção anterior, vimos os principais axiomas da probabilidade. Quando juntamos os axiomas 2 e 3, verificamos que a probabilidade da união dos eventos que constituem o espaço amostral é igual à soma das probabilidades individuais desses eventos, desde que sejam mutuamente exclusivos. Vimos, também, que essa soma é igual a um: $P(E) = P(A \cup E) = P(A) + P(B) = 1$.

Essa regra vale para qualquer número de eventos. Se tivermos um número *n* de eventos exaustivos e mutuamente exclusivos, teremos que:

$$P\left(\bigcup_{i=1}^{n} Q_i\right) = \sum_{i=1}^{n} P(Q_i) = 1$$

Onde se lê: *A* probabilidade da união de todos os eventos Q_i, sendo que *i* vai de 1 a *n* é igual à soma das probabilidades de todos os eventos Q_i, e essa soma é igual a um.

No entanto, talvez o aspecto mais importante tenha sido perceber que os conjuntos disjuntos, que estudamos no Capítulo 2, estão totalmente entrelaçados aos eventos mutuamente exclusivos deste capítulo. Não é à toa estarmos valorizando bastante os conceitos de conjuntos disjuntos e os de eventos mutuamente exclusivos, pois, como já dissemos várias vezes, esses aspectos estão intimamente ligados à expressão de invariância dos parâmetros, uma propriedade fundamental para a existência de uma medida. Não podemos perder isso de vista!

Mas, afinal, qual a importância dos eventos mutuamente exclusivos para o cálculo da probabilidade de um evento qualquer e qual sua relação com a questão da medida? Vamos trabalhar essa questão com aspectos concretos. Imaginemos um questionário de personalidade que tenha o seguinte enunciado: "Para cada frase a seguir, marque o número 1 se essa frase representa uma atitude que não está nem um pouco presente em sua vida; 2 se a atitude está um pouco presente; 3 se a atitude está presente; 4 se está muito presente; ou 5 se a atitude está totalmente presente em sua vida". Imaginemos também que o item 10 desse questionário é composto pela seguinte frase: "Gosto de frequentar festas para conhecer novas pessoas". Ao responder ao questionário, a pessoa precisa escolher uma opção das cinco possíveis, de modo que cada opção seja um evento específico. Como a pessoa obrigatoriamente tem de escolher uma das cinco opções, então, esses eventos são considerados exaustivos. Suponha que esse questionário de personalidade foi aplicado em 100 pessoas. A Tabela 3.2 mostra o número de pessoas que escolheu cada uma das cinco classes de resposta no item 10.

Tabela 3.2 ■ Classes de respostas do item 10, seus significados, frequências relativas e percentuais.

Classes de respostas do item 10	O que significa	Número de pessoas que escolheu cada classe	Frequência relativa	Percentual
1	Essa frase representa uma atitude que não está nem um pouco presente em sua vida	10	10/100	10%
2	Essa frase representa uma atitude que está um pouco presente em sua vida	15	15/100	15%
3	Essa frase representa uma atitude que está presente em sua vida	25	25/100	25%
4	Essa frase representa uma atitude que está muito presente em sua vida	30	30/100	30%
5	Essa frase representa uma atitude que está totalmente presente em sua vida	20	20/100	20%
Total		100	100/100	100%

Cada uma das classes de resposta do item de personalidade é um evento aleatório, que chamaremos de $Q_i = \{Q_1, Q_2, Q_3, Q_4, Q_5\}$. O *i* representa as cinco classes de resposta. Uma das formas de calcular a probabilidade é utilizando a contagem da magnitude dos conjuntos que compõem o espaço amostral (*E*). A ideia é a seguinte: se temos 100 pessoas que responderam ao item 10 do questionário de personalidade, e 10 escolheram a classe de resposta um ("Essa frase representa uma atitude que não está nem um pouco presente em sua vida"), então, estimamos que a probabilidade de alguém escolher essa mesma opção é igual a 10/100 = 0,10 (ou 10%). O mesmo raciocínio pode ser repetido para as outras classes de resposta. Assim, uma pessoa aleatória tem 15/100 = 0,15 (ou 15%) de probabilidade de marcar a classe dois; 25/100 = 0,25 (ou 25%) de probabilidade de marcar a classe três; 30/100 = 0,30 (ou 30%) de probabilidade de escolher a classe quatro; e, por último, 20/100 = 0,20 (ou 20%) de probabilidade de marcar a classe cinco de resposta. Entenda que esse é apenas um exemplo ilustrativo, pois, como veremos nos capítulos 4 e 5, a probabilidade de uma pessoa escolher uma das opções de um item dependerá da habilidade dessa pessoa (ou da magnitude de seu traço latente) na dimensão analisada, seja esta personalidade, inteligência etc.

Um caminho para calcular a probabilidade de um evento Q_1 pertencente a um espaço amostral E é:

$$P(Q_i) = \frac{n(Q_i)}{n(E)}$$

Esse caminho é chamado de *frequência relativa*, uma vez que utiliza a frequência de ocorrências de um evento, por exemplo o número de vezes que a resposta 1 foi dada ao item 10 – $n(Q_1)$, relativa ao total de ocorrências de todas as possibilidades, que em nosso exemplo é o número total de respostas obtidas no item 10 – $n(E)$. O Gráfico 3.1 mostra a frequência com que cada classe de resposta foi escolhida pelos respondentes do item 10 do questionário de personalidade do exemplo.

Gráfico 3.1 ■ Frequências das classes de respostas do item 10.

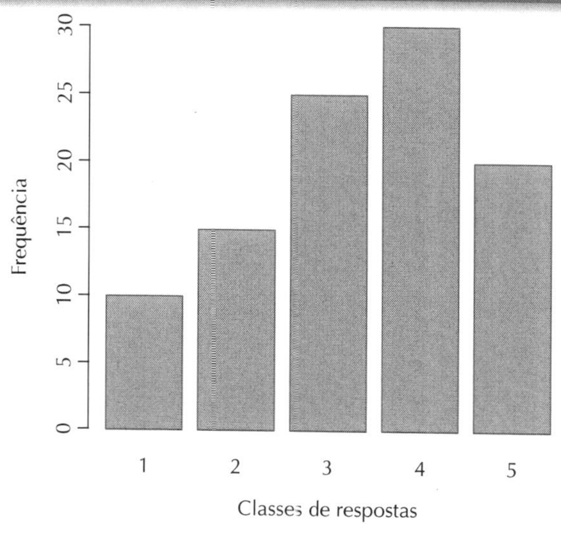

Se calcularmos a probabilidade da união de cada um desses eventos Q_1, teremos que:

$$P\left(\bigcup_{i=1}^{5} Q_i\right) = \sum_{i=1}^{5} P(Q_i) = P(Q_1) + P(Q_2) + P(Q_3) + P(Q_4) + P(Q_5)$$

Onde se lê: a probabilidade da união dos eventos Q_1, sendo que i vai de 1 a 5, é igual ao somatório das probabilidades individuais desses eventos. Substituindo os símbolos pelos valores, teremos que:

$$\sum_{i=1}^{5} P(Q_i) = 0{,}10 + 0{,}15 + 0{,}25 + 0{,}30 + 0{,}20 = 1$$

Portanto, a regra 1 é: para qualquer espaço amostral formado por eventos mutuamente exclusivos e exaustivos, a soma das probabilidades individuais dos eventos (ou a união dos eventos) é igual a um. Probabilidades individuais de eventos também são chamadas de probabilidades marginais. A probabilidade do espaço amostral pode ser representada como a probabilidade de uma pessoa aleatória responder 1 ao item 10 do questionário da personalidade (evento Q_1) mais a probabilidade dos eventos complementares de Q_1 (ou seja, responder 2, 3, 4 ou 5):

$$P(E) = P(Q_1) + P(\overline{Q_1}) = 1$$

Portanto, a probabilidade de Q_1 pode ser escrita como

$$P(Q_1) = 1 - P(\overline{Q_1})$$

Como o complementar do evento responder 1 ao item 10 (Q_1) é igual a responder 2, 3, 4 ou 5, o que equivale a $(Q_2) \cup (Q_3) \cup (Q_4) \cup (Q_5)$, e já que os eventos Q_i são mutuamente exclusivos e exaustivos, então, $P(\overline{Q_1}) = P(Q_2) + P(Q_3) + P(Q_4) + P(Q_5) = 0{,}90$. Logo, $P(Q_1) = 1 - 0{,}90 = 0{,}10$. Isso acontece porque a afirmação *complementar do evento "responder 1 ao item 10" é igual a responder 2, 3, 4* ou *5* indica o caminho a ser percorrido. Vamos relembrar o que vimos no capítulo anterior.

Você reparou que estudamos o complemento de um conjunto no Capítulo 2 e que isso está aparecendo novamente no cálculo das probabilidades? Conforme podemos perceber, a teoria dos conjuntos e a probabilidade estão estreitamente vinculadas. Na lógica da teoria dos conjuntos, o conectivo "ou" designa que um elemento qualquer satisfaz a primeira proposição, a segunda proposição, a *enésima* proposição, ou todas elas juntas. Além disso, o conectivo "ou" está relacionado à união de conjuntos. Como os eventos Q_i são mutuamente exclusivos e exaustivos, então, *responder 2, 3, 4* ou *5* equivale a $(Q_2)\cup(Q_3)\cup(Q_4)\cup(Q_5)$.

Agora vamos responder à seguinte questão, ainda relativa ao nosso exemplo prévio: qual é a probabilidade de uma pessoa qualquer escolher a opção 3 ("Essa frase representa uma atitude que está presente em sua vida") ou a 5 ("Essa frase representa uma atitude que está totalmente presente em sua vida") no item 10? Como o conectivo "ou" está relacionado à união de conjuntos, o que queremos verificar é a probabilidade da união do evento Q_3 (marcar 3 no item 10) e do evento Q_5 (marcar 5 no item 10): $P(Q_3 \cup R_5)$. Pelo axioma 3 de Kolmogorov, temos que:

$$P(Q_3 \cup Q_5) = P(Q_3) + P(Q_5)$$

$$P(Q_3 \cup Q_5) = 0,25 + 0,20 = 0,45$$

Portanto, a regra 2 é: se dois eventos são mutuamente exclusivos, o conectivo "ou" indica que as probabilidades individuais devem ser somadas. Assim, se $E = \{A, B\}$, então, $P(A \vee B) = P(A \cup B)$. Sendo $A \cup B = \varnothing$, então, $P(A \vee B) = P(A \cup B) = P(A) + P(B)$.

A Tabela 3.3 apresenta as classes de respostas, seus significados, a frequência relativa e os percentuais não mais do item 10, mas do item 11 do questionário de personalidade do exemplo anterior. O item 11 é composto pela seguinte frase: "Gosto de tomar iniciativa em tudo o que faço".

Tabela 3.3 ■ Classes de respostas do item 11, seus significados, frequências relativas e percentuais.

Classes de respostas do item 11	O que significa	Número de pessoas que escolheu cada classe	Frequência relativa	Percentual
1	Essa frase representa uma atitude que não está nem um pouco presente em sua vida	15	15/100	15%
2	Essa frase representa uma atitude que está um pouco presente em sua vida	20	20/100	20%
3	Essa frase representa uma atitude que está presente em sua vida	30	30/100	30%
4	Essa frase representa uma atitude que está muito presente em sua vida	25	25/100	25%
5	Essa frase representa uma atitude que está totalmente presente em sua vida	10	10/100	10%
Total		100	100/100	100%

Cada uma das classes de resposta do item 11 de personalidade é um evento aleatório, que chamaremos de $R_l = \{R_1, R_2, R_3, R_4, R_5\}$. O l representa cada uma das cinco classes de resposta. R_l são eventos aleatórios mutuamente exclusivos e exaustivos. Portanto, a probabilidade da união dos eventos R_l, sendo que l vai de 1 a 5, é igual à soma das probabilidades individuais de cada evento R_l: $P\left(\bigcup_{l=1}^{n} R_l\right) = \sum_{l=1}^{5} P(R_l)$.

Gráfico 3.2 ■ Frequências das classes de respostas do item 11.

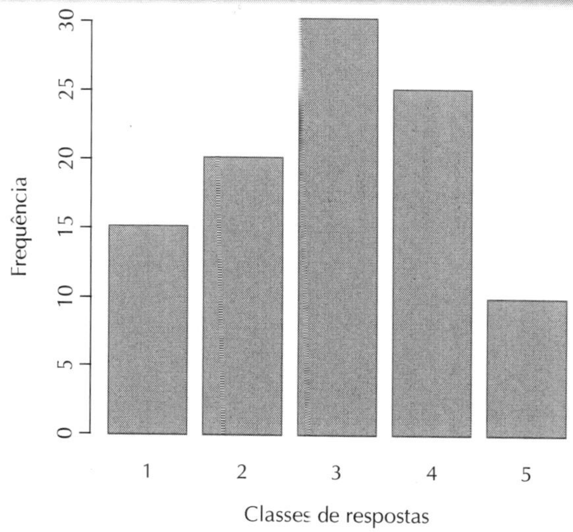

Calculemos algumas probabilidades a partir dos dados da Tabela 3.3. Para ficar mais fácil de visualizar as frequências das respostas em cada classe, elas estão representadas no Gráfico 3.2. Como vimos na regra 2, o conectivo "ou" indica que as probabilidades individuais devem ser somadas quando os eventos são mutuamente exclusivos. Assim, a probabilidade de uma pessoa selecionar as opções 1 ou 2 no item 11 é: $P(R_1 \vee R_2) = P(R_1 \cup R_2) = P(R_1) + P(R_2) = 0{,}15 + 0{,}20 = 0{,}35$. Já a probabilidade de uma pessoa marcar 1, 2 ou 3 no item 11 é: $P(R_1 \vee R_2 \vee R_3) = P(R_1 \cup R_2 \cup R_3) = P(R_1) + P(R_2) + P(R_3) = 0{,}15 + 0{,}20 + 0{,}30 = 0{,}65$. Seguindo a mesma linha de raciocínio, a probabilidade de uma pessoa marcar 1, 2, 3 ou 4 é $P(R_1) + P(R_2) + P(R_3) + P(R_4) = 0{,}15 + 0{,}20 + 0{,}30 + 0{,}25 = 0{,}90$. Finalmente, a probabilidade de uma pessoa marcar 1, 2, 3, 4 ou 5 no item 11 é igual a $0{,}15 + 0{,}20 + 0{,}30 + 0{,}25 + 0{,}10 = 1{,}00$. Aplicando a regra 2 cumulativamente nos dados da Tabela 3.3, chegamos à constatação da regra 1: em um espaço amostral formado por eventos mutuamente exclusivos e exaustivos, a soma das probabilidades individuais dos eventos é igual a um.

Até agora, este capítulo teve como foco os conjuntos disjuntos e os eventos exclusivos. Porém, se quisermos calcular a probabilidade de uma pessoa marcar 5 no item 10 *e* 4 no item 11, do exemplo que estamos empregando ao longo do capítulo, qual caminho devemos percorrer? Sabemos que uma das maneiras de calcular a probabilidade de ocorrência de um evento Q_i é por meio da divisão do número de ocorrências desse evento (ou a magnitude do conjunto Q_i; ou, ainda, a frequência de ocorrência de Q_i) pelo total de ocorrências de todas as possibilidades (ou magnitude do espaço amostral): $P(Q_i) = \frac{n(Q_i)}{n(E)}$. A probabilidade de uma pessoa selecionar a opção 3 no item 10 (Q_3) e selecionar a opção 2 no item 11 (R_2) pode ser representada da seguinte maneira: $P(Q_3 \wedge R_2)$. Podemos contar o número de ocorrências da opção 3 no item 10 e da opção 2 no item 11, ou seja, $n(Q_3 \wedge R_2)$, e dividir pelo espaço amostral (E). No entanto, as únicas informações que temos são as frequências de respostas em cada classe, para cada um dos dois itens em separado. Não é possível conhecer $n(Q_3 \wedge R_2)$ por meio das tabelas 3.1 e 3.2. Contudo, podemos pegar outro caminho. Se partirmos do pressuposto de que a resposta ao item 10 não interfere – ou não influencia – a resposta ao item 11, então, podemos considerar que:

$$\frac{n(Q_3 \wedge R_2)}{n(Q_3)} \cong \frac{n(R_2)}{n(R_l)}$$

Onde se lê: a divisão do número de ocorrências de Q_3 e R_2 pelo número de ocorrências de Q_3 é semelhante à divisão do número de ocorrências de R_2 sobre o total de ocorrências de todas as possibilidades de R_l (espaço amostral). Se isolarmos $n(Q_3 \wedge R_2)$, teremos:

$$n(Q_3 \wedge R_2) \cong \frac{n(R_2)}{n(R_l)}\, n(Q_3)$$

Como $n(R_l)$ é igual a $n(Q_i)$, visto que são 100 pessoas marcando uma das cinco classes de respostas Q_i do item 10 e R_l do item 11, vamos substituir o $n(R_l)$ da equação por $n(E)$. Assim, temos que:

$$n(Q_3 \wedge R_2) \cong \frac{n(R_2)}{n(E)}\, n(Q_3)$$

E, se substituirmos os elementos dessa expressão por seus respectivos valores, teremos:

$$n(Q_3 \wedge R_2) \cong \frac{20}{100}\, 25 = 5$$

Logo, sabemos que cinco pessoas selecionaram a opção 3 no item 10 e a opção 2 no item 11. Se dividirmos $n(Q_3 \wedge R_2)$ pelo número de ocorrências possíveis $n(E)$, teremos:

$$\frac{n(Q_3 \wedge R_2)}{n(E)} \cong P(Q_3 \wedge R_2)$$

Portanto, a probabilidade de alguém responder 3 no item 10 e 2 no item 11 é:

$$P(Q_3 \wedge R_2) = \frac{5}{100} = 0{,}05$$

Resumindo, $P(Q_3 \wedge R_2) = P(Q_3)P(R_2)$, ou seja, a probabilidade de o evento Q_3 e de o evento R_2 ocorrerem é igual ao produto de suas probabilidades individuais (ou marginais). Como vimos no capítulo anterior, o conectivo lógico "e" está relacionado à operação de interseção de conjuntos. Portanto, $Q_3 \wedge R_2 = Q_3 \cap R_2$. Chegamos, assim, à terceira regra da probabilidade: se dois eventos Q_i e R_l são independentes, a probabilidade conjunta de Q_i e R_l é igual ao produto das probabilidades individuais (ou marginais): $P(Q_i \cap R_l) = P(Q_i)P(R_l)$. A terceira regra da probabilidade é, também, a definição formal de independência estatística para pares de eventos. Dois eventos são independentes se, e somente se, $P(Q_i \cap R_l) = P(Q_i)P(R_l)$. Aliás, a definição de independência pode ser estendida para qualquer número n de eventos A_i. Os eventos A_i são considerados mutuamente independentes se, e somente se, a equação a seguir for satisfeita:

$$P\left(\bigcap_{i=1}^{n} A_i\right) = P(A_1)P(A_2)P(A_3)\ldots P(A_n) = \prod_{i=1}^{n} P(A_i).$$

Onde se lê: a probabilidade da interseção de todos os elementos A_i, sendo que i vai de 1 a n, é igual ao produto das probabilidades individuais de cada elemento A_i.

Exercícios

1. Veja a tabela a seguir e responda às questões que se seguem. Considere que cada um dos eventos são independentes:

Item	Número de respostas corretas ao item	Frequência relativa	Percentual
1	120		
2	240		
3	50		
4	450		
5	390		
6	800		
7	35		

a) Calcule a frequência relativa de acertos a cada item da tabela e o percentual, sabendo que mil pessoas responderam aos sete itens.

b) Se considerarmos acertar cada item um evento aleatório específico, os itens de 1 a 7 podem ser considerados mutuamente exclusivos?

c) Calcule a probabilidade de acertar os itens 1 e 2.

d) Calcule a probabilidade de acertar o item 3 e errar o item 4.

e) Calcule a probabilidade de acertar todos os sete itens.

f) Calcule a probabilidade de errar todos os sete itens.

2. Volte à Tabela 3.3 e responda às questões a seguir:

a) Calcule $\sum_{l=1}^{5} P(R_l)$

b) Calcule $P(R_1 \cup R_5)$

c) Calcule a probabilidade que uma pessoa tem de marcar 2 ou 4 no item 11

3. Comparando as tabelas 3.2 e 3.3:

a) Calcule $P(Q_1 \cap R_1)$

b) Calcule $P(Q_5 \cap R_2)$

c) Elabore uma maneira de demonstrar que $P(Q_1 \cap R_1) = P(R_1 \cap Q_1)$

d) Suponha que 10 pessoas marcaram 3 no item 10 e 3 no item 11. Verifique se Q_3 e R_3 são independentes

e) Qual é a probabilidade de uma pessoa marcar 3 ou 4 no item 10 e marcar 3 no item 11, considerando que ela responde a ambos os itens?

f) Qual é a probabilidade de uma pessoa marcar 1 ou 5 no item 10, e 1 ou 5 no item 11, considerando que a pessoa responde a ambos os itens?

4. Seja $P(A_1) = 0{,}15$, $P(A_2) = 0{,}95$, $P(A_3) = 0{,}30$ e $P(A_4) = 0{,}09$, calcule $\prod_{i=1}^{4} P(A_i)$

Probabilidade condicional e chance

Na seção anterior, vimos três regras da probabilidade. A primeira mostra que, para qualquer espaço amostral formado por eventos mutuamente exclusivos e exaustivos, a soma das probabilidades individuais dos eventos é igual a um. A segunda regra, por sua vez, diz que, se dois eventos são mutuamente exclusivos, o conectivo "ou" indica que as probabilidades individuais devem ser somadas. Já a terceira regra aponta que, se dois eventos são independentes, a probabilidade conjunta desses eventos é igual ao produto de suas probabilidades individuais. O objetivo principal deste capítulo é ajudá-lo a desenvolver as bases teóricas para compreender a expressão de invariância de parâmetros:

$$P\left\{\left(x_{v1}=1 \wedge x_{v2}=0\right) \middle| \left(x_{v1}=1 \wedge x_{v2}=0\right) \vee \left(x_{v1}=0 \wedge x_{v2}=1\right)\right\} = \frac{e^{-\delta_1}}{e^{-\delta_1}+e^{-\delta_2}}$$

Já sabemos o que os símbolos de conjunção (∧) e disjunção (∨) significam, bem como quais são suas operações fundamentais e características; já vimos o que é a probabilidade e suas regras principais. Nesta seção, estudaremos a probabilidade condicional. No entanto, antes de entrarmos no conceito da probabilidade condicional, vamos fazer um exercício prático com a parte esquerda da expressão de invariância dos parâmetros:

$$P\{(x_{v1}=1\wedge x_{v2}=0)|(x_{v1}=1\wedge x_{v2}=0)\vee(x_{v1}=0\ \wedge x_{v2}=1)\}.$$

Sabemos que ela significa a probabilidade de uma pessoa responder corretamente ao item 1 *e* incorretamente ao item 2, dado que ela acerta o primeiro item *e* erra o segundo *ou* erra o primeiro *e* acerta o segundo. Os itens 1 e 2 da expressão de invariância dos parâmetros são itens dicotômicos, em que é possível dar apenas uma resposta correta ou uma resposta errada. Não há outra classe de respostas. Vamos atribuir valores às probabilidades dos itens 1 e 2, bem como calcular todas as possibilidades de combinação de resultado (acertar ou errar cada um dos itens). Esses valores e esses cálculos encontram-se na Tabela 3.4.

Tabela 3.4 ■ Probabilidades marginais e conjuntas de todas as possibilidades de resultado dos eventos *A* e *B*.

	Evento *A*	Probabilidade do Evento *A*	Evento *B*	Probabilidade do Evento *B*	Probabilidade conjunta
1	Acertar i1	0,15	Acertar i2	0,20	0,03
2	Errar i1	0,85	Acertar i2	0,20	0,17
3	Acertar i1	0,15	Errar i2	0,80	0,12
4	Errar i1	0,85	Errar i2	0,80	0,68
			Total		1,00

O item 1 apresenta as seguintes probabilidades: $P(Acertar_{item\ 1}) = 0{,}15$; $P(Errar_{item\ 1}) = 0{,}85$. Já o item 2 apresenta as probabilidades: $P(Acertar_{item\ 2}) = 0{,}20$; $P(Errar_{item\ 2}) = 0{,}80$. Quando uma pessoa responde a esses itens, ela pode acertar ou errar cada um deles. Como acertar e errar são eventos mutuamente exclusivos, ou seja, apenas um dos dois pode ocorrer em cada resposta, então, $P(Acertar) \cup P(Errar) = P(Acertar) + P(Errar)$. Sendo assim, $P(Acertar_{item\ 1}) \cup P(Errar_{item\ 1}) = 0{,}15 + 0{,}85 = 1$. Além disso, se acertar ou errar um item é independente de acertar ou errar outro item, então, $P(Acertar) \cap P(Errar) = P(Acertar) + P(Errar)$. Portanto, a probabilidade de A_1 e B_1 ocorrerem, ou seja, alguém acerta o item 1 e acerta o item 2, é: $0{,}15 \times 0{,}20 = 0{,}03$. A probabilidade de os eventos A_2 e B_2

ocorrerem, ou seja, alguém erra o item 1 e acerta o item 2, é: 0,85 × 0,20 = 0,17. Já a probabilidade de os eventos A_3 e B_3 ocorrerem, ou seja, alguém acerta o item 1 e erra o item 2, é igual a 0,15 × 0,80 = 0,12. Por último, a probabilidade de os eventos A_4 e B_4 ocorrerem, ou seja, alguém erra o item 1 e erra o item 2, é igual a 0,85 × 0,80 = 0,68. Como esses eventos esgotam todas as possíveis combinações de resultado dos itens 1 e 2, a soma de suas probabilidades conjuntas é igual a um.

$$\left[P(A_1)P(B_1)\right]+\left[P(A_2)P(B_2)\right]+\left[P(A_3)P(B_3)\right]+\left[P(A_4)P(B_4)\right]=$$
$$0{,}03+0{,}17+0{,}12+0{,}68=1{,}00$$

Vamos agora entender o que é a probabilidade condicional. Para isso, pense na seguinte pergunta: qual é a probabilidade de uma pessoa acertar o item 2 (B_1), dado que ela acertou o item 1 (A_1)? Podemos escrever essa pergunta com a seguinte expressão: $P(B_1 \mid A_1)$. Essa é a expressão da probabilidade condicional. Vamos analisar, agora, a lógica para a resolução desse problema. Já que queremos saber a probabilidade de B_1 dado A_1, então, podemos dizer que queremos saber a probabilidade de B_1 e A_1: $P(B_1 \cap A_1)$. Uma vez que para B_1 acontecer, A_1 deve ter necessariamente acontecido, então, podemos dividir a probabilidade B_1 e de A_1 pela probabilidade de A_1:

$$\frac{P(B_1 \cap A_1)}{P(A_1)}$$

Portanto, a probabilidade condicional de B_1, dado que A_1 ocorreu, é:

$$P(B_1 \mid A_1)=\frac{P(B_1 \cap A_1)}{P(A_1)}$$

se $P(A_1) \neq 0$. Vamos resolver a equação anterior. Como sabemos, pela Tabela 3.4, que $P(B_1 \cap A_1)=0{,}03$ e que $P(A_1)=0{,}15$, então,

$$\frac{P(B_1 \cap A_1)}{P(A_1)}=\frac{0{,}03}{0{,}15}=0{,}20$$

Veja que o resultado de $P(B_1 \mid A_1)$ é igual ao resultado de $P(B_1)$, ou seja, 0,20. Isso acontece porque acertar ou errar o item 2 é independente de acertar ou errar o item 1, isto é, os eventos B_1 e A_1 são independentes. Como visto na seção anterior, se dois eventos B_1 e A_1 são independentes:

$$P\left(B_1 \cap A_1\right) = P\left(B_1\right) P\left(A_1\right)$$

Portanto,

$$P\left(B_1 \mid A_1\right) = \frac{P\left(B_1 \cap A_1\right)}{P\left(A_1\right)} = \frac{P\left(B_1\right) P\left(A_1\right)}{P\left(A_1\right)} = P\left(B_1\right)$$

Agora que já sabemos o que é e como calcular a probabilidade condicional de dois eventos independentes, vamos aplicar os valores da Tabela 3.4 à parte esquerda da expressão de invariância dos parâmetros:

$$P\left\{\left(x_{v1} = 1 \wedge x_{v2} = 0\right) \middle| \left(x_{v1} = 1 \wedge x_{v2} = 0\right) \vee \left(x_{v1} = 0 \wedge x_{v2} = 1\right)\right\}$$

Sabemos que a probabilidade de uma pessoa qualquer acertar o item 1 e errar o item 2 é igual a 0,12: $P(x_{v1} = 1 \wedge x_{v2} = 0) = P(x_{v1} = 1)P(x_{v2} = 0) = 0{,}15*0{,}80 = 0{,}12$. Essa representação é exatamente igual à representação $P\left(A_3 \cap B_3\right)$, utilizando os símbolos da Tabela 3.4. Também sabemos que a probabilidade de uma pessoa qualquer errar o item 1 e acertar o item 2 é igual a 0,17: $P(x_{v1} = 0 \wedge x_{v2} = 1)P(x_{v1} = 0)P(x_{v2} = 1) = 0{,}85*0{,}20 = 0{,}17$. No entanto, falta-nos saber qual é a probabilidade de acertar o primeiro e errar o segundo ou errar o primeiro e acertar o segundo: $P\left(x_{v1} = 1 \wedge x_{v2} = 0\right) \vee \left(x_{v1} = 0 \wedge x_{v2} = 1\right)$. Para simplificar a compreensão do que estamos fazendo, vamos substituir essa última representação por uma mais simples, utilizando os símbolos da Tabela 3.4:

$$P\left(x_{v1} = 1 \wedge x_{v2} = 0\right) \vee \left(x_{v1} = 0 \wedge x_{v2} = 1\right) = P\left(A_3 \cap B_3\right) \cup P\left(A_2 \cap B_2\right)$$

Substituindo pelos valores da tabela, teremos que

$$P(A_3 \cap B_3) \cup P(A_2 \cap B_2) = 0,12 + 0,17 = 0,29$$

Esses cálculos estão sintetizados na Tabela 3.5, que é uma versão resumida da Tabela 3.4.

Tabela 3.5 ■ Probabilidades de acertar um item e errar o outro.

	Evento *A*	Probabilidade do Evento *A*	Evento *B*	Probabilidade do Evento *B*	Probabilidade conjunta
2	Errar i1	0,85	Acertar i2	0,20	0,17
3	Acertar i1	0,15	Errar i2	0,80	0,12
			Total		0,29

Já que desejamos saber a probabilidade de acertar o item 1 e errar o item 2, ou seja, $P(A_3 \cap B_3) = 0,12$, levando em consideração que a pessoa acerte o item 1 e erre o item 2 *ou* que ela erre o item 1 e acerte o item 2, ou seja, $P(A_3 \cap B_3) \cup P(A_2 \cap B_2) = 0,29$, então, podemos escrever uma razão entre a primeira expressão e a segunda:

$$P\{(A_3 \cap B_3) | (A_3 \cap B_3) \cup (A_2 \cap B_2)\} = \frac{0,12}{0,29} = 0,41$$

A partir desse resultado, fica fácil calcular a probabilidade de errar o item 1 e acertar o item 2, dado que apenas um dos dois itens é respondido corretamente. Para isso, basta calcular o complementar do resultado: 1 – 0,41 = 0,59. Outra maneira de fazer esse cálculo é:

$$P\{(A_2 \cap B_2) | (A_3 \cap B_3) \cup (A_2 \cap B_2)\} = \frac{0,17}{0,29} = 0,59$$

EXERCÍCIOS

1. Volte às tabelas 3.2 e 3.3 e calcule:

a) $P(R_1 \mid Q_1)$
b) $P(R_1 \mid Q_2)$
c) $P(R_1 \mid Q_3)$
d) $P(R_1 \mid Q_4)$
e) $P(R_1 \mid Q_5)$
f) $P(R_2 \mid Q_1)$
g) $P(R_2 \mid Q_2)$
h) $P(R_2 \mid Q_3)$
i) $P(R_2 \mid Q_4)$
j) $P(R_2 \mid Q_5)$
k) $P(R_3 \mid Q_1)$
l) $P(R_3 \mid Q_2)$
m) $P(R_3 \mid Q_3)$
n) $P(R_3 \mid Q_4)$
o) $P(R_3 \mid Q_5)$
p) $P(R_4 \mid Q_1)$
q) $P(R_4 \mid Q_2)$
r) $P(R_4 \mid Q_3)$
s) $P(R_4 \mid Q_4)$
t) $P(R_4 \mid Q_5)$
u) $P(R_5 \mid Q_1)$
v) $P(R_5 \mid Q_2)$
w) $P(R_5 \mid Q_3)$
x) $P(R_5 \mid Q_4)$
y) $P(R_5 \mid Q_5)$

2. Responda às questões abaixo de acordo com a tabela a seguir:

Item	Número de respostas corretas ao item	Frequência relativa	Percentual
1	100	0,10	10%
2	200	0,20	20%
3	350	0,35	35%
4	500	0,50	50%

a) Calcule $P(x_{v1} = 1 \wedge x_{v2} = 0)$
b) Calcule $P(x_{v1} = 1 \wedge x_{v2} = 1)$
c) Calcule $P(x_{v1} = 0 \wedge x_{v2} = 0)$
d) Calcule $P(x_{v2} = 1 \wedge x_{v3} = 0)$
e) Calcule $P(x_{v2} = 1 \wedge x_{v3} = 1)$
f) Calcule $P(x_{v2} = 0 \wedge x_{v3} = 0)$
g) Calcule $P(x_{v3} = 1 \wedge x_{v1} = 1)$
h) Calcule $P(x_{v3} = 1 \wedge x_{v1} = 0)$
i) Calcule $P(x_{v1} = 1 \wedge x_{v2} = 0) \vee (x_{v1} = 0 \wedge x_{v2} = 1)$

j) Calcule $P(x_{v2} = 1 \wedge x_{v3} = 0) \vee (x_{v2} = 0 \wedge x_{v3} = 1)$
k) Calcule $P(x_{v3} = 1 \wedge x_{v4} = 0) \vee (x_{v3} = 0 \wedge x_{v4} = 1)$
l) Calcule $P(x_{v1} = 1 \wedge x_{v2} = 0) \mid (x_{v1} = 1 \wedge x_{v2} = 0) \vee (x_{v1} = 0 \wedge x_{v2} = 1)$
m) Calcule $P(x_{v2} = 1 \wedge x_{v3} = 0) \mid (x_{v2} = 1 \wedge x_{v3} = 0) \vee (x_{v2} = 0 \wedge x_{v3} = 1)$
n) Calcule $P(x_{v3} = 1 \wedge x_{v4} = 0) \mid (x_{v3} = 1 \wedge x_{v4} = 0) \vee (x_{v3} = 0 \wedge x_{v4} = 1)$

3. De acordo com o exercício 2, qual é a chance de se acertar o item 1? Qual é a chance de se acertar o item 2, dado que se tenha errado o item 1?

Referências

Bamber, D. (2003). What is probability? *Journal Of Mathematical Psychology, 47*(3), 377-382.

Gilles, D. (2000). *Philosophical theories of probability*. London: Routledge.

Hacking, I. (2006). *The Emergence of probability* (2nd ed.). New York: Cambridge University Press.

Jaynes, E. T. (2003). *Probability theory: the logic of science*. Cambridge: Cambridge University Press.

Khemlani, S. S., Lotstein, M., & Johnson-Laird, P. (2012). The probabilities of unique events. *Plos ONE, 7*(10) e45975.

Kolmogorov, A. N. (1933/1956). *Grundbegriffe der Wahrscheinlichkeitsrechnung*. Berlin: Springer, 1933 (English translation by N. Morrison, Foundations of the Theory of Probability. New York: Chelsea, 1956).

Suppes, P., Krantz D. H., Luce, R. D., & Tversky, A. (1989). *Foundations of measurement* (Vol. II: Geometrical, Threshold and Probabilistic Representations). New York: Academic Press.

item
pessoa
itens
resposta
dificuldade
habilidade
modelo
latente
Alex
Beto
acertar
dois
medida
ser
apenas
igual
variáveis
expressão
Figura
respostas
dados
sobre
capítulo
diferença
menor
primeiro
possível
posição
Tabela
Vamos
Ana
latentes

Parte

II

Principais Modelos Rasch

"Mensuração objetiva, isto é, mensuração que transcende o instrumento de medida, não apenas requer instrumentos de medida que funcionem de forma independente dos objetos medidos, mas também demandam um modelo para calibrar seu funcionamento que separe os efeitos do instrumento e do objeto."

(Wright, B. D.)

Capítulo 4

O Modelo Logístico Simples de Rasch para dados dicotômicos

Hudson Fernandes Golino
Universidade Estadual de Feira de Santana
Cristiano Mauro Assis Gomes
Universidade Federal de Minas Gerais

OBJETIVO

O modelo dicotômico de Rasch, também chamado de Modelo Logístico Simples, foi desenvolvido pelo matemático dinamarquês Georg Rasch nos anos de 1960. Como visto no primeiro capítulo, os Modelos Rasch foram os primeiros modelos probabilísticos de medidas aditivas conjuntas. O modelo apresentado neste capítulo aplica-se a dados dicotômicos, do tipo sim/não, presente/ausente, correto/incorreto, e apresenta uma série de características que fizeram avançar o campo da Psicometria e, por consequência, da avaliação psicológica, educacional e da saúde.

Variáveis latentes e observáveis

No primeiro capítulo deste livro, vimos que não é incomum o tratamento quantitativo de dados ser confundido com medidas de atributos. Nessa linha de raciocínio, atribuir o número 1 às pessoas que são do sexo feminino e 2 às do sexo masculino seria uma "medida", uma vez que esse processo vai na direção da definição de Stevens (1946). Para o autor, medir é atribuir números a objetos, coisas, fenômenos etc. de acordo com alguma regra específica. No exemplo mencionado, decidimos arbitrariamente atribuir às mulheres o número 1 e aos homens o número 2, de modo a representá-los numericamente. Vimos, também no Capítulo 1, que a definição de medida de Stevens (1946) ocasiona erros lógicos inadmissíveis. O processo de medida deve ser tal que as relações qualitativas verificadas (como, por exemplo, na comparação de três pedaços de madeira a, b e c: ($a > b > c$) têm de ser preservadas no processo de medida. Para que as relações qualitativas sejam adequadamente representadas no sistema numérico empregado, é preciso aplicar um conjunto de regras necessárias, e não qualquer regra, como postulava Stevens (1946). Esse conjunto de regras foi apresentado por meio da chamada *Teoria de Medidas Aditivas Conjuntas* (TMAC). A partir das medidas aditivas conjuntas, a Psicologia e as demais ciências humanas, sociais e da saúde passaram a contar com um sistema formal de medida sem a necessidade de concatenação empírica dos objetos (Borsboom, 2003; Borsboom, & Scholten, 2008; Krantz, Luce, Suppes, & Tversky, 1971). Esse tipo de medida é obtida quando se aplica uma função específica ϕ que mapeia as relações qualitativas encontradas em estruturas aditivas conjuntas em um sistema representacional numérico, de modo que sejam satisfeitos todos os quatro axiomas da TMAC (ver Capítulo 1).

A ação de tradução do sistema de relações qualitativas para o sistema numérico atua simultaneamente em três variáveis: duas independentes e uma dependente. Para facilitar a exemplificação das estruturas aditivas conjuntas, adotamos anteriormente a estratégia de dar nomes às variáveis. Chamamos as variáveis independentes de β (beta) e δ (delta), e a variável dependente, de ω (ômega). Na Teoria da Medida Aditiva Conjunta, a medida não é definida isoladamente em nenhuma das três variáveis de nosso exemplo, mas, sim, simultaneamente (Borsboom, 2003). É em função dessa simultaneidade que a expressão *medida conjunta* é adotada por Krantz *et al.* (1971). Já na área da Psicometria, essa relação é concretizada por meio da chamada *estrutura de referência bidirecional* (Andrich, 1988), que exemplificaremos logo a seguir. Mesmo já tendo explicado pormenorizadamente a TMAC no primeiro capítulo, continuaremos a revisar sua lógica de modo a introduzir e definir o conceito de variável latente, para então apresentar o modelo dicotômico de Rasch. Essa estratégia é necessária pois todos os conceitos são inter-relacionados, e ela auxiliará na compreensão do modelo logístico simples.

Vamos voltar à exemplificação das variáveis independentes e dependentes da TMAC. Chamemos β de habilidade (das pessoas) e δ de dificuldade (dos itens de um teste de desempenho). A relação entre a habilidade das pessoas e a dificuldade dos itens de um teste, por exemplo, produz um efeito ou fenômeno ω (Gráfico 4.1).

Gráfico 4.1 ■ Relação entre β e δ produzindo o efeito ou fenômeno ω.

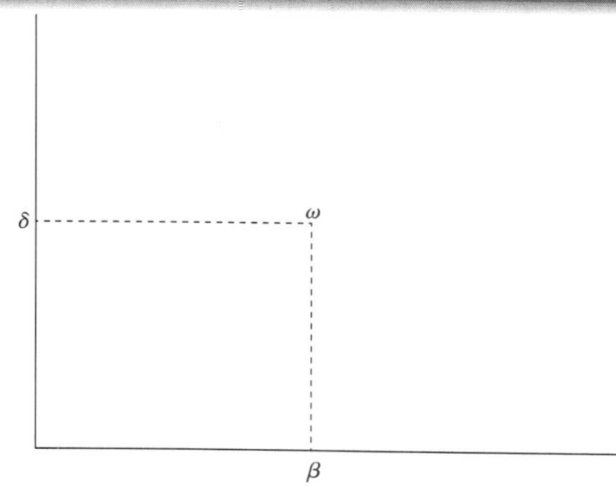

Esse efeito surge quando a pessoa cuja habilidade estamos referenciando encontra o item de um teste a cuja dificuldade nos referimos. Para tornar as coisas mais concretas, vamos trabalhar com um exemplo no qual temos a resposta de quatro pessoas (Ana, Beto, Clarisse e Alex) aos quatro itens de um teste (item 1, item 2, item 3 e item 4).

Tabela 4.1 ▪ Respostas de quatro pessoas aos quatros itens de um teste.

		Itens				
		Item 1	*Item 2*	*Item 3*	*Item 4*	Total
Pessoas	*Ana*	0	0	0	0	**0**
	Beto	1	0	0	0	**1**
	Clarisse	1	1	0	0	**2**
	Alex	1	1	1	0	**3**
	Total	**3**	**2**	**1**	**0**	

A Tabela 4.1 apresenta a estrutura de referência bidirecional (Andrich, 1988). A resposta das pessoas aos itens (representada por zero e um na tabela) só se realiza com o encontro entre os agentes e os objetos. Os agentes são os eliciadores dos comportamentos, isto é, os itens. Os objetos, por sua vez, são os que têm o comportamento eliciado pelos estímulos dos itens: as pessoas (Andrich, 1988). Não há a resposta se não houver o estímulo para eliciá-la, o que significa que, para que o fenômeno exista, é preciso ocorrer o encontro do objeto com o agente (Gráfico 4.1) ou da pessoa com o item. A capacidade que uma pessoa tem de responder aos itens, a qual denominamos *habilidade*, e o grau de demanda, de esforço, de exigência para a resolução que os itens têm, chamado de dificuldade, não podem ser definidos isoladamente. Habilidade e dificuldade são o que os filósofos da ciência chamam de definições constitutivas, ou seja, são conceitos complementares definidos em termos de um e do outro ao mesmo tempo (Andrich, 1988, 2004).

As respostas das pessoas são as variáveis observáveis, ao passo que a habilidade e a dificuldade são as chamadas variáveis latentes. A diferença entre variáveis observáveis e latentes é de natureza epistemológica. Geralmente, a literatura define as variáveis latentes como construtos teóricos não diretamente observáveis ou como variáveis subjacentes às observações (Borsboom, 2008). Mas o que são variáveis observadas? Dizer que uma variável é observada porque olhamos para ela é no mínimo ingênuo, e não pode ser a definição conceitual a ser adotada. O leitor pode pensar “as respostas das quatro pessoas aos quatro itens são observadas porque vemos a opção que ela marcou, ou a resposta que ela colocou no papel" ou, então, "é o que está na tabela, são os zeros e os uns", mas definir conceitos a partir de exemplos não é adequado. Por exemplo, no lugar de respostas aos itens, pense no sexo e na idade das pessoas. Se colocarmos duas colunas a mais na Tabela 4.1, uma com o número 1 representando o sexo feminino e o 2 representando o sexo masculino, e outra com numerais representado a idade, isso tornaria sexo e idade variáveis observáveis? O leitor pode até argumentar que o sexo de uma pessoa é observável no sentido de que é possível fazer um exame físico inspecionando os órgãos genitais. Na mesma linha, pode-se argumentar que a idade é observável, pois é a contagem do número de vezes que a Terra gira ao redor do sol, desde o nascimento da pessoa até a presente data, por exemplo. Mais uma vez, ambos os argumentos seriam ingênuos epistemologicamente, apesar de bastante comuns de encontrar, já que tanto sexo quanto idade são construções teóricas (Borsboom, 2008).

> Dimensões [ou construções] teóricas não se encaixam na categoria de coisas observáveis. Portanto, quando alguém descobre, ao questionar os irmãos gêmeos João e Jane, que João é 15 minutos mais velho que Jane, não se pode afirmar que observou-se assim a variável idade. Com base na informação sobre João e Jane, a pessoa faz uma inferência sobre a posição relativa de ambos na dimensão idade, mas não é, dessa forma, verdade que a pessoa observou a idade em si (Borsboom, 2008, p. 28, tradução livre).

Borsboom (2008) argumenta que exemplos como os colocados anteriormente apontam que varáveis observáveis e variáveis latentes têm mais em comum do que geralmente supõe-se. Por exemplo, na literatura sobre avaliação psicológica é consenso o argumento de que o escore de uma pessoa em um teste de inteligência *não é a* inteligência. O escore do teste é um indicador da inteligência, mas não o construto teórico em si, uma vez que este é uma variável latente! O mesmo raciocínio pode ser empregado para apontar que o número 1 na coluna sexo não é o sexo da pessoa. É inimaginável que o sexo de alguém é um número em uma tabela de dados. Faz tão pouco sentido quanto dizer que o escore de um teste é o construto que ele indica (Borsboom, 2008). O autor continua seu argumento apontando que, em ambos os casos, realiza-se uma inferência sobre os padrões observados dos dados apresentarem ou não determinada propriedade. E é nessa inferência que reside uma definição mais robusta de variáveis observáveis e latentes que as definições apontadas anteriormente. *No primeiro caso (variáveis observáveis), a inferência é realizada com certeza a partir dos dados, desde que o processo de coleta de dados tenha sido correto.* A estrutura do dado reflete a estrutura do fenômeno, no sentido em que posições distintas na variável (ser do sexo masculino ou ser do sexo feminino, por exemplo) são representadas por posições distintas na estrutura do dado (zero ou um na matriz de dados). Essa representação do fenômeno na estrutura de dado ocorre sem resíduo final. Ao representar o sexo de Jane com o número 1 e o de João com o número 2, não há como realizar uma inferência equivocada sobre o fenômeno representado (sexo). Há uma equivalência isomórfica entre a estrutura do fenômeno e a estrutura do dado (Borsboom, 2008). *Já no segundo caso, das variáveis latentes, o processo inferencial não pode ser feito com certeza a partir dos dados em mãos.* A inferência sobre o nível de inteligência de uma pessoa, isto é, sua posição na variável *inteligência*, possui um erro intrínseco. Esse erro é oriundo da natureza do processo inferencial: não se pode ter certeza sobre a *real* localização da pessoa naquela dimensão (inteligência), o que existe é uma estimativa dessa localização. E essa estimativa envolve um erro. Por isso, mesmo que diferentes posições na variável sejam representadas por diferentes posições na estrutura do dado, essa representação envolve um resíduo final, um erro de representação. *Em suma, de acordo com essa definição epistemológica, as variáveis não são inerentemente observáveis ou latentes. Elas se tornam uma ou outra em razão da natureza da inferência realizada sobre elas!*

Vamos voltar à Tabela 4.1. As respostas das pessoas aos itens podem ser consideradas variáveis observáveis porque a inferência que fazemos a partir dos zeros e dos uns é certa, ou seja, não envolvem um erro residual: os zeros representam respostas erradas, e os uns representam respostas corretas. Temos como pressupostos, nessa interpretação, que a correção das respostas aos itens foi correta, que a tabulação dessas respostas na tabela não apresenta erro e que há respostas corretas e incorretas para as questões. Já no caso dos processos que estão subjacentes às respostas, como as habilidades das pessoas e as dificuldades dos itens, a inferência que fazemos a partir dos dados não é possível de ser realizada sem erros. Ao estimar a localização da pessoa na variável, consegue-se apenas realizar uma aproximação à sua posição real. Consequentemente, há um erro residual que surge da diferença entre o que estimamos sobre a posição da pessoa e sua real posição. É importante notar que a *real* posição da pessoa é um conceito abstrato, que pode ser apenas aproximadamente estimado, com maior ou menor erro, dependendo do procedimento adotado. Na mesma linha, a localização ou a posição de um item na variável é estimada em relação à sua localização real, o que também envolve um erro intrínseco ao processo. Portanto, habilidade e dificuldade são consideradas variáveis latentes!

Agora que já introduzimos os conceitos de variáveis observáveis e latentes, podemos dar mais um passo adiante. É comum encontrar tabelas que mostram as respostas, ou os escores, das pessoas aos itens dos testes desde os primeiros meses da graduação em Psicologia e áreas afins. Essa estrutura de referência bidirecional, representada concretamente na Tabela 4.1, é a chave que liga a Teoria de Medida Aditiva Conjunta às variáveis latentes e ao Modelo Rasch! É importante apontar que a TMAC lida com entidades matemáticas abstratas, não numéricas e sem relação com dados empíricos, enquanto os Modelos Rasch são modelos probabilísticos de medida com estrutura de referência numérica diretamente dependente de dados empíricos (Karabatsos, 2001). A TMAC é axiomática, enquanto os Modelos Rasch são versões probabilísticas desse modelo matemático (Newby, Conner, Grant, & Bunderson, 2009) que, por sua vez, necessitam de dados empíricos. Por esse motivo, no Capítulo 1 trabalhamos apenas com a estrutura matemática, e agora introduzimos dados como os da Tabela 4.1.

Partindo dos dados empíricos observáveis, como os disponíveis na Tabela 4.1, é possível estudar a variável latente subjacente e realizar inferências. Esse processo é realizado pelos chamados modelos de variáveis latentes, que são um conjunto de modelos probabilísticos que relacionam os dados observados às variáveis latentes. A ideia por trás dos modelos de variáveis latentes é a seguinte: *as diferenças nas variáveis latentes causam as diferenças nas variáveis observáveis*; um exemplo são as diferenças de temperatura – variável latente –, que causam as diferenças nas leituras de diferentes termômetros –

variáveis observáveis (Cramer, Sluis, Noordhof, Wicherts, Geschwind, Aggen, Kendler, & Borsboom, 2012). A diferença das pontuações de Ana, Beto, Clarisse e Alex na Tabela 4.1 é causada pelo traço latente subjacente aos quatro itens (Figura 4.1). Essas posições são aproximações às posições reais, uma vez que sua estimativa envolve erro.

Figura 4.1 ■ Posições de Ana, Beto, Clarisse e Alex em um traço latente hipotético.

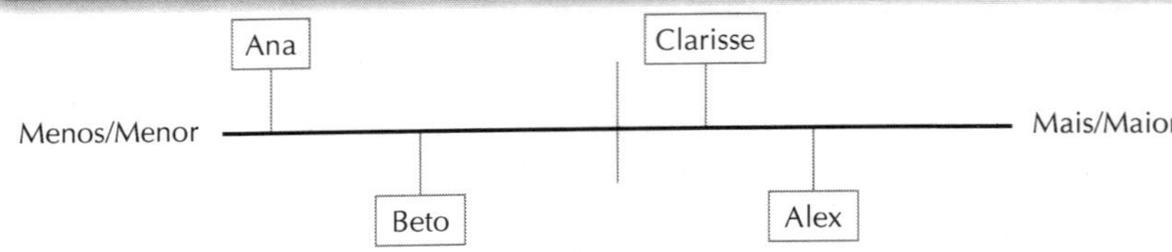

Apesar de existirem uma série de modelos de variáveis latentes (por exemplo, modelos fatoriais, modelos de classes latentes, modelos dinâmicos, Modelos Rasch etc.), Borsboom (2008) aponta que quase todos eles podem ser considerados extensões de um modelo matemático comum:

$$f\left(E\left(X\right)\right)=g\left(\Theta\right) \tag{1}$$

onde f é uma função de ligação, E é o operador do valor esperado da matriz de variáveis observadas X, e g é uma função que liga o conjunto de variáveis latentes a Θ. Assim, em sua fundação matemática, os modelos de variáveis latentes especificam a relação entre um conjunto de variáveis observadas (lado esquerdo da Equação 1) a um conjunto de variáveis latentes (lado direito da Equação 1). Intrínseco às funções g utilizadas para ligar um ao outro encontra-se o erro! Se recuperarmos os símbolos que utilizamos para explicar a TMAC, podemos escrever que o fenômeno (a resposta de uma pessoa a itens) ω é função de dois fatores: β (habilidade da pessoa) e δ (dificuldade do item):

$$\omega \sim \phi\left(\beta \wedge \delta\right) \tag{2}$$

Perceba que a estrutura da Equação 1 e da Expressão matemática 2 são similares, uma vez que o fenômeno ω é análogo às variáveis observáveis

X, e β, δ são análogos a Θ. Assim como em (1), a função ϕ envolve um erro de estimativa da real localização na variável. Para transformar a Expressão 2 em um modelo probabilístico, é necessário transformar a função ϕ em uma função de probabilidade. Veremos como isso é feito na próxima seção.

O Modelo Logístico Simples de Georg Rasch

A Expressão 2 do final da seção anterior apenas mostra, por meio de símbolos matemáticos, que o fenômeno empírico (resposta aos itens) é função dos dois fatores: habilidade e dificuldade. Utilizamos a mesma notação do Capítulo 1, mas lembre-se de que nele estávamos trabalhando com entidades matemáticas abstratas. Para tratar da resposta observada de uma pessoa a um item, mudaremos a Expressão 2 substituindo o ω por X_{pi}, ou seja, o ω, que é o efeito da relação entre a habilidade da pessoa e a dificuldade do item, é a resposta observada dessa pessoa (p) a esse item qualquer (i):

$$X_{pi} \sim \phi(\beta_p \wedge \delta_i)$$

Temos, então, que a resposta observada X_{pi} da pessoa p no item i é função da habilidade β_p da pessoa e da dificuldade δ_i do item. Considerando que tanto as pessoas quanto os itens se localizam em algum ponto no contínuo da variável latente investigada (por exemplo, inteligência), então, a comparação entre a habilidade e a dificuldade fornece informações relevantes. Mas qual é a relação mais útil que podemos adotar entre a habilidade de uma pessoa e a dificuldade de um item? Wright e Stone (1979) apresentam uma ideia bastante intuitiva, que vamos exemplificar colocando as posições de Ana, Beto, Clarisse e Alex na mesma linha (ou no mesmo contínuo) das posições de quatro itens fictícios (i1, i2, i3 e i4) em uma variável (ou traço) latente hipotética.

Figura 4.2 ■ Posições de Ana, Beto, Clarisse, Alex e dos itens i1, i2, i3 e i4 em um traço latente hipotético.

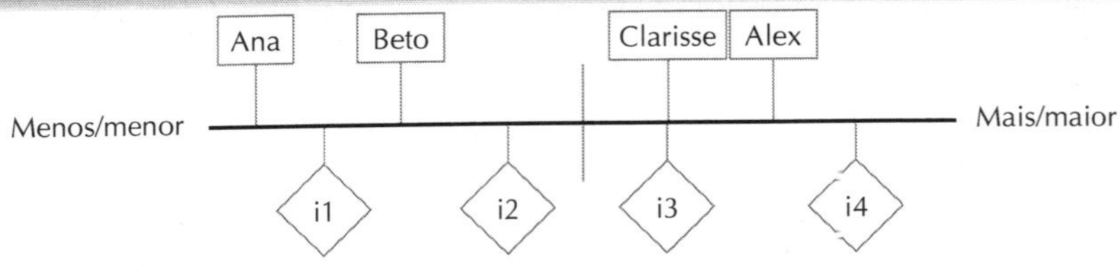

Pela Figura 4.2 é possível verificar que a localização de Ana fica em uma posição no traço latente tal que ela possui menor habilidade nesse traço que Beto, que, por sua vez, possui menor habilidade que Clarisse, que também possui menor habilidade que Alex. De maneira análoga, o item 1 demanda menor habilidade das pessoas que o item 2, que, por sua vez, demanda menos que o item 3, que demanda menos que o item 4. Sendo assim, podemos afirmar que a dificuldade dos itens é tal que: i1 < i2 < i3 < i4. Se compararmos as localizações das pessoas às dos itens no traço latente, simultaneamente, podemos estabelecer as seguintes conclusões: (1) Ana tem uma habilidade no traço latente que é menor que a demanda dos itens de 1 a 4; (2) Beto tem uma habilidade que é superior à demanda do item 1, mas inferior à dos itens 2, 3 e 4; (3) Clarisse possui uma habilidade superior à demanda dos itens 1 e 2, mas que é exatamente igual à demanda do item 3 e inferior à do item 4; (4) Alex possui uma habilidade que é superior à demanda dos itens de 1 a 3, mas que é menor que a demanda do item 4.

As conclusões do parágrafo anterior podem ser traduzidas para uma linguagem matemática da seguinte maneira:

1. $\beta_{Ana} < \delta_1 < \delta_2 < \delta_3 < \delta_4$;
2. $\delta_1 < \beta_{Beto} < \delta_2 < \delta_3 < \delta_4$;
3. $\delta_1 < \delta_2 < \beta_{Clarisse} = \delta_3 < \delta_4$;
4. $\delta_1 < \delta_2 < \delta_3 < \beta_{Alex} < \delta_4$.

Se substituirmos as comparações (*maior que* e *igual a*) pela relação matemática de subtração, teremos as seguintes relações: (1) a diferença entre a habilidade de Ana e a dificuldade do item 1 é menor que zero, e o mesmo ocorre para os outros itens; (2) a diferença entre a habilidade de Beto e a dificuldade do item 1 é maior que zero, mas entre a habilidade de Beto e as dificuldades dos itens 2, 3 e 4 é menor que zero; (3) a diferença entre a habilidade de Clarisse e a dificuldades dos itens é maior que zero para os itens 1 e 2, exatamente igual a zero para o item 3 e menor que zero para o item 4; (4) a diferença entre a habilidade de Alex e a dificuldade dos itens é maior que zero para os itens de 1 a 3, mas menor que zero para o item 4. Traduzindo essas comparações para uma linguagem matemática, temos que:

- $\beta_{Ana} - \delta_1 < 0$;
- $\beta_{Ana} - \delta_2 < 0$;
- $\beta_{Ana} - \delta_3 < 0$;
- $\beta_{Ana} - \delta_4 < 0$;
- $\beta_{Beto} - \delta_1 > 0$;
- $\beta_{Beto} - \delta_2 < 0$;
- $\beta_{Beto} - \delta_3 < 0$;
- $\beta_{Beto} - \delta_4 < 0$;
- $\beta_{Clarisse} - \delta_1 > 0$;
- $\beta_{Clarisse} - \delta_2 > 0$;
- $\beta_{Clarisse} - \delta_3 = 0$;
- $\beta_{Clarisse} - \delta_4 < 0$;
- $\beta_{Alex} - \delta_1 > 0$;
- $\beta_{Alex} - \delta_2 > 0$;
- $\beta_{Alex} - \delta_3 > 0$;
- $\beta_{Alex} - \delta_4 < 0$.

Adotar uma relação entre a habilidade das pessoas e a dificuldade dos itens como uma relação de subtração pode fornecer algumas informações úteis, como vimos nas conclusões listadas, mas leva a um grande problema se ela for adotada de maneira determinística. Quando concluímos, com base na localização no contínuo do traço latente, que $\beta_{Alex} > \delta_3$, e que, portanto, $\beta_{Alex} - \delta_3 > 0$, espera-se que, ao ser exposto ao item 3, Alex dê uma resposta correta. Isso porque, uma vez que a habilidade de Alex é maior ou superior à demanda do item 3, ele tem condições de responder corretamente. No entanto, é possível que Alex dê uma resposta errada ao item 3. Em suma, mesmo quando a habilidade de uma pessoa é superior ao que é demandado pelo item $(\beta > \delta)$, é possível que seja dada uma resposta errada. De modo similar, mesmo quando a habilidade da pessoa seja menor ou inferior ao que é demandado pelo item $(\beta < \delta)$ é possível que a resposta dada seja correta. Portanto, como apontam Wright e Stone (1979), uma concepção determinística entre a habilidade e a dificuldade levando à resposta observada da pessoa não é plausível. Uma concepção mais apropriada da diferença entre habilidade e dificuldade envolve um tratamento probabilístico desta.

Vamos interpretar a relação da habilidade da Clarisse com a dificuldade dos itens 2, 3 e 4, e a relação de ambos os fatores na resposta observada. Como visto anteriormente, a habilidade de Clarisse é superior à demanda do item 2 $(\beta_{Clarisse} > \delta_2)$ e, portanto, a diferença da posição entre eles no traço latente será maior que zero $(\beta_{Clarisse} - \delta_2 > 0)$. Assim, é bastante razoável afirmar que é mais provável que Clarisse dê uma resposta correta que uma resposta incorreta ao item 2. Isso é o mesmo que dizer que a probabilidade da resposta de Clarisse ao item 2 ser correta é maior que 50%: $P(X_{Clarisse,\ item\ 2} = 1) > 0{,}5$. Uma vez que a habilidade de Clarisse está na mesma posição no traço latente que a dificuldade do item 3 $(\beta_{Clarisse} = \delta_3)$, a diferença entre eles é zero $(\beta_{Clarisse} - \delta_3 = 0)$. É razoável afirmar que, nesse caso, a probabilidade de Clarisse dar uma resposta correta ao item 3 é igual à probabilidade de ela dar uma resposta incorreta, ou seja, a probabilidade de acertar o item é igual a 50%: $P(X_{Clarisse,\ item\ 3} = 1) = 0{,}5$. Por último, sabemos que a habilidade de Clarisse é menor que a demanda do item 4 $(\beta_{Clarisse} < \delta_4)$, o que acarretará uma diferença entre eles menor que zero em termos da posição no traço latente $(\beta_{Clarisse} - \delta_4 < 0)$. Portanto, podemos apontar que a probabilidade de Clarisse acertar o item 4 é menor que a probabilidade de errar, ou seja, é menor que 50%: $P(X_{Clarisse,\ item\ 4} = 1) < 0{,}5$.

Vamos transformar as relações de diferença entre as habilidades das pessoas (Ana, Beto, Clarisse e Alex) e a dificuldade dos itens (i1, i2, i3 e i4) em probabilidades. Com isso, teremos:

- $P\left(X_{Ana,\ item\ 1}=1\right)<0,5;$
- $P\left(X_{Ana,\ item\ 2}=1\right)<0,5;$
- $P\left(X_{Ana,\ item\ 3}=1\right)<0,5;$
- $P\left(X_{Ana,\ item\ 4}=1\right)<0,5;$
- $P\left(X_{Beto,\ item\ 1}=1\right)>0,5;$
- $P\left(X_{Beto,\ item\ 2}=1\right)<0,5;$
- $P\left(X_{Beto,\ item\ 3}=1\right)<0,5;$
- $P\left(X_{Beto,\ item\ 4}=1\right)<0,5;$
- $P\left(X_{Clarisse,\ item\ 1}=1\right)>0,5;$
- $P\left(X_{Clarisse,\ item\ 2}=1\right)>0,5;$
- $P\left(X_{Clarisse,\ item\ 3}=1\right)=0,5;$
- $P\left(X_{Clarisse,\ item\ 4}=1\right)<0,5;$
- $P\left(X_{Alex,\ item\ 1}=1\right)>0,5;$
- $P\left(X_{Alex,\ item\ 2}=1\right)>0,5;$
- $P\left(X_{Alex,\ item\ 3}=1\right)>0,5;$
- $P\left(X_{Alex,\ item\ 4}=1\right)<0,5.$

Essa intepretação probabilística, exemplificada com a relação entre as habilidades das pessoas e as dificuldades dos itens, pode ser sintetizada em um gráfico da relação entre a probabilidade da resposta de uma pessoa *p* ao item *i* ser correta com a diferença entre a habilidade e a dificuldade (Gráfico 4.2).

Gráfico 4.2 ▪ Relação entre a probabilidade de uma pessoa *p* acertar o item *i* e a diferença entre a habilidade e a dificuldade.

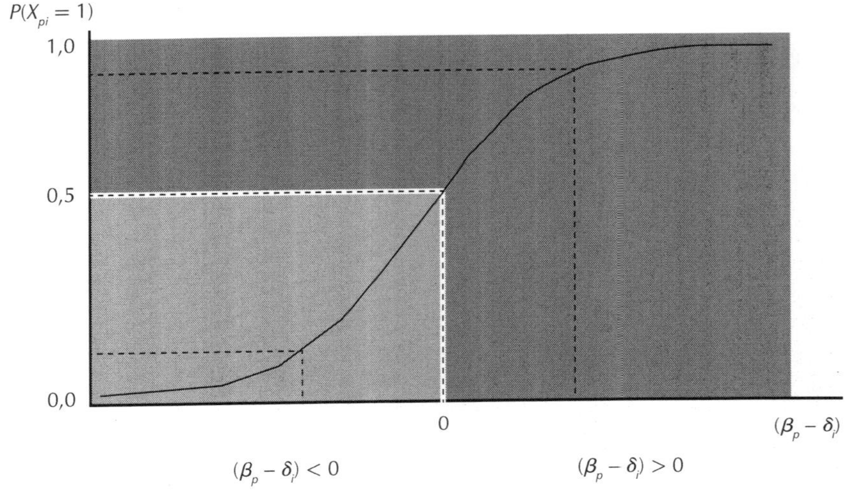

Quando a diferença entre a habilidade da pessoa *p* e a dificuldade do item *i* é menor que 0, a probabilidade de a pessoa dar uma resposta correta ao item é menor que 50% (área cinza claro no Gráfico 4.2). Quando a diferença entre a habilidade e a dificuldade é maior que 0, a probabilidade de a pessoa dar uma resposta correta ao item é maior que 50% (área cinza escuro no Gráfico 4.2). Quando a diferença entre a habilidade da pessoa *p* e a dificuldade do item *i* é igual a 0, a probabilidade de acertar o item é igual a 50% (faixa branca com a linha pontilhada no Gráfico 4.2).

A probabilidade, como vimos anteriormente, é um índice que varia entre 0 e 1 (eixo *y* no Gráfico 4.2). Já a diferença entre β_p e δ_i não tem limites, ou seja, pode ser qualquer valor entre menos infinito e mais infinito (Andrich, 1988):

$$-\infty \leq \beta_p - \delta_i \leq +\infty \qquad (3)$$

Se colocarmos a diferença entre β_p e δ_i como expoentes do número *e*, estamos restringindo-a entre 0 e mais infinito:

$$0 \leq e^{\left(\beta_p - \delta_i\right)} \leq +\infty \qquad (4)$$

Finalmente, o truque para deixar a diferença entre a habilidade da pessoa p e a dificuldade do item i no mesmo intervalo da probabilidade é inserir um denominador que permita que isso ocorra:

$$0 \leq \frac{e^{(\beta_p - \delta_i)}}{1 + e^{(\beta_p - \delta_i)}} \leq 1 \tag{5}$$

Por fim, podemos escrever a probabilidade de uma pessoa p acertar um item i, dadas a habilidade da pessoa e a dificuldade do item, da seguinte maneira:

$$P(X_{pi} = 1 \mid \beta_p, \delta_i) = \frac{e^{(\beta_p - \delta_i)}}{1 + e^{(\beta_p - \delta_i)}} \tag{6}$$

A Expressão 6 deve ser lida assim: a probabilidade de a resposta observada da pessoa p ao item i ser correta, dadas a habilidade da pessoa e a dificuldade do item, é igual a e (chamado de número de Euler) elevado à diferença entre a habilidade e a dificuldade, dividido por um mais e elevado à diferença entre a habilidade e a dificuldade.

Para uma resposta observada incorreta da pessoa p ao item i, temos:

$$P(X_{pi} = 0 \mid \beta_p, \delta_i) = \frac{1}{1 + e^{(\beta_p - \delta_i)}} \tag{7}$$

Generalizando o modelo para qualquer resposta $(X_{pi} = x_{pi})$, tem-se:

$$P(X_{pi} = x_{pi} \mid \beta_p, \delta_i) = \frac{e^{[x_{pi}(\beta_p - \delta_i)]}}{1 + e^{(\beta_p - \delta_i)}} \tag{8}$$

onde, se x_{pi} for igual a um (resposta correta), a Expressão 8 se reduz à Expressão 6; e se x_{pi} for igual a zero (resposta incorreta), a Expressão 8 toma a forma da Expressão 7. Tem-se, portanto, o famoso modelo dicotômico de Rasch (Rasch, 1960/1980).

Vamos retornar ao exemplo da relação entre Clarisse e os itens 1, 2, 3 e 4, trabalhados anteriormente. Suponhamos que Clarisse tenha uma habilidade de 1,2, ou seja, sua posição no contínuo do traço latente está situada no número 1,2. Suponhamos que a dificuldade dos itens seja tal que: $\delta_{item\ 1}$ = 0,4; $\delta_{item\ 2}$ = 0,8; $\delta_{item\ 3}$ = 1,2; $\delta_{item\ 4}$ = 1,6. Utilizando o Modelo Rasch para dados dicotômicos, podemos estimar a probabilidade de Clarisse acertar cada um dos quatro itens do exemplo. Vamos começar com o item 1. A probabilidade de Clarisse dar uma resposta correta ao item 1 será:

$$P\left(X_{Clarisse,\ item\ 1}=1\,|\,\beta_{Clarisse},\delta_{item\ 1}\right)=\frac{e^{(1,2-0,4)}}{1+e^{(1,2-0,4)}}$$

Calculando o numerador, encontramos o valor de 2,23 (para verificar esse valor, pode-se utilizar a seguinte expressão em qualquer calculadora: $= EXP(1,2-0,4)$. Tente você também!). Teremos, então:

$$P\left(X_{Clarisse,\ item\ 1}=1\,|\,\beta_{Clarisse},\delta_{item\ 1}\right)=\frac{2,23}{1+2,23}=0,69$$

De acordo com o resultado dessa expressão, Clarisse tem 69% de probabilidade de responder corretamente ao item 1. Continuando com o exemplo, teremos também:

$$P\left(X_{Clarisse,\ item\ 2}=1\,|\,\beta_{Clarisse},\delta_{item\ 2}\right)=\frac{e^{(1,2-0,8)}}{1+e^{(1,2-0,8)}}=\frac{1,49}{1+1,49}=0,60$$

$$P\left(X_{Clarisse,\ item\ 3}=1\,|\,\beta_{Clarisse},\delta_{item\ 3}\right)=\frac{e^{(1,2-1,2)}}{1+e^{(1,2-1,2)}}=\frac{1}{1+1}=0,50$$

$$P\left(X_{Clarisse,\ item\ 4}=1\,|\,\beta_{Clarisse},\delta_{item\ 4}\right)=\frac{e^{(1,2-1,6)}}{1+e^{(1,2-1,6)}}=\frac{0,67}{1+0,67}=0,40$$

Em suma, Clarisse tem uma probabilidade de 60% de acertar o item 2, 50% de acertar o item 3 e 40% de acertar o item 4. Se calcularmos a probabilidade que Clarisse tem de errar cada um dos quatro itens do nosso exemplo, veremos que:

$$P\left(X_{Clarisse,\ item\ 1}=0\,|\,\beta_{Clarisse},\delta_{item\ 1}\right)=\frac{1}{1+2,23}=0,31$$

$$P\left(X_{Clarisse,\ item\ 2}=0\,|\,\beta_{Clarisse},\delta_{item\ 2}\right)=\frac{1}{1+e^{(1,2-0,8)}}=\frac{1}{1+1,49}=0,40$$

$$P\left(X_{Clarisse,\ item\ 3}=0\,|\,\beta_{Clarisse},\delta_{item\ 3}\right)=\frac{1}{1+e^{(1,2-1,2)}}=\frac{1}{1+1}=0,50$$

$$P\left(X_{Clarisse,\ item\ 4}=0\,|\,\beta_{Clarisse},\delta_{item\ 4}\right)=\frac{1}{1+e^{(1,2-1,6)}}=\frac{1}{1+0,67}=0,60$$

Em suma, Clarisse tem uma probabilidade de 31% de errar o item 1, 40% de errar o item 2, 50% de errar o item 3 e 60% de errar o item 4. As expressões 6 e 7 são complementares, pois, somando seus resultados, tem-se 1, ou seja, a probabilidade de uma pessoa qualquer *p* acertar ou errar um item qualquer *i* é igual a 100%.

O modelo dicotômico de Rasch (Rasch, 1960/1980) é também chamado de *Modelo Logístico Simples* (Andrich, 1988). O modelo é *logístico* porque a função da probabilidade das respostas das pessoas aos itens é calculada por meio de uma função logística que tem como base o número de Euler "*e*". Recebe o nome de *simples*, pois o modelo é oriundo da mais simples parametrização para a mais simples das respostas, de natureza dicotômica: acertou ou errou; sim ou não; presente ou ausente etc. (Andrich, 1988).

Propriedades do Modelo Logístico Simples de Rasch

Vimos, no Capítulo 1, que, dentre as várias propriedades do Modelo Logístico Simples de Georg Rasch, a *invariância* é uma das mais importantes. Essa propriedade garante que os parâmetros do objeto medido e do instrumento de medida são separáveis, ou seja, comparações de habilidades das pessoas independem da dificuldade dos itens, e vice-versa. E essa é uma propriedade do modelo matemático, e não dos dados empíricos em si

(Wright, & Stone, 1979). Em um par de itens, a probabilidade de uma pessoa acertar o primeiro e errar o segundo, dado que ela acerta apenas um dos dois, depende única e exclusivamente da dificuldade desses itens. De modo semelhante, se duas pessoas 1 e 2 respondem a um item *i*, a probabilidade de a primeira acertar e a segunda errar o item, dado que apenas uma das duas acerta, depende única e exclusivamente da habilidade dessas pessoas. Mas como chegamos a essa separação a partir do modelo logístico simples (Expressão 8)? Andrich (1988) propõe um exemplo bastante elucidativo sobre a separação dos parâmetros de habilidade e de dificuldade. Suponha que uma pessoa (p) responda a dois itens dicotômicos: item 1 e item 2. Os possíveis resultados são: (1) ela erra ambos os itens; (2) ela erra o primeiro e acerta o segundo; (3) ela acerta o primeiro e erra o segundo; (4) ela acerta ambos os itens. Essas possibilidades são mostradas na Tabela 4.2.

Tabela 4.2 ▪ Possíveis padrões de resposta de uma pessoa *p* aos itens dicotômicos 1 e 2, suas probabilidades marginais e a probabilidade conjunta de cada padrão.

	Item 1	Item 2	Escore total	Probabilidade marginal da resposta ao item 1	Probabilidade marginal da resposta ao item 2	Probabilidade conjunta do padrão de respostas
Padrão possível 1	0	0	0	$\frac{1}{1+e^{(\beta_p-\delta_1)}}$	$\frac{1}{1+e^{(\beta_p-\delta_2)}}$	$\frac{1}{1+e^{(\beta_p-\delta_1)}}\frac{1}{1+e^{(\beta_p-\delta_2)}}$
Padrão possível 2	0	1	1	$\frac{1}{1+e^{(\beta_p-\delta_1)}}$	$\frac{e^{(\beta_p-\delta_2)}}{1+e^{(\beta_p-\delta_2)}}$	$\frac{1}{1+e^{(\beta_p-\delta_1)}}\frac{e^{(\beta_p-\delta_2)}}{1+e^{(\beta_p-\delta_2)}}$
Padrão possível 3	1	0	1	$\frac{e^{(\beta_p-\delta_1)}}{1+e^{(\beta_p-\delta_1)}}$	$\frac{1}{1+e^{(\beta_p-\delta_2)}}$	$\frac{e^{(\beta_p-\delta_1)}}{1+e^{(\beta_p-\delta_1)}}\frac{1}{1+e^{(\beta_p-\delta_2)}}$
Padrão possível 4	1	1	2	$\frac{e^{(\beta_p-\delta_1)}}{1+e^{(\beta_p-\delta_1)}}$	$\frac{e^{(\beta_p-\delta_2)}}{1+e^{(\beta_p-\delta_2)}}$	$\frac{e^{(\beta_p-\delta_1)}}{1+e^{(\beta_p-\delta_1)}}\frac{e^{(\beta_p-\delta_2)}}{1+e^{(\beta_p-\delta_2)}}$

No primeiro padrão possível de respostas, a pessoa erra os dois itens. A probabilidade de uma pessoa errar os itens 1 e 2 está na primeira linha da última coluna (probabilidade conjunta). Essa probabilidade é igual ao produto da probabilidade de errar o primeiro item pela probabilidade de errar o segundo item (isto é, produto das probabilidades marginais), considerando que a resposta ao primeiro não interfere na resposta ao segundo. Em outras palavras, é pressuposto que a resposta ao primeiro item é independente da resposta ao segundo item, e vice-versa. Como vimos no Capítulo 3, quando dois eventos *A* e *B* são independentes, a probabilidade da interseção dos dois eventos (*A* e *B*) é:

$$P(A \cap B) = P(A)P(B)$$

Pedimos desculpas pelo excesso de repetições. Exageramos nas redundâncias intencionalmente, para que as conexões entre os capítulos e seus conceitos possam ser feitas de maneira explícita e repetitiva. Consideramos que essas conexões são um aspecto-chave para a aprendizagem.

Se somarmos todas as células da última coluna da Tabela 4.2, obteremos 1. Isso porque, como só é possível que ocorra um dos quatro padrões apresentados na tabela, a probabilidade de ocorrer o primeiro padrão *ou* de ocorrer o segundo padrão *ou* de ocorrer o terceiro padrão *ou* de ocorrer o quarto padrão é igual a 100%. Considerando que a pessoa responda a ambos os itens, um dos quatro padrões vai necessariamente aparecer.

Caso a pessoa erre ambos os itens ou acerte ambos os itens, não será possível extrair nenhuma informação realmente útil sobre seu desempenho. Veremos o porquê mais adiante. Por enquanto, basta registrar mentalmente que, se um teste é composto por dois itens apenas e a pessoa erra todos esses itens, então, não poderemos saber com adequada exatidão a localização da pessoa na variável latente. É como se estivéssemos tentando medir a altura de uma pessoa com uma régua presa em uma parede de um prédio, com as marcas da régua apagadas entre 0 e 5 metros de altura. Assim, os valores da régua só estariam disponíveis a partir de cinco metros de altura, não sendo possível estimar o verdadeiro tamanho da pessoa.

Também não é possível saber com adequada exatidão a localização de uma pessoa na variável latente se ela acerta todos os itens. Seria como tentar pesar um adulto em uma balança de cozinha. Ele atinge o máximo possível da balança, tornando impossível saber seu peso correto.

Portanto, vamos nos concentrar apenas nos padrões dois e três da tabela, pois eles são informativos, uma vez que apresentam variabilidade nas respostas. Considere, agora, que a pessoa p acerte o primeiro item e erre o segundo item. Vamos calcular a probabilidade de isso ocorrer, dado que a pessoa apenas acerte um dos dois itens. Ou seja, vamos trabalhar com a probabilidade de ocorrer o padrão três, dado que apenas o padrão dois ou três ocorra (isso é o mesmo que dizer que estamos calculando a probabilidade do padrão três *condicionado* ao escore total igual a um). Veremos o que isso significa mais à frente, bem como sua relação com as informações fornecidas sobre habilidade e dificuldade). A probabilidade é:

$$P\left\{\left(x_{p1}=1,\ x_{p2}=0\right)\middle|\left(x_{p1}=1,\ x_{p2}=0\right)\vee\left(x_{p1}=0,\ x_{p2}=1\right)\right\}=$$

$$\frac{\dfrac{e^{(\beta_p-\delta_1)}}{1+e^{(\beta_p-\delta_1)}}\dfrac{1}{1+e^{(\beta_p-\delta_2)}}}{\left(\dfrac{e^{(\beta_p-\delta_1)}}{1+e^{(\beta_p-\delta_1)}}\dfrac{1}{1+e^{(\beta_p-\delta_2)}}\right)+\left(\dfrac{1}{1+e^{(\beta_p-\delta_1)}}\dfrac{e^{(\beta_p-\delta_2)}}{1+e^{(\beta_p-\delta_2)}}\right)}$$

Apesar de a expressão de probabilidade exposta ser grande e parecer muito difícil de entender, ela é relativamente simples. O numerador é a probabilidade conjunta de a pessoa acertar o primeiro item e errar o segundo. O denominador é a probabilidade conjunta de a pessoa acertar o primeiro e errar o segundo item ou errar o primeiro e acertar o segundo. Vamos continuar desenvolvendo essa expressão de probabilidade:

$$\frac{e^{(\beta_p-\delta_1)}\dfrac{1}{1+e^{(\beta_p-\delta_1)}}\dfrac{1}{1+e^{(\beta_p-\delta_2)}}}{\left(e^{(\beta_p-\delta_1)}\dfrac{1}{1+e^{(\beta_p-\delta_1)}}\dfrac{1}{1+e^{(\beta_p-\delta_2)}}\right)+\left(\dfrac{1}{1+e^{(\beta_p-\delta_1)}}\dfrac{1}{1+e^{(\beta_p-\delta_2)}}e^{(\beta_p-\delta_2)}\right)}=$$

Agora, vamos isolar o produto da probabilidade de errar cada um dos itens no denominador da equação:

$$\frac{e^{(\beta_p-\delta_1)}\dfrac{1}{1+e^{(\beta_p-\delta_1)}}\dfrac{1}{1+e^{(\beta_p-\delta_2)}}}{\left(\dfrac{1}{1+e^{(\beta_p-\delta_1)}}\dfrac{1}{1+e^{(\beta_p-\delta_2)}}\right)e^{(\beta_p-\delta_1)}+e^{(\beta_p-\delta_2)}}=$$

Em seguida, podemos eliminar o produto da probabilidade de errar cada um dos itens, cancelando essa probabilidade presente no numerador com a probabilidade presente no denominador:

$$\frac{e^{(\beta_p-\delta_1)}\dfrac{1}{1+e^{(\beta_p-\delta_1)}}\dfrac{1}{1+e^{(\beta_p-\delta_2)}}}{\left(\dfrac{1}{1+e^{(\beta_p-\delta_1)}}\dfrac{1}{1+e^{(\beta_p-\delta_2)}}\right)e^{(\beta_p-\delta_1)}+e^{(\beta_p-\delta_2)}}=\frac{e^{(\beta_p-\delta_1)}}{e^{(\beta_p-\delta_1)}+e^{(\beta_p-\delta_2)}}=$$

No próximo passo, isolamos e^{β_p} no numerador e no denominador:

$$\frac{e^{\beta_p}e^{-\delta_1}}{e^{\beta_p}\left(e^{-\delta_1}+e^{-\delta_2}\right)}=$$

Por último, cancelamos e^{β_p} do numerador com o denominador:

$$\frac{e^{\beta_p}e^{-\delta_1}}{e^{\beta_p}\left(e^{-\delta_1}+e^{-\delta_2}\right)}=\frac{e^{-\delta_1}}{e^{-\delta_1}+e^{-\delta_2}}$$

Assim, eliminamos o parâmetro da pessoa da equação. Em outras palavras, a probabilidade de uma pessoa p responder a um item 1 corretamente e a um item 2 incorretamente, dado que ela acerta um ou outro item apenas, é dada por uma relação envolvendo exclusivamente a dificuldade de ambos os itens! Ou seja:

$$P\left\{\left(x_{p1}=1,\ x_{p2}=0\right)\middle|\left(x_{p1}=1,\ x_{p2}=0\right)\vee\left(x_{p1}=0,\ x_{p2}=1\right)\right\}=\frac{e^{-\delta_1}}{e^{-\delta_1}+e^{-\delta_2}} \quad (9)$$

De fato, muitas vezes a matemática parece fazer mágica! Ou a mágica parece fazer matemática?

O modelo logístico simples de Rasch mostra matematicamente que a estimativa da dificuldade dos itens é independente da distribuição das habilidades da amostra ou da população estudada (Andrich, 1988). Em outras palavras, o modelo logístico simples de Rasch possibilita investigar a dificuldade dos itens independentemente de quais pessoas responderam a esses itens. Isso abriu, em meados dos anos de 1960, uma nova possibilidade de estudar variáveis latentes, pois permitiu que diferentes itens de um teste fossem aplicados em diferentes pessoas. Assim, pode-se aumentar a velocidade de coleta de dados. Imagine um teste que contenha cem itens, cada qual com um tempo médio de resolução de dois minutos. O tempo total médio para responder a todos esses itens é de 200 minutos. Se um pesquisador está interessado em investigar a dificuldade desses itens, trabalhando com uma amostra de quinhentas pessoas, por exemplo, ele poderá particionar o teste em cinco cadernos de vinte itens. Cada um desses cadernos terá uma duração média de resolução de quarenta minutos apenas e poderá ser aplicado em cem pessoas. Com isso, cada sessão de avaliação terá seu tempo total médio diminuído em 80%. Isso só é possível porque os parâmetros de habilidade e dificuldade são separáveis, como vimos anteriormente! A dificuldade dos cem itens desse nosso exemplo poderá ser estimada mesmo que cada conjunto de cem pessoas tenha respondido apenas a vinte itens!

Assim como o parâmetro de dificuldade pode ser estimado independentemente do parâmetro de habilidade, o contrário também é verdadeiro. Vamos imaginar duas pessoas, 1 e 2, respondendo a um item *i*. Existem apenas quatro possíveis resultados: (1) ambas as pessoas erram o item; (2) a pessoa 1 erra e a pessoa 2 acerta o item; (3) a pessoa 1 acerta e a pessoa 2 erra; ou (4) ambas as pessoas acertam o item (Tabela 4.3).

Tabela 4.3 ■ Possíveis padrões da pessoa 1 e da pessoa 2 a um item *i*, suas probabilidades marginais e a probabilidade conjunta de cada padrão.

	Pessoa 1	Pessoa 2	Escore total	Probabilidade marginal da pessoa 1	Probabilidade marginal da pessoa 2	Probabilidade conjunta do padrão de respostas
Padrão possível 1	0	0	0	$\frac{1}{1+e^{(\beta_1-\delta_i)}}$	$\frac{1}{1+e^{(\beta_2-\delta_i)}}$	$\frac{1}{1+e^{(\beta_1-\delta_i)}}\frac{1}{1+e^{(\beta_2-\delta_i)}}$
Padrão possível 2	0	1	1	$\frac{1}{1+e^{(\beta_1-\delta_i)}}$	$\frac{e^{(\beta_2-\delta_i)}}{1+e^{(\beta_2-\delta_i)}}$	$\frac{1}{1+e^{(\beta_1-\delta_i)}}\frac{e^{(\beta_2-\delta_i)}}{1+e^{(\beta_2-\delta_i)}}$
Padrão possível 3	1	0	1	$\frac{e^{(\beta_1-\delta_n)}}{1+e^{(\beta_1-\delta_i)}}$	$\frac{1}{1+e^{(\beta_2-\delta_i)}}$	$\frac{e^{(\beta_1-\delta_i)}}{1+e^{(\beta_1-\delta_i)}}\frac{1}{1+e^{(\beta_2-\delta_i)}}$
Padrão possível 4	1	1	2	$\frac{e^{(\beta_1-\delta_i}}{1+e^{(\beta_1-\delta_i)}}$	$\frac{e^{(\beta_2-\delta_i)}}{1+e^{(\beta_2-\delta_i)}}$	$\frac{e^{(\beta_1-\delta_i)}}{1+e^{(\beta_1-\delta_i)}}\frac{e^{(\beta_2-\delta_i)}}{1+e^{(\beta_2-\delta_i)}}$

Como não há variabilidade nos padrões 1 e 4, vamos trabalhar apenas com os padrões 2 e 3. Qual é a probabilidade da primeira pessoa acertar e a segunda pessoa errar o item (padrão 3), dado que apenas uma das duas acerta (padrões 2 e 3 juntos, ou seja, escore total igual a 1)? Para fazer esse cálculo, temos de dividir a probabilidade do padrão 3 pela soma das probabilidades dos padrões 3 e 2:

$$P\left\{\left(x_{1i}=1,\, x_{2i}=0\right)\middle|\left(x_{1i}=1,\, x_{2i}=0\right)\vee\left(x_{1i}=0,\, x_{2i}=1\right)\right\}=$$

$$\frac{\dfrac{e^{(\beta_1-\delta_i)}}{1+e^{(\beta_1-\delta_i)}}\dfrac{1}{1+e^{(\beta_2-\delta_i)}}}{\left(\dfrac{e^{(\beta_1-\delta_i)}}{1+e^{(\beta_1-\delta_i)}}\dfrac{1}{1+e^{(\beta_1-\delta_i)}}\right)+\left(\dfrac{1}{1+e^{(\beta_2-\delta_i)}}\dfrac{e^{(\beta_2-\delta_i)}}{1+e^{(\beta_2-\delta_i)}}\right)}=$$

Para começar a resolver a expressão anterior, vamos separar a probabilidade de cada pessoa errar no denominador:

$$\frac{e^{(\beta_1-\delta_i)}\dfrac{1}{1+e^{(\beta_1-\delta_i)}}\dfrac{1}{1+e^{(\beta_2-\delta_i)}}}{e^{(\beta_1-\delta_i)}\left(\dfrac{1}{1+e^{(\beta_1-\delta_i)}}\dfrac{1}{1+e^{(\beta_1-\delta_i)}}\right)+\left(\dfrac{1}{1+e^{(\beta_2-\delta_i)}}\dfrac{1}{1+e^{(\beta_2-\delta_i)}}\right)e^{(\beta_2-\delta_i)}}=$$

$$\frac{e^{(\beta_1-\delta_i)}\dfrac{1}{1+e^{(\beta_1-\delta_i)}}\dfrac{1}{1+e^{(\beta_2-\delta_i)}}}{\left(\dfrac{1}{1+e^{(\beta_1-\delta_i)}}\dfrac{1}{1+e^{(\beta_2-\delta_i)}}\right)e^{(\beta_1-\delta_i)}+e^{(\beta_2-\delta_i)}}=$$

E, agora, vamos cancelar a probabilidade de cada pessoa errar, cortando-a do numerador e do denominador:

$$\frac{e^{(\beta_1-\delta_i)}\cancel{\dfrac{1}{1+e^{(\beta_1-\delta_i)}}\dfrac{1}{1+e^{(\beta_2-\delta_i)}}}}{\cancel{\left(\dfrac{1}{1+e^{(\beta_1-\delta_i)}}\dfrac{1}{1+e^{(\beta_2-\delta_i)}}\right)}e^{(\beta_1-\delta_i)}+e^{(\beta_2-\delta_i)}}=\frac{e^{(\beta_1-\delta_i)}}{e^{(\beta_1-\delta_i)}+e^{(\beta_2-\delta_i)}}$$

No próximo passo, isolamos $e^{-\delta_i}$ no numerador e no denominador:

$$\frac{e^{\beta_1}e^{-\delta_i}}{e^{-\delta_i}\left(e^{\beta_1}+e^{\beta_2}\right)}$$

Por último, cancelamos $e^{-\delta_i}$ do numerador com o denominador:

$$\frac{e^{\beta_1}\cancel{e^{-\delta_i}}}{\cancel{e^{-\delta_i}}\left(e^{\beta_1}+e^{\beta_2}\right)}=\frac{e^{\beta_1}}{e^{\beta_1}+e^{\beta_2}}$$

Assim, eliminamos o parâmetro do item da equação. Em outras palavras, a probabilidade de a pessoa 1 dar uma resposta correta a um item e a pessoa 2 dar uma resposta incorreta, considerando que apenas uma das duas acerta o item, é dado por uma relação envolvendo exclusivamente a habilidade das pessoas! Ou seja:

$$P\left\{\left(x_{1i}=1,\ x_{2i}=0\right)\middle|\left(x_{1i}=1,\ x_{2i}=0\right)\vee\left(x_{1i}=0,\ x_{2i}=1\right)\right\}=\frac{e^{\beta_1}}{e^{\beta_1}+e^{\beta_2}} \quad (10)$$

Isso significa que podemos comparar duas pessoas independentemente de quais itens elas responderam. Em outras palavras, a estimativa da habilidade das pessoas é independente da distribuição da dificuldade dos itens. Vamos ver dois exemplos para deixar a propriedade de separação dos parâmetros ainda mais clara. Voltemos ao exemplo da primeira seção deste capítulo. Lembre-se de que as dificuldades dos itens 1 e 2 eram tais que: $\delta_{item\ 1} = 0{,}4$; $\delta_{item\ 2} = 0{,}8$. Lembre-se também de que a habilidade de Clarisse era igual a 1,2. Imagine que a habilidade de Alex é igual a 1,4. Vamos, primeiro, calcular a probabilidade de uma pessoa qualquer acertar o item 1 e errar o item 2 desse exemplo, dado que apenas um dos dois itens é respondido corretamente, utilizando a Expressão 9:

$$P\left\{\left(x_{p1}=1,\ x_{p2}=0\right)\middle|\left(x_{p1}=1,\ x_{p2}=0\right)\vee\left(x_{p1}=0,\ x_{p2}=1\right)\right\}$$
$$=\frac{e^{-\delta_1}}{e^{-\delta_1}+e^{-\delta_2}}=\frac{e^{-0,4}}{e^{-0,4}+e^{-0,8}}=\frac{0,67}{0,67+0,45}=0,60$$

Uma pessoa qualquer tem 60% de chance de acertar o item 1 e de errar o item 2, dado que apenas um dos dois itens é respondido corretamente. Se invertermos a ordem para calcular a probabilidade de uma pessoa p errar o primeiro item (o mais fácil) e acertar o segundo item (o mais difícil), dado que apenas um dos dois itens é respondido corretamente, teremos a seguinte probabilidade:

$$P\left\{\left(x_{p1}=0,\ x_{p2}=1\right)\middle|\left(x_{p1}=1,\ x_{p2}=0\right)\vee\left(x_{p1}=0,\ x_{p2}=1\right)\right\}$$
$$=\frac{e^{-\delta_2}}{e^{-\delta_2}+e^{-\delta_1}}=\frac{e^{-0,8}}{e^{-0,8}+e^{-0,4}}=\frac{0,45}{0,45+0,67}=0,40$$

A probabilidade de uma pessoa p errar o item 1, que é o mais fácil, e acertar o item 2, que é o mais difícil dos dois, é de apenas 40%. Perceba que as probabilidades são complementares. Se há 60% de probabilidade de uma pessoa acertar o primeiro e errar o segundo item, dado que apenas um dos dois itens é respondido corretamente; e se 40% é a probabilidade de uma pessoa errar o primeiro e acertar o segundo item, dado que apenas um deles é respondido de maneira correta, a soma dessas probabilidades resulta em 100%. Você pode estar se perguntando porque a soma das probabilidades desses dois padrões resulta em 100%, sendo que há quatro possíveis padrões de resposta (Tabela 4.3). A solução encontra-se em compreender que não estamos calculando a probabilidade de uma pessoa acertar o primeiro e errar o segundo item, em relação a *todos os possíveis padrões de resposta*. O cálculo é feito *em relação ao padrão 2 e ao padrão 3*, exclusivamente. Em outras palavras, condiciona-se a probabilidade de acertar o primeiro e errar o segundo item à probabilidade de acertar o primeiro e errar o segundo *mais* a probabilidade de errar o primeiro e acertar o segundo! O espaço amostral sai, portanto, dos quatro padrões possíveis para apenas dois padrões: aqueles que apresentam variabilidade. Isso é o mesmo que dizer que estamos condicionando apenas no escore total igual a 1, uma vez que o escore total 0 e o escore total 2 não apresentam variabilidade. No primeiro caso (escore total 0), erram-se ambos os itens; no segundo caso (escore total 2), acertam-se ambos os itens.

Agora, vamos calcular a probabilidade de Clarisse acertar um item qualquer i e Alex errar esse item, dado que apenas um dos dois responde corretamente, utilizando a Expressão 10:

$$P\left\{\left(x_{Clarisse,\,i}=1,\, x_{Alex,\,i}=0\right)\middle|\left(x_{Clarisse,\,i}=1,\, x_{Alex,\,i}=0\right)\vee\left(x_{Clarisse,\,i}=0,\, x_{Alex,\,i}=1\right)\right\}=$$

$$\frac{e^{\beta_1}}{e^{\beta_1}+e^{\beta_2}}=\frac{e^{1,2}}{e^{1,2}+e^{1,4}}=\frac{3,32}{3,32+4,06}=0,45$$

A probabilidade de Clarisse acertar o item i e de Alex errar, dado que apenas um dos dois dá uma resposta correta, é de 45%. Essa probabilidade faz sentido, uma vez que a habilidade de Clarisse é menor que a habilidade de Alex. Independentemente de qual item eles estejam respondendo, a probabilidade de Clarisse acertar e Alex errar, dado que apenas um dos dois acerta, será sempre de 45%. Por outro lado, a probabilidade de Alex acertar o item *i* e de Clarisse errar, dado que apenas um dos dois acerta o item, é:

$$P\left\{\left(x_{Clarisse,\,i}=0,\ x_{Alex,\,i}=1\right)\middle|\left(x_{Clarisse,\,i}=1,\ x_{Alex,\,i}=0\right)\vee\left(x_{Clarisse,\,i}=0,\ x_{Alex,\,i}=1\right)\right\}=$$

$$\frac{e^{\beta_2}}{e^{\beta_2}+e^{\beta_1}}=\frac{e^{1,4}}{e^{1,4}+e^{1,2}}=\frac{4,06}{4,06+3,32}=0,55$$

A probabilidade de Alex acertar o item *i* e de Clarisse errar, dado que apenas um dos dois dá uma resposta correta, é de 55%. Essa probabilidade faz sentido, uma vez que a habilidade de Alex é maior que a de Clarisse.

Se retornamos à Tabela 4.2 e a analisarmos mediante os procedimentos adotados no cálculo da expressão de invariância dos parâmetros (Expressão 9), descobriremos uma característica muito importante do modelo logístico simples de Rasch: o escore total é uma *estatística suficiente* para estimar os parâmetros de dificuldade e habilidade (Andrich, 1988; Wright, & Stone, 1979). Como visto anteriormente, no caso de dois itens o escore total dividiu os resultados de tal modo que, dado um escore total igual a um, a probabilidade de um resultado é independente da habilidade das pessoas. Da mesma forma, no caso de duas pessoas, dado um escore total igual a um, a probabilidade de um resultado é independente da dificuldade dos itens. Assim, Andrich (1988) aponta que toda a informação sobre a habilidade das pessoas é capturada pelo escore total, bem como toda a informação sobre a dificuldade dos itens. O escore total só não é *suficiente* quando seu valor é igual a zero ou igual ao total de itens. Quando o escore total é igual a zero, se calcularmos a probabilidade do padrão de respostas condicionado no escore total, o resultado será igual a um, ou seja, não trará nenhuma informação sobre a dificuldade do item:

$$P\left\{\left(x_{p1}=0,\ x_{p2}=0\right)\middle|\,Escore\ Total=0\right\} = \frac{\dfrac{1}{1+e^{(\beta_p-\delta_1)}}\dfrac{1}{1+e^{(\beta_p-\delta_2)}}}{\dfrac{1}{1+e^{(\beta_p-\delta_1)}}\dfrac{1}{1+e^{(\beta_p-\delta_2)}}}=1$$

Essa expressão de probabilidade pode ser escrita também da seguinte maneira:

$$P\left\{\left(x_{p1}=0,\ x_{p2}=0\right)\middle|\left(x_{p1}=0,\ x_{p2}=0\right)\vee\left(x_{p1}=0,\ x_{p2}=0\right)\right\}=$$

$$\frac{\dfrac{1}{1+e^{\left(\beta_p-\delta_1\right)}}\dfrac{1}{1+e^{\left(\beta_p-\delta_2\right)}}}{\dfrac{1}{1+e^{\left(\beta_p-\delta_1\right)}}\dfrac{1}{1+e^{\left(\beta_p-\delta_2\right)}}}=1$$

Por sua vez, quando o escore total é igual ao total de itens (em nosso exemplo, o total de itens é 2), se calcularmos a probabilidade do padrão de respostas condicionado no escore total, o resultado será igual a 1, ou seja, também não trará nenhuma informação sobre a dificuldade do item:

$$P\left\{\left(x_{p1}=0,\ x_{p2}=0\right)\middle|\,Escore\ Total=2\right\}=\frac{\dfrac{e^{\left(\beta_p-\delta_1\right)}}{1+e^{\left(\beta_p-\delta_1\right)}}\dfrac{e^{\left(\beta_p-\delta_2\right)}}{1+e^{\left(\beta_p-\delta_2\right)}}}{\dfrac{e^{\left(\beta_p-\delta_1\right)}}{1+e^{\left(\beta_p-\delta_1\right)}}\dfrac{e^{\left(\beta_p-\delta_2\right)}}{1+e^{\left(\beta_p-\delta_2\right)}}}=1$$

A expressão de probabilidade também pode ser escrita da seguinte maneira:

$$P\left\{\left(x_{p1}=1,\ x_{p2}=1\right)\middle|\left(x_{p1}=1,\ x_{p2}=1\right)\vee\left(x_{p1}=1,\ x_{p2}=1\right)\right\}=$$

$$\frac{\dfrac{e^{\left(\beta_p-\delta_1\right)}}{1+e^{\left(\beta_p-\delta_1\right)}}\dfrac{e^{\left(\beta_p-\delta_2\right)}}{1+e^{\left(\beta_p-\delta_2\right)}}}{\dfrac{e^{\left(\beta_p-\delta_1\right)}}{1+e^{\left(\beta_p-\delta_1\right)}}\dfrac{e^{\left(\beta_p-\delta_2\right)}}{1+e^{\left(\beta_p-\delta_2\right)}}}=1$$

A expressão de invariância dos parâmetros no modelo dicotômico de Rasch satisfaz um dos principais axiomas da Teoria da Medida Aditiva Conjunta, que é o da relação duplamente independente entre os fatores (no caso, habilidade e dificuldade). Trata-se de uma verificação matemática de que o modelo satisfaz duas condições. A primeira condição é que o valor de β pode ser escolhido sem afetar o valor de δ (independência de realização dos componentes). A segunda condição garante que os componentes β e δ possuem efeitos independentes no atributo a ser medido. Portanto, o modelo dicotômico de Rasch (caso os dados se ajustem a ele; ver Capítulo 6) prova, matematicamente, que há ordenamento independente de β e δ ao longo da variável latente, satisfazendo o axioma 2 da TMAC, como visto no primeiro capítulo.

Além de satisfazer as duas condições do axioma 2, a expressão de invariância dos parâmetros tem como consequência, também, que o aumento na variável latente produza um efeito específico de aumento na habilidade e na dificuldade, mas de maneira independente uma da outra. Assim, satisfaz-se o axioma 3 da TMAC (duplo cancelamento). Por último, como a comparação da habilidade de duas pessoas β_1 e β_2 depende da relação entre as habilidades dessas pessoas, então, os valores de β são comparáveis. Do mesmo modo, como a comparação da dificuldade de dois itens δ_1 e δ_2 depende da relação entre as dificuldades desses itens, então, os valores de δ também são comparáveis. Satisfaz-se, assim, o axioma 4 da TMAC (axioma de Arquimedes). Por fim, se os dados se ajustam ao modelo dicotômico de Rasch, então, a ordem entre as relações é do tipo fraca, satisfazendo o axioma 1 da TMAC. Se a ordem das relações não for fraca, os dados não se ajustam ao modelo (veremos técnicas de ajuste ao Modelo Rasch no Capítulo 6).

Outra propriedade do modelo logístico simples de Rasch é que os parâmetros de habilidade e dificuldade possuem o mesmo *status* conceitual. Mantendo a dificuldade constante, a probabilidade de uma resposta correta acontecer cresce logisticamente (Gráfico 4.3). Isso significa que, conforme a habilidade aumenta, aumenta-se a probabilidade de se acertar um item com determinada dificuldade δ_i. De forma semelhante, mantendo a habilidade constante, a probabilidade de uma resposta correta acontecer decresce logisticamente (Gráfico 4.4). Isso significa que, conforme a dificuldade de um item aumenta, a probabilidade de uma pessoa com uma habilidade fixa β_p dar uma resposta correta diminui.

Gráfico 4.3 ■ Probabilidade de uma resposta correta para um item com dificuldade constante em função da habilidade.

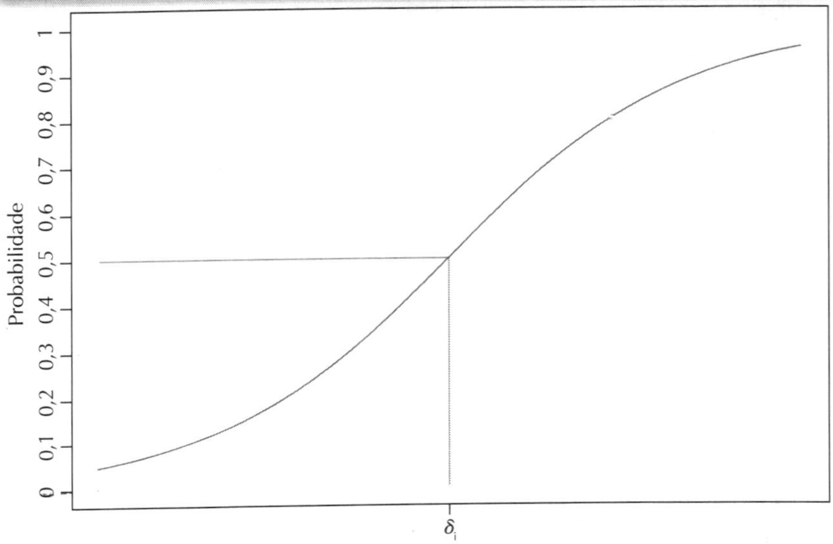

Gráfico 4.4 ■ Probabilidade de uma resposta correta para uma pessoa com habilidade constante em função da dificuldade.

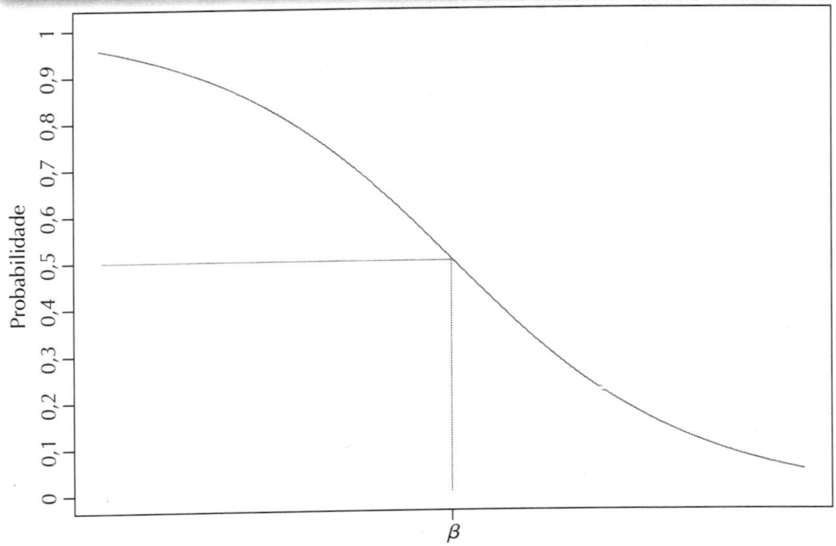

Uma terceira propriedade do modelo logístico simples de Rasch é a aditividade que ele proporciona. Essa propriedade está diretamente relacionada à propriedade descrita anteriormente, do *status* conceitual semelhante entre dificuldade e habilidade. Por sua vez, ambas estão ligadas ao conceito de definições constitutivas da epistemologia, ou seja, entidades complementares que são definidas em termos uma da outra ao mesmo tempo (Andrich, 1988), e ao conceito de medidas conjuntas trabalhadas no Capítulo 1. A aditividade proporcionada pelo modelo logístico simples de Rasch pode ser evidenciada quando deixamos um dos dois parâmetros constantes. Vamos começar com o parâmetro de dificuldade fixado em δ_1. Se temos três habilidades β_j, β_k, β_l, tal que: $\beta_j > \beta_k > \beta_l$, então, a probabilidade de a resposta observada X_{pi} ser correta será tal que:

$$P\left(X_{pi}=1\mid\beta_j,\delta_1\right)>P\left(X_{pi}=1\mid\beta_k,\delta_1\right)>P\left(X_{pi}=1\mid\beta_l,\delta_1\right)$$

Retomemos o exemplo adotado ao longo deste capítulo (a partir da Tabela 4.1 e da Figura 4.2). Anteriormente, havíamos definido a habilidade de Clarisse como 1,2 e a de Alex como 1,4. Suponhamos que a habilidade de Beto seja igual a 0,6. Assim, temos que $\beta_{Alex} > \beta_{Clarisse} > \beta_{Beto}$. Vamos calcular a probabilidade que esses três têm de acertar o item 2, cuja dificuldade havíamos definido como 0,8:

$$P\left(X_{Alex,\ item\ 2}=1\mid\beta_{Alex},\delta_{item\ 2}\right)=\frac{e^{\left(\beta_{Alex}-\delta_{item\ 2}\right)}}{1-e^{\left(\beta_{Alex}-\delta_{item\ 2}\right)}}=\frac{e^{(1,4-0,8)}}{1+e^{(1,4-0,8)}}=\frac{1,82}{1+1,82}=0,65$$

$$P\left(X_{Clarisse,\ item\ 2}=1\mid\beta_{Clarisse},\delta_{item\ 2}\right)=\frac{e^{\left(\beta_{Clarisse}-\delta_{item\ 2}\right)}}{1+e^{\left(\beta_{Clarisse}-\delta_{item\ 2}\right)}}=\frac{e^{(1,2-0,8)}}{1+e^{(1,2-0,8)}}=\frac{1,49}{1+1,49}=0,60$$

$$P\left(X_{Beto,\ item\ 2}=1\mid\beta_{Beto},\delta_{item\ 2}\right)=\frac{e^{\left(\beta_{Beto}-\delta_{item\ 2}\right)}}{1+e^{\left(\beta_{Beto}-\delta_{item\ 2}\right)}}=\frac{e^{(0,6-0,8)}}{1+e^{(0,6-0,8)}}=\frac{0,82}{1+0,82}=0,45$$

Alex tem uma probabilidade de acertar o item 2 de 65%, enquanto Clarisse tem 60%, e Beto, 45%. Assim, quando $\beta_j > \beta_k > \beta_l$, a probabilidade de acertar um item seguirá a mesma ordem. Se fizermos essa comparação para todas as habilidades β_p, o resultado será uma curva logística crescente, como no Gráfico 4.3. Para qualquer par de pessoas, o ordenamento de suas habilidades é isomórfico em relação à probabilidade de acertar itens com uma dificuldade específica. Essa relação será sempre verdadeira quando os dados se ajustam ao modelo (ver Capítulo 6).

Agora, vamos fixar o parâmetro de habilidade fixado em β_1. Se temos três dificuldades $\delta_q, \delta_r, \delta_s$, tal que: $\delta_q > \delta_r > \delta_s$, então, a probabilidade de a resposta observada X_{pi} ser correta será tal que:

$$P\left(X_{pi} = 1 \mid \beta_1, \delta_q\right) > P\left(X_{pi} = 1 \mid \beta_1, \delta_r\right) > P\left(X_{pi} = 1 \mid \beta_1, \delta_s\right)$$

Retomemos o exemplo dos itens 1, 2, 3 e 4 da Tabela 4.1 e da Figura 4.2. Anteriormente, havíamos definido a dificuldade do item 1 como 0,4 e a do item 2 como 0,8. Agora, vamos supor que a dificuldade do item 3 seja de 1,2. Assim, temos que $\delta_{item\ 3} > \delta_{item\ 2} > \delta_{item\ 1}$. Busquemos, então, calcular a probabilidade que Beto tem de acertar esses três itens:

$$P\left(X_{Beto,\ item\ 1} = 1 \mid \beta_{Beto}, \delta_{item\ 1}\right) = \frac{e^{\left(\beta_{Beto} - \delta_{item\ 1}\right)}}{1 + e^{\left(\beta_{Beto} - \delta_{item\ 1}\right)}} = \frac{e^{(0,6\ -\ 0,4)}}{1 + e^{(0,6\ -\ 0,4)}} = \frac{1,22}{1 + 1,22} = 0,55$$

$$P\left(X_{Beto,\ item\ 2} = 1 \mid \beta_{Beto}, \delta_{item\ 2}\right) = \frac{e^{\left(\beta_{Beto} - \delta_{item\ 2}\right)}}{1 + e^{\left(\beta_{Beto} - \delta_{item\ 2}\right)}} = \frac{e^{(0,6\ -\ 0,8)}}{1 + e^{(0,6\ -\ 0,8)}} = \frac{0,82}{1 + 0,82} = 0,45$$

$$P\left(X_{Beto,\ item\ 3} = 1 \mid \beta_{Beto}, \delta_{item\ 3}\right) = \frac{e^{\left(\beta_{Beto} - \delta_{item\ 3}\right)}}{1 + e^{\left(\beta_{Beto} - \delta_{item\ 3}\right)}} = \frac{e^{(0,6\ -\ 1,2)}}{1 + e^{(0,6\ -\ 1,2)}} = \frac{0,55}{1 + 0,55} = 0,35$$

A probabilidade de Beto dar uma resposta correta é de 55% para o item 1, 45% para o item 2 e de 35% para o item 3. Se fizermos essa comparação para todas as dificuldades δ_i, o resultado será uma curva logística decrescente como no Gráfico 4.4. Para qualquer par de itens, o ordenamento de suas dificuldades é isomórfico em relação à probabilidade que pessoas com uma habilidade específica têm de dar uma resposta correta. Essa relação será sempre verdadeira quando os dados se ajustam ao modelo (ver Capítulo 6).

A aditividade da escala gerada pelo Modelo Rasch permite responder a perguntas do tipo: se Clarisse tem mais habilidade que Beto, quanto de habilidade será necessário *adicionar* a ele para que sua performance seja semelhante a de Clarisse? Em linguagem matemática:

$$\beta_{Clarisse} - \beta_{Beto} = \beta_{\Delta}$$
$$\beta_{Beto} + \beta_{\Delta} = \beta_{Clarisse}$$

A resposta é que será necessário adicionar β_{Δ} de habilidade para que o desempenho de Beto seja semelhante ao de Clarisse. Wright e Stone (1979) apontam que um caminho para resolver a pergunta do parágrafo anterior, ou seja, para encontrar β_{Δ}, é descobrir um item *j* que, quando apresentado à pessoa de menos habilidade, gere uma probabilidade de acerto igual à probabilidade de acerto da pessoa com maior habilidade quando apresentada a um item *i*. Matematicamente, temos:

$$\left(\beta_{Beto} - \delta_j = \beta_{Clarisse} - \delta_i\right)\exists\left\{P\left(X_{Beto,\ item\ j} = 1 \mid \beta_{Beto}, \delta_{item\ j}\right)\right. \\ \left. = P\left(X_{Clarisse,\ item\ i} = 1 \mid \beta_{Clarisse}, \delta_{item\ i}\right)\right\} \quad (11)$$

Essa expressão é lida da seguinte maneira: existe pelo menos uma relação $\beta_{Beto} - \delta_j = \beta_{Clarisse} - \delta_i$ que torna a expressão $P\left(X_{Beto,\ item\ j} = 1 \mid \beta_{Beto}, \delta_{item\ j}\right) = P\left(X_{Clarisse,\ item\ i} = 1 \mid \beta_{Clarisse}, \delta_{item\ i}\right)$ a quantificação existencial, que, em lógica sentencial, é o equivalente ao condicionante ":" da lógica de conjuntos (ver o Capítulo 2 para uma revisão sobre teoria de conjuntos). Essa relação só é possível de existir, ou seja, de ser verdadeira, porque há uma relação isomórfica (isto é, de um para um) entre a ordem da habilidade das pessoas e a ordem das probabilidades de uma resposta correta das pessoas para um item com nível de dificuldade fixo, como vimos anteriormente. É também isomórfica a relação entre a ordem de dificuldade dos itens e a ordem das probabilidades de uma pessoa com habilidade fixa acertar cada um desses itens.

Para resolver a relação de existência (Expressão 11), a dificuldade do item *j* deve ser tal que:

$$\delta_j = \delta_i + \left(\beta_{Beto} - \beta_{Clarisse}\right)$$

Wright (1985) ainda aponta o seguinte:

> A forma de avaliar a qualidade dessa "adição" é observar se o desempenho da pessoa com menor habilidade em itens semelhantes a *j* é estatisticamente equivalente ao desempenho da pessoa com maior habilidade em itens semelhantes a *i*. Esse é o tipo de equivalência que é verificada quando é analisado o ajuste do resíduo das respostas ao Modelo Rasch (Wright, 1985, p. 104).

Em outras palavras, o autor afirma que se os dados empíricos se ajustam ao Modelo Rasch, de modo que a relação de aditividade é verdadeira para todos os pares de itens e de pessoas. O ajuste dos dados ao modelo garante que a aditividade exista e que a comparação de pessoas de habilidade $\beta_l < \beta_k$ com itens de dificuldade $\delta_j < \delta_i$ leve a probabilidades tais que:

$$P\left(x \mid \beta_l, \delta_j\right) < P\left(x \mid \beta_k, \delta_i\right)$$

Em suma, o modelo logístico simples de Rasch gera uma medida do tipo aditiva intervalar. A unidade de medida é chamada de *logit*, que é basicamente a diferença entre a habilidade e a dificuldade, e surge do logaritmo natural da chance de acertar um item. *Chance* é igual à probabilidade de ocorrência de um evento (*P*), dividido pela probabilidade de não ocorrência do evento (1 – *P*). Então, no caso do modelo logístico de Rasch, o logaritmo natural da chance de acertar um item é:

$$\ln\left(\frac{\dfrac{e^{(\beta_p - \delta_i)}}{1+e^{(\beta_p - \delta_i)}}}{1-\dfrac{e^{(\beta_p - \delta_i)}}{1+e^{(\beta_p - \delta_i)}}}\right) = \beta_p - \delta_i$$

A origem da escala em *logits* é arbitrária, sendo geralmente centrada na média do traço latente (0 = média das habilidades e das dificuldades), e ela se mantém mesmo sobre transformações lineares. Ou seja,

$$\left(\beta_p - \delta_i\right) = \left(\beta_p + 10\right) - \left(\delta_i + 10\right)$$

Isso significa que podemos tanto ter uma escala de habilidades e dificuldades indo de −3 a +3 quanto podemos ter uma escala variando entre 0 e 500, ou entre quaisquer valores, sem que se percam as propriedades intervalares da escala (ver Capítulo 1). Todas essas propriedades juntas levam à chamada *objetividade específica*, que basicamente integra a invariância (e separação) dos parâmetros com as propriedades aditivas e intervalares da escala. Em síntese, se compararmos o *logit* da pessoa 1 com o da pessoa 2 (ou seja, suas posições *numéricas* relativas ao traço latente), teremos:

$$logit_1 - logit_2 = \left(\beta_1 - \delta_i\right) - \left(\beta_2 - \delta_i\right) = \beta_1 - \beta_2 - \delta_i + \delta_i = \beta_1 - \beta_2$$

Ou seja, essa expressão retorna à separação dos parâmetros no Modelo Rasch. Essa separação recebe também o nome de invariância, como visto ao longo do capítulo, pois a comparação entre as pessoas 1 e 2 é a mesma ao longo do traço latente. Independentemente dos itens utilizados na construção da unidade de medida (*logits*), a distância entre a posição da pessoa 1 em relação à posição da pessoa 2 permanece a mesma. Em outras palavras, a distância entre duas pessoas é *invariante* ao longo da escala. O mesmo acontece para os itens, isto é, a distância entre dois itens permanece igual ou invariante ao longo do traço latente.

Uma das formas de visualizar a objetividade específica do modelo logístico de Rasch é por meio da curva característica dos itens (CCI), que apresenta a probabilidade esperada de respostas corretas ao item, como função da habilidade das pessoas (Gráfico 4.5).

Gráfico 4.5 ■ Curvas características de cinco itens com as seguintes dificuldades: $\delta_{⬟} = -1$; $\delta_{\bullet} = -0{,}5$; $\delta_{\star} = 0$; $\delta_{\blacktriangle} = 0{,}5$; $\delta_{\blacklozenge} = 1$

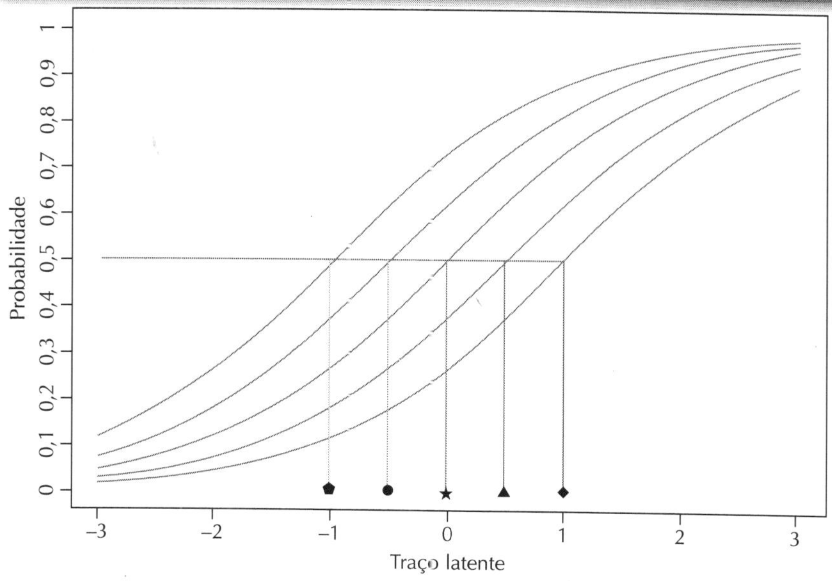

No Gráfico 4.5 os itens possuem as seguintes dificuldades: $\delta_{⬟} = -1$; $\delta_{\bullet} = -0{,}5$; $\delta_{\star} = 0$; $\delta_{\blacktriangle} = 0{,}5$; $\delta_{\blacklozenge} = 1$. O primeiro item é o mais fácil, pois está na posição −1 do traço latente. A linha ⬟ do item 1 apresenta o chamado *limiar* do item, que é o ponto no qual qualquer pessoa *p* com habilidade localizada no mesmo ponto do traço latente (isto é, habilidade igual à demanda do item) apresentará uma probabilidade esperada de 50% de responder corretamente a esse item. O segundo item possui localização no traço latente igual a −0,5. Esse é o seu limiar (linha ●), ou seja, o ponto no qual qualquer pessoa com habilidade situada no mesmo ponto do traço latente terá uma probabilidade esperada de 50% de responde-lo corretamente. O terceiro item está na localização 0 do traço latente, e tem uma linha ★ representando seu limiar. O quarto item tem uma localização 0,5 no traço latente, e seu limiar está representado pela linha ▲. Por último, o quinto item é o mais difícil dos cinco, pois apresenta uma posição de 1 *logit* no traço latente. Esse é seu limiar, e está representado pela linha ◆. Perceba que as palavras *dificuldade, limiar* e *posição no traço latente* são sinônimas. O Gráfico 4.5 ajuda a verificar graficamente a invariância dos itens ao longo do traço latente. A ordem de dificuldade dos itens mantém-se inalterada, independentemente do nível de habilidade de quem o responde.

O Gráfico 4.6 torna a interpretação do limiar do item (ou seja, sua dificuldade ou posição no traço latente) mais evidente. Essa figura apresenta a probabilidade de responder a um item corretamente (linha cinza) e a probabilidade de responder a um item incorretamente (linha preta).

Gráfico 4.6 ■ Probabilidade de uma resposta correta (cinza) e incorreta (preta) ao longo do traço latente para um item com dificuldade igual a zero.

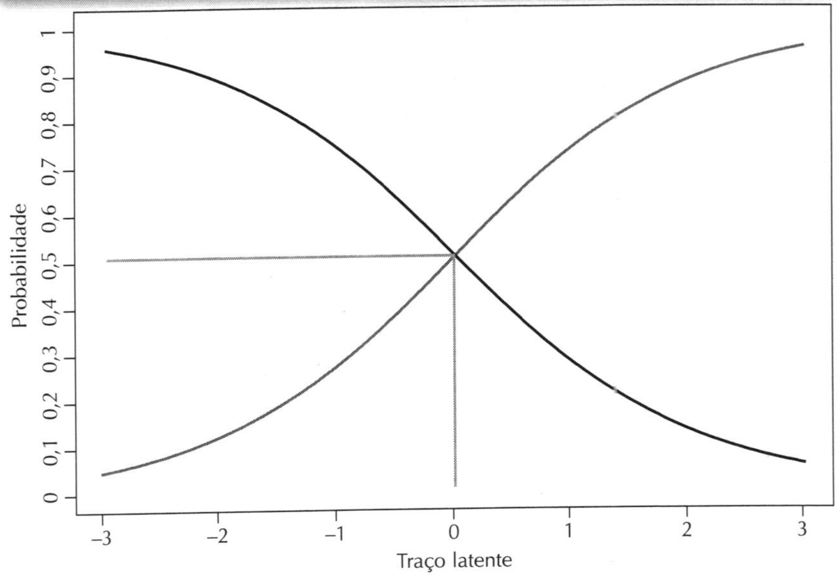

Como é de se esperar, pelo modelo logístico simples, a probabilidade de uma resposta correta a um item com dificuldade $\delta = 0$ aumenta ao longo do traço latente (curva em cinza no Gráfico 4.6), enquanto a probabilidade de uma resposta incorreta decai (curva em preto no Gráfico 4.6). O ponto de interseção entre a probabilidade de uma resposta correta e de uma resposta incorreta é o limiar do item. É o ponto em que há 50% de probabilidade de ocorrer uma resposta correta, e, por consequência, 50% de probabilidade de ocorrer uma resposta incorreta. É nesse ponto que se centra a localização do item no traço latente. Por isso as palavras *limiar*, *dificuldade* e *localização no traço latente* são sinônimas, como dito anteriormente.

Condições básicas dos Modelos Rasch

Construir a medida de uma variável psicológica é um desafio. Apesar dos avanços da teoria clássica dos testes (TCT), ela possui características que violam algumas propriedades de uma medida verdadeira (ou medida fundamental). Ela gera quantificações que são dependentes dos participantes e dos itens presentes nos instrumentos de medida (Pasquali, & Primi, 2003), e essa é uma condição inadequada para uma medida verdadeira. O motivo é direto e foi constatado já na década de 1920 por Thurstone (1928), em um trabalho seminal sobre a medida em Psicologia. Nenhum instrumento pode ser afetado pelo objeto da medida. A medida de um metro, por exemplo, deve ser igual, mesmo se alguém estiver medindo um tapete, uma mesa ou um piano. Em outras palavras, uma medida efetiva não pode variar em função da amostra de itens utilizados ou da amostra de respondentes. A constatação do limite da teoria clássica dos testes e de outros modelos da família de variáveis latentes é importante, pois, apesar dos avanços importantes, como as técnicas fatoriais, eles não possibilitaram que as ciências humanas pudessem construir medidas verdadeiras. Consequentemente, os escores fatoriais gerados, por exemplo, não são medidas verdadeiras. Por outro lado, qualquer campo científico tem um salto forte na qualidade de suas evidências quando consegue construir medidas genuínas. Essa condição não é diferente para as ciências humanas, que carecem de tais medidas. Ao destacar as limitações, um importante passo envolve o reconhecimento da possibilidade de reverter as dificuldades encontradas. A família de Modelos Rasch é capaz de produzir medidas verdadeiras, pois atende aos axiomas da Teoria de Medidas Aditivas Conjuntas de Luce e Tukey (1964), e Krantz *et al.* (1971) e atende matematicamente ao pressuposto da objetividade da medida. Wright (1997) mostra que toda medida verdadeira é (1) frequentemente uma inferência; (2) obtida por aproximações estocásticas; (3) de quantidades provenientes de uma dimensão; (4) contabilizada por meio de unidades abstratas, de tamanhos fixados; (5) não é afetada por fatores estranhos à dimensão visada. Ele sustenta que o uso dos Modelos Rasch em ciências humanas é um caminho efetivo para a construção de medidas verdadeiras e atende aos cinco aspectos declarados. Em função da possibilidade promissora, Pasquali e Primi (2003) perguntaram-se por que o modelo de estatísticas Rasch foi utilizado apenas embrionariamente na literatura mundial na década de 1980, já que o modelo tinha sido criado nos anos de 1960. Eles atribuem a causa à forte demanda computacional do modelo e à superação desse limite por meio do avanço substancial dos microcomputadores e softwares estatísticos. De maneira entusiástica, Wright afirma que não há mais limites para que se possam construir medidas verdadeiras nas ciências sociais e humanas (Wright, 1997). Apesar das possibilidades promissoras, algumas condições são necessárias para que o Modelo Rasch possa ser utilizado para a geração de uma medida verdadeira (Andrade, Laros, & Gouveia, 2010). A primeira delas é a unidimensionalidade, a segunda é a independência local, e a terceira é o ajuste dos itens do instrumento ao modelo da medida verdadeira. O Modelo Rasch postula que as respostas de uma pessoa em um teste dependem exclusivamente de um traço latente específico da pessoa (habilidade ou β), uma variável não observável, pois esse traço gera, segundo o postulado, a probabilidade de resposta da pessoa a todos os itens da escala. Assim sendo, essa única dimensão tem a função específica e única de caracterizar a métrica da medida. A independência local é um postulado que se articula à unidimensionalidade, pois diz respeito à necessidade de que não haja correlações significativas entre porções específicas de itens que não sejam ocasionadas exclusivamente pelo traço latente medido. Em outras palavras, dado o traço latente, as correlações entre os itens desaparecem, sobrando apenas erros aleatórios. Como vimos na seção anterior, a independência surge, estatisticamente, quando condicionamos a probabilidade de uma resposta observada no traço latente (isto é, nos parâmetros de habilidade e dificuldade). Ao fazermos isso, multiplicamos a probabilidade de uma resposta a um item pela probabilidade de uma resposta a outro item. A probabilidade de uma resposta $X_{pi} = x_{pi}$ de uma pessoa p a um conjunto de itens i, $i = 1, 2, \ldots, n$, então, é calculada multiplicando as probabilidades marginais de resposta a cada item:

$$P\left(X_{pi} = x_{pi} \mid \beta_p, \delta_i\right) = \frac{e^{x_{pi}\left(\beta_p - \delta_1\right)}}{1 + e^{x_{pi}\left(\beta_p - \delta\right)}} \frac{e^{x_{pi}\left(\beta_p - \delta_2\right)}}{1 + e^{x_{pi}\left(\beta_p - \delta_2\right)}} \cdots \frac{e^{x_{pi}\left(\beta_p - \delta_n\right)}}{1 + e^{x_{pi}\left(\beta_p - \delta_n\right)}}$$

Essa característica, de independência local, não é exclusiva dos Modelos Rasch, mas, sim, um elemento comum a todos os modelos reflexivos de variáveis (ou traços) latentes (Markus, & Borsboom, 2013). Nos modelos reflexivos, uma variável latente causa a variabilidade encontrada em seus indicadores (ver Figura 4.3).

Figura 4.3 ■ Modelo reflexivo.

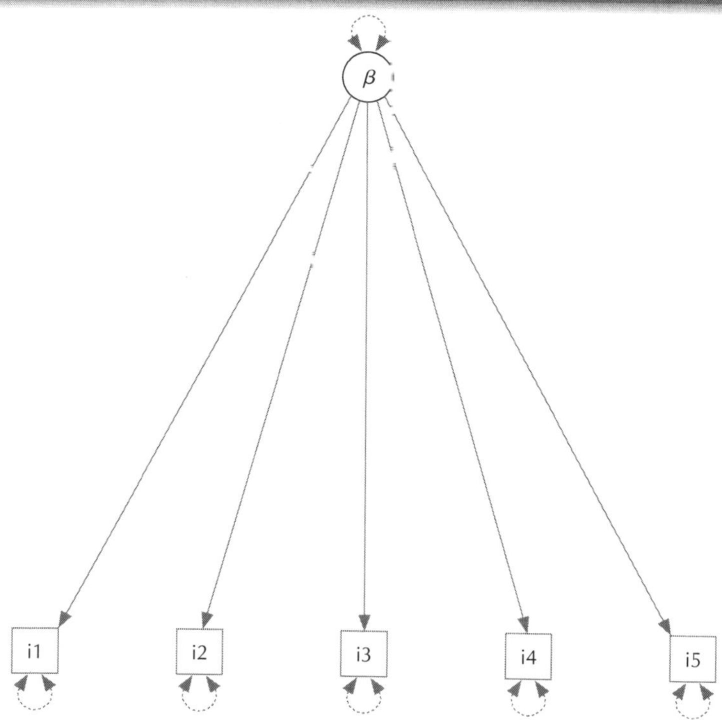

Essa interpretação causal sustenta o pressuposto estatístico da independência dos indicadores, ou dos itens, uma vez que, dado um elemento de causa comum, as correlações observadas restantes entre os indicadores são espúrias (fruto de erro aleatório), desde que o modelo seja unidimensional. Para ilustrar essa propriedade dos modelos reflexivos, Markus e Borsboom (2013) fornecem um exemplo bastante ilustrativo. Há uma correlação forte entre o número de bebês que nascem em vilas da Macedônia e o número de cegonhas. Quanto mais cegonhas, maior o número de bebês. No entanto, o aumento do número de cegonhas não *causa* o aumento visto no número de bebês que nascem: ambos são oriundos de uma causa comum. A causa comum da correlação entre o número de cegonhas e de bebês é o *tamanho das vilas*. Vilas maiores possuem mais moradores, estes fazem mais bebês e possuem mais chaminés, que são utilizadas pelas cegonhas para fazer ninhos. No entanto, condicionando no tamanho das vilas, as correlações desaparecem, e o que sobra é a variância do erro, isto é, as diferenças aleatórias entre as vilas (Markus, & Borsboom, 2013). Assim como no caso das cegonhas e dos bebês, no modelo logístico de Rasch, condicionando a probabilidade de uma resposta na habilidade e na dificuldade (traço latente), a correlação entre os itens deixa de existir, e o que sobra são diferenças aleatórias entre os itens, ou erros específicos.

A presença de correlações específicas entre itens, e não causada, pelo traço latente, indica que outras dimensões, que não o traço latente da medida, também têm participação relevante na causação local da probabilidade de respostas de itens particulares. É nesse sentido que Andrade, Laros e Gouveia (2010, p. 425) afirmam que: "quando o pressuposto da unidimensionalidade é satisfeito, o pressuposto da independência local também é satisfeito". A terceira condição depende diretamente da primeira e da segunda, pois o ajuste dos itens ao modelo depende da violação ou não da condição de unidimensionalidade e da independência local dos itens. Um bom ajuste dos itens normalmente indica que as duas primeiras condições foram satisfatoriamente encontradas. Vários modelos atuais têm estendido o modelo Rasch para instrumentos multidimensionais. No entanto, o postulado da unidimensionalidade se mantém mesmo nesses casos, no sentido de que cada dimensão do instrumento multidimensional, e seus respectivos itens, deve ser medida predominantemente por um único traço latente.

Em suma, o modelo dicotômico de Rasch (1960-1980) e os modelos derivados são as únicas funções probabilísticas que mapeiam as relações qualitativas encontradas em estruturas aditivas conjuntas em um sistema representacional numérico, de modo que sejam satisfeitos todos os quatro axiomas da Teoria de Medida Aditiva Conjunta (ver Capítulo 1). Uma das primeiras evidências de que o Modelo Rasch é um caso especial da Teoria de Medida Aditiva Conjunta foi elaborada por Perline, Wright e Wainer em 1979, mas a prova matemática definitiva só foi apresentada recentemente por Newby *et al.* (2009). Um dos segredos do modelo logístico simples de Rasch é a separação dos parâmetros de habilidade e dificuldade, que levam, junto com outras características, como a aditividade, ao princípio de objetividade específica. Todas as características apresentadas neste capítulo estão de acordo com a definição de medida verdadeira, ou fundamental, do *Instituto de Medida Objetiva* (IOM, 2000, tradução livre):

> Medida objetiva [ou verdadeira, ou fundamental] é a repetição de um montante unitário que mantém seu tamanho, dentro de uma faixa admissível de erro, não importando: o instrumento utilizado para medir a variável de interesse, nem as pessoas que responderam ao instrumento. Uma estimativa de medida objetiva permanece constante e imutável (dentro da margem de erro) ao longo das habilidades das pessoas medidas e através de diferentes pontos dos instrumentos (dificuldades dos itens). O objetivo da medida objetiva é produzir uma moeda comum que funcione como padrão de referência para a troca de valores quantitativos, de modo que todas as pesquisas e práticas relacionadas a uma determinada variável possam ser realizadas em termos uniformes. Investigações envolvendo medidas objetivas testam a extensão em que um dado número pode ser interpretado como indicando a mesma quantidade da coisa medida, independentemente das pessoas e dos instrumentos utilizados. Nossas intuições sobre medição são confirmadas com nossas visitas diárias ao supermercado. Por exemplo, ao selecionar as maçãs de uma prateleira, pode-se facilmente ver que três maçãs grandes podem conter o dobro de conteúdo que três maçãs pequenas. Para lidar com esta diferença, o custo empregado pelo supermercado não é proporcional com o número real, concreto de maçãs, mas sim com o seu peso abstrato. A maioria dos esforços de medição nas ciências humanas emprega diferentes testes ou questionários com tamanhos distintos e param por aí, tratando equivocadamente os números concretos obtidos como medidas abstratas de quantidade. Mais de 70 anos de pesquisa e prática em medidas objetivas estabeleceram conclusivamente: 1) a viabilidade de utilização de diferentes instrumentos destinados a medir uma variável comum, por meio do emprego de um contínuo (ou uma régua) que funciona como padrão

> único de referência, e 2) o valor de desenvolver teorias com base em medida objetiva dos construtos investigados. A medida em que a unidade de quantidade permanece constante dentro de uma margem particular de erro não pode ser trabalhado como um fato *a priori*. Pesquisas na área de medidas objetivas é, em grande parte, uma questão de levantar e testar hipóteses sobre o *status* quantitativo das variáveis psicossociais. Tal tipo de pesquisa pode começar a partir de um instrumento, de dados, de uma teoria, ou alguma combinação destes, mas procede de uma maneira que utiliza cada uma delas para verificar e melhorar as outras duas. Medidas objetivas [ou verdadeiras, fundamentais] podem ser alcançadas e mantidas empregando uma grande variedade de abordagens e métodos. Estes incluem testes de concatenação, aditividade conjunta, ordenamento de Guttman, divisibilidade infinita e separação dos parâmetros. Medidas objetivas operam dentro das tradições da teoria fundamental da medida, teoria de resposta ao item, e a teoria do traço latente.

Os próximos capítulos deste livro destinam-se a apresentar outros modelos da família Rasch de modelos estatísticos, bem como apresentar técnicas de verificação de ajuste, implementação dos modelos usando um software gratuito, e aplicações em diferentes áreas de pesquisa.

Referências

Andrade, J. M., Laros, J. A., & Gouveia, V. V. (2010). O uso da teoria de resposta ao item em avaliações educacionais: diretrizes para pesquisadores. *Avaliação Psicológica, 9*(3), 421-435.

Andrich, D. (1988). *Rasch models for measurement.* Newbury Park: Sage.

Andrich, D. (2004). Controversy and the Rasch model: a characteristic of incompatible paradigms? *Medical Care, 42*, 7-16.

Borsboom, D. (2003). *Conceptual issues in psychological measurement.* Amsterdam: Universiteit van Amsterdam.

Borsboom, D. (2008). Latent variable theory. *Measurement, 6*, 25-53.

Borsboom, D., & Scholten, A. (2008). The Rasch model and additive conjoint measurement theory from the perspective of psychometrics. *Theory, & Psychology, 18*, 111-117.

Cramer, A. O. J., van der Sluis, S., Noordhof, A., Wicherts, M., Geschwind, N., Aggen, S. H., Kendler, K. S., & Borsboom, D. (2012). Measurable like temperature or mereological like flocking? On the nature of personality traits. *European Journal of Personality, 26*, 451-459.

IOM (2000). *Definition of objective measurement*. Recuperado em 28 março, 2015, de http://www.rasch.org/define htm

Karabatsos, G. (2001). The Rasch model, additive conjoint measurement, and new models of probabilistic measurement theory. *Journal of Applied Measurement, 2*(4), 389-423

Krantz, D. H., Luce, R. D., Suppes, P., & Tversky, A. (1971). *Foundations of measurement* (Vol. I). New York: Academic Press.

Luce, R. D., & Tukey, J. W. (1964). Simultaneous conjoint measurement. *Journal of Mathematical Psychology, 1*, 1-27.

Markus, K. A., & Borsboom, D. (2013). *Frontiers of test validity theory*. New York: Routledge.

Newby, V. A., Conner, G. R., Grant, C. P., & Bunderson, C. (2009). The Rasch model and additive conjoint measurement. *Journal of Applied Measurement, 10*(4), 348-354.

Pasquali, L., & Primi, R. (2003). Fundamentos da teoria de resposta ao item – TRI. *Avaliação Psicológica, 2*(2), 99-110.

Perline, R.; Wright, B. D; Wainer, H. (1979). The Rasch model as additive conjoint measurement. *Applied Psychological Measurement, 3*(2), 237-255.

Rasch, G. (1960/1980). *Probabilistic models for some intelligence and attainment tests*. Copenhagen: Paedagogiske Institut.

Stevens, S. S. (1946). On the theory of scales of measurement. *Science, 103*, 667-680.

Thurstone, L. L. (1928). Attitudes can be measured. *American Journal of Sociology, 33*, 529-554.

Wright, B. D. (1997). A history of social science measurement. *Educational Measurement: Issues and Practice, 16*, 33-45.

Wright, B. D., & Stone, M. (1999). *Measurement essentials*. Wilmington: Wide Range.

Wright, B. D., & Stone, M. H. (1979). *Best test design*. Chicago: University of Chicago Social Research.

Wright, B. D. (1985). Additivity in psychological measurement. In E. E. Roskam (Ed.). *Measurement and personality assessment*. Atlanta: Elsevier.

"A medida é o primeiro passc para o controle e, eventualmente, para o aperfeiçoamento."

(Harrington, H. J.)

Capítulo

5

Modelos politômicos

Amanda Amantes
Universidade Federal da Bahia
Geide Coelho
Universidade Federal do Espírito Santo

OBJETIVO

No Capítulo 4 foi apresentado o mais familiar dos Modelos Rasch, que é o modelo para a análise de dados dicotômicos originados de questões do tipo verdadeiro/falso, marcou/não marcou, sim/não, concordo/não concordo. Entretanto, em muitas situações de teste, um escore do tipo 0 ou 1 não é apropriado. Instrumentos desenvolvidos para verificar atitude ou preferência são exemplos de testes que apresentam uma escala que vai desde "discordo fortemente" até "concordo fortemente". Um professor, ao corrigir uma questão dissertativa, geralmente não classifica sua resposta somente como certa ou errada; ele introduz uma pontuação relacionada às respostas parcialmente corretas. Neste capítulo serão apresentados os modelos politômicos de escala gradual (*rating scale model*) e de crédito parcial (*partial credit model*), os quais permitem levar em consideração essa graduação em relação à avaliação das respostas.

Discussão introdutória

Quando lidamos com atributos não acessados diretamente por instrumentos de que usualmente dispomos (como questionários, testes e tarefas), outras estratégias devem ser utilizadas para investigá-los. Atributos como atitude, entendimento, conhecimento, grau de ansiedade e tantos outros da área da Psicologia e da Educação são dessa natureza, e apresentam uma subjetividade que deve ser considerada no desenho de pesquisa. Tais atributos, denominados traços latentes, podem ser avaliados em termos quantitativos, como descrito no capítulo anterior.

Ao adotar o modo de "olhar" para os atributos estatisticamente, obtemos inúmeras possibilidades de investigar fenômenos relacionados a eles, coerentes apenas na perspectiva quantitativa. É o caso, por exemplo, quando investigamos o efeito de uma unidade de ensino, instrução ou professor no processo de aprendizagem: é necessário que haja mensuração da mudança de um atributo ao longo do tempo (Singer, & Willett, 2003), bem como a influência de preditores. O efeito só pode ser considerado relevante se tivermos uma quantidade de dados suficiente para evidenciar que o resultado não é devido ao acaso. Nesse sentido, os números, relacionados por teoria aos traços latentes, são essenciais.

Entretanto, a relação entre o que podemos obter a partir de instrumentos que desenhamos e construímos e os traços latentes não é direta. Algumas vertentes de pesquisas que seguem uma linha tradicional de análise associam as contagens aos atributos e, assim, descrevem os fenômenos em termos de escores. Muitos autores (Mead, 2008; Bond, & Fox, 2007; Singer, & Willet, 2003; Fisher, & Wright, 1994; Andersen, 1977) pontuam que a escala gerada por escores (de natureza ordinal) não representa os traços latentes em termos de mensuração, uma vez que contrariam princípios fundamentais da teoria de medidas (Wright, 1997). Em contrapartida, teóricos propõem modelos estatísticos probabilísticos que estimam parâmetros relacionados aos traços latentes utilizando uma escala intervalar, como o Modelo Rasch dicotômico explicitado no capítulo anterior.

Em alguns casos, o acesso ao traço latente requer mais de um dado de natureza dicotômica. Algumas maneiras de atender a essa necessidade foram idealizadas na perspectiva de um tipo de modelagem dos dados desenvolvido por George Rasch (1960). Os modelos idealizados são denominados politômicos por assumirem mais de duas alternativas de respostas. Neste capítulo, apresentaremos dois formatos de modelos politômicos: o modelo politômico de escala gradual (Andrich, 1978; Wright, & Masters, 1982) e o modelo politômico de crédito parcial (Masters, 1982).

O primeiro modelo foi desenvolvido tendo em vista um instrumento que subtende uma escala do tipo Likert (1932) em suas alternativas, o segundo apresenta as alternativas ordenadas hierarquicamente de acordo com uma escala do tipo Guttman (1944). A seguir, descrevemos os modelos, as escalas utilizadas e o tipo de instrumento construído em cada circunstância.

Modelo politômico de escala gradual

O modelo politômico de escala gradual (Andrich, 1978; Wright, & Masters, 1982) é utilizado quando estamos interessados em avaliar determinado traço latente em uma escala que reflete a graduação desse traço. O objetivo se concentra em verificar o quanto do traço é reforçado ou está presente em ações, comportamentos, preferências e atitudes dos sujeitos. É o caso, por exemplo, de investigar o hábito de leitura dos professores, o grau de ansiedade em relação ao uso de computadores (Bond, & Fox, 2007), o nível de preconceito em determinado ambiente social, a atitude de pessoas não fumantes em relação ao tabaco.

Em todas essas situações, podemos aferir determinado valor para o atributo a ser mensurado em uma escala ordinal. Ou seja, podemos ordenar categorias de uma maneira hierárquica, em que à primeira pode-se atribuir o valor 0, e às outras, valores inteiros m. Deve-se destacar, entretanto, que o valor 0 atribuído a uma estrutura de dados que será interpretada segundo o modelo politômico de escala gradual (e, como veremos, também o de crédito parcial) difere-se do valor 0 atribuído a um sistema de dados que será analisado segundo o Modelo Rasch para dados dicotômicos (Bond, & Fox, 2007). Enquanto para análise dos dados no modelo de escala gradual e crédito parcial o valor 0 está associado ao nível de *performance* inferior ao responder ao item de um teste ou ao realizar uma tarefa, no Modelo

Rasch para análise de dados dicotômicos o valor 0 está associado a uma resposta incorreta fornecida a um item de um teste ou à realização equivocada de determinada tarefa.

A atribuição dos valores às categorias tem um significado que interpretamos segundo parâmetros da escala do tipo Likert (Likert, 1932). Para entender essa escala, considere a questão:

O hábito de leitura de professores em relação a diferentes assuntos influencia diretamente sua prática docente.

( ) Discordo fortemente (DF).
( ) Discordo (D).
( ) Não tenho opinião formada (N).
( ) Concordo (C).
( ) Concordo fortemente (CF).

Esse tipo de questão pode fazer parte de um questionário cujo objetivo é identificar como os participantes da pesquisa valorizam o hábito de leitura dos professores e como o relacionam à prática docente. O sujeito pode marcar qualquer uma das alternativas, fornecendo um posicionamento neutro, negativo ou positivo em relação à importância que ele atribui ao hábito de leitura, reforçado pela posição de sua resposta na escala graduada de um menor escore (discordo fortemente) até um mais alto escore (concordo fortemente). Repare que o escore, nesse caso, não se refere a um juízo de valor; ele ordena as respostas em relação a uma atitude positiva. Assim, não parece haver sentido ao falar de "sucesso" ou "fracasso" em termos de habilidade na questão; podemos dizer que há um "fracasso" ou "sucesso" em concordar com ou, melhor ainda, em endossar uma categoria de resposta específica (Bond, & Fox, 2007). Esse tipo de escala, em que temos uma categoria representativa da neutralidade e outras que definem aspectos positivos e negativos, é denominada Likert se as estruturas das categorias permanecerem as mesmas para todo o teste.

Os dados obtidos a partir de instrumentos que utilizam a escala Likert apresentam-se em formato de uma matriz de respostas na qual são pontuados valores numéricos referentes a cada categoria:

DF	D	N	C	CF
0	1	2	3	4

Ou

DF	D	N	C	CF
1	2	3	4	5

Muitos pesquisadores da área de Psicologia e Educação reconhecem que há uma subjetividade inerente à coleta de qualquer informação sobre a condição humana (Hales, 1986). Essa subjetividade está presente quando avaliamos um traço latente nas escalas Likert, embora alguns especialistas da Psicologia considerem-na uma maneira mais branda de obter dados por expressarem meramente opiniões. Para Bond e Fox (2007), isso acontece de fato quando métodos-padrão são utilizados para analisar os dados dessa escala, pois desconsideram sua natureza subjetiva e assumem pressupostos inadequados sobre seus significados como representantes dos traços latentes. Segundo esses autores, os métodos-padrão (ou tradicionais) empregados constituem-se em um caminho rápido e fácil para produzir escores totais em termos dos atributos a serem mensurados.

Ao considerar algumas características da escala Likert, podemos entender o motivo pelo qual uma análise do ponto de vista tradicional é inapropriada para lidar com os dados. Uma dessas características é que essa escala requer a preservação da distância entre as categorias para todas as questões, ou seja, a concepção da escala Likert subtende que a estrutura categórica seja a mesma ao longo do teste. Para entender essa característica, vamos tomar um conjunto de quatro itens de um mesmo teste, codificados de duas maneiras:

DF	D	N	C	CF
0	1	2	3	4
DF	**D**	**N**	**C**	**CF**
0	1	2	3	4
DF	**D**	**N**	**C**	**CF**
0	1	2	3	4
DF	**D**	**N**	**C**	**CF**
0	1	2	3	4

Ou

DF	D	N	C	CF
1	2	3	4	5
DF	**D**	**N**	**C**	**CF**
1	2	3	4	5
DF	**D**	**N**	**C**	**CF**
1	2	3	4	5
DF	**D**	**N**	**C**	**CF**
1	2	3	4	5

Em uma perspectiva tradicional, a análise é feita em termos de frequência de categorias ou a partir do escore em cada item de acordo com alternativa marcada.

O primeiro caso diz respeito a uma análise estatística descritiva dos dados e é muito limitada em relação às evidências construídas para o traço latente. Avaliar em termos de quais categorias são mais marcadas fornece apenas a informação de que, tendo em vista somente as pessoas que responderam, há uma preponderância de certas categorias em relação a outras, dependendo do que é perguntado. Dessa maneira, os resultados são limitados tanto em relação à especificidade das questões como pela dependência dos sujeitos, além de não fornecer evidências sobre a representatividade do traço latente.

No segundo caso, o pressuposto da escala Likert de que a estrutura das categorias seja invariável não é respeitado. Para que esse pressuposto seja satisfeito, a análise dos dados deve ser realizada tendo como parâmetro uma escala intervalar, o que não ocorre quando tomamos os escores totais como medida (nesse caso, avaliamos o traço em termos de escala ordinal).

Para compreender melhor esse aspecto, consideremos uma pessoa que tenha marcado, nos quatro itens, a categoria CF (concordo fortemente). Na segunda codificação, ela terá um escore igual a 20 (4 × 5), cinco vezes maior do que outra pessoa que tenha marcado, nos quatro itens, a categoria DF (discordo fortemente – escore igual a 4). A interpretação, do ponto de vista tradicional para esse tipo de análise, é que uma pessoa apresenta o traço latente (ansiedade, atitude em relação ao tabaco, valoração do hábito de leitura etc.) cinco vezes maior que outra. Ainda nessa codificação, se uma pessoa marca D D N N tem um escore 10, o mesmo para quem marca DF DF C C, correspondendo, ambos, à metade do traço latente para quem marca CF CF CF CF (20). Quando consideramos a segunda codificação, fica evidente que a distância entre as categorias não é mantida: no primeiro caso, teremos um escore 20 para a pessoa que marca CF CF CF CF e um escore 0 (zero) para quem marca DF DF DF DF; igualmente, teremos um escore igual a 6 para que tem um padrão de categoria D D N N e DF DF C C, que não corresponde à metade do padrão CF CF CF CF (20), como no caso anterior. Assim, a mensuração do traço latente é enviesada pelo tipo de codificação, pois, dependendo de como classificamos, teremos diferentes resultados. Esse tipo de análise não é desejável se consideramos o instrumento como um meio de acesso a um atributo específico.

Para Bond e Fox (2007), "até uma simples adição deve ser usada somente quando a estrutura aditiva do dado é demonstrada: não basta apenas alocar números de eventos de acordo com uma regra" (p. 102). Na interpretação sobre o resultado da análise do ponto de vista tradicional, a dependência em relação à codificação deixa a desejar em termos de objetividade, validade, confiabilidade e fundamentação das evidências.

A utilização da escala do tipo intervalar garante que as diferenças entre as categorias sejam mantidas, diferentemente da análise feita por escores. Além disso, esse tipo de escala permite lidar com outra característica da escala Likert, que é a subjetividade inerente à representatividade de cada categoria de resposta, ou seja, cada questão representa, em um nível diferente, o traço latente a ser mensurado, e isso significa que cada categoria tem um valor distinto relativo a esse traço. Para esclarecer melhor essa característica, vamos retomar a questão colocada anteriormente:

O hábito de leitura de professores em relação a diferentes assuntos influencia diretamente sua prática docente.

DF	D	N	C	CF

Consideremos outra questão feita para avaliar o mesmo atributo:

O professor que não tem o hábito de leitura constante apresenta uma prática docente limitada e pouco eficiente.

DF	D	N	C	CF

Há uma diferença marcante no nível em que cada questão avalia o julgamento do sujeito em relação à importância da leitura para a docência. A segunda questão é mais incisiva nesse aspecto e, portanto, fornece um grau de representatividade maior do traço latente: representa, mais substancialmente, o grau de importância que o respondente atribui ao hábito de leitura como elemento de influência na prática docente. As categorias, consequentemente, não podem ter a mesma localização na escala. Em uma análise tradicional, alternativas com graus diferentes de representação do traço são escoriadas da mesma maneira. Entretanto, uma pessoa que marca C (concordo) no segundo item provavelmente marcará CF (concordo fortemente) no primeiro, o que demonstra haver um descolamento das categorias em relação à importância dada ao hábito de leitura na prática docente:

	Menor importância			Maior importância
1. Influencia a prática	DF	D	N	C	CF
2. Limita a prática	DF	D	N	C	CF

Na perspectiva tradicional, a categoria CF (concordo fortemente) dos dois itens contribuem igualmente, em termos de escore, para interpretar a importância do hábito de leitura (o mesmo valor vai ser atribuído a ambas, isto é, 5), embora essa categoria no item 2 seja mais incisiva para avaliar o traço do que a mesma categoria no item 1. Isso significa que uma pessoa que marca CF (concordo fortemente) no segundo item atribui um grau de importância ao hábito de leitura maior do que quando marca CF (concordo fortemente) no item 1.

Ao contrário dos critérios da análise tradicional, quando modelamos os dados na perspectiva Rasch, cada questão ou item terá uma "dificuldade" distinta, ou seja, uma característica específica que determina a probabilidade de "sucesso" ou "fracasso". Essa característica depende da natureza de cada sentença e do julgamento dos respondentes; portanto, tem inerente a ela certa subjetividade que não é contemplada quando atribuímos a todas as categorias o mesmo valor para representar o traço latente.

Os empecilhos da análise tradicional são superados quando lidamos com uma escala intervalar e avaliamos os parâmetros dos sujeitos, itens e categorias a partir de estimativas que são estabelecidas em uma mesma escala de valores (*logits*). Ao fazer isso, por meio da modelagem dos dados, ordenamos as categorias de todos de acordo com seu grau de "dificuldade" e, dessa maneira, contemplamos a especificidade de cada uma e sua representatividade em relação ao traço latente. Podemos visualizar esse ordenamento na Figura 5.1.

Figura 5.1 ■ Mapa de variáveis.

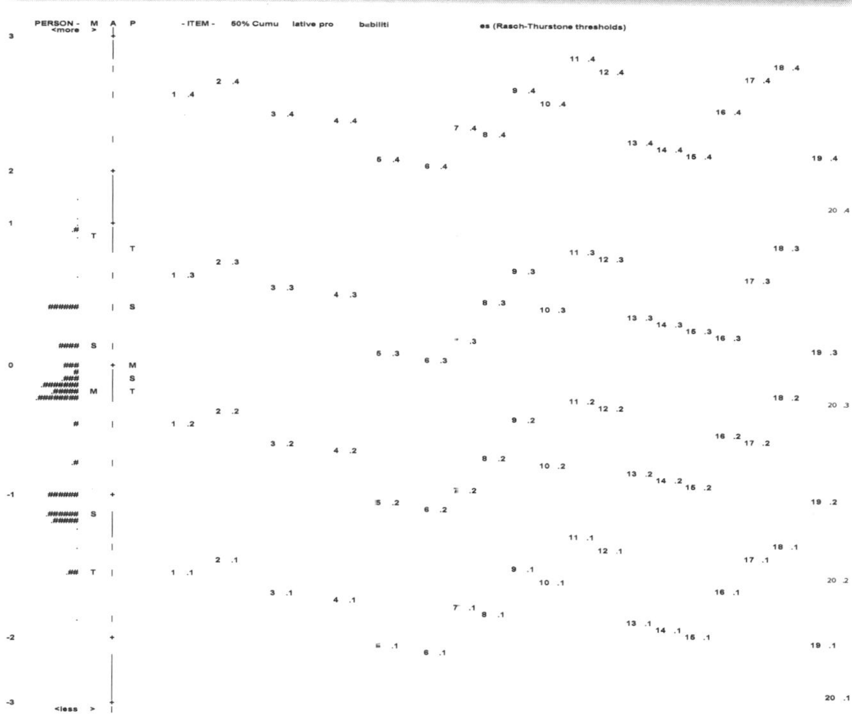

No lado esquerdo, é plotada a escala em *logits* para dados modelados de 20 itens e 135 sujeitos. As marcações em "#" representam a distribuição dos parâmetros estimados para as pessoas. No lado direito, temos o ordenamento das dificuldades de cada categoria, tendo em vista todos os itens do teste: a marcação 2.3 representa a categoria 3 do item 2, e assim por diante.

As categorias de itens diferentes apresentam parâmetros de "dificuldade" (ou parâmetros de transição) também distintos, o que demonstra ser diferente o nível de representatividade do traço para cada item considerado. Analisando a Figura 5.2, pode-se perceber que o item 2 apresenta parâmetros "mais difíceis" para as categorias, o que significa que ele endossa mais o traço latente. Repare, entretanto, que, embora esses índices sejam distintos, a distância entre as categorias permanece a mesma: de 2.1 para 2.2, a distância é de −1.39 *logits*, sendo esse também o valor para a distância entre as categorias 4.1 e 4.2. Dessa forma, temos uma conservação da estrutura categórica.

Figura 5.2 ■ Conservação da estrutura de categorias ao longo de itens em um teste.

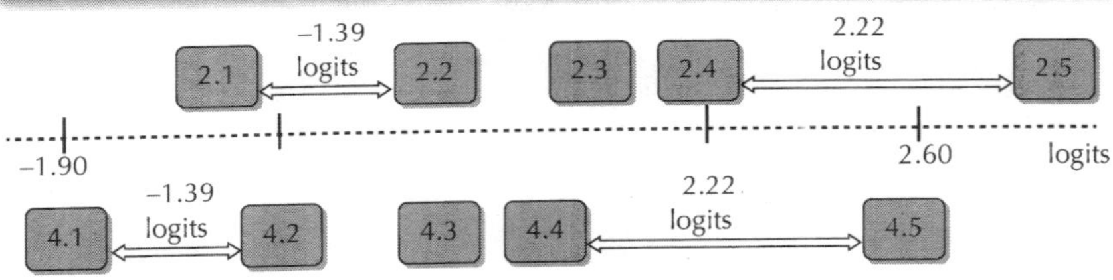

A modelagem Rasch, como visto anteriormente, fornece uma escala intervalar. O modelo logístico de escala gradual é uma extensão do Modelo Rasch dicotômico e, portanto, preserva todas as suas características fundamentais. No modelo dicotômico, temos que a probabilidade de acertar um item, dadas duas chances, depende somente da habilidade do sujeito (β_v) e do parâmetro de dificuldade do item (δ_i), independentes entre si (pressuposto da objetividade específica):

$$P\left(x_{vi} = 1 \middle| \beta_v, \delta_i\right) = \frac{e^{\beta_v - \delta_i}}{1 + e^{\beta_v - \delta_i}}$$

Ou

$$\ln\left(\frac{P_{vi}}{1 - P_{v1}}\right) = \beta_v - \delta_i$$

Onde:

β_v = parâmetro do sujeito v;
δ_i = parâmetro do item i.

No modelo logístico de escala gradual, a probabilidade não é a de acertar ou errar o item. Ela está relacionada à marcação de uma categoria no lugar de outra. Portanto, o parâmetro do item deve abranger as características do conteúdo da sentença (o quanto é representativa do traço), bem como a "dificuldade" de endossar tal conteúdo. Dois parâmetros vão representar o item: δ_i e τ_j, sendo o segundo relativo às categorias.

O parâmetro τ_j representa a probabilidade de transição entre duas categorias (k e $k-1$), e não a "dificuldade" de cada uma[1]. Isso fica mais fácil de entender se fizermos o seguinte raciocínio:

O nível de concordância ou discordância e até mesmo a neutralidade não são exatos, o que pode afetar a interpretação de cada categoria. Se um respondente concorda com a afirmação em um questionário, em outro momento (respondendo ao mesmo questionário), ele pode marcar que concorda fortemente para o mesmo item: a definição de qual é exatamente sua opinião não é possível de ser feita, embora saibamos que ele tem maior probabilidade de concordar do que de discordar. Dessa maneira, é mais significativo interpretar em que instante ou em que nível na escala em *logit* é mais provável que ocorra a transição entre uma categoria ou outra do que a "dificuldade" de cada uma.

Voltemos ao exemplo do item com cinco categorias de respostas:

DF	D	N	C	CF
0	1	2	3	4

Temos, no total, $k = 5$ categorias, sendo possível quatro transições (0/1; 1/2; 2/3; 3/4), ou seja, $m = k - 1$. A probabilidade de marcar uma categoria, e não outra, dependerá da habilidade do sujeito, da dificuldade do item e do parâmetro de transição entre as categorias:

---

[1] Significa que, para um item com $k = 5$ (cinco categorias), teremos quatro parâmetros de transição.

$$P_v\left\{k \middle| \beta_v, \delta_i, (\tau_{j=1,k-1})\right\} = \frac{e^{\sum_{j=1}^{k-1} \beta_v - (\delta_i + \tau_j)}}{1 + \sum_{y=0}^{k} e^{\sum_{j=1}^{k-1} \beta_v - (\delta_i + \tau_j)}}$$

Uma generalização possível dessa equação pode ser representada por:

$$\ln\left(\frac{P_{vi}}{1 - P_{v1}}\right) = \beta_v - \left(\delta_i + \tau_j\right)$$

podemos observar que a probabilidade de um sujeito marcar uma categoria em vez de outra do item depende de sua proficiência (β_v), do parâmetro de dificuldade do item (δ_i) e do parâmetro de transição entre as categorias τ_j.

No modelo de escala gradual, o intervalo em *logits* entre as categorias é mantido para todos os itens. Isso equivale a dizer que, independentemente do item considerado, a estrutura referente à distância entre uma categoria e outra é conservada, mantendo-se também a ordenação das mesmas. Esse fato nos leva a especificar outro parâmetro para entender o modelo: δ_i. Ele se refere aos valores na escala *logit* correspondentes à distância entre a dificuldade média das categorias (correspondente ao parâmetro de dificuldade do item δ_i e os parâmetros de transição (τ_j). Podemos entender melhor o significado do δ_i no Gráfico 5.1 e na Tabela 5.1, em que mostramos um possível resultado para a modelagem de dados de vinte itens, adotando-se o Modelo Rasch logístico de escala gradual.

Pela Tabela 5.1, podemos perceber que, embora as distâncias variem de uma categoria para outra (isto é, de 1 para 2 = −1,39, de 2 para 3 = −0,95 de 3 para 4 = 0,12 e de 4 para 5 = 2,22), elas são as mesmas para todos os vinte itens. Isso determina que, ao utilizar esse modelo, o mesmo número de categorias deve ser preservado em todo o instrumento, bem como sua ordenação (do menor escore para o maior).

Ao plotar o gráfico de probabilidade para cada item, teremos, em vez de uma única curva, várias curvas correspondentes ao número de categorias do item. O Gráfico 5.1 é um exemplo dessa natureza. Observe no gráfico que, para cada categorias de respostas, temos três parâmetros de transição.

Tabela 5.1 ■ Parâmetros de transição de 5 categorias em um teste de 20 itens, obtidos pelo modelamento Rasch de Escala de Razão.

Estatísticas dos itens-medidas												
Entry		Model	Taus								Infit	Outfit
Number	Measure	S.E.	1	S.E	2	S.E	3	S.E	4	S.E	MNSQ	MNSQ
18	.31	.09	−1.39	.06	−.95	.04	.12	.05	2.22	.12	1.11	1.09
11	.25	.09	−1.39	.06	−.95	.04	.12	.05	2.22	.12	.98	.97
12	.22	.09	−1.39	.06	−.95	.04	.12	.05	2.22	.12	.94	.99
2	.20	.09	−1.39	.06	−.95	.04	.12	.05	2.22	.12	1.02	1.04
9	.19	.09	−1.39	.06	−.95	.04	.12	.05	2.22	.12	1.16	1.20
17	.14	.09	−1.39	.06	−.95	.04	.12	.05	2.22	.12	1.03	1.03
1	.10	.09	−1.39	.06	−.95	.04	.12	.05	2.22	.12	1.24	1.25
8	.10	.09	−1.39	.06	−.95	.04	.12	.05	2.22	.12	1.01	1.05
3	.08	.09	−1.39	.06	−.95	.04	.12	.05	2.22	.12	.95	.98
4	.05	.09	−1.39	.06	−.95	.04	.12	.05	2.22	.12	1.00	.99
16	.02	.09	−1.39	.06	−.95	.04	.12	.05	2.22	.12	.77	.78
7	.00	.09	−1.39	.06	−.95	.04	.12	.05	2.22	.12	.73	.73
10	.00	.09	−1.39	.06	−.95	.04	.12	.05	2.22	.12	1.12	1.14
13	−.02	.09	−1.39	.06	−.95	.04	.12	.05	2.22	.12	1.06	1.07
15	−.04	.09	−1.39	.06	−.95	.04	.12	.05	2.22	.12	.94	.99
14	−.08	.09	−1.39	.06	−.95	.04	.12	.05	2.22	.12	1.16	1.16
6	−.16	.09	−1.39	.06	−.95	.04	.12	.05	2.22	.12	.87	.88
5	−.20	.10	−1.39	.06	−.95	.04	.12	.05	2.22	.12	.78	.80
19	−.21	.10	−1.39	.06	−.95	.04	.12	.05	2.22	.12	1.10	1.12
20	−.95	.10	−1.39	.06	−.95	.04	.12	.05	2.22	.12	1.02	1.09
MEAN	.00	.09	−1.39	.06	−.95	.04	.12	.05	2.22	.12	1.00	1.02
S.D.	.26	.00	−1.39	.06	−.95	.04	.12	.05	2.22	.12	.13	.13

A leitura do Gráfico 5.1 fornece probabilidades referentes à chance de uma pessoa com determinada habilidade estar em uma categoria e não em outra. As linhas verticais indicam as transições, cujo valor pode ser extraído diretamente do eixo x, uma vez que a escala de habilidades é a mesma dos parâmetros dos itens e das categorias (*logits*). Por exemplo, o valor do parâmetro de transição da categoria 2 para a 3 é de −1 *logit*. Nos pontos em que as curvas se cruzam na linha vertical, temos igual probabilidade de o sujeito marcar uma ou outra categoria. Então, nesse caso, uma pessoa com habilidade −1 terá 32% de chance de marcar a categoria 2 ou 3.

Os picos das curvas indicam a maior probabilidade de cada categoria ser marcada pelos sujeitos com o parâmetro da variável latente correspondente. Então, para o Gráfico 5.1, temos que a pessoa com a maior probabilidade de estar na categoria 2 tem uma localização na escala em −1,55 *logits*. Igualmente, uma pessoa com habilidade 1,45 *logits* tem maior chance de estar na categoria 4.

Gráfico 5.1 ■ Curva de probabilidade das categorias do modelo de escala gradual.

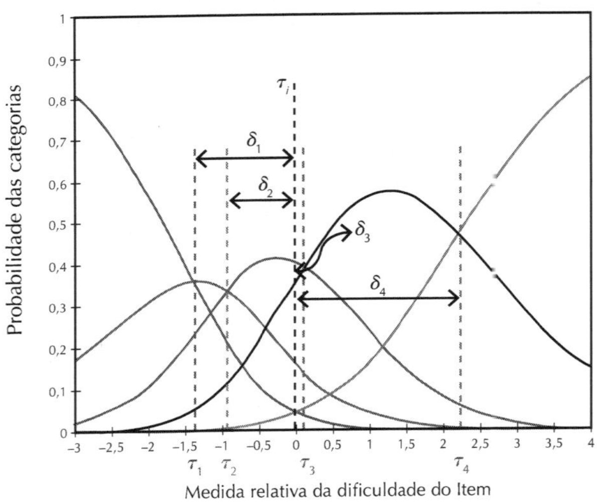

A probabilidade total de cada ponto que corresponde ao parâmetro do sujeito é de 100% (Linacre, 2004). Ou seja, uma pessoa com habilidade 0,7 *logits*, por exemplo, terá uma probabilidade de 41% de marcar a categoria 3 (como especificado no Gráfico 5.1), mas o restante das probabilidades estará distribuída em chances de marcar as outras categorias (8% para a categoria 1; 19% para a categoria 2; 29% para a categoria 4; e 3% para a categoria 5).

Uma importante característica que devemos ressaltar é a ordenação das categorias. Tanto nos itens da escala gradual quanto nos de crédito parcial, as categorias são modeladas qualitativamente de maneira ordenada para acessar uma variável latente unidimensional, e isso é feito de acordo com os critérios dos Modelos Rasch (Linacre, 1991). Isso significa que, quanto mais alto o valor do parâmetro do sujeito, maior será a probabilidade de estar nas categorias que endossam o traço.

O modelo de escala gradual permite obter uma escala intervalar de medida para fazer inferências sobre aspectos dos sujeitos e dos itens de maneira mais aprofundada que o modelo dicotômico. Nesse sentido, adicionamos termos teóricos referentes aos indivíduos nos modelos de medida em diferentes níveis (isto é, de sintaxe, de semântica, de ontologia etc.) e, como consequência, podemos discutir as relações entre esses termos também em diferentes níveis (Masters, 1982). A seguir discutimos outra variação do Modelo Rasch dicotômico: o modelo politômico de crédito parcial.

Modelo politômico de crédito parcial

Assim como o Modelo Rasch para análise de dados dicotômicos e o modelo de escala gradual, o modelo de crédito parcial transforma dados categóricos ordinais em uma escala intervalar, respeitando o princípio da objetividade específica. Segundo esse princípio, as estimativas dos parâmetros do item[2] independem da amostra que responde ao teste, e a estimativa do parâmetro da pessoa independe dos itens do teste (Masters, 1982; Bond, & Fox, 2007; Mead, 2008).

O modelo de crédito parcial é apropriado para medir a "habilidade"[3] do sujeito em testes qualitativos que são corrigidos ou analisados por meio de um sistema de rubricas. Um sistema categórico desse tipo consiste em critérios avaliativos que utilizam uma escala hierárquica (ordinal) em termos descritivos, o que permite a discriminação dentre os diferentes tipos de habilidade, entendimento, qualidade ou desempenho do estudante (Coelho, 2011).

---

[2] Nesse modelo, os itens são caracterizados pela sua dificuldade (δ_i) e pelo parâmetro de transição entre as suas categorias de resposta (τ_{ij}).

[3] Dependendo do construto adotado no estudo, a "habilidade" ou o parâmetro da pessoa pode representar traços latentes, como entendimento, competência, concepção, atitude, percepção etc.

No extremo inferior dessa escala encontram-se os atributos ou características associadas ao menor desempenho na tarefa (convencionalmente categorizados como zero), e no extremo superior encontram-se os atributos associados ao melhor desempenho alcançado pelo sujeito na mesma tarefa (*m* pontos atribuídos a uma resposta completamente correta).

Essa estrutura de correção se assemelha às estratégias de professores ao corrigirem questões dissertativas de seus estudantes, pois geralmente não é possível classificar a resposta somente como certa ou errada: o professor introduz uma pontuação ou atribui "créditos" às respostas parcialmente corretas. Vejamos o exemplo apresentado no Quadro 5.1.

Quadro 5.1 ▪ Exemplo de um tema e da estrutura categórica hierárquica utilizada para classificar as respostas dos estudantes em uma tarefa de Física.

Tema	Categoria	Pontuação ou crédito
Corrente elétrica como fluxo de cargas elétricas (FCE)	FCE1 – O estudante entende corrente elétrica como algo que flui pelo circuito	0
	FCE2 – O estudante entende corrente elétrca como fluxo de carga elétrica no circuito	1
	FCE3 – O estudante entende corrente elétrica como fluxo de elétrons no circuito	2
	FCE4 – O estudante entende corrente elétrica como fluxo de elétrons livres do circuito	3
	FCE5 – O estudante entende corrente elétrica como fluxo de elétrons livres do circuito e como meio de transporte de energia	4

Fonte: Dados originados de Coelho (2011).

Nesse exemplo, apresentamos um dos seis temas utilizados por Coelho (2011) para analisar o entendimento dos estudantes no domínio da eletricidade (na estrutura do modelo, o tema é análogo a um item de um teste). O meio mais simples de definir corrente elétrica, nesse caso, é associá-la ao movimento de "algo" ao longo do circuito[4]. Essa categoria está representada por FCE1, e na perspectiva de atribuir "créditos" ao estudante, ele seria pontuado com 0. A definição mais completa para a corrente elétrica é evidenciada quando o estudante consegue associar o fluxo de elétrons livres do condutor ao transporte de energia ao longo do circuito. Essa definição está descrita na categoria FCE5 e o estudante que utiliza essa explicação em sua resposta seria pontuado com 4.

As categorias FCE2 e FCE3 são as categorias intermediárias e representam "transições" ou "passos" importantes para que os estudantes alcancem o entendimento mais sofisticado sobre corrente elétrica. Ou seja, nesse conjunto de rubricas temos definido teoricamente um padrão de desenvolvimento para o conceito de corrente elétrica. Ao definir corrente elétrica como o fluxo de elétrons livres em um condutor (categoria FCE4), o estudante apresenta um entendimento mais sofisticado em sua resposta do que se ele tivesse definido corrente elétrica somente como movimento de elétrons no circuito (categoria FCE3). Nesse exemplo, ao incorporar a noção de elétrons livres, um novo elemento conceitual é acrescentado à categoria anterior. Esse tipo de categorização parte do pressuposto de que o nível mais elevado de classificação (FCE4) subtende ou engloba todos os anteriores, o mesmo ocorrendo para o nível FCE3 em relação aos que o antecedem. Essa é a perspectiva da escala do tipo Guttman (1944), cujos critérios lhe garantem o potencial para análise de dados ordenados hierarquicamente, como no caso do sistema explicitado.

Esse sistema de rubricas é útil em investigações que têm o foco principal na identificação de sequências de desenvolvimento, seja em termos conceituais, de entendimento ou de aprendizagem. No exemplo dado, Coelho (2011) elabora o sistema pautado na Teoria de Habilidades Dinâmicas (Fischer, 1980) e

---

[4] Esse algo pode ser eletricidade, corrente, energia, ou seja, ao ter sua resposta classificada nessa categoria, o estudante não faz distinção entre esses termos e não reconhece a entidade física que se movimenta no circuito elétrico simples para estabelecer a corrente elétrica.

classifica respostas dos estudantes para identificar níveis de entendimento. A partir desse sistema, concebido em termos de escala Guttman, a modelagem Rasch de crédito parcial pode ser realizada para investigar questões do tipo: "A categoria FCE3, na qual o estudante entende corrente elétrica como fluxo de elétrons livres, é mais difícil que a categoria FCE2, em que o entendimento é descrito em termos de corrente elétrica como fluxo de cargas no circuito?". Questões dessa natureza são relevantes para verificar empiricamente a hierarquia do sistema de rubricas, fornecendo evidências sobre o desenvolvimento do conceito de corrente elétrica. Igualmente, Dawson (2006) modela dados relativos a respostas de estudantes sobre conservação de energia mecânica, argumentando que a família de Modelos Rasch permite ao pesquisador estabelecer um diálogo entre a teoria e as evidências empíricas.

Assim como a escala Likert, a escala do tipo Guttman apresenta um ordenamento entre as categorias de respostas, ou seja, estamos lidando com duas escalas ordinais. Entretanto, as categorias de uma escala Likert não estão estruturadas para definir níveis de complexidade na realização de determinada tarefa, como é característico de uma escala Guttman. A natureza distinta da organização das categorias de respostas nessas duas escalas implica a necessidade de um tratamento diferenciado para a construção da medida do traço latente que está sendo avaliado. Enquanto na primeira escala os dados devem ser tratados segundo o modelo de escala gradual, na segunda eles devem ser analisados segundo o modelo de crédito parcial.

A questão do ordenamento das categorias em relação ao traço latente que estamos avaliando fica mais clara quando interpretamos as transições ou os passos necessários para a realização de uma tarefa ou para alcançar o entendimento mais sofisticado sobre determinado conceito. Considere a Tabela 5.2, que apresenta a categorização do tema "corrente elétrica" de 8 dos 128 estudantes que fizeram uma tarefa sobre a física envolvida no funcionamento do circuito elétrico simples (Coelho, 2011). Essa a matriz de dados diz respeito a quatro "transições" ou "passos" no desenvolvimento do conceito de corrente elétrica que os estudantes deveriam cumprir ao resolver a tarefa de ensino.

Tabela 5.2 ▪ Transições entre as categorias do Tema FCE.

Estudante v	**Categoria k**					Escore das transições efetuadas (X_{vFCE})
	FCE1 (0)	FCE2 (1)	FCE3 (2)	FCE4 (3)	FCE5 (4)	
A	1 —T1→	1 —T2→	1 —T3→	1		**3**
B	1	1	1			**2**
C	1	1				**1**
D	1	1				**1**
E	1	1	1	1		**3**
F	1					**0**
G	1	1	1	1	1	**4**
H	1	1	1	1	1	**4**
Escore na categoria (S_{v1})	**8**	**7**	**5**	**4**	**2**	

Na coluna da direita da tabela apresentamos o número de transições ou passos que os estudantes realizaram para alcançar um entendimento mais sofisticado sobre corrente elétrica (x_{vFCE}). Podemos perceber que somente dois estudantes (G e H) completam as quatro "transições" e, por isso, eles apresentam um escore igual a 4, alcançando o maior nível de entendimento do conceito de corrente elétrica. Dois estudantes (A e E) completaram três "transições" na linha de desenvolvimento e, por isso, apresentam uma escore igual a 3. O estudante B completou duas transições na linha de desenvolvimento e, por isso, tem um escore igual a 2. Os estudantes C e D completam uma única transição e, por isso, apresentam um escore igual a 1. O estudante F não completou nenhuma transição, pois sua resposta se refere a uma definição mais simples sobre corrente elétrica e, por isso, seu escore é igual a 0.

Na linha inferior da Tabela 5.2 apresentamos o número de estudantes em cada uma das categorias de resposta (S_{vi}). Os valores apresentados nessa linha também nos ajudam a identificar o número de estudantes que realiza cada uma das transições entre as categorias de resposta. Podemos notar que sete estudantes realizam a primeira transição, cinco realizam a segunda, quatro realizam a terceira transição e apenas dois estudantes realizam a quarta transição, alcançando a maior performance na definição de corrente elétrica.

Analisando o número de estudantes que realiza as transições entre as categorias, podemos notar que ocorre uma redução à medida que direcionamos para a direita ao longo das categorias. Esse efeito sinaliza para o aumento da dificuldade associada ao cumprimento das transições ou passos em direção à categoria de maior complexidade, que, nesse caso, é a categoria FCE5. O aumento da dificuldade para a realização das transições traz uma implicação importante para as estimativas resultantes do modelo de crédito parcial: é esperado que a estimativa dos parâmetros que representam as transições entre as categorias de um item sejam sempre ordenadas (ou seja, $\tau_{i1} < \tau_{i2} < \tau_{i3} < \tau_{i4}$) para que seja refletido o aumento da habilidade no traço latente que está sendo medido (Wu, & Adams, 2007). Isso significa que uma pessoa com maior habilidade em determinado traço latente será encontrada com maior probabilidade na categoria k da tarefa do que na categoria $k - 1$ da mesma tarefa.

Assim como no modelo de escala gradual, a curva de probabilidade para o modelo de crédito parcial permite determinar também a chance de ser dada uma resposta em uma categoria específica do item em função do traço latente em estudo. Assim, se a curva de probabilidade tem um padrão semelhante ao do Gráfico 5.2, o critério de ordenação não foi satisfeito. Mead (2008) afirma que, quando uma desordem entre os parâmetros de transição é encontrada empiricamente, determinada categoria desse item está sendo subutilizada.

Analisando o gráfico, podemos afirmar que a pessoa com habilidade igual a 0,6 *logits* tem a mesma probabilidade (em torno de 38%) de ser classificada na categoria 1 (k = 1) ou 3 (k = 3), apesar de esse ponto apresentar a probabilidade máxima (em torno de 12%) de classificá-lo na categoria 2 (k = 2). Nesse caso, interpretamos que a categoria 2 (k = 2) não apresenta, necessariamente, um aspecto relevante para avaliar o traço latente, uma vez que é mais provável que o sujeito passe da

Gráfico 5.2 ■ Curva de probabilidade com os parâmetros de transição desordenados.

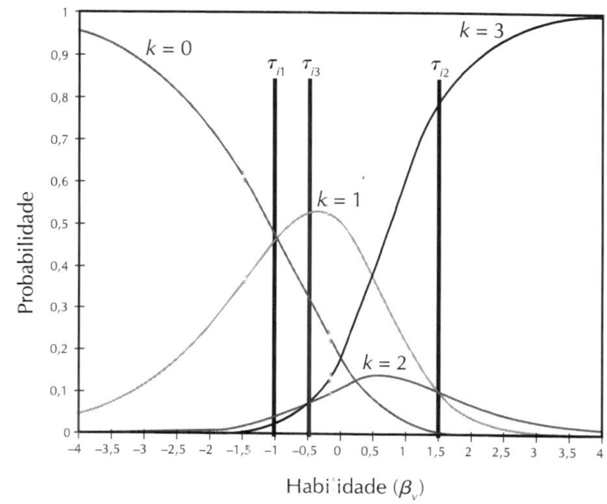

categoria 1 ($k = 1$) para a categoria 3 ($k = 3$) antes de estar na categoria 2 ($k = 2$). As linhas retas verticais representam os pontos de transição entre as categorias. Nesse caso, a ordem das transições não obedece ao ordenamento das categorias ($\tau_{i1} < \tau_{i3} < \tau_{i2}$).

Masters (1982) aponta que a dependência hierárquica entre os parâmetros de transição impede a utilização do Modelo Rasch dicotômico para análise de escalas do tipo Guttman, já que esse modelo é regido por um parâmetro da pessoa e um único parâmetro do item, que são independentes de qualquer outra influência. Isso pode ser entendido quando retornamos ao exemplo da sequência de desenvolvimento do conceito de corrente elétrica: asseguramos, teoricamente, que para o estudante apresentar o entendimento mais sofisticado sobre corrente elétrica (categoria FCE5) é preciso que ele avance sobre as outras quatro categorias anteriores. O pertencimento a uma das categorias não exclui necessariamente a consideração das outras categorias como relevantes para definição do nível do traço latente. Há uma dependência teórica entre elas, uma vez que uma subtende o conteúdo da categoria que a precede. Essa dependência hierárquica viola a intenção de utilizar o modelo dicotômico nesse contexto.

A separabilidade dos parâmetros resultantes do tratamento Rasch de crédito parcial está relacionada à estatística suficiente referente ao parâmetro da pessoa β_v e ao parâmetro de transição τ_{ij} entre as categorias do item (Masters, 1982). Para a estimativa do parâmetro da pessoa, a estatística suficiente está relacionada ao número de transições ou passos realizados com sucesso pela pessoa na resolução de uma tarefa (x_{vi}). Para estimar a dificuldade das transições entre as categorias, a estatística suficiente está relacionada ao número de pessoas que realizou cada transição ou avançou entre as possíveis categorias de resposta na realização da tarefa (S_{vi}). Nos próximos parágrafos discutiremos a relação existente entre o parâmetro de transição e o parâmetro de dificuldade do item no modelo de crédito parcial, passo importante para a construção de uma equação geral de definição desse modelo.

Considere o Gráfico 5.3, que representa a curva de probabilidade para um item composto por quatro categorias de respostas.

Gráfico 5.3 ▪ Curva de probalidade do item com quatro categorias de respostas.

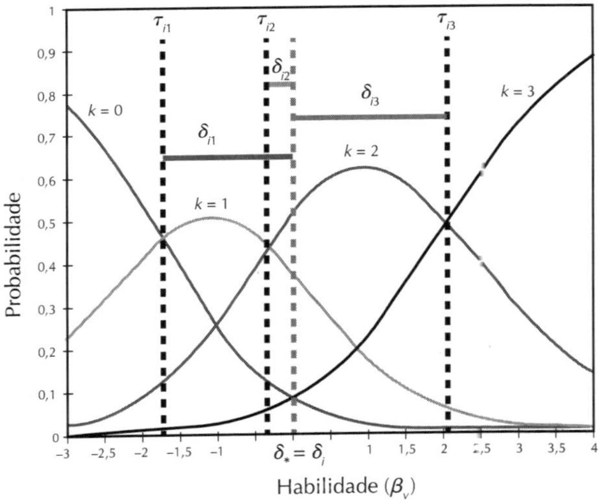

O parâmetro δ_i (representado pela linha vertical cinza) é a dificuldade do item (Wu, & Adams, 2007) e corresponde ao ponto de interseção entre a categoria de menor representatividade do traço latente (categoria $k = 0$) e a categoria de maior representatividade (categoria $k = 3$).

Para estabelecer a relação entre o parâmetro de transição e o parâmetro de dificuldade do item, outro parâmetro foi definido: o δ_{ij}, que apresenta a dimensão de distância. A propriedade de distância associada a esse parâmetro pode ser interpretada como a medida da *dificuldade* para transitar ou avançar entre duas categorias adjacentes. Isso significa que, quanto maior a distância δ_{ij}, maior a dificuldade associada à transição entre duas categorias adjacentes[5]. No exemplo representado no Gráfico 5.3, pode-se dizer que é mais difícil a pessoa transitar da categoria 0 ($k = 0$) para a categoria 1 ($k = 1$) do que transitar da categoria 1 ($k = 1$) para a categoria 2 ($k = 2$), isso porque $\delta_{i1} > \delta_{i2}$.

Matematicamente, a relação entre o parâmetro de transição e o parâmetro de dificuldade do item é estabelecida pela seguinte expressão:

$$\delta_{ij} = \delta_i - \tau_{ij}$$

Estabelecida a relação entre os parâmetros associados ao item no modelo de crédito parcial, vamos retomar o exemplo do sistema de rubricas sobre o conceito de corrente elétrica para construir a equação geral desse modelo.

Considerando a dependência hierárquica entre as categorias de respostas adjacentes, uma simples expressão matemática pode definir a probabilidade P_{1vFCE} de o estudante ser classificado na categoria FCE2 ($k = 1$) em vez de estar na categoria FCE1 ($k = 0$).

$$P_{1vFCE} = \frac{p_{1vFCE}}{p_{0vFCE} + p_{1vFCE}} = \frac{\exp(\beta_v - \delta_{i1})}{1 + \exp(\beta_v - \delta_{i1})}$$

A expressão $P_{0vFCE} + P_{1vFCE}$ determina a probabilidade de o estudante ser classificado nas categorias FCE2 ($k = 1$) ou FCE1 ($k = 0$), e a expressão $\frac{p_{1vFCE}}{p_{0vFCE} + p_{1vFCE}}$ determina a probabilidade do estudante completar a primeira transição ou evoluir da categoria FCE1 ($k = 0$) para a categoria FCE2 ($k = 1$). Nessa equação, o parâmetro da pessoa b_v define o entendimento

[5] Essa parametrização também foi utilizada para definir os parâmetros do item no modelo de escala gradual.

do estudante no domínio mais amplo da eletricidade, e o parâmetro δ_{i1} determina a dificuldade de transitar ou evoluir da categoria FCE1 para a categoria FCE2.

Do mesmo modo, podemos apresentar uma expressão matemática para definir a probabilidade P_{2vFCE} de o estudante ser classificado na categoria FCE3 ($k = 2$) em vez de estar na categoria FCE2 ($k = 1$):

$$P_{2vFCE} = \frac{p_{2vFCE}}{p_{1vFCE} + p_{2vFCE}} = \frac{\exp(\beta_v - \delta_{i2})}{1 + \exp(\beta_v - \delta_{i2})}$$

A expressão $P_{1vFCE} + P_{2vFCE}$ determina a probabilidade de o estudante ser classificado nas categorias FCE3 ($k = 2$) ou FCE2 ($k = 1$), e a expressão $\frac{p_{2vFCE}}{p_{1vFCE} + p_{2vFCE}}$ determina a probabilidade de o estudante completar a segunda transição ou evoluir da categoria FCE2 ($k = 1$) para a categoria FCE3 ($k = 2$). Assim como na equação anterior, o parâmetro da pessoa b_v define o entendimento do estudante no domínio mais amplo da eletricidade, já o parâmetro δ_{i2} determina a dificuldade de transitar ou evoluir da categoria FCE2 para a categoria FCE3.

Nas equações anteriores, apresentamos as primeiras transições entre as categorias que representam a sequência de desenvolvimento do conceito de eletricidade. Entretanto, sabemos que temos quatro transições possíveis para esse tema. O estudante que apresenta todas as transições demonstra uma articulação mais sofisticada do conceito, que engloba ou "somatiza" as categorias anteriores. Matematicamente, podemos representar o "sucesso" do estudante ao completar as quatro transições da seguinte maneira:

$$p_{0vFCE} + p_{1vFCE} + p_{2vFCE} + p_{3vFCE} + p_{4vFCE} = 1$$

O somatório das probabilidades é igual a 1 (um) porque representa a probabilidade máxima (100%) relacionada ao "sucesso" na realização da tarefa que, nesse caso, representa uma articulação mais sofisticada do conceito de corrente elétrica apresentada pelo estudante ao transitar pelas quatro categorias anteriores.

Considerando as probabilidades parciais que são determinadas pelo parâmetro da pessoa e pelo parâmetro que define a dificuldade na transição entre categorias adjacentes da tarefa ou do item, uma expressão geral pode definir melhor o modelo de crédito parcial:

$$P_v\left\{k \middle| \beta_v, \delta_{ij}, m_i = k-1\right\} = \frac{e^{\sum_{j=1}^{x_{vi}} \beta_v - \delta_{ij}}}{1+\sum_{y=0}^{k} e^{\sum_{j=1}^{k-1} \beta_v + \delta_{ij}}} \Rightarrow x_{vi} = 0,1,\ldots,k-1$$

onde P_v determina a probabilidade da pessoa v ser observada na categoria k ao responder ao item i. Sendo que β_v representa a medida do parâmetro da pessoa, δ_{ij} representa a medida da dificuldade associada às transições entre categorias $k = 1$ e k do item i. O parâmetro x_{vi} representa a quantidade de transições realizadas pela pessoa no contínuo do traço latente. Uma generalização possível dessa equação pode ser representada por:

$$\ln\left(\frac{P_{vi}}{1-P_{v1}}\right) = \beta_v - \left(\delta_i + \tau_j\right)$$

Como definimos anteriormente, o parâmetro δ_{ij} está associado à dificuldade de transição entre duas categorias adjacentes. No modelo de escala gradual, também definimos um parâmetro associado à dificuldade na transição entre as categorias de resposta: o parâmetro δ_j.

Nota-se que existe uma diferença entre os dois modelos com relação aos índices desse parâmetro. As distinções nos índices exprimem as diferenças de ordem estrutural dos instrumentos que definirão o modelo que será mais adequado para mensuração do traço latente. Enquanto no modelo de crédito parcial existe uma relação de dependência entre as categorias e os itens de um instrumento, no modelo de escala gradual essa dependência não é estabelecida, já que o padrão de resposta, ou seja, a estrutura das categorias, permanece a mesma ao longo do instrumento. A implicação prática dessa diferença é que o modelo de crédito parcial pode ser utilizado para analisar instrumentos que levam em consideração a hierarquia entre suas categorias de resposta, mas apresentam diferenças estruturais entre elas: tanto com relação ao número de categorias quanto pela diferença na representatividade do traço latente (Mead, 2008).

Para evidenciar a mudança na estrutura das categorias dos itens no modelo de crédito parcial, vamos interpretar a Figura 5.3.

Figura 5.3 ■ Mudança na estrutura das categorias ao longo de itens de um teste.

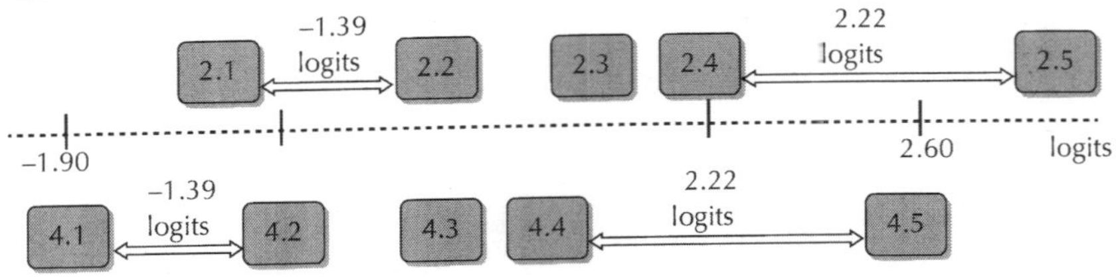

Podemos perceber que, diferentemente da Figura 5.2, a distância entre as categorias de respostas dos itens 2 e 4 não são as mesmas. Assim, a estrutura das categorias não se conserva ao longo do instrumento. Por exemplo, enquanto para o item 2 a distância entre as categorias adjacentes 2.2 e 2.3, ou seja, o parâmetro δ_{22}, é igual a 2 *logits*, para o item 4, a distância entre as categorias 4.2 e 4.3 (o parâmetro δ_{42}) é de apenas 1 *logit*. Isso significa que, apesar de esses pontos estarem relacionados à transição da categoria 2 para a categoria 3 nos itens 2 e 4, os valores dos parâmetros δ_{22} e δ_{42} são diferentes. Como esse parâmetro está associado à dificuldade de transitar entre duas categorias adjacentes do item, nesse caso, é mais difícil mudar da categoria 2 para a 3 no item 2 do que fazer o mesmo no item 4.

Uma vez que os pressupostos do modelo de crédito parcial foram apresentados e as principais diferenças entre esse modelo e o modelo de escala gradual foram estabelecidas, podemos retomar a pergunta que fizemos anteriormente: "A categoria FCE3, na qual o estudante entende corrente elétrica como fluxo de elétrons livres, é mais difícil que a categoria FCE2, na qual o entendimento é descrito em termos de corrente elétrica como fluxo de cargas no circuito?". A interpretação do Gráfico 5.4 nos ajudará a responder essa questão. O gráfico apresenta a probabilidade de o estudante ser classificado em uma das categorias do tema FCE em relação ao entendimento (medido em *logit*) no domínio da eletricidade.

Nesse gráfico, as linhas verticais pretas representam as transições entre as categorias adjacentes para o tema. Nessas transições, encontramos a mesma probabilidade de o sujeito ser classificado entre as categorias adjacentes. Uma interpretação inicial do gráfico permite considerar que a estimativa dos parâmetros que representam as transições entre as categorias mantiveram um ordenamento ($\tau_{FCE1} < \tau_{FCE2} < \tau_{FCE3} < \tau_{FCE4}$). Além disso, podemos dizer que todas as categorias apresentam representatividade na avaliação do traço latente.

As evidências apresentadas no parágrafo anterior permitem dizer que de fato há um ordenamento das categorias, de modo que a categoria FCE3 se configure como uma etapa de natureza "mais difícil" que a especificada pela categoria FCE2. Levando em consideração a localização de todas as categorias no gráfico e suas respectivas transições, podemos dizer que a hierarquia estabelecida teoricamente entre essas categorias, referentes ao conceito de corrente elétrica, segue uma linha de desenvolvimento conceitual.

Gráfico 5.4 ■ Curva de Probabilidade para o tema FCE.

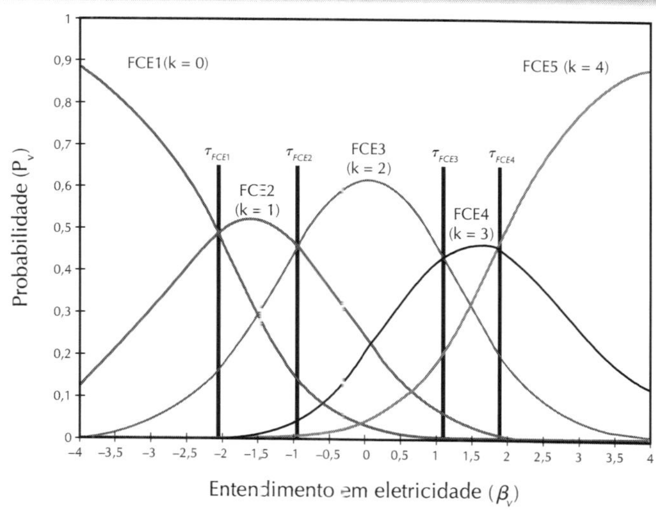

Especificamente no Gráfico 5.4, podemos determinar a probabilidade de encontrar o estudante em uma das cinco categorias de resposta para o tema FCE em função do entendimento desse indivíduo sobre eletricidade. Assim, o estudante com um entendimento mediano (0 *logit*)[6] tem a maior probabili-

[6] O zero *logit* é um ponto de referência que nesse caso representa o ponto central da escala e, por isso, podemos falar em entendimento mediano no domínio da eletricidade.

dade de estar na categoria FCE3 e interpretar a corrente elétrica como fluxo de elétrons no circuito – esse entendimento sobre corrente elétrica é um dos principais produtos do ensino de eletricidade no ensino médio, segundo Borges (1998). O estudante que apresenta um alto entendimento, por exemplo 3,5 *logits*, tem maior probabilidade de estar na categoria FCE5, apresentando uma articulação mais sofisticada do conceito de corrente elétrica. Podemos considerar que o estudante localizado na linha de transição τ_{FCE1} (em que o valor é relativamente baixo, em torno de 0,9 *logits*), está passando por um processo de mudança no "nível" de entendimento do conceito de corrente elétrica. Desse modo, a mesma probabilidade de encontrar o estudante existe tanto na categoria FCE1 quanto na categoria FCE2.

O modelo de crédito parcial deve ser interpretado como uma probabilidade condicional de medidas entre categorias de diferentes níveis de representatividade do traço latente. Partindo desse pressuposto, Masters (1982) considera que esse modelo produz estimativas mais precisas do traço que se pretende medir com o teste. Além disso, a escala intervalar resultante do tratamento dos dados permite validar sequências hierárquicas de conceitos ou de "etapas" na resolução de tarefas estabelecidas teoricamente.

Referências

Andersen, E. B. (1977). Sufficient statistics and latent trait models. *Psychometrika, 42*(1), 69-81.

Andrich, D. (1978). A rating formulation for ordered response categories. *Psychometrika, 43*(4), 561-573.

Bond, T. G., & Fox, C. M. (2007). *Applying the Rasch model: fundamental measurement in the human sciences*. Mahwah: Erlbaum.

Borges, A. T. (1998). Modelos mentais de eletromagnetismo. *Caderno Brasileiro de Ensino de Física, 15*(1), 7-31.

Coelho, G. R. (2011). *A evolução do entendimento dos estudantes em eletricidade: um estudo longitudinal.* Tese de doutorado em Educação,

Faculdade de Educação, Universidade Federal de Minas Gerais, Belo Horizonte, MG, Brasil.

Dawson, T. L. (2006). Stage-like patterns in the development of conceptions of energy. In X. Liu, & W. Boone (Orgs.). *Applications of Rasch measurement in science education* (pp. 111-136). Maple Grove: JAM Press.

Fischer, K. W. (1980). A theory of cognitive development: the control and construction of hierarchies of skills. *Psychological Review*, *87*(6), 477-531.

Fisher, W. P., & Wright, B. D. (1994). Applications of probabilistic conjoint measurement. *International Journal Educational Research*, *21*(6), 559-664.

Guttman, L. (1944). A basis for scaling qualitative data. *American Sociological Review*, *9*(2), 139-150.

Hales, C. P. (1986). What do managers do?: a critical review of the evidence. *Journal of Management Studies*, *23*(1), 88-115.

Likert, R. (1932). A technique for the measurement of attitudes. *Archives of Psychology*, *22*(140), 1-55.

Linacre, J. M. (1991). Step disordering and Rasch-Thurstone thresholds. *Rasch Measurement Transactions*, *5*(3), 171

Linacre, J. M. (2004). Optimizing rating scale category effectiveness. In E. Smith, & R. M. Smith (Orgs.). *Introduction to Rasch measurement* (pp. 258-278). Maple Grove: JAM Press.

Masters, G. N. (1982). A Rasch model for partial credit scoring. *Psychometrika*, *47*(2), 149-174.

Mead, R. (2008). A Rasch primer: the measurement theory of Georg Rasch. *Psychometrics services research memorandum*. Maple Grove: Data Recognition Corporation.

Rasch, G. (1960). *Probabilistic models for some intelligence and attainment tests*. (Copenhagen, Danish Institute for Educational Research), Chicago: The University of Chicago Press

Singer, J. D., & Willett, J. B. (2003). *Applied longitudinal data analysis*: modeling change and event occurrence. New York: Oxford University Press.

Wright, B. D. (1997). A history of social science measurement. *Issues and Practice*, *16*(4), 33-45.

Wright, B. D., & Masters, G. N. (1982). *Rating scale analysis*: Rasch measurement. Chicago: MESA.

Wu, M., & Adams, R. (2007). The Rasch model (the polytomous case). In M. Wu, & R. Adams. *Applying the Rasch model to psycho-social measurement: a practical approach* (pp. 39-54). Melbourne: EMS.

"*...a insuficiência dos dados para se ajustar aos Modelos Rasch implica em uma necessidade de se trabalhar mais na construção da escala, e não na identificação de um modelo mais complexo que pode se ajustar melhor aos dados.*"

(Andrich, D.)

Capítulo

6

Ajuste das respostas ao Modelo Rasch[1]

Ida Marais
Western Australia University

OBJETIVO

Georg Rasch (1960/1980) desenvolveu uma série de métodos para verificar o ajuste dos dados ao seus modelos. Desde então, os computadores facilitaram o cálculo dos índices de ajuste e a representação dos dados em diferentes formatos gráficos. Muitos métodos foram desenvolvidos para verificar o ajuste das respostas à família de Modelos Rasch, e muitas pesquisas têm sido desenvolvidas para estudar as propriedades desses métodos (Smith, 1988, 1991a, 1991b). Este capítulo não tem como objetivo fornecer uma revisão sistemática e completa dos índices de ajuste, mas, sim, apresentar algumas das principais técnicas que usualmente estão presentes nos principais softwares que implementam os Modelos Rasch: *WINSTEPS* (Linacre, 2009), *ConQuest* (Wu, Adams, Wilson, & Haldane, 2007) e *RUMM2030* (Andrich, Sheridan, & Luo, 2012). Por uma questão de simplicidade, a maior parte das discussões deste capítulo baseia-se no modelo logístico simples de Rasch (ver Capítulo 4). Além de técnicas para verificar o ajuste aos modelos, também serão apresentados alguns princípios para guiar suas aplicações.

[1] Traduzido por Hudson F. Golino

Introdução

Tipicamente, há dois aspectos do ajuste dos dados aos Modelos Rasch que precisam ser considerados: como os *itens* se ajustam aos modelos e como as *pessoas* se ajustam aos modelos. Este capítulo vai, inicialmente, apresentar as técnicas de ajuste dos *itens* para, em seguida, apresentar as técnicas de ajuste das *pessoas*. Na seção sobre o ajuste dos itens aos Modelos Rasch, será feita uma distinção entre técnicas gráficas e técnicas estatísticas, sendo estas últimas as mais formais. Um exemplo de teste gráfico de ajuste é a *Curva Característica do Item* (CCI), que será apresentada inicialmente. Em segundo lugar, duas classes formais de ajuste dos itens serão apresentadas, ambas baseadas na análise de *resíduos*. Resíduo é a diferença entre o que é esperado de acordo com os Modelos Rasch e o que é observado empiricamente. No entanto, as duas classes de ajuste são baseadas em diferentes tipos de resíduos. A primeira classe compara *grupos de pessoas*, e a segunda compara as *somas individuais de resíduo item-pessoa*.

Técnicas de ajuste

Ajuste dos itens aos modelos: a curva característica do item (CCI) como um teste gráfico de ajuste

A curva característica do item é a probabilidade que uma pessoa n com uma habilidade β_n tem de responder corretamente a um item i com dificuldade δ_i. Vamos considerar, neste capítulo, que o instrumento de medida seja um teste educacional de proficiência, portanto, vamos nos referir a β_n como *habilidade* ou *proficiência*, e uma resposta 1 como correta e 0 como incorreta. O Gráfico 6.1 apresenta uma curva característica de um item.

Gráfico 6.1 ■ Curva característica do item 21 e a proporção de respostas corretas em cinco classes de intervalos.

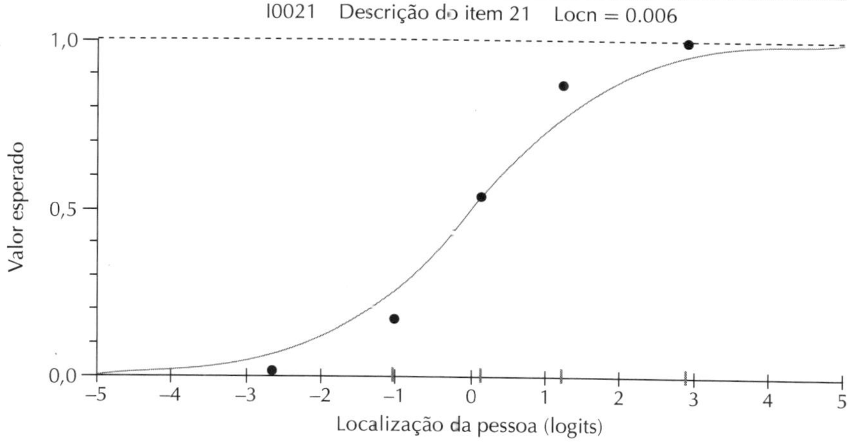

Enquanto a curva logística apresenta o padrão esperado de acordo com o Modelo Rasch, os pontos pretos mostram valores observados. Cada ponto preto no Gráfico 6.1 representa a proporção de pessoas que acertaram o item em cada classe de intervalo de habilidades. Essas classes são conjuntos de pessoas agrupadas de acordo com a habilidade. Se tivéssemos uma quantidade grande de pessoas com o mesmo escore total e, portanto, com a mesma habilidade estimada, poderíamos comparar a proporção de respostas corretas aos itens para cada nível de habilidade estimada com a probabilidade teórica (curva logística). No entanto, geralmente não há um grande número de pessoas para cada ponto no contínuo da variável latente de habilidade, uma vez que não há um grande número de pessoas com o mesmo escore total em todo o espectro da variável latente. É por isso que formamos *grupos* de pessoas com base em suas habilidades e, então, calculamos a média de habilidade de cada grupo. No Gráfico 6.1 há cinco grupos ou classes de intervalos.

O item mostrado no Gráfico 6.1 possui uma discriminação que é maior que a média de descriminação de todos os itens. A discriminação é maior porque as proporções (médias dos grupos) formam uma curva mais acentuada que a curva esperada. Já o Gráfico 6.2 mostra uma CCI com proporções observadas para outro item. Esse item não discrimina muito bem, uma vez que as proporções observadas formam uma curva menos acentuada que a curva esperada.

Gráfico 6.2 ■ Curva característica do item 20 e a proporção de respostas corretas em cinco classes de intervalos.

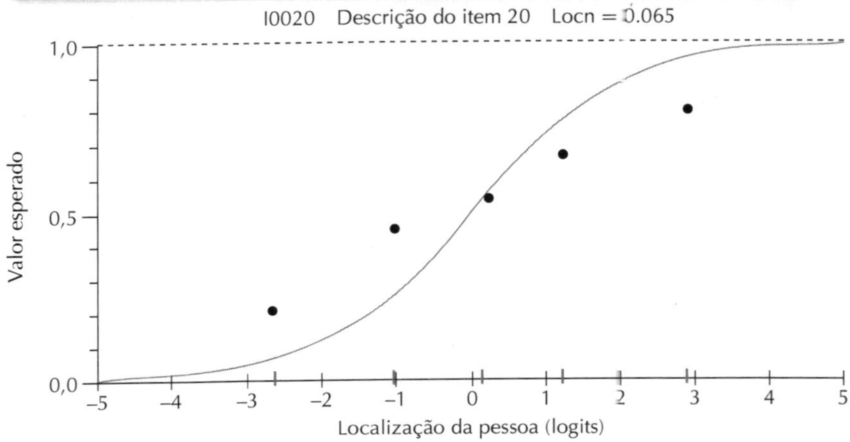

Quando temos uma curva teórica mostrando a distribuição da probabilidade esperada ao longo do traço latente (curva característica do item), é evidente que, na presença de proporções que desviam substancialmente das probabilidades esperadas, há um tipo de desajuste entre os dados observados e o modelo. As proporções observadas podem se desviar da curva de probabilidades esperadas por três motivos diferentes:

1. As proporções observadas formam uma curva que é menos inclinada que a curva teórica, de modo que o item discrimina menos que a discriminação média de todos os itens. O Gráfico 6.2 apresenta esse tipo de item.
2. As proporções observadas são *drasticamente diferentes* da curva teórica, ou seja, ligando os pontos da média da habilidade dos grupos (pontos pretos nos gráficos da CCI), forma-se uma curva que é muito distante da curva teórica. Esse cenário exige uma interpretação específica, com conhecimento para interpretar o construto.
3. As proporções observadas formam uma curva que é mais inclinada que a curva teórica. Isso significa que a discriminação do item é maior que a

média da discriminação de todos os itens. O Gráfico 6.1 apresenta esse tipo de item.

Os cenários 1 e 3 descrevem casos de desajuste sistemático, e o cenário 2 descreve um tipo de desajuste chamado de *não sistemático*. Smith e Plackner (2009) descobriram que alguns índices de ajuste são mais apropriados para detectar desajustes sistemáticos, ao passo que outros são melhores para detectar desajustes não sistemáticos. Na seção sobre *princípios para verificação de ajuste* é recomendado o uso de mais de um índice de ajuste, a fim de garantir que diferentes tipos de desajuste sejam identificados.

Quando se formula um modelo para os dados empíricos, espera-se que esses dados se ajustem ao modelo elaborado. No entanto, quando os dados não se ajustam ao modelo, a pergunta que surge é: o que fazer? Quando há um desajuste ao Modelo Rasch, algumas vezes, seleciona-se outro modelo que possibilite um ajuste mais adequado, como os modelos de Lord e Novick (1968) e de Birnbaum (1968). Por outro lado, os dados podem ser examinados de modo que se entenda a origem do não ajuste ao modelo. Andrich (2004) descreve esses dois pontos de vista como paradigmas mutuamente exclusivos. Ambos os paradigmas serão discutidos ao final deste capítulo. Agora que já apresentamos a curva característica do item e a estratégia gráfica de verificação de ajuste aos Modelos Rasch, podemos apresentar os testes estatísticos de ajuste.

Ajuste dos itens aos modelos: testes estatísticos de ajuste

O ajuste dos itens aos Modelos Rasch pode ser verificado graficamente, como visto anteriormente, ou por meio do emprego de técnicas formais estatísticas. Nesta seção, serão apresentadas duas classes de índices estatísticos de ajuste. A primeira classe de ajuste estatístico aos modelos compara os resíduos em grupos de pessoas, e a segunda compara as *somas individuais de resíduo item-pessoa*. Os índices (ou testes) de ajuste da primeira classe também são chamados de *ajuste entre grupos*. Uma vez que os índices (ou testes) de ajuste da segunda classe são baseados em um sumário (média) dos valores, eles são também chamados de *ajuste global* (Smith, 1994). Uma terceira classe de índices de ajuste que pode ser utilizada é chamada de *ajuste dentro de grupos* (Smith, 2000). Essa classe não será apresentada neste capítulo pois não é tão amplamente utilizada como as duas classes de índices de ajuste supracitadas. Os índices de ajuste dessa terceira classe são geralmente empregados em conjunto com os *índices de ajuste entre grupos*.

Índices de ajuste entre grupos

O índice qui-quadrado (χ^2) de ajuste dos itens aos Modelos Rasch é um dos componentes da classe de índices de ajuste entre grupos. No caso do qui-quadrado do item fornecido pelo software *RUMM2030*, os grupos são baseados na habilidade. Embora seja possível verificar graficamente o número esperado de respostas corretas em cada intervalo de classe de acordo com o modelo em relação à proporção observada, como mostrado na seção anterior, o qui-quadrado do item fornecido pelo software *RUMM2030* é um teste estatístico de ajuste entre os dados e a curva característica do item. Esse teste é calculado da seguinte maneira: primeiro, calcula-se para um item i a diferença entre o número *observado* de pessoas que responderam corretamente ao item no intervalo de classe e o número esperado pelo modelo. Em termos matemáticos:

$$T_{gi} - N_g P_{gi} \qquad (1)$$

onde N_g é o número de pessoas no intervalo de classe g; P_{gi}; é a probabilidade que uma pessoa no intervalo de classe g tem de responder ao item i corretamente; e T_{gi} é o número de pessoas no intervalo de classe g que respondeu corretamente ao item i. O número esperado de pessoas no intervalo de classe que responderam corretamente ao item é igual à probabilidade de uma pessoa no intervalo de classe acertar o item multiplicado pelo número de pessoas no intervalo de classe.

Em seguida, essa diferença é dividida pelo desvio-padrão no número esperado de pessoas que acertam o item, de acordo com o Modelo Rasch. Esse procedimento confere um significado mais interpretável à diferença e, ainda, gera um resíduo padronizado Z_{gi}. Trata-se de um escore padronizado que pode ser escrito da seguinte maneira:

$$z_{gi} = \frac{T_{gi} - N_g P_{gi}}{\sigma_{gi}} \qquad (2)$$

onde σ_{gi} é o desvio-padrão do número esperado de respostas corretas, que pode ser calculado por meio da seguinte fórmula: $\sigma_{gi} = \sqrt{N_g P_{gi}(1 - P_{gi})}$. O resíduo padronizado pode ter um valor positivo ou negativo. Quanto maior o resíduo padronizado, menos provável será um item se ajustar ao modelo.

Para criar um índice para o item como um todo, esses resíduos são elevados ao quadrado e, em seguida, somados, gerando uma distribuição aproximada de qui-quadrado em G-1 intervalos de classe, onde G é o número total de intervalos de classe. Esse valor pode ser comparado com valores de uma distribuição χ^2 com um número específico de graus de liberdade. Essa comparação fornece um meio de verificar quão provável é o resultado encontrado ser devido à chance. O software *RUMM2030* fornece um valor dessa probabilidade, cujo valor esperado é $p > 0{,}05$.

Além de um teste de ajuste de qui-quadrado para um item, a maior parte dos softwares também fornece um teste global de qui-quadrado da interação item-traço latente. De fato, esse foi o primeiro índice de ajuste desenvolvido para ser utilizado em softwares que implementam os Modelos Rasch. Wright e Panchapakesan (1969) desenvolveram esse teste global para verificar o ajuste de toda a matriz de respostas ao Modelo Rasch. O qui-quadrado global é apenas a soma dos qui-quadrados individuais dos itens. O grau de liberdade é igual ao número de itens multiplicado pelos seus graus de liberdade individuais. O teste global de qui-quadrado reflete a propriedade da invariância das comparações ao longo do traço latente. Um valor significativo significa que o ordenamento hierárquico dos itens varia ao longo da variável latente.

Outro exemplo de índice de ajuste entre grupos é o teste de ajuste de ANOVA, fornecido pelo software *RUMM2030*. Os grupos no teste de ajuste de ANOVA podem ser formados com base nos intervalos de classe, que são formados de acordo com a habilidade das pessoas ou em outras características, como idade ou sexo. Nesses dois últimos casos, o ajuste também pode ser utilizado para verificar o funcionamento diferencial do item (DIF).

Índices de ajuste globais

Enquanto o teste de ajuste de qui-quadrado, trabalhado na seção anterior, é um exemplo da classe de índices de ajuste que compara resíduos em grupos de pessoas, outra classe de índices compara a soma dos resíduos pessoa-item. Agora, vamos introduzir esse tipo de classe de técnicas de verificação de ajuste.

No início do capítulo, definimos resíduo como a diferença entre o que é esperado de acordo com o modelo e o que é observado. O resíduo da resposta x_{ni} da pessoa n ao item i é:

$$x_{ni} - E[x_{ni}] \tag{3}$$

O resíduo é a própria diferença encontrada. Para verificar se essa magnitude é grande ou não, é preciso referenciá-la ao seu desvio-padrão, gerando o resíduo padronizado:

$$z_{ni} = \frac{x_{ni} - E[x_{ni}]}{\sqrt{V[x_{ni}]}} \tag{4}$$

onde $V[x_{ni}] = E[x_{ni}^2] - (E[x_{ni}])^2$, é a variância de x_{ni}, que se simplifica para $V[x_{ni}] = E[x_{ni}](1 - E[x_{ni}])$ em caso de itens dicotômicos.

A média teórica de um número infinito de replicações é 0, $E[z_{ni}] = 0$, e $V[z_{ni}] = 1$. Haja vista as equações de estimação do parâmetro das pessoas, a soma dos resíduos padronizados será sempre próximo de 0. Portanto, para verificar a magnitude dos resíduos, deve-se elevá-los ao quadrado: z_{ni}^2.

Um número de índices ou testes de ajuste, tanto para itens quanto para pessoas, tem como base o quadrado dos resíduos padronizados. Eles se diferem, principalmente, na maneira como sumarizam o quadrado dos resíduos padronizados.

Infit e outfit

A partir do quadrado dos resíduos padronizados, um valor pode ser obtido para um item por meio da soma desses resíduos em todas as pessoas:

$$y_i^2 = \sum_{n=1}^{N} z_{ni}^2 \tag{5}$$

onde y_i^2 pode ser interpretado como uma distribuição de qui-quadrado com N-1 graus de liberdade. No entanto, para cada grau de liberdade há um valor crítico diferente. Um número de transformações foram desenvolvidas para simplificar a interpretação (Smith, 1991b). Uma delas propõe calcular a média dos quadrados dos desvios das N pessoas. Essa técnica constitui a chamada de índice de ajuste do quadrado médio (*mean square fit statistic*):

$$V_i = y_i^2 / N_i \tag{6}$$

Esse quadrado médio apresentado na Equação 6 está presente na maioria dos softwares que implementam os Modelos Rasch, e recebe o nome de *outfit*.

Há um índice de ajuste complementar chamado *infit*. Esse índice é construído de maneira semelhante, mas ele balanceia o resíduo padronizado da pessoa em um item por meio de sua variância, de tal modo que a Equação 5 se torna:

$$y_i^2 = \sum_{n=1}^{N} z_{ni}^2 V[z_{ni}]. \tag{7}$$

Então, o quadrado médio balanceado (*weighted mean square*) é:

$$V_i = y_i^2 / \sum_{n=1}^{N} V[z_{ni}] \tag{8}$$

Esse índice é tal que um resíduo médio que surge quando a localização de uma pessoa é muito diferente da localização de um item recebe um peso menor que um item que é mais próximo à localização da pessoa. A razão para esse balanceamento é que, quando uma pessoa está muito longe da localização de um item, no contínuo da variável latente, o resíduo se torna muito grande para uma resposta fora do esperado pelo modelo, mas esse efeito é menor para um item que está próximo da localização da pessoa. Portanto, o *infit mean square* não vai penalizar itens que estejam localizados longe das pessoas no traço latente.

Os quadrados médios balanceados e não balanceados têm um valor esperado de 1, com valores que variam entre 0 e $+\infty$. Itens que discriminam menos que a média de discriminação de todos os itens possuem valores superiores a 1. Para esses itens, as respostas são menos previsíveis de acordo com o que é esperado pelo modelo. Itens que discriminam mais que a média de discriminação dos itens terão quadrados médios menores que 1. Para esses itens, as respostas são mais previsíveis de acordo com o esperado pelos Modelos Rasch. Em outras palavras, itens com valores dos quadrados médios menores que 1 se ajustam mais que o esperado ao modelo, ao passo que itens com valores superiores a 1 se ajustam menos do que o esperado!

Como saber se um quadrado médio é muito grande ou muito pequeno? Estudos demonstraram que alguns valores considerados *padrão-ouro* de referência podem ser inapropriados para uma série de aplicações (Smith, 1991; Smith, Schumacker, & Bush, 1998). Além disso visto que a distribuição dos índices de ajuste baseados nos quadrados médios não é simétrica em relação à média, uma regra de ajuste simétrica, por exemplo, *mnsq* < 0,7 e *mnsq* > 1.3 (onde *mnsq* é a sigla para *quadrados médios* em Inglês), possui um erro tipo *I* diferente para a cauda superior e para a cauda inferior da distribuição. Um erro tipo *I* é quando se encontra uma diferença significativa quando, de fato, essa diferença não existe ou é ao acaso.

De modo a tornar a distribuição mais simétrica, o quadrado médio balanceado e o não balanceado podem ser convertidos em uma estatística *t* aproximada, com a transformação via raiz cúbica:

$$t_i = [V_i^{1/3} - 1)(3/S) + (S/3) \tag{9}$$

onde S é o desvio-padrão do quadrado médio balanceado ou não balanceado (Wright, & Stone, 1997; Wright, & Masters, 1982). A partir dessa transformação, os índices de ajuste passam a ser chamados de quadrados médios balanceados padronizados (*standardized weighted mean square fit*) e de quadrados médios não balanceados padronizados (*standardized unweighted mean square fit*). No software *WINSTEPS* o primeiro recebe a sigla ZWMS, e o segundo, ZUMS.

Se o dado se ajusta ao modelo, esses índices de ajuste padronizados têm um valor esperado de 0. Se o valor é menor que 0, então, o padrão de respostas para um item é mais previsível que o esperado, e o item discrimina mais que a média de discriminação de todos os itens. Em outras palavras, o item ajusta-se mais que o esperado pelo modelo. Se o valor é maior que 0, então, o padrão de respostas é menos previsível que o esperado, e o item discrimina menos que a média de discriminação dos itens. Em outras palavras, o item ajusta-se menos que o esperado pelo modelo. Qual tamanho do índice padronizado pode ser considerado crítico, ou seja, quão distante de 0 para representar um problema grande de ajuste do item? Não há um padrão-ouro para valores críticos que se aplicam a todos os conjuntos de dados empíricos. No entanto, um esforço considerável tem sido adotado para desenvolver valores críticos que tenham erros tipo *I* iguais em diferentes situações (Wright, & Linacre, 1994).

No geral, o índice *infit* apresentará um cenário melhor que o índice *outfit*, exceto em casos muito pouco usuais. Os *outfits* proporcionado pelos softwares *WINSTEPS* e *ConQuest* são similares ao *item fit residual* do software *RUMM2030*, por isso darão resultados e interpretações semelhantes.

Índice de ajuste residual do item do software *RUMM2030*

Assim como nos índices *infit* e *outfit*, o cálculo do índice de ajuste residual do item começa somando o quadrado dos resíduos das pessoas, de acordo com a Equação 5, a qual pode, então, ser transformada para que fique similar a um desvio normal:

$$Z_i = \frac{y_i^2 - E[y_i^2]}{\sqrt{V[y_i^2]}} \tag{10}$$

O Z_i da Equação 10 pode ser transformado de modo a deixar a distribuição mais simétrica. Primeiro, calcula-se a razão do quadrado médio:

$$y_i^2 / f_i \tag{11}$$

onde f representa os graus de liberdade. Então, calcula-se o logaritmo natural:

$$T_i = \frac{\log(y_i^2 / f_i)}{\sqrt{V[y_i^2 / f_i]}} = \frac{f_i(\log y_i^2 - \log f_i)}{\sqrt{V[y_i^2]}}. \quad (12)$$

Esse é o índice de ajuste residual do item encontrado no *RUMM2030*, com valor esperado de 0 e variância igual a 1: $E[T_i] = 0$ e $V[T_i] = 1$.

No caso de um item dicotômico, o conjunto de menores resíduos ocorre quando as respostas são similares ao que é previsto de acordo com o modelo. Nesse caso, $\sum_{n=1}^{N} z_{ni}^2$ é mínimo e, seguindo-se a transformação, seu valor é negativo. Por outro lado, o valor máximo de $\sum_{n=1}^{N} z_{ni}^2$ ocorrerá quando as respostas são menos previsíveis que o esperado. Nesse caso, o valor será positivo. Então, um valor negativo e grande indica respostas mais previsíveis que o esperado, bem como indica que o item discrimina mais que a média dos itens. Em outras palavras, o item ajusta-se mais que o esperado. De maneira semelhante, um valor positivo e grande reflete um item com padrão de resposta cuja discriminação é menor que a média dos itens e menos previsível que o esperado. Em outras palavras, o item ajusta-se menos que o esperado.

Qual é o valor considerado muito grande ou muito pequeno do índice de ajuste residual do item? Normalmente, o índice de ajuste residual do item encontra-se em uma faixa que varia, aproximadamente, entre −2,5 e 2,5. Nessa faixa, considera-se que o item possui um adequado grau de ajuste ao modelo. No entanto, valores críticos ±2,5 não devem ser considerados padrão-ouro a ser aplicado em qualquer conjunto de dados. Índices de ajuste de itens sempre devem ser interpretados de maneira relativa e contextualizada. Essa cautela na interpretação será mais discutida ao final deste capítulo.

Testes estatísticos de ajuste das pessoas aos modelos

Smith (1986) traçou a evolução da ideia de ajuste das pessoas aos Modelos Rasch. Muitas vezes, a atenção centra-se no ajuste dos itens, e não no ajuste das pessoas. Isso porque cada item é respondido por muitas pessoas, mas cada pessoa responde a poucos itens e, portanto, um número pequeno de pessoas que não se ajustam ao modelo terá um impacto menor nas estimativas do que um número pequeno de itens que não se ajustam. No entanto, o ajuste das pessoas é muito importante para que se reivindiquem as vantagens trazidas pelos Modelos Rasch.

Uma das razões da importância de se verificar o ajuste das pessoas ao modelo é porque pessoas com o mesmo escore total recebem a mesma estimativa de habilidade caso respondam aos mesmos itens. Considere o caso da resposta da pessoa 1 e da pessoa 2, ambas com o mesmo escore total e, portanto, com a mesma habilidade estimada pelo Modelo Rasch. A pessoa 1 acertou os itens mais fáceis e errou os itens mais difíceis. Já a pessoa 2 acertou os itens mais difíceis, mas errou os mais fáceis. O ajuste da pessoa 1 ao modelo será adequado, ao passo que o ajuste da pessoa 2 não o será. Esse desajuste da pessoa 2 ao modelo indica ao pesquisador que a estimativa da habilidade da pessoa 2 não é válida.

Assim como um valor foi obtido para os itens por meio da soma dos resíduos quadrados padronizados das pessoas (Equação 5), um valor pode ser obtido para as pessoas a partir da soma dos resíduos quadrados padronizados dos itens:

$$y_n^2 = \sum_{i=1}^{I} z_{ni}^2 \tag{13}$$

O quadrado médio não balanceado V_n, para a pessoa n, pode ser transformado calculando-se a média sobre I itens:

$$V_n = y_n^2 / I \tag{14}$$

O resíduo padronizado também pode ser balanceado, incialmente pela variância, e depois pelo valor médio, y_n^2, pode ser calculado para uma pessoa:

$$y_n^2 = \sum_{i=1}^{I} z_{ni}^2 V[x_{ni}] \tag{15}$$

De modo a chegar no quadrado médio balanceado (*weighted mean square*):

$$V_n = y_n^2 / \sum_{i=1}^{I} V[x_{ni}]. \tag{16}$$

As equações 14 e 16 podem, assim como no caso dos itens, ser transformadas para ficarem semelhantes à estatística *t*:

$$t_n = [V_n^{1/3} - 1)(3/S) + (S/3) \tag{17}$$

onde *S* é o desvio-padrão dos quadrados médios balanceados e não balanceados.

No caso do índice de ajuste residual da pessoa, do software *RUMM2030*, as mesmas transformações feitas nos itens podem ser realizdas nas pessoas. Primeiro, soma-se o quadrado do resíduo padronizado para uma pessoa ao longo dos itens, como na Equação 13. Então, o resultado é transformado:

$$Z_n = \frac{y_n^2 - E[y_n^2]}{\sqrt{V[y_n^2]}}.$$

Em seguida, Z_n é transformado de modo que sua distribuição seja mais simétrica:

$$T_n = \frac{\log(y_n^2 / f_n)}{\sqrt{V[y_n^2 / f_n]}} = \frac{f_i(\log y_n^2 - \log f_n)}{\sqrt{V[y_n^2]}} \tag{18}$$

A interpretação do sinal do ajuste residual das pessoas de acordo com o padrão de respostas está apresentado de maneira sucinta na seção a seguir. Resíduos de ajuste das pessoas próximo a 0 indicam padrões esperados de respostas de acordo com o modelo. Se o ajuste residual é positivo, portanto, o padrão de respostas é menos previsível que o esperado pelo modelo. Se o ajuste residual é negativo, então, o padrão de respostas é mais previsível que o esperado pelo modelo.

Princípios para verificação de ajuste

Há vários meios para verificar se os dados se ajustam aos Modelos Rasch. Na primeira parte deste capítulo apresentamos uma técnica gráfica e algumas técnicas estatísticas formais. Nesta seção serão apresentados alguns princípios gerais para o uso e a interpretação das diferentes técnicas de ajuste.

Princípio 1: utilizar uma abordagem de *família de índices de ajuste*

Smith conduziu vários estudos sobre os índices de ajuste ao longo dos anos (Smith, 1986, 1988, 1991a, 1994, 2000; Smith, & Plackner, 2009; Smith *et al.*, 1998), nos quais sugere que não se utilize apenas um índice de ajuste, uma vez que nenhum índice é suficiente para julgar se um item se ajusta aos Modelos Rasch. Por exemplo, Smith e Plackner (2009) encontraram que alguns índices de ajuste são mais adequados para detectar desajuste sistemático, ao passo que outros são mais adequados para detectar desajustes não sistemáticos. Os autores recomendam que se utilize uma abordagem que eles denominam *família de índices de ajuste*, que consiste, basicamente, em adotar um número de diferentes técnicas estatísticas de ajuste para detectar diferentes tipos de problemas.

Princípio 2: cuidado com a relação entre índices de ajuste e unidimensionalidade

Uma quantidade significativa de pesquisas mostrou que, sob certas condições, alguns índices de ajuste de itens aos Modelos Rasch são insensíveis às violações da unidimensionalidade (Smith, 1996; Smith, & Miao, 1994; Smith, 2002). Isso acontece, principalmente, quando há um número igual de itens por dimensão. Há uma quantidade de métodos para verificar a unidimensionalidade, que não por meio dos índices de ajuste, como a análise de componentes principais dos resíduos padronizados (ver Capítulo 10).

Princípio 3: interpretar os índices de ajuste de maneira relativa e contextualizada

O ajuste deve ser visto como algo relativo. Em particular, cada índice ou teste de ajuste de um item é relativo ao conjunto total de itens. Os Modelos Rasch estimam seus parâmetros em cima de todos os itens. Se um item é removido, então, o restante dos itens vai proporcionar a referência para estimar os parâmetros e para verificar o ajuste ao modelo. Se um item que não se ajusta adequadamente é retirado, então, o ajuste vai mudar para todos os itens.

O ajuste também deve ser interpretado de maneira contextualizada. Índices ou testes de ajuste de diferentes tipos devem ser organizados de modo ordenado de acordo com o grau de ajuste. Itens com maiores problemas de ajuste devem ser investigados primeiro. Não é uma questão de verificar os índices de ajuste de acordo com algum valor crítico considerado padrão-ouro. Valores críticos, como um ajuste residual do item maior que +2,5 ou menor que −2,5 podem ser úteis, mas não devem ser o único critério para remover um item de um teste ou questionário. Análises gráficas das curvas características dos itens também devem ser levadas em consideração. Além disso, cada conclusão deve ser considerada em relação ao domínio estudado, seu propósito e suas aplicações.

Por essas razões, o estudo do ajuste dos itens é basicamente uma análise forense, e cada conjunto de dados deve ser considerado um estudo de caso particular. Todas as evidências precisam ser agregadas antes de se tomar uma decisão sobre um item. No entanto, é claro que haverá situações nas quais o desajuste é tão grande e evidente que ficará claro que o item não deve ser mantido no conjunto de itens do instrumento. Por outro lado, ainda, é parcimonioso considerar que esse é um evento anômalo e procurar entender por que houve um desajuste tão grande do item. Afinal de contas, se o item foi aplicado, é porque ele foi construído para estar naquele instrumento por algum motivo! Os índices ou os testes estatísticos devem ser considerados guias, e múltiplas peças de evidências devem ser consideradas ao se tomar uma decisão de modificar, descartar ou lidar com o item de determinada maneira.

Princípio 4: atentar à relação entre os índices de ajuste e tamanho amostral

Nenhum conjunto de dados se ajusta perfeitamente a modelo algum. Portanto, é possível encontrar níveis de precisão sob os quais qualquer modelo será rejeitado. A precisão, ou, em termos estatísticos, o poder do teste de ajuste, é governada pelo tamanho da amostra. Quanto maior o tamanho da amostra, maior o poder para detectar um bom ou um mal ajuste ao modelo. Para tamanhos amostrais muito grandes, o poder para detectar desajuste é tão intenso que qualquer conjunto de dados poderá apresentar baixos níveis de ajuste, devido apenas ao tamanho da amostra. Portanto, tamanhos amostrais realísticos devem ser empregados para que se estude o ajuste aos modelos. Um princípio que pode ser seguido é utilizar entre dez e vinte pessoas para cada *threshold* (limiar) do conjunto de itens. Por exemplo, um instrumento com vinte itens dicotômicos, no qual cada um possui um limiar (que é o ponto no qual uma pessoa com a mesma localização que o item no traço latente tem 50% de chance de respondê-lo corretamente), deveria empregar um número realístico entre duzentas e quatrocentas pessoas para estudar o ajuste de cada item ao modelo. Para dez itens com quatro categorias cada (portanto, três limiares – ver Capítulo 5), há trinta limiares, o que demandaria entre trezentas e seiscentas pessoas para verificar o ajuste deles. Mas é claro que, caso os dados se ajustem aos modelos empregados com um número maior de pessoas que o sugerido, não há nenhum problema.

Não apenas vários índices de ajuste são impactados pelo tamanho da amostra, mas esse impacto é diferente para cada tamanho de amostra adotado. Tanto o *infit* quanto o *outfit*, e suas respectivas transformações *t*, são sensíveis ao tamanho amostral. Smith *et al.* (1998) apontaram que os valores críticos usualmente empregados para verificar o *infit* e o *outfit* são afetados tanto pelo tamanho da amostra quanto pelo tipo de índice utilizado. Um valor crítico como 1,2 pode fornecer erros tipo *I* variando entre 0,00001 e 0,10, dependendo das circunstâncias. Para amostras iguais ou maiores que quinhentas pessoas, valores maiores que 1,1 do *infit* ocorreram com frequência muito baixa (1 em cada 200 casos). Confiar em apenas um único valor crítico de ajuste pode resultar em problemas na identificação de não ajuste aos modelos. Wright (1996, como citado por Smith *et al.*, 1998) recomenda a seguinte fórmula para calcular o valor crítico do *infit*:

$$CriticalValue(WeightedMeanSquare) = 1 + \frac{2}{\sqrt{N}}$$

E esta fórmula para o *outfit*:

$$CriticalValue(UnweightedMeanSquare) = 1 + \frac{6}{\sqrt{N}}$$

De acordo com essas fórmulas, para um tamanho amostral de mil pessoas, o valor crítico do *infit* é 1,06, e do *outfit* é 1,19.

No software *RUMM2030* há uma opção para modificar o tamanho da amostra para o teste de ajuste do qui-quadrado. O ajuste é algébrico: pressupõe que os valores observados e os valores esperados são os mesmos para cada intervalo de classe e, portanto, o tamanho da amostra será menor. Não é o mesmo que pegar uma subamostra aleatória dos dados e refazer a análise nessa subamostra. Embora o ajuste geralmente seja melhor com uma amostra menor (mesmo nesse caso), há maior variação aleatória ao pegar subamostras a partir de seleções aleatórias do que simplesmente ajustar o tamanho da amostra no teste de qui-quadrado.

Princípio 5: buscar aumentar o poder dos testes de ajuste

Apesar de a estimativa dos parâmetros dos itens ser independente da distribuição dos parâmetros das pessoas quando há ajuste dos dados aos modelos, o mesmo não ocorre para os testes de ajuste. É necessário obter pessoas que estejam em uma faixa ampla de localização no traço latente, ou melhor, é necessário ter pessoas em diferentes níveis de habilidade, de modo que se obtenha maior poder para os testes de ajuste. Esse poder pode ser indicado qualitativamente com o índice de confiabilidade de Rasch, chamado de *índice de separação das pessoas* (ver Capítulo 10 e Andrich, 1982).

Quanto maior for o índice de separação, maior será a propagação das pessoas em relação aos erros-padrão e, portanto, maior o poder dos testes de ajuste para verificar baixo grau de ajuste ao modelo. Quanto maior, também, for a distância da maioria das pessoas em relação a um item, maior será o poder de detecção de desajuste daquele item.

Princípio 6: utilizar a correção de Bonferroni

Normalmente, um pesquisador verifica vários índices de ajuste ou realiza vários testes de ajuste. Há uma preocupação de que, com muitos testes de ajuste, alguns serão significativos apenas pelo acaso. Algumas sugestões de correção no nível de significância foram propostas na literatura, e uma das mais comuns é a correção de Bonferroni (Bland, & Altman, 1995). Essa é uma correção relativamente simples de executar: o valor de probabilidade escolhido para a significância é dividido pelo número de índices ou testes de ajuste empregados. A correção de Bonferroni é um meio de ajustar o nível de significância de modo a reduzir os erros tipo *I*. Como apontado anteriormente, erros tipo *I* ocorrem se encontramos uma diferença significativa quando, de fato, ela não existe ou é dada pelo acaso. No entanto, há controvérsias com relação a essa correção. No software *RUMM2030* são fornecidos tanto os números sem correção quanto os com correção, visando dar ao usuário mais opções para embasar sua decisão.

Princípio 7: atentar aos dois paradigmas sobre o desajuste

Quando se identifica um baixo ajuste dos dados aos modelos, surge a questão do que fazer em seguida. Andrich (2004) argumenta que existem dois paradigmas mutuamente exclusivos com relação às consequências de baixo ajuste (ou desajuste) dos dados aos modelos. No paradigma tradicional, quando os dados não se ajustam aos Modelos Rasch, outros modelos são selecionados para explicar de maneira mais adequada os dados; já no paradigma de Rasch, quando há um baixo ajuste (ou desajuste) dos dados aos modelos, examinam-se os dados de modo a compreender a origem do problema.

Nesse último paradigma, busca-se sempre verificar se a propriedade da invariância se mantém, ou seja, se a comparação entre duas pessoas quaisquer é independente dos itens utilizados, e vice-versa, o que é uma das bases da medida para os Modelos Rasch. No paradigma tradicional, por outro lado, o uso do modelo é justificado porque ele serve para *descrever* o dado (Lord, & Novick, 1968; Birnbaum, 1968). No geral, modelos com maior número de parâmetros se ajustam melhor aos dados empíricos do que os Modelos Rasch.

Quando há um desajuste entre os dados e os Modelos Rasch, o desafio central no paradigma tradicional é utilizar um modelo que melhor se ajuste aos dados. Já no paradigma Rasch, o desafio central é construir um conhecimento sobre o baixo ajuste como uma anomalia no processo de medida que precisa ser corrigido e, se possível, resolvido, coletar mais dados e verificar novamente o ajuste.

Conclusão

Neste capítulo, apresentamos as principais técnicas de ajuste de itens e de pessoas. A curva característica do item (CCI) foi apresentada como uma forma gráfica de verificar o ajuste dos dados aos modelos. Duas classes de testes de ajuste foram, também, apresentadas: ajuste entre grupos de pessoas e ajustes globais. A classe de ajuste entre grupos de pessoas compara o resíduo de grupos, ao passo que os índices de ajuste globais comparam a soma dos resíduos item-pessoas. No geral, há dois aspectos que devem ser trabalhados quando se verifica o ajuste aos Modelos Rasch: como os *itens* se ajustam e como as *pessoas* se ajustam.

Sete princípios que governam o uso de técnicas de ajuste foram apresentados. Um dos mais importantes é que nenhum índice ou teste sozinho é suficiente para que um pesquisador tome uma decisão sobre o ajuste de um item. É recomendável que se utilize uma gama de índices de ajuste. No entanto, esses índices devem ser interpretados de maneira relativa e contextualizada, não aplicando valores críticos padrão-ouro de modo irreflexivo. O tamanho da amostra é um fator que precisa ser levado em consideração quando for examinar o ajuste, e diferentes técnicas de ajuste são afetadas de maneira diferente pelo tamanho amostral.

A partir do momento em que se verifica um problema de ajuste aos Modelos Rasch, há dois paradigmas mutuamente exclusivos sobre as consequências dessa constatação. No paradigma Rasch, o desajuste é visto como uma anomalia, e os dados devem ser examinados de modo que se compreenda a origem do problema. No paradigma tradicional, será selecionado um modelo que melhor explique os dados e, portanto, que se ajuste a eles. No ponto de vista do autor, o paradigma Rasch é o mais promissor para o avanço da mensuração em Psicologia e na Educação que o paradigma tradicional.

Referências

Andrich, D. (1982). An index of person separation in latent trait theory, the traditional K.R.20 index, and the Guttman scale response pattern. *Education Research and Perspectives, 9*(1), 95-104.

Andrich, D. (2004). Controversy and the Rasch model: a characteristic of incompatible paradigms? *Medical Care, 42*, 7-16.

Andrich, D., Sheridan, B. E., & Luo, G. (2012). *RUMM2030: a Windows program for Rasch Unidimensional Models for Measurement*. Perth: RUMM Laboratory.

Birnbaum, A. (1968). Some latent trait models and their use in inferring an examinee's ability. In F. M. Lord, & M. R. Novick (Ed.). *Statistical theories of mental test scores*. Reading: Addison-Wesley.

Bland, J. M., & Altman, D. G. (1995). Multiple significance tests: the Bonferroni method. *British Medical Journal, 310*, 170.

Linacre, J. M. (2009). *WINSTEPS (Ver 3.68.0)* [Computer program]. Beaverton: Winsteps.com

Lord, F. M., & Novick, M. R. (1968). *Statistical theories of mental test scores*. Reading: Addison-Wesley.

Rasch, G. (1960/1980). *Probabilistic models for some intelligence and attainment tests*. Chicago: The University of Chicago Press.

Smith, E. (2002). Detecting and evaluating the impact of multidimensionality using item fit statistics and principical component analysis of residuals. *Journal of Applied Measurement, 3*, 205-231.

Smith, R. M. (1986). Person fit in the Rasch model. *Educational and Psychological Measurement, 46*, 359-372.

Smith, R. M. (1988). The distributional properties of Rasch standardized residuals. *Educational and Psychological Measurement, 48*, 657-667.

Smith, R. M. (1991a). The distributional properties of Rasch item fit statistics. *Educational and Psychological Measurement, 51*, 541-565.

Smith, R. M. (1991b). *IPARM: item and person analysis with the Rasch model*. Chicago: MESA Press.

Smith, R. M. (1994). A comparison of the power of Rasch total and between-item fit statistics to detect measurement disturbances. *Educational and Psychological Measurement, 54*(1), 42-55.

Smith, R. M. (1996). A comparison of methods for determining dimensionality in Rasch measurement. *Structural Equation Modelling, 3*(1), 25-40.

Smith, R. M. (2000). Fit analysis in latent trait measurement models. *Journal of Applied Measurement, 1*(2), 199-218.

Smith, R. M., & Miao, C. Y. (1994). Assessing unidimensionality for Rasch measurement. In M. Wildon (Ed.). *Objective measurement: theory into practice* (Vol. 2). Norwood: Ablex.

Smith, R. M., & Plackner, C. (2009). The family approach to assessing fit in Rasch measurement. *Journal of Applied Measurement, 10*(4), 423-437.

Smith, R. M., Schumacker, R. E., & Bush, M. J. (1998). Using item mean squares to evaluate fit to the Rasch model. *Journal of Outcome Measurement, 2*(1), 66-78.

Wright, B. D., & Linacre, M. (1994). Reasonable mean-square fit values. *Rasch Measurement Transactions, 8*, 370.

Wright, B. D., & Stone, M. H. (1997). *Best test design*. Chicago: MESA Press.

Wright, B. D., & Masters, G.N. (1982). *Rating scale analysis*. Chicago: MESA Press.

Wright, B. D., & Panchapakesan, N. (1969). A procedure for sample-free item analysis. *Educational and Psychological Measurement*, *29*, 23-48.

Wu, M. L., Adams, R. J., Wilson, M. R., & Haldane, S. A. (2007). *ACER ConQuest: Generalized item response modelling software (Ver 2.0)* [Computer program]. Melbourne: Australian Council for Educational Research.

"Uma inovação científica importante raramente ganha campo pela conversão gradual dos seus oponentes. O que acontece é que uma nova geração, dos que não aprenderam ainda a ignorar o óbvio, ou a viver com a sabedoria aceita, um dia aparece…"

(Planck, M.)

Capítulo 7

Modelos Rasch Estendidos: Apresentando o pacote eRm[1]

Patrick Mair
Harvard University
Reinhold Hatzinger
Marco J. Maier
Wirtschaftsuniversität Wien

OBJETIVO

Este capítulo é uma versão atualizada e ampliada de artigos previamente publicados no *Journal of Statistical Software* e no *Psychology Science* (Mair, & Hatzinger, 2007a,b). Desde a publicação desses artigos, muitas melhorias e novos procedimentos foram incorporados ao pacote. Iniciamos o capítulo com uma introdução teórico-metodológica sobre os Modelos Rasch, um pouco mais técnica que os capítulos anteriores, e seguimos com uma descrição geral do pacote, assim como algumas de suas aplicações. Esse pacote permite a aplicação do Modelo Logístico Simples de Rasch (ver Capítulo 4), dos modelos politômicos de escala gradual e créditos parciais (ver Capítulo 5), bem como novos Modelos Rasch que se configuram como extensões lineares destes. A incorporação dos modelos estendidos lineares permite modelar o efeito de covariáveis, além de possibilitar a análise de medidas categóricas repetidas. A estimação do parâmetro dos itens é feita por meio do *conditional maximum likelihood* (CML) e do parâmetro das pessoas por meio do *maximum likelihood* (ML). As rotinas de estimação dos parâmetros funcionam tanto para banco de dados completos quanto para bancos com dados faltantes. Vários índices de ajuste, computados a partir desses estimadores, serão apresentados ao final do capítulo, assim como diferentes tipos de gráficos.

[1] Traduzido por Hudson F. Golino.

Introdução

Rost (1999) aponta que "mesmo os Modelos Rasch tendo surgido há tantos anos, 95% dos testes psicológicos ainda são construídos baseados na teoria clássica dos testes" (p. 140). Basicamente, o autor aponta os seguintes motivos para os Modelos Rasch serem ainda tão pouco utilizados. Em primeiro lugar, o Modelo Rasch em sua forma original (Rasch, 1960), limitado a dados dicotômicos, pode ser apontado como muito restritivo para os objetivos práticos da testagem. Portanto, os pesquisadores devem se esforçar para ampliar o escopo de utilização desses modelos, desenvolvendo Modelos Rasch estendidos. Em segundo lugar, faltam softwares amigáveis para aplicar esses modelos. Portanto, também é necessário desenvolver softwares para aplicar os Modelos Rasch que sejam fáceis de compreender e de utilizar. Esses dois pontos são fontes de discussões recentes, como as feitas por Kubinger (2005) e por Borsboom (2006).

Além do Modelo Logístico Simples de Rasch, o pacote *eRm* foi construído para também aplicar: (1) o modelo linear de teste logístico (Scheiblechner, 1972); (2) o modelo de escala gradual (Andrich, 1978); (3) o modelo linear de escala gradual (Fischer, & Parzer, 1991); (4) o modelo de créditos parciais (Masters, 1982); e (5) o modelo linear de créditos parciais (Glas, & Verhelst, 1989; Fischer, & Ponocny, 1994). Esses modelos e suas principais características serão revisadas e/ou apresentadas na próxima seção.

No que diz respeito à estimação dos parâmetros, todos esses cinco modelos possuem uma importante característica em comum: a separação dos parâmetros dos itens e das pessoas. Isso significa que o parâmetro dos itens pode ser estimado sem que seja preciso estimar o parâmetro das pessoas, o que pode ser feito condicionando as probabilidades no escore total das pessoas, que é um índice *suficiente*, como visto no Capítulo 4. Essa técnica de estimação é chamada de *conditional maximum likelihood* (CML)[1].

[1] Nota do Tradutor: Dado o foco deste livro, a seção sobre as técnicas de estimação dos parâmetros foi omitida, e os interessados nesta parte mais técnica podem consultar as publicações originais (Mair, & Hatzinger, 2007a,b).

Várias ferramentas de diagnóstico, bem como testes para verificar o ajuste dos dados aos modelos são revisadas e/ou apresentadas na terceira seção deste capítulo. Já na quarta seção, a implementação dos modelos no software *R* (R Development Core Team, 2007) é descrita, e vários exemplos serão mostrados. O pacote *eRm* utiliza uma abordagem de desenho matricial que permite a reparametrização dos parâmetros dos itens de modo a modelar características comuns destes, além do emprego de desenhos experimentais de pesquisa com medidas repetidas ou com contrastes entre grupos. Combinando tipos de contrastes de grupo, é possível que o parâmetro do item mude ao longo do tempo em relação a certos subgrupos. Para mostrar como utilizar o pacote *eRm*, alguns exemplos serão utilizados para ilustrar como diferentes tipos de matrizes de dados podem ser construídos para serem analisados por um ou outro modelo do pacote.

Expressões gerais

Logo após a publicação do Modelo Logístico Simples (Rasch, 1960), Rasch trabalhou com a generalização do modelo para dados politômicos (Rasch, 1961). Andersen (1995) derivou as expressões a seguir com base na expressão geral de Rasch (1961) para dados politômicos. A matriz de dados observados é representada por X, com as pessoas localizadas nas linhas, e os itens, nas colunas. No total, há $v = 1, ..., n$ pessoas e $i = 1, ..., k$ itens. Um elemento (célula) da tabela é representada por x_{vi} (que é a resposta observada da pessoa v no item i). Ademais, cada item I_i conta com determinado número de categorias, representadas por $h = 0, ..., m_i$. A probabilidade de uma resposta da categoria h no item i pode ser derivada em termos das duas expressões a seguir (Andersen, 1995)[2]:

[2] Nota do Tradutor: os símbolos matemáticos foram alterados ligeiramente neste capítulo em relação às publicações originais, para ficar de acordo com o padrão adotado nos outros capítulos deste livro. Por essa razão, representamos o parâmetro das pessoas como β e o parâmetro dos itens como δ. Os autores utilizam, originalmente, o símbolo θ para o parâmetro das pessoas e β para o parâmetro dos itens.

$$P\left(X_{vi}=h\right)=\frac{e^{\left[\phi_h\left(\beta_v+\delta_i\right)+\omega_h\right]}}{\sum_{l=0}^{m_i} e^{\left[\phi_l\left(\beta_v+\delta_i\right)+\omega_l\right]}} \quad (1)$$

Ou

$$P\left(X_{vi}=h\right)=\frac{e^{\left[\phi_h\beta_v+\delta_{ih}\right]}}{\sum_{l=0}^{m_i} e^{\left[\phi_l\beta_v+\delta_{il}\right]}} \quad (2)$$

Onde ϕ_h é função do escore do parâmetro do item, β_v é o parâmetro unidimensional das pessoas e δ_i é o parâmetro dos itens. Na Equação 1, ω_h corresponde ao parâmetro da categoria, e na Equação 2 δ_{ih} corresponde ao parâmetro item-categoria. O significado desses parâmetros será discutido de maneira mais aprofundada na próxima seção. A partir dessas duas equações, um número de modelos que mantém as propriedades básicas do Modelo Logístico Simples foi proposto nas últimas três décadas, possibilitando a aplicação do método de *conditional maximum likelihood* também nesses novos modelos.

Representando os Modelos Rasch Estendidos

Para o Modelo Logístico Simples para dados dicotômicos, a Equação 1 se reduz à seguinte equação:

$$P\left(X_{vi}=1\right)=\frac{e^{\left(\beta_v-\delta_i\right)}}{1+e^{\left(\beta_v-\delta_i\right)}} \quad (3)$$

Os principais pressupostos, que se mantêm nos outros modelos trabalhados neste capítulo, são: unidimensionalidade do traço latente, suficiência do escore total, independência local e curvas características dos itens (CCI) paralelas (para revisar esses pressupostos, ver o Capítulo 4). Explicações mais detalhadas também podem ser encontradas em Fischer (1974), e derivações e provas matemáticas em Fischer (1995a).

Para dados dicotômicos, Scheiblechner (1972) propôs o ainda mais restrito modelo de teste logístico linear (LLTM – *Linear Logistic Test Model*), formalizado posteriormente por Fischer (1973), separando o parâmetro dos itens na combinação linear:

$$\delta_i = \sum_{j=1}^{p} \omega_{ij} \eta_j \tag{4}$$

Scheiblechner (1972) explicou o porquê da dissolução do parâmetro dos itens ao apontar que eles poderiam ser utilizados em testes de lógica para estudar os chamados "processos cognitivos" η_j, tais como negação, disjunção, conjunção, sequenciamento, permutação, dentre outros. É importante apontar que os pesos ω_{ij} do item i com a operação lógica j têm de ser fixados *a priori*. Explicações detalhadas sobre as operações cognitivas podem ser encontradas em Fischer (1974). Então, a partir dessa nova perspectiva, o modelo *LLTM* é mais parcimonioso que o Modelo Rasch original.

No entanto, existe outra maneira de olhar para o modelo *LLTM*: ele é uma generalização do modelo logístico de Rasch para lidar com medidas repetidas e contrastes de grupos. É importante apontar que essas duas possibilidades de reparametrização também se aplicam ao modelo linear de escalas graduadas (LRSM – *Linear Rating Scale Model*) e ao modelo linear de créditos parciais (LPCM – *Linear Partial Credit Model*), em relação aos modelos básicos de escalas graduadas (RSM – *Rating Scale Model*) e de créditos parciais (PCM – *Partial Credit Model*) apresentados a seguir. Considerando o LLTM, a possibilidade de utilizá-lo para lidar com medidas repetidas já havia sido apresentada por Fischer (1974). Essa sugestão foi sendo desenvolvida tecnicamente ao longo dos anos que se seguiram. Fischer (1995b) abordou alguns tipos de matrizes de dados para serem analisados com este modelo, que serão também apresentadas na próxima seção e exemplificadas na quarta seção.

Neste ponto, vamos focar a generalização para dados politômicos do Modelo Rasch, desenvolvido por Andrich (1978) para itens I_i com o mesmo número de categorias (modelo de escalas graduadas, RSM – *Rating Scale Model*). Pertencente à Equação 1, ϕ_h deve ser substituído por h com $h = 0, ..., m$ categorias no modelo RSM. Como nesse modelo o número de categorias dos itens é constante, o m é utilizado no lugar de m_i. Portanto, a probabilidade de uma resposta observada $X_{vi} = h$ é calculada como se segue:

$$P(X_{vi} = h) = \frac{e^{[h(\beta_v + \delta_i) + \omega_h]}}{\sum_{l=0}^{m} e^{[l(\beta_v + \delta_i) + \omega_l]}} \tag{5}$$

com k parâmetros dos itens $\delta_i = \delta_1, ..., \delta_k$ e $m + 1$ parâmetros das categorias $\omega_0, ..., \omega_m$. Essa parametrização faz que a pontuação das categorias C_h de resposta seja constante ao longo dos itens. Novamente, os parâmetros dos itens podem ser separados em uma combinação linear como na Equação 4. Essa separação leva ao modelo linear de escalas graduais (LRSM – *Linear Rating Scale Model*), como proposto por Fischer e Parzer (1991).

Por último, apresentamos o modelo de créditos parciais desenvolvido por Masters (1982), bem como sua extensão linear, o *LPCM* (Fischer, & Ponocny, 1994). O modelo de créditos parciais atribui um parâmetro δ_{ih} para cada combinação $I_i \times C_h$, para $h = 0, ..., m_i$. Então, a propriedade de constância das categorias ao longo dos itens não mais existe (diferentemente do modelo de escalas graduais, visto acima) e, além disso, os itens podem ter diferentes categorias de respostas, representadas por m_i. Portanto, o modelo de créditos parciais pode ser considerado uma generalização do modelo de escalas graduais (RSM), e a probabilidade de a resposta de uma pessoa v ser a categoria h de um item i é definida como:

$$P(X_{vih} = 1) = \frac{e^{(h\beta_v + \delta_{ih})}}{\sum_{l=0}^{m_i} e^{(l\beta_v + \delta_{il})}} \tag{6}$$

A Equação 6 é uma simplificação da Equação 2, uma vez que $\phi_h = h$. Assim como ocorre com o LLTM e com o LRSM, o modelo linear de créditos parciais (LPCM) surge da reparametrização dos parâmetros dos itens do modelo básico (PCM), isto é:

$$\delta_{ih} = \sum_{j=1}^{p} \omega_{ihj} \eta_j \tag{7}$$

Esses seis modelos constituem uma ordem hierárquica, como representado na Figura 7.1. Essa hierarquia é a base para a abordagem unificada de estimação utilizando *conditional maximum likelihood* (Mair, & Hatzinger,

2007a,b). Apontamos, mais uma vez, que as extensões lineares podem ser interpretadas tanto como generalizações quanto como formulações mais restritivas do modelo base. A hierarquia para o modelo básico é bastante clara. O Modelo Logístico Simples de Rasch (RM – *Rasch Model*) permite apenas itens com duas categorias, portanto, cada item é representado por um parâmetro δ_i. O modelo de escalas graduais (RSM) permite mais do que duas categorias (ordinais), cada uma representada por um parâmetro de categoria ω_h. Devido a questões de identificabilidade, ω_0 e ω_1 são restringidos a 0, tornando o Modelo Logistico Simples de Rasch um caso especial do modelo de escalas de julgamento. Por sua vez, este último modelo pode ser visto como um caso especial do modelo de créditos parciais. O modelo de créditos parciais atribui um parâmetro δ_{ih} para cada combinação item-categoria: $I_i \times C_h$.

Para concluir, o modelo mais geral é o LPCM. Todos os outros podem ser considerados simplificações da Equação 6 combinada com a Equação 7. Como consequência, uma vez que se implementa um processo de estimação para o modelo LPCM, essa mesma abordagem pode ser utilizada para qualquer um dos outros modelos. Isso é o que chamamos de *abordagem de conditional maximum likelihood (CML) unificada*. As equações de estimação podem ser encontradas em Mair e Hatzinger (2007a,b).

Figura 7.1 ■ Hierarquia dos Modelos Rasch.

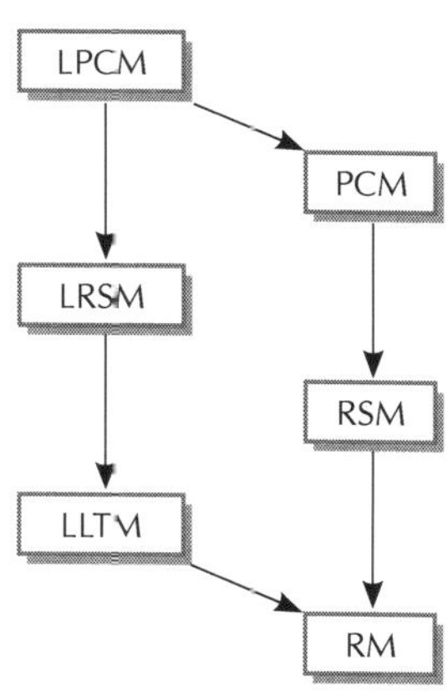

O conceito de *itens virtuais*

Quando se trabalha com modelos longitudinais, uma das principais questões de pesquisa é se o desempenho de um indivíduo em um teste muda com o tempo. A abordagem mais intuitiva para essa questão seria olhar para a mudança na habilidade β_v ao longo de cada ponto (ou momento) de avaliação no tempo. Esse tipo de modelo é apresentado, por exemplo, nos trabalhos de Mislevy (1985) e de Glas (1992), e é mais amplamente discutido por Hoijtink (1995).

No entanto, existe outra possibilidade para lidar com a questão, como a apresentada por Fischer (1995b): os parâmetros das pessoas são fixos no tempo, e o que muda são os parâmetros dos itens. A ideia básica é que um item I_i apresentado duas vezes para uma mesma pessoa S_v, em dois momentos diferentes, forma um par de *itens virtuais*. Dentro da abordagem de Modelos Rasch estendidos, qualquer mudança na habilidade β_v verificada ao longo dos momentos de avaliação pode ser descrita, sem qualquer perda de generalidade, como mudança nos parâmetros dos itens, em vez de ser descrita como mudança de habilidade das pessoas. Portanto, com apenas dois pontos (ou momentos) de avaliação, um item I_i com um parâmetro de dificuldade δ_i gera dois itens virtuais I_r e I_s com parâmetros δ_r^* e δ_s^*. No primeiro momento de avaliação, $\delta_r^* = \delta_i$, e no segundo, $\delta_s^* = \delta_i + \tau$. Nessa combinação linear, os parâmetros δ^* são compostos aditivamente pelo parâmetro real do item δ_i e pelo efeito do tratamento τ. Esse conceito se estende a qualquer número de momentos de avaliação.

Para cada momento de avaliação t haverá um vetor de parâmetros dos itens virtuais $\delta^{*(t)}$ de tamanho k. Eles constituem-se como reparametrizações lineares da dificuldade original $\delta^{(t)}$, o que torna possível utilizar o *conditional maximum likelihood* para fazer a estimação. De modo geral, para um modelo *LLTM* (*Linear Logistic Test Model*) com dois momentos de avaliação, o desenho de sua matriz de dados $\boldsymbol{W}$ é igual ao representado na Tabela 7.1.

Tabela 7.1 ■ Desenho de uma matriz para o modelo LLTM com dois momentos de avaliação.

		η_1	η_2	...	η_k	η_{k+1}
Momento 1 (t = 1)	$\delta_1^{*(1)}$	1	0	0	0	0
	$\delta_2^{*(1)}$	0	1	0	0	0
	$\vdots$			$\ddots$		$\vdots$
	$\delta_k^{*(1)}$	1	0	0	1	0
Momento 2 (t = 2)	$\delta_{k+1}^{*(2)}$	1	0	0	0	1
	$\delta_{k+2}^{*(2)}$	0	1	0	0	1
	$\vdots$			$\ddots$		$\vdots$
	$\delta_{2k}^{*(2)}$	1	0	0	1	1

O vetor de parâmetros $\delta^{*(1)}$ representa os parâmetros dos itens no primeiro momento de avaliação, ao passo que o vetor $\delta^{*(2)}$ representa os parâmetros no segundo momento de avaliação. Pode ser interessante verificar se esses dois vetores são diferentes ou não. O contraste (referente ao tempo) entre eles é dado por η_{k+1}. Dado esse contraste, o número de parâmetros de dificuldade δ dobra ao se introduzirem os $2k$ parâmetros dos itens virtuais. Se considerarmos uma mudança constante para todos os parâmetros dos itens, só será necessário estimar $\hat{\eta} = \hat{\eta}_1, ..., \hat{\eta}_{k+1}$, onde $\hat{\eta}_{k+1}$ representa o total de mudança. Isso porque, de acordo com a Equação 4, $\hat{\delta}^*$ é apenas uma combinação linear de $\hat{\eta}$.

Como mencionado na seção anterior, quando se utilizam modelos com extensões lineares, também é possível empregar contrastes de grupos. Ao fazer isso, permite-se que a dificuldade dos itens seja diferente em subgrupos distintos. No entanto, isso é possível apenas para modelos de medidas repetidas, e com itens virtuais, uma vez que, do contrário, a introdução de contrastes de grupo levaria a uma sobreparametrização, e os efeitos de grupo não poderiam ser estimados por meio do *conditional maximum likelihood*.

A Tabela 7.2 mostra um exemplo de um desenho de medidas repetidas no qual o efeito do tratamento é avaliado comparando-se a dificuldade dos itens nos grupos experimental e controle. O número de parâmetros virtuais dobra em relação ao desenho de pesquisa apresentado na Tabela 7.1.

Tabela 7.2 ▪ Desenho de uma matriz para o modelo LLTM com dois momentos de avaliação e dois grupos (experimental e controle).

			η_1	η_2	…	η_k	η_{k+1}	η_{k+2}
Momento 1 (t = 1)	Grupo 1	$\delta_1^{*(1)}$	1	0	0	0	0	0
		$\delta_2^{*(1)}$	0	1	0	0	0	0
		⋮			⋱		⋮	⋮
		$\delta_k^{*(1)}$	1	0	0	1	0	0
	Grupo 2	$\delta_{k+1}^{*(1)}$	1	0	0	0	0	0
		$\delta_{k+2}^{*(1)}$	0	1	0	0	0	0
		⋮			⋱		⋮	⋮
		$\delta_{2k}^{*(1)}$	1	0	0	1	0	0
Momento 2 (t = 2)	Grupo 1	$\delta_1^{*(2)}$	1	0	0	0	1	0
		$\delta_2^{*(2)}$	0	1	0	0	1	0
		⋮			⋱		⋮	⋮
		$\delta_k^{*(2)}$	1	0	0	1	1	0
	Grupo 2	$\delta_{k+1}^{*(2)}$	1	0	0	0	1	1
		$\delta_{k+2}^{*(2)}$	0	1	0	0	1	1
		⋮			⋱		⋮	⋮
		$\delta_{2k}^{*(2)}$	1	0	0	1	1	1

Novamente, o contraste dos momentos de avaliação é dado pelo parâmetro η_{k+1}, ao passo que o efeito dos grupos no momento de avaliação 2 é dado pelo parâmetro η_{k+2}. Exemplos serão mostrados na quarta seção, e explicações mais detalhadas podem ser encontradas em Fischer (1995b), Fischer e Ponocny (1994) e no manual do software *LPCM-Win* (Fischer, & Ponocny-Seliger, 1998). Ao introduzir o conceito de itens virtuais, o *eRm* também permite a computação do modelo linear de teste logístico com pressupostos relaxados (Fischer, 1977).

Testando os Modelos Rasch Estendidos

Testar modelos da teoria de resposta ao item envolvem duas partes: primeiro, verifica-se o ajuste dos itens e das pessoas ao modelo (ver Capítulo 6); em seguida, vários outros testes podem ser empregados, principalmente devido às características da técnica de estimação *conditional maximum likelihood* (Glas, & Verhelst, 1995a,b).

Índices de ajuste das pessoas e dos itens

Normalmente, pessoas e itens são excluídos de uma análise em razão do resultado dos índices de ajuste. Os dois tipos de índices (para pessoas e para os itens) são baseados na análise dos resíduos (ver Capítulo 6). A matriz de dados observados *X* é comparada à matriz de probabilidade do modelo *P*. O cálculo dos resíduos padronizados para todas as observações gera uma matriz $n \times k$ de resíduos, denominada *R*. O quadrado da soma das colunas gera os índices de ajuste dos itens, e o quadrado da soma das linhas gera os índices de ajuste das pessoas, tendo ambos uma distribuição do tipo qui-quadrado, com seus respectivos graus de liberdade. Com base nesses valores, quadrados-médios não balanceados (*outfit*) e balanceados (*infit*) podem ser calculados (ver Capítulo 6 e Wright, & Masters, 1982).

O Teste de Wald para eliminação de itens

Uma das implicações de utilizar o estimador *conditional maximum likelihood* é que ele possibilita o cálculo de uma série de testes e índices de ajuste aos modelos. Basicamente, é preciso distinguir testes ao nível dos itens de testes globais.

Ao nível do item, a independência da amostra (ver Capítulo 4) permite que, ao separar os dados observados em, por exemplo, dois subconjuntos, os correspondentes vetores das dificuldades $\delta^{(1)}$ e $\delta^{(2)}$ devem ser iguais. Portanto, quando queremos que um conjunto de dados se ajuste aos Modelos Rasch, deve-se eliminar os itens cujas dificuldades diferem em subgrupos distintos da amostra. Essa importante questão na calibração do teste pode ser avaliada, por exemplo, por meio de testes gráficos. Fischer e Scheiblechner (1970) propuseram um teste com distribuição normal que compara os parâmetros dos itens em dois subgrupos da amostra:

$$z = \frac{\delta_i^{(1)} - \delta_i^{(2)}}{\sqrt{Var_i^{(1)} - Var_i^{(2)}}} \tag{8}$$

A variância no denominador é baseada na função de informação da amostra, de Fischer. No entanto, como Glas e Verhelst (1995a) apontam, essa variância pode ser extraída diretamente da matriz de variância-covariância das estimativas oriundas do *conditional maximum likelihood*. O teste de Wald (baseado na matriz de variância-covariância) está implementado no pacote *eRm* por meio da função *Waldtest()*.

O Teste da Razão de Verossimilhança de Andersen

No pacote *eRm*, o teste de razão de verossimilhança (LR – *likelihood ratio test*), proposto inicialmente por Andersen (1973), é computado para o Modelo Logístico Simples de Rasch (RM), para o modelo de escalas graduais (RSM) e para o modelo de créditos parciais (PCM). Para os modelos com extensões lineares, o teste *LR* pode ser computado separadamente para cada momento de avaliação e para cada subgrupo:

$$LR = 2\left(\sum_{g=1}^{G} \log L_c\left(\hat{\eta}_g; \boldsymbol{X}_g\right) - \log L_c\left(\hat{\eta}; \boldsymbol{X}\right)\right) \tag{9}$$

O princípio subjacente desse teste é o mesmo da *homogeneidade em subgrupos* dos Modelos Rasch: para subgrupos disjuntos arbitrários $g = 1, ..., G$, a estimativa dos parâmetros $\hat{\eta}_g$ deve ser a mesma. O teste da razão de verossimilhança possui uma distribuição de qui-quadrado assimptótica, com o número de graus de liberdade igual ao número de parâmetros estimados nos subgrupos menos o número de parâmetros da amostra total. Por uma questão de eficiência computacional, o pacote *eRm* separa os subgrupos da amostra de acordo com a mediana do escore total (ou de acordo com a média, e a escolha é feita dentro da função do teste). Ademais, um teste gráfico (Rasch, 1960) baseado nessas estimativas é gerado quando se plota $\hat{\delta}_1$ contra $\hat{\delta}_2$. Então, itens críticos (isto é, aqueles que estão distantes da diagonal) podem ser identificados e eliminados. Maiores explicações, além de outros testes para modelos politômicos, podem ser encontrados em Glas e Verhelst (1995a).

Testes não paramétricos "exatos"

Vários testes de ajuste dos Modelos Rasch, desenvolvidos por Ponocny (2001), estão disponíveis no pacote *eRm* a partir do pacote *Raschsampler* (Verhelst, Hatzinger, & Mair, 2007).

Teste de Martin-Löf

É possível testar a unidimensionalidade dos dados a partir da aplicação do princípio do teste da razão da verossimilhança em subgrupos de itens, como proposto por Marin-Löf (1973, como citado por Glas, & Verhelst, 1995a).

O pacote *eRm* e suas aplicações

A ideia subjacente do pacote *eRm* é fornecer uma ferramenta flexível de fácil utilização para computar os Modelos Rasch estendidos. Isso implica, entre outras coisas, a geração automática do desenho da matriz *W* (ver tabelas 7.1 e 7.2). No entanto, a fim de testar hipóteses específicas, o usuário pode fornecer manualmente a matriz *W* de modo a utilizar a flexibilidade do pacote para computar outros modelos de teoria de resposta ao item, além daqueles fornecidos automaticamente pelas funções do pacote. Nas próximas subseções, vamos mostrar vários exemplos de aplicação dos Modelos Rasch, para diferentes tipos de matrizes de dados. Por questões de inteligibilidade, os bancos de dados utilizados são simples e pequenos. Uma descrição detalhada de várias aplicações dos diferentes Modelos Rasch estendidos utilizando o pacote *eRm* pode ser encontrada em Poinstingl, Mair e Hatzinger (2007).

A estrutura do pacote *eRm*

Desenvolver o pacote *eRm* dentro do ambiente estatístico do *R*, que é bastante flexível, proporciona uma série de benefícios sobre os outros softwares disponíveis para aplicar os modelos estendidos, como o *WINMIRA* (von Davier, 1998) e o *LPCM-WIN* (Fischer, & Ponocny-Seliger, 1998), e outros.

Uma questão importante no desenvolvimento do pacote foi deixá-lo flexível o suficiente para permitir que as generalizações politômicas do Modelo Básico de Rasch, como o RSM e o PCM, pudessem ser computados via *conditional maximum likelihood*. Ademais, ao introduzir o conceito de desenho matricial, permitiu-se a aplicação de generalizações lineares desses modelos básicos. Essa abordagem resultou que os modelos LLTM, LRSM e LPCM fossem os modelos mais gerais do pacote *eRm* (ver Figura 7.1). A estimação do modelo LPCM, feita via CML, foi implementada de modo que seja possível estimar também os outros modelos (Mair, & Hatzinger, 2007a,b). Uma representação gráfica do pacote está apresentada na Figura 7.2.

Figura 7.2 ■ Rotina de estimação utilizada no pacote *eRm*.

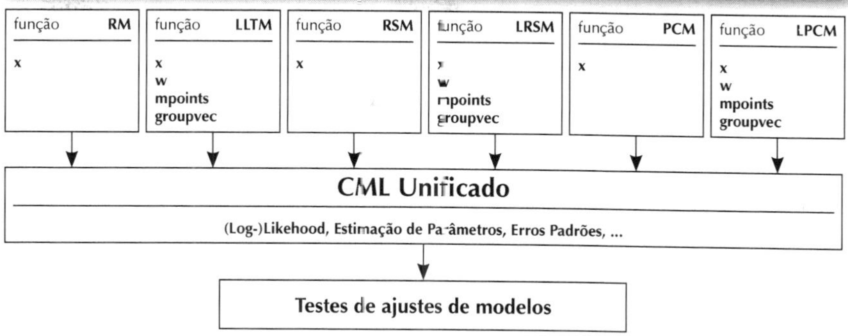

Um benefício importante do pacote em relação aos modelos estendidos é que, em determinados modelos, a matriz W pode ser gerada automaticamente. Para os modelos de medidas repetidas, os contrastes relacionados a tempo (em outras palavras, aos *momentos de avaliação*) podem ser facilmente especificados ao definir o número de pontos ou momentos de avaliação, por meio do argumento *mpoints*. Para especificar os contrastes de grupos como grupo experimental e grupo controle, basta especificar um vetor (utilizando o argumento *groupvec*), indicando qual o grupo de cada participante. No entanto, a matriz W também pode ser manualmente fornecida pelo usuário do pacote.

Uma atualização recente do *eRm* permite que análises sejam implementadas em bancos de dados com dados faltantes (*missing data*). Esse tipo de atualização do pacote é necessário, por exemplo, para situações em que diferentes subconjuntos de itens são aplicados em diferentes grupos de pessoas. Esses grupos são identificados automaticamente: em uma matriz de dados X, aqueles itens que não foram aplicados em uma pessoa recebem o valor *NA* (de *not available*), como é usual no ambiente estatístico do *R*.

Após resolver as equações de estimação dos parâmetros (*conditional maximum likelihood*) por meio do método de Newton-Raphson (ver publicações originais: Mair, & Hatzinger 2007a,b), o resultado consiste no parâmetro básico $\hat{\eta}$, na respectiva matriz de variância-covariância e, consequentemente, um vetor com os erros-padrão. Além disso, a estimativa do parâmetro tradicional do item, ou seja, $\hat{\delta}$, é dada a partir da transformação linear $\hat{\delta} = W\hat{\eta}$. Para os Modelos Comuns de Rasch, esses parâmetros correspondem à facilidade do item. Para o RM, RSM e para o PCM, no entanto, apresentamos $\hat{\eta}$ como $-\hat{\eta}$, ou seja, como a *dificuldade do item*. É necessário apontar que a equação do *conditional maximum likelihood* é resolvida por meio de uma restrição, que fixa um parâmetro de um dos itens como 0 (utiliza-se $\delta_1 = 0$). Para garantir a interpretabilidade, as estimativas ($\hat{\delta}$) resultantes da solução do *conditional maximum likelihood* podem facilmente ser transformadas em $\hat{\delta}^*$ restringida à soma-zero, aplicando a seguinte função: $\hat{\delta}_i^* = \hat{\delta}_i - \sum_i \hat{\delta}_i / k$. Essa transformação também é utilizada para o teste gráfico.

Exemplo 1: O Modelo Logístico Simples de Rasch (RM)

O primeiro exemplo traz a aplicação do Modelo Logístico Simples de Rasch (Modelo Rasch para dados dicotômicos), a partir de uma matriz de dados de cem participantes e trinta itens (matriz 100×30). Inicialmente, estimamos os parâmetros dos itens usando a função *RM()*, para depois estimar os parâmetros das pessoas por meio da função *person.parameters()*:

```
> library("eRm")
> data(raschdat1)
> res.rasch <- RM(raschdat1)
> pres.rasch <- person.parameter(res.rasch)
```

Então, utilizamos o teste de razão de verossimilhança de Andersen (LR-Test) para verificar a qualidade do ajuste, com critério de separação de médias:

```
> lrres.rasch <- LRtest(res.rasch, splitcr = "mean", se = TRUE)
> lrres.rasch

Andersen LR-test:
LR-value: 30.288
Chi-square df: 29
p-value: 0.4
```

Por meio do teste de razão de verossimilhança de Andersen (LR-Test), vimos que os dados se ajustam ao modelo, e uma representação gráfica desse resultado (apenas um subgrupo dos itens) pode ser vista na Figura 7.3. Esse é um gráfico de ajuste com elipses de intervalos de confiança.

```
> plotGOF(lrres.rasch, beta.subset = c(14, 5, 18, 7, 1),
tlab = "item",
+ conf = list(ia = FALSE, col = "blue", lty = "dotted"))
```

Figura 7.3 ■ Teste gráfico de qualidade de ajuste para alguns itens, com elipses de intervalos de confiança.

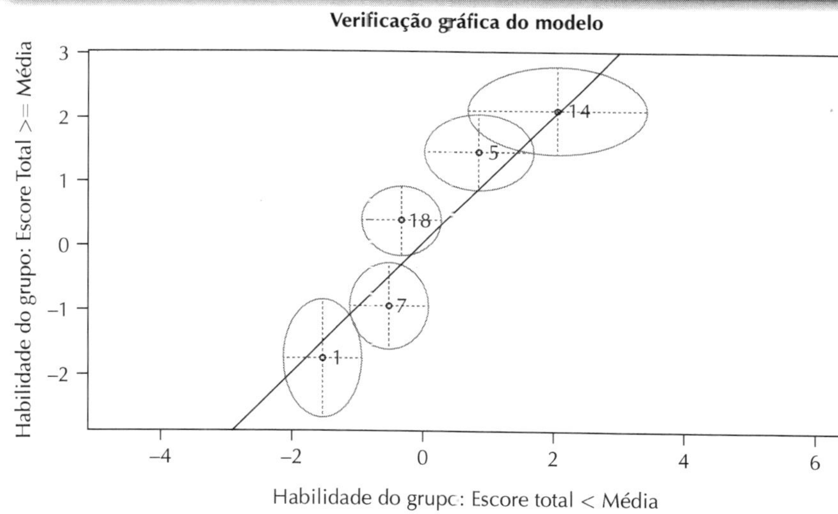

Para que as elipses dos intervalos de confiança sejam desenhadas no gráfico, é necessário que se coloque *se* = *TRUE* ao computar o teste LR.

Exemplo 2: LLTM como um Modelo Rasch Restringido

Como visto na segunda seção deste capítulo, modelos com extensões lineares do parâmetro dos itens podem ser vistos como casos especiais de seus Modelos Rasch subjacentes. De fato, o modelo LLTM como apresentado a seguir, e seguindo a ideia original de Scheiblechner (1972), é uma versão restringida do Modelo Logístico Simples de Rasch (RM), isto é, o número de parâmetros estimados é menor se comparado ao Modelo Logístico Simples. A matriz de dados contém quinze pessoas ($n = 15$) e cinco itens ($k = 5$). Ademais, especificamos um desenho de pesquisa com uma matriz W (seguindo a Equação 4) com pesos específicos ω_{ij}.

```
> data(lltmdat2)
> W <- matrix(c(1, 2, 1, 3, 2, 2, 2, 1, 1, 1), ncol = 2)
> res.lltm <- LLTM(lltmdat2, W)
> summary(res.lltm)
```

```
Results of LLTM estimation:

Call:  LLTM(X = lltmdat2, W = W)

Conditional log-likelihood: -31.65225
Number of iterations: 7
Number of parameters: 2

Basic Parameters eta with 0.95 CI:
       Estimate Std. Error  lower CI  upper CI
eta 1    -0.098      0.313    -0.711     0.516
eta 2     0.114      0.478    -0.823     1.051

Item Easiness Parameters (beta) with 0.95 CI:
         Estimate Std. Error  lower CI  upper CI
beta I1     0.130      1.098    -2.022     2.283
beta I2     0.033      1.302    -2.519     2.584
beta I3     0.016      0.651    -1.259     1.292
beta I4    -0.179      1.184    -2.500     2.141
beta I5    -0.081      0.903    -1.850     1.688
```

A função *summary()* proporciona as estimativas e erros-padrão dos parâmetros básicos e dos parâmetros dos itens (resultantes dos primeiros). Note que os parâmetros dos itens no *eRm* são sempre estimados como parâmetros de *facilidade*, de acordo com as equações 1 e 2, mas não de acordo com a Equação 3. Se o sinal é alterado, o analista de dados obtém o parâmetro de dificuldade (os erros-padrão continuam os mesmos, é claro). No entanto, todos os gráficos elaborados a partir do pacote *eRm* (*plotGOF*, *plotICC*, *plotjointICC*, *plotPImap*), assim como a função *thresholds()*, empregam o parâmetro de dificuldade. O mesmo se aplica ao parâmetro básico η no resultado dos modelos RM, RSM e PCM.

Exemplo 3: RSM e PCM

Mais uma vez empregaremos um conjunto de dados fictícios, com $n = 300$ pessoas e $k = 4$ itens; cada um deles com $m + 1 = 3$ categorias. Começamos com a estimação do RSM e, subsequentemente, calculamos os correspondentes parâmetros de interseção das categorias utilizando a função *thresholds()*:

```
> data(pcmdat2)
> res.rsm <- RSM(pcmdat2)
> thresholds(res.rsm)
```

```
Design Matrix Block 1:
   Location Threshold 1 Threshold 2
I1  1.60712     0.59703     2.61721
I2  1.92251     0.91242     2.93260
I3  0.00331    -1.00678     1.01340
I4  0.50743    -0.50266     1.51752
```

O *location*, no resultado acima, é basicamente a dificuldade do item, e os *thresholds* são os pontos nos quais as categorias se cruzam (interseção das categorias) no gráfico de curva característica dos itens (CCI: Figura 7.4).

```
> plotICC(res.rsm, mplot = TRUE, legpos = FALSE, ask = FALSE)
```

Figura 7.4 ■ Gráfico da curva característicos dos itens em um modelo RSM.

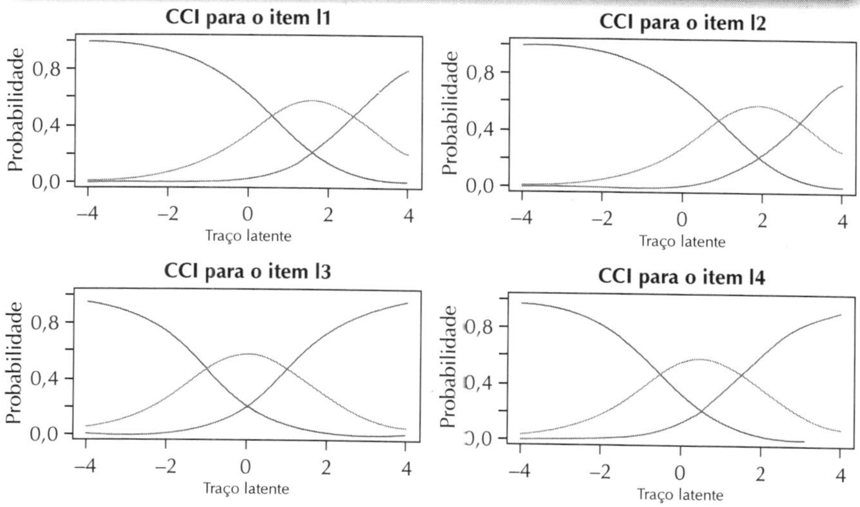

O modelo RSM restringe a distância dos *thresholds* para que sejam as mesmas em todos os itens. Esse pressuposto severo pode ser relaxado por meio da aplicação de um modelo de créditos parciais (PCM). Os resultados estão apresentados no gráfico item-pessoa, na Figura 7.5.

```
> res.pcm <- PCM(pcmdat2)
> plotPImap(res.pcm, sorted = TRUE)
```

Após estimar os parâmetros dos itens, podemos investigar o ajuste deles:

```
> pres.pcm <- person.parameter(res.pcm)
> itemfit(pres.pcm)
```

```
Itemfit Statistics:
   Chisq  df  p-value Outfit MSQ Infit MSQ  Outfit t Infit t
I1 225.617 255 0.907   0.881          0.885  -1.55    -1.53
I2 215.948 255 0.964   0.844          0.903  -1.81    -1.26
I3 179.811 255 1.000   0.702          0.713  -3.55    -3.92
I4 214.473 255 0.969   0.838          0.809  -1.88    -2.54
```

Figura 7.5 ■ Gráfico item-pessoa para o modelo PCM.

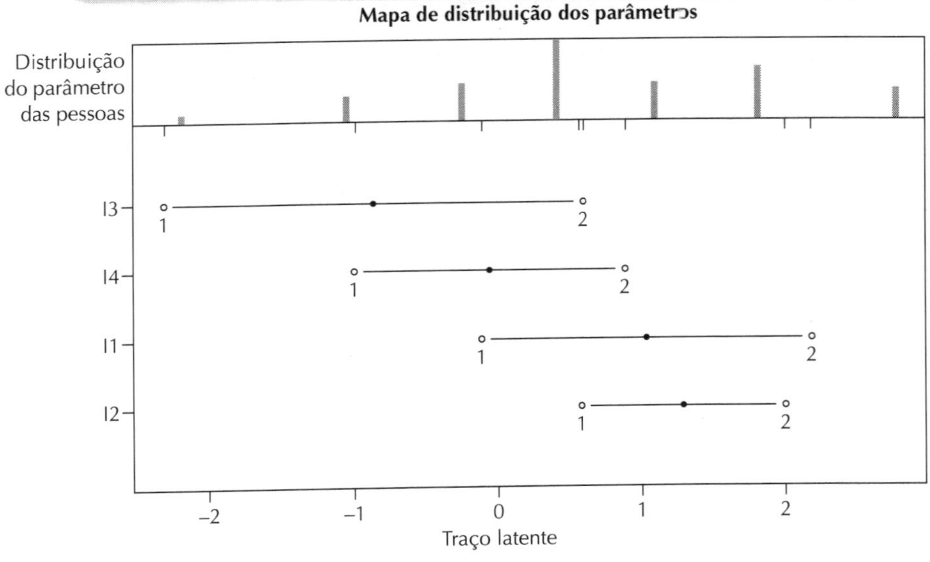

Para verificar qual modelo – o RSM ou o PCM – melhor se ajusta aos dados, pode-se utilizar o teste de razão da verossimilhança:

```
> lr <- 2 * (res.pcm$loglik - res.rsm$loglik)
> df <- res.pcm$npar - res.rsm$npar
> pvalue <- 1 - pchisq(lr, df)
> cat("LR statistic: ", lr, " df =", df, " p =", pvalue, "\n")
LR statistic: 11.69992 df = 3 p = 0.00848509
```

Exemplo 4: O modelo LPCM para medidas repetidas em diferentes grupos

O exemplo mais complexo refere-se ao modelo LPCM com dois momentos de avaliação. A hipótese a ser investigada é se um tratamento é efetivo ou não. O contraste correspondente é a última coluna da matriz W a seguir.

Primeiro, especifica-se uma matriz X de dados empíricos. Empregamos um exemplo fictício com $k = 3$ itens que foram apresentados duas vezes aos participantes (em dois momentos distintos de avaliação). As primeiras três colunas em X correspondem ao primeiro momento de avaliação, e as três últimas, ao segundo momento de avaliação. Geralmente, as primeiras colunas k apresentam as respostas das pessoas aos itens no primeiro momento de avaliação, ao passo que as k colunas subsequentes apresentam as respostas das pessoas aos itens no segundo momento de avaliação, e assim sucessivamente. Em nosso exemplo fictício, temos $n = 20$ participantes. Entre os participantes, os primeiros dez são do primeiro grupo (por exemplo, grupo controle), e os últimos 10 são do segundo grupo (por exemplo, grupo experimental). O pertencimento aos grupos é especificado por meio de um vetor na função:

```
> data(lpcmdat)
> grouplpcm <- rep(1:2, each = 10)
```

Mais uma vez, a matriz W é gerada automaticamente pelo pacote *eRm*. No geral, para esse tipo de desenho de pesquisa, a construção de W consiste primeiro no contraste dos itens, seguida pelo contraste do tempo (momentos de avaliação) e, finalmente, pelo efeito principal dos grupos, exceto no primeiro momento de avaliação.

```
            eta1 eta2 eta3 eta4 eta5 eta6 eta7 eta8 eta9 eta10
I1.c1 t1 g1   0    0    0    0    0    0    0    0    0    0
I1.c2 t1 g1   1    0    0    0    0    0    0    0    0    0
I1.c3 t1 g1   0    1    0    0    0    0    0    0    0    0
I2.c1 t1 g1   0    0    1    0    0    0    0    0    0    0
I2.c2 t1 g1   0    0    0    1    0    0    0    0    0    0
I2.c3 t1 g1   0    0    0    0    1    0    0    0    0    0
I3.c1 t1 g1   0    0    0    0    0    1    0    0    0    0
I3.c2 t1 g1   0    0    0    0    0    0    1    0    0    0
I3.c3 t1 g1   0    0    0    0    0    0    0    1    0    0
I1.c1 t1 g2   0    0    0    0    0    0    0    0    0    0
I1.c2 t1 g2   1    0    0    0    0    0    0    0    0    0
I1.c3 t1 g2   0    1    0    0    0    0    0    0    0    0
I2.c1 t1 g2   0    0    1    0    0    0    0    0    0    0
I2.c2 t1 g2   0    0    0    1    0    0    0    0    0    0
I2.c3 t1 g2   0    0    0    0    1    0    0    0    0    0
I3.c1 t1 g2   0    0    0    0    0    1    0    0    0    0
I3.c2 t1 g2   0    0    0    0    0    0    1    0    0    0
I3.c3 t1 g2   0    0    0    0    0    0    0    1    0    0
I1.c1 t2 g1   0    0    0    0    0    0    0    0    1    0
I1.c2 t2 g1   1    0    0    0    0    0    0    0    2    0
I1.c3 t2 g1   0    1    0    0    0    0    0    0    3    0
I2.c1 t2 g1   0    0    1    0    0    0    0    0    1    0
I2.c2 t2 g1   0    0    0    1    0    0    0    0    2    0
I2.c3 t2 g1   0    0    0    0    1    0    0    0    3    0
I3.c1 t2 g1   0    0    0    0    0    1    0    0    1    0
I3.c2 t2 g1   0    0    0    0    0    0    1    0    2    0
I3.c3 t2 g1   0    0    0    0    0    0    0    1    3    0
I1.c1 t2 g2   0    0    0    0    0    0    0    0    1    1
I1.c2 t2 g2   1    0    0    0    0    0    0    0    2    2
I1.c3 t2 g2   0    1    0    0    0    0    0    0    3    3
I2.c1 t2 g2   0    0    1    0    0    0    0    0    1    1
I2.c2 t2 g2   0    0    0    1    0    0    0    0    2    2
I2.c3 t2 g2   0    0    0    0    1    0    0    0    3    3
I3.c1 t2 g2   0    0    0    0    0    1    0    0    1    1
I3.c2 t2 g2   0    0    0    0    0    0    1    0    2    2
I3.c3 t2 g2   0    0    0    0    0    0    0    1    3    3
```

A estimativa dos parâmetros é a seguinte:

```
Results of LPCM estimation:
Call: LPCM(X = lpcmdat, mpoints = 2, groupvec = grouplpcm,
sum0 = FALSE)
Conditional log-likelihood: -103.7225
Number of iterations: 37
Number of parameters: 10
```

```
Basic Parameters eta:
              eta 1       eta 2        eta 3
Estimate -0.461590   -1.609589   -0.5713665
                                  eta 4        eta 5        eta 6
                              -0.8388421    -1.739492   -0.7232787
              eta 1       eta 2        eta 3
Std.Err   0.734684    1.194376    0.6232799
                                   eta 4       eta 5        eta 6
                               0.9855040    1.438237   0.6534341

               eta 7        eta 8        eta 9     eta 10
Estimate -0.7096128   -1.209864   -0.2014868   1.094043
Std.Err   0.9862622    1.414866    0.2608238   0.387040
```

Testar se os parâmetros η são iguais a 0 é basicamente irrelevante para os parâmetros relacionados aos itens (nesse exemplo: η_1, η_2, η_3, ... η_8). Porém, para os contrastes restantes, temos a seguinte situação. Em primeiro lugar, não há como refutar a hipótese nula sobre o efeito geral do tempo: H_0: $\eta_9 = 0$ (implicando ausência de efeito geral de tempo ou momento de avaliação), uma vez que $p = 0{,}44$. Em segundo lugar, H_0: $\eta_{10} = 0$ pode ser refutada ($p = 0{,}004$) ao ser aplicado um teste z[3]. Esse resultado sugere que há um efeito significativo no tratamento comparando-se os momentos de avaliação. Se o pesquisador quiser calcular outros testes, como o teste Wald para equivalência de dois parâmetros η, a função *vcov()* pode ser utilizada para obter uma matriz de variância-covariância.

Apontamentos finais

Neste capítulo, apresentamos uma breve introdução ao pacote *eRm*. A seguir, colocaremos alguns dos desenvolvimentos futuros para o

[3] Nota do Tradutor: para poder calcular o valor de p a partir do teste z no *R*, basta seguir estes passos: primeiro, calcula-se o valor de z dividindo o $\hat{\eta}$ pelo seu erro-padrão. Em seguida, calcula-se o valor de p utilizando a função *pnorm()* do R. No entanto, é necessário garantir que o valor de z seja negativo. Para isso, calcula-se o negativo do valor absoluto de z (-abs(z)). Para fazer um teste de duas caudas, basta multiplicar o resultado por dois. Os códigos para fazer o cômputo do valor de p para o teste z no *R* para esse exemplo são:

```
z <- reslpcm$etapar/reslpcm$se.eta
p <- 2*pnorm(-abs(z))
```

pacote[4]. O *conditional maximum likelihood*, em conjunto com o *EM--Algorithm*, pode ser utilizado para estimar os chamados *Modelos Rasch Misturados* (MIRA – *Mixed Rasch Models*). A ideia básica subjacente a esses modelos é que os dados se ajustam aos Modelos Rasch dentro de subpopulações específicas de indivíduos, mas com diferentes valores de parâmetros em cada subgrupo. Maiores apontamentos podem ser encontrados em Rost e von Davier (1995).

Outro ponto para desenvolvimento futuro é o seguinte: nos Modelos Rasch, o parâmetro de discriminação dos itens α_i é sempre fixado em 1 e, portanto, não aparece nas equações básicas. Permitir que a discriminação varie entre os itens leva ao chamado *modelo de dois parâmetros da teoria de resposta ao item* (*2-pl*). Nesse modelo, o escore total não é mais uma estatística suficiente e, portanto, não se pode utilizar o *conditional maximum likelihood*. Outros modelos de teoria de resposta ao item podem ser estimados utilizando-se o pacote *ltm* (Rizopoulos, 2006). No entanto, Verhelst e Glas (1995) formularam o chamado *modelo logístico de um parâmetro* (OPLM – *one parameter logistic model*) onde o parâmetros de discriminação dos itens α_i não varia entre os itens, mas é diferente de 1. A estratégia básica para estimar o OPLM é dividida em três passos. Primeiro, computam-se os parâmetros do Modelo Rasch. Então, os parâmetros de discriminação são computados sob certas restrições. Por último, utilizando o peso das discriminações, os parâmetros dos itens do modelo OPLM são computados via *conditional maximum likelihood*. Essa é uma versão mais flexível do Modelo Rasch em termos de inclinações diferentes de 1.

Concluindo, o pacote *eRm* é uma ferramenta para estimar Modelos Rasch Estendidos para traços latentes unidimensionais. As generalizações para diferentes categorias de itens, extensões lineares que permitem incluir covariantes dos itens e/ou tendências, bem como contrastes de grupos, são questões importantes para examinar o comportamento dos itens e das pessoas nos testes. Essa estratégia amplia a falseabilidade dos modelos de teoria de resposta ao item, em diferentes áreas de aplicação.

---

4 Nota do Tradutor: uma explicação sobre o módulo de simulação do pacote foi omitida aqui em razão do foco do livro. Os interessados podem conferir as publicações originais.

REFERÊNCIAS

Adams, R. J., Wilson M., & Wang, W. C. (1997). The multidimensional random coefficients multinomial logit model. *Applied Psychological Measurement, 21*, 1-23.

Andersen, E. B. (1970). Asymptotic properties of conditional maximum likelihood estimators. *Journal of the Royal Statistical Society, Series B, 32*, 283-301.

Andersen, E. B. (1972). The numerical solution of a set of conditional estimation equations. *Journal of the Royal Statistical Society, Series B, 34*, 42-54.

Andersen, E. B. (1973). A goodness of fit test for the Rasch model. *Psychometrika, 38*, 123-140.

Andersen, E. B. (1983). A general latent structure model for contingency table data. In H. Wainer, & S. Messik (Eds.). *Principals of modern psychological measurement* (pp. 117-138). Hillsdale: Erlbaum.

Andersen, E. B. (1995). Polytomous Rasch models and their estimation. In G. H. Fischer, I. Molenaar (Eds.). *Rasch models: foundations, recent developments, and applications* (pp. 271-292). New York: Springer.

Anderson, C., Li, Z., & Vermunt, J. (2007). Estimation of models in the Rasch family for polytomous items and multiple latent variables. *Journal of Statistical Software, 20*(6). Recuperado em 31, março, 2015, de http://www.jstatsoft.org/v20/i06/

Andrich, D. (1978). A rating formulation for ordered response categories. *Psychometrika, 43*, 561-573.

Andrich, D. (1988). *Rasch Models for Measurement* (Sage University paper series on quantitative applications in the social sciences). Newbury Park: Sage.

Baker, F. B., Kim, S. (2004). *Item response theory: parameter estimation techniques* (2nd ed.). New York: Dekker.

Birnbaum, A. (1968). Some latent trait models and their use in inferring an examinee's ability. In F. M. Lord, & M. R. Novick (Eds.). *Statistical theories of mental test scores* (pp. 395-479). Reading: Addison-Wesley.

Bock, R. D., & Aitkin, M. (1981). Marginal maximum likelihood estimation of item parameters: as application of an EM algorithm. *Psychometrika, 46*, 443-459.

Borsboom, D. (2006). The attack of the psychometricians. *Psychometrika, 71*, 425-440.

De Boeck, P., & Wilson M. (2004). *Explanatory item response models: a generalized linear and nonlinear approach*. New York: Springer.

De Leeuw, J., & Verhelst, N. (1986). Maximum likelihood estimation in generalized Rasch models. *Journal of Educational Statistics, 11*, 183-196.

Fischer, G. H. (1973). The linear logistic test model as an instrument in educational research. *Acta Psychologica, 37*, 359-374.

Fischer, G. H. (1974). *Einfuhrung in die theorie psychologischer tests* [introduction to mental test theory]. Bern: Huber.

Fischer, G. H. (1977). Linear Logistic Trait Models: Theory and Application. In H. Spada, & W. F. Kempf (Eds.). *Structural Models of Thinking and Learning* (pp. 203-225). Bern: Huber.

Fischer, G. H. (1981). On the existence and uniqueness of maximum-likelihood estimates in the Rasch model. *Psychometrika, 46*, 59-77.

Fischer, G. H. (1987). Applying the principles of specific objectivity and of generalizability to the measurement of change. *Psychometrika, 52*, 565-587.

Fischer, G. H. (1988). Spezifische Objektvit at: Eine wissenschaftstheoretische Grundlage des Rasch-Modells [specific objectivity: an epistemological foundation of the Rasch model]. In K. Kubinger (Ed.). *Moderne test theorie* (pp. 87-111). Weinheim: Beltz.

Fischer, G. H. (1995a). Derivations of the Rasch model. In G. H. Fischer, & I. Molenaar (Eds.). *Rasch models: foundations, recent developments, and applications* (pp. 15-38). New York: Springer.

Fischer, G. H. (1995b). Linear logistic models for change. In G. H. Fischer, & I. Molenaar (Eds.). *Rasch models: foundations, recent developments, and applications* (pp. 157-180). New York: Springer.

Fischer, G. H., & Parzer, P. (1991). An extension of the rating scale model with an application to the measurement of change. *Psychometrika, 56*, 637-651.

Fischer, G. H., & Ponocny I. (1994). An extension of the partial credit model with an application to the measurement of change. *Psychometrika, 59*, 177-192.

Fischer, G. H., & Ponocny-Seliger, E. (1998). *Structural rasch modeling: handbook of the usage of LPCM-WIN 1.0*. Groningen ProGAMMA.

Fischer, G. H., & Scheiblechner, H. H. (1970). Algorithmen und programme fur das probabilistische testmodell von Rasch [algorithms and programs for Rasch's probabilistic test model]. *Psychologische Beitr Age*, *12*, 23-51.

Glas, C. A. W. (1992). A Rasch Model with a Multivariate Distribution of Ability. In M. Wilson (Ed.). *Objective Measurement: Theory into Practice* (Vol. 1, pp. 236-258). Ablex, Norwood, NJ.

Glas, C. A. W., & Verhelst, N. (1989). Extensions of the partial credit model. *Psychometrika*, *54*, 635-659.

Glas, C. A. W., & Verhelst, N. (1995a). Testing the Rasch model. In G. H. Fischer, & I. Molenaar (Eds.). *Rasch models: foundations, recent developments, and applications* (pp. 69-96). New York: Springer.

Glas, C. A. W., & Verhelst, N. (1995b). Tests of fit for polytomous Rasch models. In G. H. Fischer, & I. Molenaar (Eds.). *Rasch models: foundations, recent developments, and applications* (pp. 325-352). New York: Springer.

Gustafsson, J. (1980). Testing and obtaining fit of data to the Rasch model. *British Journal of Mathematical and Statistical Psychology*, *33*, 205-233.

Haberman, S. J. (1977). Maximum likelihood estimates in exponential response models. *The Annals of Statistics*, *5*, 815-841.

Hoijtink, H. (1995). Linear and repeated measures models for the Person parameter. In G. H. Fischer, & I. Molenaar (Eds.). *Rasch models: foundations, recent developments, and applications* (pp. 203-214). New York: Springer.

Hoijtink, H., & Boomsma, A. (1995). On person parameter estimation in the dichotomous Rasch model. In G. H. Fischer, & I. Molenaar (Eds.). *Rasch models: foundations, recent developments, and applications* (pp. 53-68). New York: Springer.

Jannarone, R. J. (1986). Conjunctive item response theory model kernels. *Psychometrika*, *51*, 357-373.

Kubinger, K. D. (1989). Aktueller Stand und kritische Wurdigung der Probabilistischen Testtheorie [current status and critical appreciation of probabilistic test theory]. In K. D. Kubinger (Ed.). *Moderne Testtheorie: Ein Abriss samt neuesten Beitr agen* (pp. 19-83). Weinheim: Beltz.

Kubinger, K. D. (2005). Psychological test calibration using the Rasch model: some critical suggestions on traditional approaches. *International Journal of Testing*, *5*, 377-394.

Linacre, J. M. (2004). Estimation methods for Rasch measures. In E. V. Smith Jr., & R. M. Smith (Eds.). *Introduction to Rasch measurement* (pp. 25-48). Maple Grove: JAM Press.

Liou, M. (1994). More on the computation of higher-order derivatives of the elementary symmetric functions in the Rasch model. *Applied Psychological Measurement, 18*, 53-62.

Mair, P. (2006). *Simulation studies for Goodness-of-Fit Statistics in Item Response Theory*. Master's thesis, Department of Psychology, University of Vienna, Vienna, Austria.

Mair, P., & Hatzinger, R. (2007a). Extended Rasch modeling: the eRm package for the application of IRT models in R. *Journal of Statistical Software, 20*(9), 1-20.

Mair, P., & Hatzinger, R. (2007b). CML based estimation of extended Rasch models with the eRm package in R. *Psychology Science, 49*, 26-43.

Masters, G. N. (1982). A Rasch model for partial credit scoring. *Psychometrika, 47*, 149-174.

Mislevy, R. J. (1985). Estimation of latent group effects. *Journal of the American Statistical Association, 80*, 993-997.

Molenaar, I. (1995). Estimation of item parameters. In G. H. Fischer, & I. Molenaar (Eds.). *Rasch models: foundations, recent developments, and applications* (pp. 39-51). New York: Springer.

Pfanzagl, J. (1994). On item parameter estimation in certain latent trait models. In G. H. Fischer, & D. Laming (Eds.). *Contributions to mathematical psychology, psychometrics, and methodology* (pp. 249-263). New York: Springer.

Poinstingl, H., Mair, P., & Hatzinger, R. (2007). *Manual zum Softwarepackage eRm: Anwendung des Rasch-Modells*. Lengerich: Pabst Science Publishers.

Ponocny, I. (2001). Nonparametric goodness-of-fit tests for the Rasch model. *Psychometrika, 66*, 437-460.

R Development Core Team (2007). *R: a language and environment for statistical computing*. Vienna: R Foundation for Statistical Computing.

Rasch, G. (1960). *Probabilistic models for some intelligence and attainment tests*. Copenhagen: Danish Institute for Educational Research.

Rasch, G. (1961). On general laws and the meaning of measurement in psychology. In *Proceedings of the IV. Berkeley Symposium on Mathematical Statistics and Probability* (Vol. IV, pp. 321-333). Berkeley: University of California Press.

Rasch, G. (1977). On specific objectivity: an attempt at formalising the request for generality and validity of scientific statements. *Danish Yearbook of Philosophy*, *14*, 58-94.

Rizopoulos, D. (2006). ltm: an R package for latent variable modeling and item response theory analyses. *Journal of Statistical Software*, *17*(5), 1-25. Recuperado em 31, março, 2015, de http://www.jstatsoft.org/v17/i05/

Rost, J. (1999). Was ist aus dem Rasch-Modell geworden? [what Happened with the Rasch Model?]. *Psychologische Rundschau*, *50*, 140-156.

Rost, J. (2000). The growing family of rasch models. In A. Boomsma, M. van Duijn, & T. Snijders (Eds.). *Essays on item response theory* (pp. 25-42). New York: Springer.

Rost, J., & von Davier, M. (1995). Polytomous mixed rasch models. In G. H. Fischer, & I. Molenaar (Eds.). *Rasch models: foundations, recent developments, and applications* (pp. 371-382). New York: Springer.

Scheiblechner, H. (1972). Das Lernen und Losen komplexer Denkaufgaben [the learning and solving of complex reasoning items]. Zeitschrift fur Experimentelle und Angewandte. *Psychologie*, *3*, 456-506.

Suárez-Falcón, J. C., & Glas, C. A. W. (2003). Evaluation of global testing procedures for item fit to the Rasch model. *British Journal of Mathematical and Statistical Society*, *56*, 127-143.

Verhelst, N., & Glas, C. A. W. (1995). The one parameter logistic test model. In G. H. Fischer, & I. Molenaar (Eds.). *Rasch models: foundations, recent developments, and applications* (pp. 215-238). New York: Springer.

Verhelst, N., Hatzinger, R., & Mair, P. (2007). The Rasch sampler. *Journal of Statistical Software*, *20*(4), 1-14.

Von Davier, M. (1998). *WINMIRA: a Windows program for mixed Rasch models*. Kiel: IPN.

Warm, T. A. (1989). Weighted likelihood estimation of ability in item response theory. *Psychometrika*, *54*, 427-450.

Wright, B. D., & Masters, G. N. (1982). *Rating scale analysis: Rasch measurement*. Chicago: Mesa Press.

Wright, B. D., & Panchapakesan, N. (1969). A procedure for sample-free item analysis. *Educational and Psychological Measurement*, *29*, 23-48.

itens
sujeitos
escala
DIF
Tabela
EPQ-R
Tipo
nível
atributo
valores
escalas
item
média
GA
Eysenck
pontuações
análise
índices
outfit
severo
desajuste
personalidade
Psicoticismo
Neuroticismo
variável
variância
critério
mulheres
homens
Figura
género
ver
vez

Parte

III

Aplicações dos Modelos Rasch

> "*A estatística está entrando em um período de rápido avanço... qualquer um que queira explorar os seus caminhos se encontrará em piso térreo, com muitas escadas emocionantes para si mesmo.*"
>
> (Savage, L.)

Capítulo

8

Estudo da Versão Portuguesa do EPQ-R: Uma aplicação do Modelo Rasch

Pedro Armelim Almiro
Doutor em Avaliação Psicológica. Centro de Investigação do Núcleo de Estudos e Intervenção Cognitivo-Comportamental (CINEICC). Faculdade de Psicologia e de Ciências da Educação da Universidade de Coimbra (FPCE-UC).
Email: psi.armelim22@yahoo.com

Mário R. Simões
Laboratório de Avaliação Psicológica e Psicometria. Centro de Investigação do Núcleo de Estudos e Intervenção Cognitivo-Comportamental (CINEICC). Faculdade de Psicologia e de Ciências da Educação da Universidade de Coimbra (FPCE-UC).
Email: simoesmr@fpce.uc.pt

OBJETIVO

Neste capítulo, será apresentada ao leitor uma ilustração metodológica da aplicação do Modelo Rasch (Modelo Logístico Simples) na construção de instrumentos de avaliação psicológica, colocando em evidência suas potencialidades no exame da precisão e da validade. Para o efeito, tomaram-se como exemplos os estudos psicométricos da Versão Portuguesa do Questionário de Personalidade de Eysenck – Forma Revista (EPQ-R: Almiro, & M. R. Simões, 2013a) realizados no domínio da Teoria da Resposta ao Item (TRI), no âmbito dos estudos de adaptação, aferição e validação deste instrumento para a população portuguesa (Almiro, 2013; Almiro, & M. R. Simões, 2013b).

Introdução

A personalidade é definida por H. Eysenck (1970; H. Eysenck, & M. Eysenck, 1985) como uma organização mais ou menos estável e perdurável do "caráter", do "temperamento" e dos "aspectos intelectuais" e "físicos" de um sujeito, que determina seu ajustamento único ao meio ambiente; o "caráter" reflete de modo mais ou menos estável e perdurável o sistema comportamental volitivo (vontade); o "temperamento", o sistema comportamental afetivo (emoção); os "aspectos intelectuais" o sistema comportamental cognitivo (inteligência); e os "aspectos físicos", a configuração corporal e neuroendócrina do sujeito.

Edificado a partir do denominado *Modelo P-E-N* (ou *Big Three*) (H. Eysenck, 1994, 1998; H. Eysenck, & M. Eysenck, 1985; H. Eysenck, & S. Eysenck, 1976), o *Questionário de Personalidade de Eysenck – Forma Revista* (EPQ-R; versão original inglesa, cem itens; S. Eysenck, H. Eysenck, & Barrett, 1985) foi construído para avaliar as três dimensões fundamentais da personalidade: o *psicoticismo* (*P*), a *extroversão* (*E*) e o *neuroticismo* (*N*).

No modelo hierárquico de H. Eysenck (1994, 1998), as *dimensões de personalidade* constituem os elementos essenciais da estrutura da personalidade, que consistem nos fatores disposicionais que a determinam de modo constante e persistente. As dimensões englobam quatro níveis de organização (ascendente) do comportamento humano: no primeiro nível, encontram-se as *respostas específicas* (comportamentos que se manifestam em função da especificidade da situação e que não dependem das características estruturais); no segundo, as *respostas habituais* (respostas específicas que são recorrentes em circunstâncias similares); no terceiro nível, os *traços de personalidade* (construções teóricas que derivam das intercorrelações observadas entre as respostas habituais); e no quarto, os *tipos de personalidade* (organizações resultantes das intercorrelações entre os traços, que formam constelações e que originam um constructo de ordem superior).

A dimensão de *neuroticismo* organiza-se em um *continuum* que abrange, em um polo, a *personalidade neurótica* (*N* elevado) – que define os sujeitos ansiosos, deprimidos, emotivos, temperamentais, com baixa autoestima, entre outros traços –, e no outro polo, a *personalidade estável* (*N* baixo) – que caracteriza os sujeitos com os traços opostos e que são equilibrados, bem-dispostos, serenos, despreocupados, entre outros.

A dimensão de *extroversão* organiza-se em um *continuum* que abrange, em um polo, a *personalidade extrovertida* (*E* elevado) – que descreve os sujeitos sociáveis, ativos, otimistas, assertivos, espontâneos, entre outros traços –, e no outro polo, a *personalidade introvertida* (*E* baixo) – que define os sujeitos com os traços opostos e que são socialmente inibidos, discretos, confiáveis, introspetivos, pessimistas, cautelosos, entre outros.

Por sua vez, a dimensão de *psicoticismo* organiza-se em um *continuum*, caracterizando os sujeitos com um elevado *psicoticismo*, que tendem a ser hostis, egocêntricos, desajustados, impulsivos, agressivos, desconfiados, pouco empáticos, entre outros traços, e os sujeitos com uma *personalidade ajustada* (*P* baixo), que apresentam os traços opostos e que tendem a ser responsáveis, empáticos, amáveis, tolerantes, convencionais, entre outros (H. Eysenck, & M. Eysenck, 1985; H. Eysenck, & S. Eysenck, 2008).

O EPQ-R (1985) é um reconhecido instrumento de avaliação da personalidade que resultou da construção e do aperfeiçoamento de vários instrumentos elaborados por H. Eysenck ao longo de mais de cinco décadas de investigação – o *Maudsley Medical Questionnaire* (MMQ, 1952), o *Maudsley Personality Inventory* (MPI, 1959), o *Eysenck Personality Inventory* (EPI, 1964) e o *Eysenck Personality Questionnaire* (EPQ, 1975) –, tendo sido demonstrada sua utilidade em diversos contextos (designadamente, normativo, saúde, clínico, forense, educacional, organizacional, militar, social, entre outros).

Esse instrumento foi estudado em mais de 34 países (por exemplo, Inglaterra, Espanha, Itália, Alemanha, Holanda, Austrália, Japão) e evidenciou boas qualidades psicométricas. No que respeita à validade, a estrutura fatorial é estável e tem sido sucessivamente replicada. Em relação à precisão, os índices de consistência interna e de teste-reteste são, na generalidade, elevados (Barrett, Petrides, S. Eysenck, & H. Eysenck, 1998; H. Eysenck, & S. Eysenck, 2008; Furnham, S. Eysenck, & Saklofske, 2008; Nyborg, 1997).

A versão portuguesa do EPQ-R (Almiro, & M. R. Simões, 2013a) mantém a mesma estrutura fatorial da versão original do instrumento e é composta por setenta itens distribuídos por quatro escalas: *N* (23 itens), *E* (vinte itens), *P* (nove itens) e uma escala de validade para medir o constructo de *mentira/desejabilidade social*, *L* (*Lie*, 18 itens).

No domínio da *Teoria Clássica dos Testes* (*TCT*), o estudo das propriedades psicométricas do EPQ-R (*N* = 1.689 sujeitos, 783 homens e 906 mulheres) revelou, na generalidade, bons índices de precisão e de validade (Almiro, 2013; Almiro, & M. R. Simões, 2013b). Os dados foram analisados nos programas *SPSS Statistics* (versão 17.0) e *EQS* (versão 6.1).

No que concerne à precisão, aplicando o método da consistência interna, foram obtidos os seguintes *coeficientes alfa*: 0,87 para *N*, 0,83 para *E* (coeficientes "muito bons"), 0,78 para *L* (coeficiente "respeitável") e 0,55 para *P* (coeficiente "inaceitável") (ver o critério de DeVellis, 1991). Utilizando o método de teste-reteste (*N* = 124; estabilidade temporal 4-8 semanas), os coeficientes atingiram: 0,89 para *E*, 0,85 para *N*, 0,86 para *L* (coeficientes "muito bons") e 0,72 para *P* (coeficiente "respeitável"); todos os coeficientes são superiores a 0,70 (Kline, 1993; Nunnally, 1978). O baixo coeficiente alfa obtido para a escala *P* (0,55) deverá ter sido influenciado por seu reduzido número de itens (Nunnally, 1978; Pasquali, 2003), uma vez que o índice de precisão teste-reteste (0,72) é adequado – na versão original, a escala *P* é composta por 32 itens, ao passo que na presente versão essa escala contém apenas nove itens. À exceção das limitações de *P*, os índices de precisão das escalas *N*, *E*, *L* do EPQ-R são elevados.

No que respeita à validade, recorreu-se aos métodos de *análise fatorial exploratória* (*AFE*) e *análise fatorial confirmatória* (*AFC*) para examinar os dados. A solução de quatro fatores obtida pela *AFE* (*análise em componentes principais*, rotação *direct oblimin*) – *N*, *E*, *P*, *L* – foi testada utilizando-se a *AFC* (*máxima verosimilhança*), considerando para o efeito quatro indicadores de ajustamento: rácio *qui-quadrado/graus de liberdade* (χ^2/df), *Comparative Fit Index* (*CFI*), *Standardized Root Mean Square Residual* (*SRMR*) e *Root Mean Square Error of Approximation* (*RMSEA*). Tal como na pesquisa de Dazzi (2011), a AFC do modelo global do EPQ-R foi efetuada mediante o parcelamento dos itens, por meio do método "*item-to-construct balance*" proposto por Little, Cunningham, Shahar e Widaman (2002). Esse procedimento foi precedido de uma AFC ao nível dos itens dos modelos *N, E, P, L* do EPQ-R para testar sua unidimensionalidade. Os índices obtidos revelam um bom ajustamento da estrutura fatorial da versão portuguesa do EPQ-R [$\chi^2(129) = 533{,}786$; $p < 0{,}001$; $\chi^2/df = 4{,}13$; $CFI = 0{,}961$; $SRMR = 0{,}042$; $RMSEA = 0{,}043$] – rácio $\chi^2/df < 5$, índice $CFI > 0{,}95$, índice $SRMR < 0{,}08$, índice $RMSEA < 0{,}06$ (Hu, & Bentler, 1999; Schumacker, & Lomax, 2004) –, demonstrando sua adequabilidade e sua robustez. Esses dados constituem uma importante evidência da validade de constructo do EPQ-R (quatro fatores ortogonais e unidimensionais: *N, E, P, L*).

Na *Teoria da Resposta ao Item* (*TRI*), as boas qualidades psicométricas do EPQ-R têm sido comprovadas em diversas pesquisas, nomeadamente as de Ferrando (2001, 2003), Escorial e Navas (2007), entre outras.

Seguidamente, serão apresentados os resultados obtidos nos estudos de precisão e validade realizados com o EPQ-R no domínio da *TRI*, mediante a aplicação do *Modelo Rasch* (1 PL, que analisa o *índice de dificuldade* dos itens).

Método

Participantes e procedimentos

Na TRI, com o objetivo de estudar as propriedades psicométricas do EPQ--R, recorreu-se a uma amostra representativa da população portuguesa (a mesma que participou nas pesquisas realizadas no âmbito da TCT), constituída por 1.689 sujeitos – 783 homens (46,36%) e 906 mulheres (53,64%) – com idades compreendidas entre 16 e 60 anos (M = 32,34; DP = 11,22). No presente estudo, foram considerados, ainda, dois grandes grupos etários: um grupo de sujeitos jovens (adolescência e juventude), com idades entre 16 e 30 anos, composto por 833 sujeitos (49,32%) – 386 homens e 447 mulheres –, e um grupo de sujeitos adultos (idade adulta) com idades entre 31 e 60 anos, constituído por 856 sujeitos (50,68%) – 397 homens e 459 mulheres (ver a Teoria do Desenvolvimento Psicossocial de Erik Erikson (J. Feist, & G. Feist, 2008).

A referida amostra foi recolhida no contexto da comunidade, considerando as variáveis gênero (homens e mulheres), idade (grupos etários: 16--20 anos, 21-30 anos, 31-40 anos, 41-50 anos, 51-60 anos), distribuição geográfica (por NUTS: Norte, Centro, Lisboa, Alentejo, Algarve, Açores, Madeira), localização geográfica (litoral e interior) e meio (urbano e rural), de acordo com os dados do Censos 2001 (INE, 2002).

Instrumento

A versão portuguesa do *Questionário de Personalidade de Eysenck – Forma Revista* (EPQ-R: Almiro, & M. R. Simões, 2013a) é um instrumento de avaliação da personalidade composto por setenta itens, dicotômicos ("Sim"/"Não"), cotados de modo direto ou inverso, distribuídos por quatro escalas: *N* (23 itens), *E* (vinte itens), *P* (nove itens) e *L* (dezoito itens). Trata--se de um teste de papel-e-lápis cujo material consiste no próprio questionário, que contém as instruções para seu preenchimento. Em contexto normativo, o tempo médio de administração varia entre dez e quinze minutos.

Para cada questão (item) do questionário, o sujeito deve assinalar "Sim" ou "Não", "de acordo com a sua maneira habitual de ser, pensar e sentir". Nos itens diretos, "Sim" é cotado com 1 ponto e "Não" é cotado com 0 pontos (a escala *N* é a única que possui apenas itens diretos); nos itens inversos, "Sim" é cotado com 0 pontos e "Não" é cotado com 1 ponto. As quatro escalas do EPQ-R – *N, E, P, L* – são independentes entre si e, por isso, a pontuação obtida em cada escala é independente das restantes (esse questionário não possui nota global).

O EPQ-R é um teste normativo (abordagem nomotética) e pode ser aplicado a sujeitos com mais de 16 anos (adolescentes, adultos e idosos), para fins de investigação e de avaliação psicológica na comunidade, em diversos contextos (por exemplo, normativo, saúde, clínico, forense, militar, entre outros).

Análise de dados

Com recurso ao Modelo Rasch (*TRI*), procedeu-se: ao exame da qualidade dos itens do EPQ-R (análise dos itens), por meio da estatística de ajuste *infit* e *outfit* (para testar os princípios de *unidimensionalidade* e *independência local*); ao estudo da precisão, estimada pela *precisão da separação dos itens* (PSI), pela *precisão da separação dos sujeitos* (PSS) e pelo *erro-padrão* (EP); e ao estudo da validade, pela análise do *funcionamento diferencial dos itens* (DIF) (para testar o princípio de *invariância*) e pela *análise de componentes principais dos resíduos* (ACPR) (para testar a unidimensionalidade das escalas).

Os dados foram analisados nos programas *SPSS Statistics* (versão 17.0; SPSS Inc., Chicago, IL) e *WINSTEPS – Rasch Measurement* (versão 3.69.1.14; Linacre, 2009).

Resultados

Nesta pesquisa, foram calculadas as pontuações médias obtidas pela amostra normativa portuguesa no EPQ-R, bem como os respectivos desvios-padrão, as pontuações mínimas e máximas, considerando a amostra total (*T*, *N* = 1689), a variável gênero – homens (*H*, *N* = 783) e mulheres (*M*, *N*=906) – e a variável idade – sujeitos jovens (*GJ*, *N* = 833) e sujeitos adultos (*GA*, *N* = 856). Os dados são apresentados na Tabela 8.1.

Tabela 8.1 ▪ Pontuações médias, mínimas e máximas, e desvios-padrão obtidos no EPQ-R.

		N (23 itens)	E (20 itens)	P (9 itens)	L (18 itens)
T	*M (DP)*	10,44 (5,53)	12,61 (4,43)	1,01 (1,31)	9,68 (3,72)
	Mín.-Máx.	0-23	0-20	0-8	0-18
H	*M (DP)*	9,35 (5,31)	12,66 (4,64)	1,26 (1,46)	9,22 (3,76)
	Mín.-Máx.	0-23	0-20	0-8	0-18
M	*M (DP)*	11,37 (5,55)	12,57 (4,24)	0,81 (1,12)	10,08 (3,64)
	Mín.-Máx.	0-23	1-20	0-8	0-18
GJ	*M (DP)*	10,92 (5,48)	13,04 (4,45)	1,19 (1,43)	8,60 (3,52)
	Mín.-Máx.	0-23	1-20	0-8	0-18
GA	*M (DP)*	9,96 (5,54)	12,19 (4,37)	0,84 (1,15)	10,74 (3,61)
	Mín.-Máx.	0-23	0-20	0-6	0-18

[*N* (neuroticismo), *E* (extroversão), *P* (psicoticismo), *L* (mentira/desejabilidade social); *T* (amostra total), *H* (homens), *M* (mulheres), *GJ* (sujeitos jovens), *GA* (sujeitos adultos); *M* (média), *DP* (desvio-padrão), Mín. (pontuação mínima), Máx. (pontuação máxima)].

Efetuou-se também uma comparação dos grupos avaliados em função das variáveis gênero e idade, por meio do *Teste t-student* (para duas variáveis independentes), a fim de verificar se existem diferenças estatísticas significativas nas pontuações obtidas pelos sujeitos.

Em relação à variável gênero, existem diferenças significativas ($p < 0,001$) entre *H* e *M* nas pontuações da escala *N*, da escala *L* (em ambas, as *M* têm pontuações mais elevadas) e da escala *P* (os *H* têm pontuações mais elevadas) – os valores do *Teste t* são [$t(1562,271) = -6,982$; $p = 0,000$] para *N*, [$t(1564) = 7,367$; $p = 0,000$] para *P* e [$t(1562,303) = -5,241$; $p = 0,000$] para *L*. Na escala *E*, não foram encontradas diferenças.

No que respeita à variável idade, verificam-se igualmente diferenças significativas ($p < 0,001$) nas pontuações da escala *N*, da escala *E*, da escala *P* (nas quais o *GJ* tem pontuações mais elevadas) e da escala *L* (na qual o *GA* tem pontuações mais elevadas) – os valores do *Teste t* são [$t(1686,593) = 3,583$; $p = 0,000$] para *N*, [$t(1683,418) = 3,945$; $p = 0,000$] para *E*, [$t(1687) = 5,475$; $p = 0,000$] para *P* e [$t(1686,992) = -12,331$; $p = 0,000$] para *L*.

Análise de itens

O Modelo Rasch (1 PL) permite analisar o *índice de dificuldade* dos itens e sua adequabilidade para avaliar o nível do atributo nos sujeitos, por meio de um procedimento de calibração (parametrização) (Bond, & Fox, 2007; García-Cueto, 1997; Hambleton, & Swaminathan, 1985; Linacre, 2009). Nesse sentido, o estudo da qualidade dos itens da versão portuguesa do EPQ-R (das escalas *N*, *E*, *P*, *L*) foi efetuado, testando o *princípio de unidimensionalidade* e o *princípio de independência local*, com recurso à estatística de ajuste *infit* (média dos resíduos quadráticos ponderados com a sua variância, que reflete as respostas inesperadas dadas aos itens próximos do nível do sujeito no atributo) e *outfit* (média dos resíduos quadráticos não ponderados, que reflete as respostas inesperadas dadas aos itens distantes do nível do sujeito no atributo).

De acordo com o *princípio de unidimensionalidade*, os itens de um teste devem medir um único atributo ou traço latente, isto é, o desempenho dos sujeitos apenas é influenciado por um fator predominante. O *princípio de independência local* estabelece que, para um mesmo nível de atributo, as respostas dos sujeitos aos itens de um teste devem ser estatisticamente independentes, ou seja, a resposta a um item não é influenciada pelas respostas dadas aos itens restantes (Embretson, & Reise, 2000; Hambleton, & Swaminathan, 1985; Primi, & Almeida, 2001).

Em consonância com o critério de Linacre (2009), o ajuste é ótimo quando os índices de *infit* e *outfit* oscilam entre 0,50 e 1,50, sendo que o valor 1,00 (ideal) é indicativo de um *ajuste perfeito* (medida mais produtiva/discriminativa). Quando os valores são muito baixos, inferiores a 0,50, significa que existe um "*sobreajuste*", isto é, que as pontuações obtidas no item têm pouca variabilidade, que o padrão de resposta é muito previsível ou determinista, não permitindo discriminar convenientemente os sujeitos com níveis funcionais diferentes. Os valores entre 1,50 e 2,00 mostram um *desajuste moderado*, que não prejudica a qualidade da medida, e os índices superiores a 2,00 revelam um *desajuste severo*. Quando os índices são muito elevados, acima de 2,00, degradam a qualidade da medida e indicam que as pontuações obtidas no item são erráticas ou que sofrem muitas variações. Esse fato ocorre quando o item não combina com os restantes itens para medir um conceito unidimensional. O ajuste *outfit* é mais sensível aos *outliers*, podendo alcançar valores elevados em consequência das respostas inesperadas, ao passo que o ajuste *infit* é um índice mais robusto. Por isso, o ajuste *infit* constitui o melhor indicador das qualidades psicométricas dos itens.

Uma vez que o EPQ-R é um instrumento composto por quatro escalas independentes (*N*, *E*, *P*, *L*) que produzem pontuações distintas (este questionário não possui nota global), a análise dos dados foi efetuada separadamente para cada uma delas.

No contexto da avaliação da personalidade, a análise em termos de "acertos" e "erros" inerente à estimação do índice de dificuldade dos itens deve ser interpretada do seguinte modo: quando um item é cotado com 1 ponto ("acerto"), significa que o sujeito está de acordo com seu conteúdo, isto é, que o traço de personalidade avaliado pelo item está presente no sujeito; do contrário, quando um item é cotado com 0 pontos ("erro"), indica que o sujeito está em desacordo com seu conteúdo, ou seja, que o traço avaliado pelo item não está presente no sujeito.

Constituição da amostra

O procedimento de calibração conjunta entre os itens e os sujeitos na escala *logit* é realizado por meio da discriminação dos níveis de dificuldade (baixo, médio, alto) dos itens (em termos de "acertos" e "erros") e dos respectivos níveis do atributo (baixo, médio, alto) medido nos sujeitos, excluindo aqueles que apresentem pontuações extremas (Linacre, 2009; Prieto, & Delgado, 2003). Por conseguinte, no estudo do EPQ-R, todos os sujeitos com pontuações máximas (que só "acertam") e mínimas (que só "erram"), foram excluídos desta análise.

Em termos globais, contando com as quatro escalas do teste, foram excluídos 889 indivíduos, dos quais 825 obtiveram pontuações mínimas, e 64, pontuações máximas. Em relação a cada escala, foram omitidos da amostra total de 1.689 sujeitos (100%): 23 sujeitos (1,36%) na escala *N* (dezesseis com 0 pontos e sete com 23 pontos), 37 sujeitos (2,19%) na escala *E* (um com 0 pontos e 36 com 20 pontos), 799 sujeitos (47,31%) na escala *P* (todos com 0 pontos) e trinta sujeitos (1,78%) na escala *L* (nove com 0 pontos e 21 com 18 pontos). Embora o número de sujeitos omitidos por pontuação extrema seja reduzido nas escalas *N*, *E*, *L*, o número de exclusões na escala *P* é elevado.

Por conseguinte, a amostra considerada válida para calibração é constituída por: 1.666 sujeitos (769 homens e 897 mulheres) na escala *N*, 1.652 sujeitos (762 homens e 890 mulheres) na escala *E*, 890 sujeitos (462 homens e 428 mulheres) na escala *P* e 1.659 sujeitos (773 homens e 886 mulheres) na escala *L*.

Estudo da escala *N*

Os dados da calibração dos itens da escala *N* encontram-se expostos na Tabela 8.2. Todos os índices de *infit* obtidos para essa escala preenchem o critério de Linacre (2009) – os valores devem oscilar entre 0,50 e 1,50 (com um valor médio ideal de 1,00) – e apresentam um ajuste ótimo: os índices de ajuste *infit* dos itens da escala *N* oscilam entre 0,76 e 1,12, alcançando o valor médio de 1,00. Por sua vez, os índices de *outfit*, que são avaliados pelo mesmo critério, também são adequados: os valores oscilam entre 0,63 e 1,21, com uma média de 0,98, que é um valor próximo do valor médio ideal (1,00).

Tabela 8.2 ■ Calibração dos itens das escalas *N* e *E* do EPQ-R.

N						*E*					
Itens	Di	*Infit*	*Outfit*	EP	%	Itens	Di	*Infit*	*Outfit*	EP	%
***N*_3**	0,09	1,07	1,07	0,06	44	***E*_1**	0,97	1,15	1,24	0,06	48
***N*_5**	–0,55	0,92	0,87	0,06	55	***E*_2**	–2,81	0,97	0,69	0,12	94
***N*_9**	–1,28	1,08	1,15	0,06	68	***E*_4**	–0,20	0,93	0,83	0,06	69
***N*_11**	0,25	0,98	0,90	0,06	41	***E*_8**	–2,08	0,91	0,80	0,09	90
***N*_16**	0,87	1,04	1,05	0,06	30	***E*_10**	–2,52	0,89	0,58	0,11	93
***N*_19**	0,12	1,12	1,21	0,06	43	***E*_17**	1,43	1,07	1,25	0,06	40
***N*_23**	0,84	1,01	1,00	0,06	31	***E*_21**	0,49	1,01	0,98	0,06	57
***N*_25**	–2,01	1,12	1,09	0,07	78	***E*_37**	0,91	0,79	0,71	0,06	50
***N*_28**	0,06	0,89	0,81	0,06	44	***E*_41**	–0,47	1,00	0,96	0,06	73
***N*_34**	1,12	0,96	0,89	0,06	27	***E*_43**	0,22	0,90	0,85	0,06	62
***N*_40**	–0,47	0,87	0,80	0,06	54	***E*_45**	0,65	1,21	1,47	0,06	54
***N*_47**	0,15	0,88	0,80	0,06	43	***E*_49**	–0,28	1,22	1,38	0,06	70
***N*_53**	0,89	1,11	1,16	0,06	30	***E*_55**	–0,12	0,89	0,82	0,06	68
***N*_54**	1,03	0,92	0,80	0,06	28	***E*_58**	1,82	1,11	1,24	0,06	34
***N*_57**	–1,11	1,08	1,09	0,06	65	***E*_66**	0,18	1,03	1,08	0,06	63
***N*_61**	0,52	0,99	0,99	0,06	36	***E*_72**	1,46	1,08	1,25	0,06	40
***N*_64**	–0,25	1,04	1,01	0,06	50	***E*_73**	0,63	0,91	0,85	0,06	55
***N*_74**	–1,88	1,12	1,14	0,07	76	***E*_86**	0,46	0,89	0,81	0,06	58
***N*_75**	0,45	1,11	1,16	0,06	37	***E*_91**	–0,29	0,81	0,66	0,06	70
***N*_80**	–0,76	0,92	0,88	0,06	59	***E*_96**	–0,45	1,09	1,18	0,06	73
***N*_84**	1,39	0,99	0,89	0,07	23						
***N*_88**	–0,15	1,11	1,13	0,06	48						
***N*_93**	0,68	0,76	0,63	0,06	34						
M	0,00	1,00	0,98	0,06	–	*M*	0,00	0,99	0,98	0,07	–
DP	0,91	0,10	0,15	0,00	–	*DP*	1,22	0,12	0,25	0,02	–

[*N* (neuroticismo), *E* (extroversão); *Di* (medida, localização dos itens), *EP* (erro-padrão); *M* (média), *DP* (desvio-padrão); % (percentagem de acertos)].

Com relação aos sujeitos ($N = 1666$), os valores de *infit* variam entre 0,56 e 1,84, com uma média de 0,99, e os valores de *outfit* oscilam entre 0,23 e 4,36, com uma média de 0,98 (ver Tabela 8.4). Contabilizando o número de sujeitos com desajuste moderado (valores entre 1,50 e 2,00) e com desajuste severo (valores superiores a 2,00) (critério de Linacre, 2009) na escala *N*, verifica-se que para *infit* doze sujeitos (0,72%) revelam desajuste moderado, e zero, desajuste severo. Para *outfit*, 108 sujeitos (6,48%) apresentam desajuste moderado, e 24 sujeitos (1,44%), desajuste severo.

Por meio da representação gráfica da calibração dos itens da escala *N* e dos sujeitos, presente na Figura 8.1 (do lado esquerdo dos eixos está representado o nível do atributo avaliado nos sujeitos, e do lado direito, o nível de dificuldade dos itens), é possível observar que o ajuste entre o índice de dificuldade dos itens e o nível do atributo nos participantes é muito bom – o gráfico mostra que os itens possuem um considerável poder discriminativo, uma vez que, em sua maioria, abrangem porções distintas da escala *logit*, assumindo uma distribuição contínua. Conforme consta na Tabela 8.4, os itens da escala *N*, que se situam entre os valores −2,01 e 1,39 da escala *logit* (ponto médio de 0,00), avaliam com uma elevada adequabilidade os níveis baixos, médios e altos do atributo (o *neuroticismo*) nos sujeitos, que se localizam entre os valores −3,50 e 3,40 da mesma escala (ponto médio de −0,25).

Na Figura 8.1, pode-se verificar que, de um modo contínuo, os itens *N*_25, *N*_74, *N*_9, *N*_57 são os que melhor medem os níveis baixos do atributo, os itens *N*_93, *N*_61, *N*_75, *N*_11, *N*_19, *N*_3, *N*_47, *N*_28, *N*_88, *N*_64, *N*_40, *N*_5, *N*_80 são os que avaliam melhor os níveis médios do atributo, e os itens *N*_84, *N*_34, *N*_54, *N*_16, *N*_23, *N*_53 são os que medem com maior adequabilidade os níveis altos do atributo. Na escala *N*, os itens *N*_25 ("*É uma pessoa preocupada?*"; 78% de "acertos") e *N*_74 ("*Fica especialmente afetado(a) com algumas coisas?*"; 76% de "acertos") são os mais "fáceis". O item mais "difícil" é o *N*_84 ("*É uma pessoa sofredora?*"; 23% de "acertos").

Estudo da escala *E*

Na Tabela 8.2 são também apresentados os dados da calibração dos itens da escala *E*. Nessa escala, o critério de Linacre (2009) é igualmente cumprido, com todos os índices de *infit* dos itens oscilando entre 0,79 e 1,22, alcançando uma média de 0,99. O mesmo se verifica em relação à estatística *outfit*, cujos índices variam entre 0,58 e 1,47, com uma média de 0,98. Embora os índices médios de *infit* e *outfit* não tenham atingido 1,00, os valores de 0,99 e 0,98 obtidos, respectivamente, são muito aproximados do valor médio ideal, o que é indicativo de um bom ajuste dos itens.

Em relação aos participantes ($N = 1652$), os valores de *infit* oscilam entre 0,38 e 2,08, com uma média de 1,00, e os valores de *outfit* variam entre 0,16 e 8,93, com uma média de 0,98 (ver Tabela 8.4). Na escala *E*, para *infit*, contabilizam-se 31 indivíduos (1,88%) com desajuste moderado e um sujeito (0,06%) com desajuste severo. Para *outfit*, 99 indivíduos (5,99%) mostram desajuste moderado, e 76 (4,50%) possuem desajuste severo.

Figura 8.1 ■ Mapa de participantes-itens para as escalas *N* e *E* do EPQ-R [*N* (neuroticismo), *E* (extroversão); na escala *N*, cada "#" corresponde a 10 sujeitos e cada "." a 1 de 9 sujeitos; na escala *E*, cada "#"corresponde a 12 sujeitos e cada "." a 1 de 11 sujeitos].

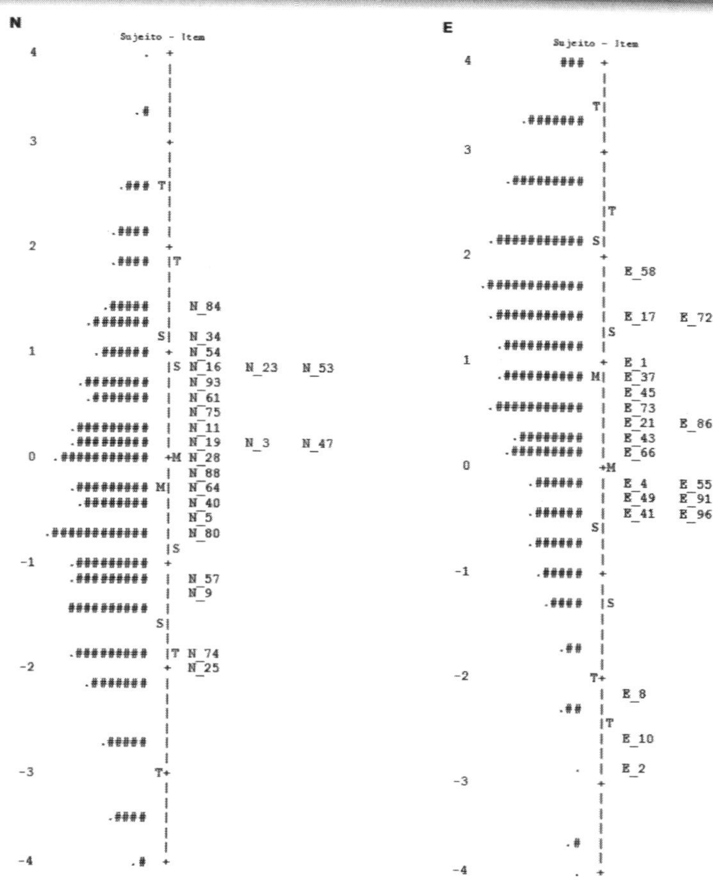

Na Figura 8.1, a representação gráfica da parametrização dos itens da escala *E* e dos participantes mostra que existe um bom ajuste entre o índice de dificuldade dos itens e o nível do atributo avaliados nos sujeitos. Nesse sentido, os itens ocupam os valores entre −2,81 e 1,82 da escala *logit* (ponto médio de 0,00) e o nível dos sujeitos encontra-se nos valores entre −3,72 e 3,43 da mesma escala (média de 0,81) (ver Tabela 8 4).

Assim, apesar de os itens da escala *E* possuírem ótimos índices de *infit* e *outfit*, revelam um ligeiro desajuste na avaliação dos sujeitos desta amostra. Primeiro, pela discrepância entre os valores médios da localização – 0,00 nos itens e 0,81 nos sujeitos. Depois, por existirem três itens extremamente "fáceis": E_8 ("*Habitualmente é capaz de descontrair e de se divertir em uma festa animada?*"; 90% de acertos). E_10 ("*É uma pessoa alegre e bem-disposta?*"; 93% de acertos) e E_2 ("*Gosta de conhecer novas pessoas?*"; 94% de acertos).

Por conseguinte, nesta amostra, que é fundamentalmente constituída por sujeitos extrovertidos, os itens da escala *E* possuem maior adequabilidade na avaliação dos níveis médios e elevados do atributo (a *Extroversão*) do que na avaliação dos níveis baixos. Porém, na análise do Modelo Rasch, à exceção dos itens E_2, E_10 e E_8, todos os itens da escala *E* possuem boas qualidades psicométricas.

Estudo da escala *P*

Conforme mostra a Tabela 8.3, os valores da calibração dos itens da escala *P* estão de acordo com o critério de Linacre (2009). Com efeito, todos os índices de *infit* dos itens variam entre 0,90 e 1,08, com uma média de 1,00, e todos os índices de *outfit* oscilam entre 0,83 e 1,14, com uma média de 0,99 (valor médio muito próximo do valor ideal).

Tabela 8.3 ■ Calibração dos itens das escalas *P* e *L* do EPQ-R.

P						*L*					
Itens	*Di*	*Infit*	*Outfit*	*EP*	%	Itens	*Di*	*Infit*	*Outfit*	*EP*	%
P_6	−0,15	0,90	0,83	0,09	11	**L_7**	−0,99	1,08	1,20	0,06	72
P_13	1,65	0,98	0,98	0,16	3	**L_12**	0,15	1,01	1,00	0,06	52

P_27	–1,08	1,08	1,09	0,07	20	**L_15**	–1,27	0,86	0,70	0,06	76
P_46	–0,87	1,07	1,08	0,08	18	**L_18**	–1,68	0,88	0,84	0,07	81
P_51	–0,31	1,02	0,99	0,08	13	**L_22**	0,28	1,08	1,14	0,06	49
P_56	0,28	1,06	1,14	0,10	8	**L_26**	–1,39	1,02	1,03	0,07	78
P_70	–0,46	0,92	0,89	0,08	14	**L_29**	–1,72	1,00	1,31	0,07	82
P_85	0,35	1,03	1,04	0,10	8	**L_35**	0,11	0,88	0,82	0,06	52
P_95	0,59	0,91	0,88	0,1[illegible]	7	**L_39**	2,40	0,89	0,74	0,08	16
						L_48	0,93	0,92	0,88	0,06	37
						L_50	0,26	1,02	1,05	0,06	49
						L_59	1,56	1,10	1,18	0,06	27
						L_63	0,27	1,08	1,13	0,06	49
						L_65	1,71	1,01	1,07	0,06	25
						L_69	1,57	0,99	1,07	0,06	27
						L_78	–0,02	1,06	1,08	0,06	55
						L_83	0,00	1,01	1,02	0,06	54
						L_94	–2,15	0,96	0,97	0,08	86
M	0,00	1,00	0,99	0,10	–	*M*	0,00	0,99	1,01	0,06	–
DP	0,78	0,07	0,10	0,02	–	*DP*	1,28	0,08	0,16	0,01	–

[*P* (psicoticismo), *L* (mentira/desejabilidade social); *Di* (medida, localização dos itens), *EP* (erro-padrão); *M* (média), *DP* (desvio-padrão); % (percentagem de acertos)].

Em relação aos sujeitos ($N = 890$), os valores de *infit* oscilam entre 0,61 e 1,60, com uma média de 1,00, e os valores de *outfit* variam entre 0,47 e 5,83, com uma média de 0,99 (ver Tabela 8.4). Na escala *P*, para *infit*, contabilizam-se doze sujeitos (1,35%) com desajuste moderado e 0 com desajuste severo. Para *outfit*, 98 sujeitos (11,01%) apresentam desajuste moderado e 43 sujeitos (4,83%) desajuste severo.

Na Figura 8.2 (do lado esquerdo dos eixos está representado o nível do atributo avaliado nos sujeitos, e do lado direito, o nível de dificuldade dos itens), a representação gráfica da calibração dos itens da escala *P* e dos participantes demonstra que o índice de dificuldade dos itens é desadequado para avaliar o nível do atributo (o *psicoticismo*) nos sujeitos. Nesse sentido, o nível do atributo é muito baixo, e os itens da escala *P* são muito "difíceis". Como é possível verificar na Tabela 8.4, os itens posicionam-se entre os valores −1,08 e 1,65 da escala *logit*, e a distribuição dos participantes varia entre os valores −2,29 e 2,32 da mesma escala, evidenciando uma acentuada discrepância em relação aos valores médios da localização – ponto médio de 0,00 para os itens e ponto médio de −1,60 para os sujeitos.

Figura 8.2 ■ Mapa de participantes-itens para as escalas *P* e *L* do EPQ-R [*P* (psicoticismo), *L* (mentira/desejabilidade social); na escala *P*, cada "#" corresponde a 62 sujeitos e cada "." a 1 de 61 sujeitos; na escala *L*, cada "#"corresponde a 15 sujeitos e cada "." a 1 de 14 sujeitos].

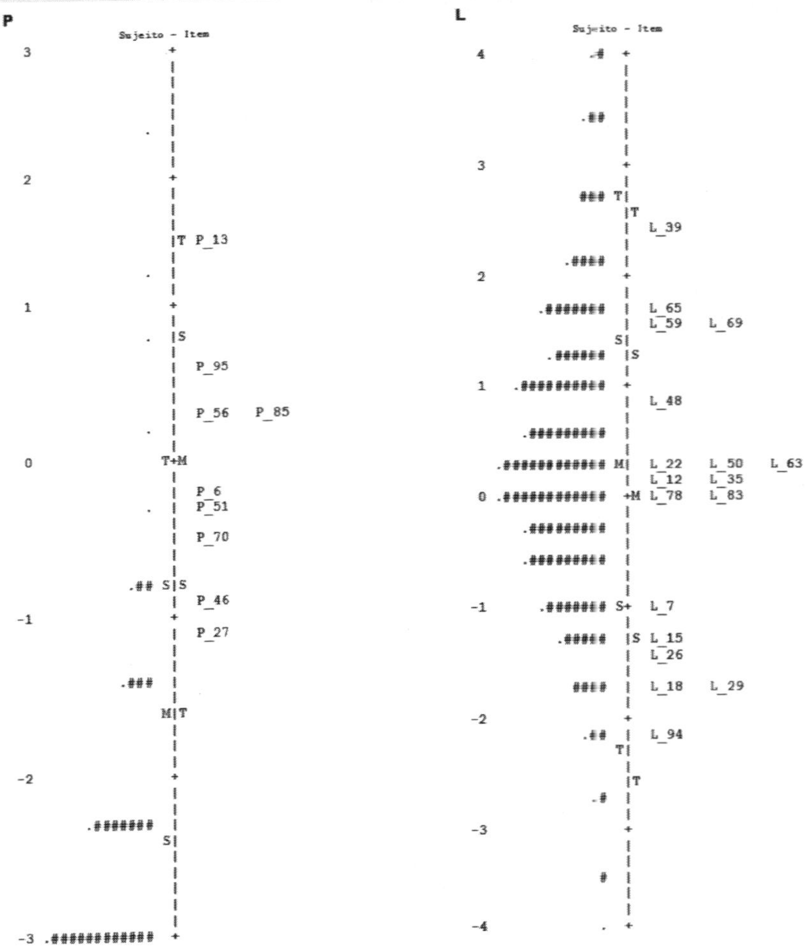

Desse modo, os itens *P*_27 ("*Tem inimigos que querem lhe fazer mal?*"; 20% de "acertos") e *P*_46 ("*Costuma sentir prazer em ver alguém com quem não simpatiza ser humilhado perante outras pessoas?*"; 18% de "acertos") são os mais "fáceis" da escala *P* e os que melhor se adequam às características dos sujeitos (nível baixo do atributo). Nessa escala, existem sete itens com um elevado grau de dificuldade para os participantes (em um total de nove itens), dada sua escassa percentagem de "acertos" (oscilam entre 3% e 14%). Entre esses itens, encontra-se o P_13 ("*Ficaria muito perturbado(a) se visse uma criança ou um animal sofrer?*"; 3% de "acertos"), que é extremamente "difícil".

No total dos itens, a percentagem de "acertos" varia entre 3% e 20%. Esses resultados (para itens e sujeitos) evidenciam que, apesar de os itens apresentarem boas qualidades psicométricas, com ótimos índices de ajuste *infit* e *outfit*, são desadequados para avaliar as características dos sujeitos desta amostra, que é normativa. Com efeito, os itens da escala *P* apenas poderão ser adequados para medir os níveis baixos do atributo nos sujeitos.

De fato, o EPQ-R é um instrumento de avaliação da personalidade normal (H. Eysenck, & M. Eysenck, 1985; S. Eysenck, H. Eysenck, & Barrett, 1985), com aplicabilidade em contexto clínico (H. Eysenck, 1992, 1994, 1998; H. Eysenck, & S. Eysenck, 1976; H. Eysenck, & Wilson, 1986; Lynn, 1981; Nyborg, 1997), e cuja dimensão *P*, à semelhança das dimensões *N* e *E*, pretende avaliar sujeitos com um funcionamento saudável da personalidade. Por conseguinte, nesta análise, mediante o Modelo Rasch, os dados sugerem que a escala *P* poderá ser uma medida de personalidade mais profícua em contextos de avaliação nos quais os traços característicos dessa dimensão (*P*) (por exemplo, impulsividade, agressividade, baixa empatia, entre outros) se encontrem presentes nos sujeitos – nomeadamente, nos contextos clínico e forense, na avaliação das perturbações psicóticas, perturbações da personalidade, entre outras.

Em suma, apesar dos bons índices *infit* e *outfit*, o nível de dificuldade dos itens da escala *P* é elevadíssimo (nove itens) – nesta análise, dos 1.689 sujeitos que compunham a amostra total, 799 foram eliminados por terem obtido 0 pontos, e a média das pontuações é apenas de 1,01 pontos (DP = 1,31). Esses dados mostram que a escala *P* funciona como uma escala de patologia e que seus itens são inadequados para medir convenientemente o atributo de *psicoticismo* nos sujeitos em contexto normativo. Isto é, a natureza da escala *P* e o conteúdo de seus itens encontram-se relacionados com a psicopatologia, uma vez que os sujeitos do contexto normativo tendem a obter pontuações extremamente baixas.

Estudo da escala *L*

Na Tabela 8.3, são igualmente apresentados os dados da calibração dos itens da escala *L*. Nessa escala, todos os índices de *infit* e *outfit* dos itens cumprem o critério de Linacre (2009), revelando um ajuste ótimo – os valores de *infit* oscilam entre 0,86 e 1,10, com uma média de 0,99, e os valores de *outfit* variam entre 0,70 e 1,31, com uma média de 1,01 (os valores médios de 0,99 e 1,01 são muito próximos do valor ideal de 1,00).

Quanto aos sujeitos avaliados pela escala *L* ($N = 1659$), os índices de *infit* oscilam entre 0,43 e 2,15, com uma média de 1,00, e os índices de *outfit* oscilam entre 0,21 e 9,90, com uma média de 1,01 (ver Tabela 8.4). Na escala *L*, para *infit*, contabilizam-se 82 indivíduos (4,94%) com desajuste moderado e três indivíduos (0,18%) com desajuste severo. Para *outfit*, 126 sujeitos (7,59%) mostram desajuste moderado e 94 sujeitos (5,57%) mostram desajuste severo.

Tabela 8.4 ▪ Valores da parametrização dos itens e dos sujeitos e valores da precisão obtidos para as escalas *N*, *E*, *P*, *L* da versão portuguesa do EPQ-R.

N	Itens				Sujeitos				Precisão		
23 itens	*M*	*DP*	Mín.	Máx.	*M*	*DP*	Mín.	Máx.	***PSI***	***PSS***	*α*
Medida	0,00	0,91	–2,01	1,39	–0,25	1,40	–3,50	3 40	1,00	0,83	0,87
Infit	1,00	0,10	0,76	1,12	0,99	0,18	0,56	1 84			
Outfit	0,98	0,15	0,63	1,21	0,98	0,38	0,23	4 36			
EP	0,06	0,00	0,06	0,07	0,54	0,13	0,45	1 05			
E	Itens				Sujeitos				Precisão		
20 itens	*M*	*DP*	Mín.	Máx.	*M*	*DP*	Mín.	Máx.	***PSI***	***PSS***	*α*
Medida	0,00	1,22	–2,81	1,82	0,81	1,37	–3,72	3 43	1,00	0,78	0,83
Infit	0,99	0,12	0,79	1,22	1,00	0,21	0,38	2 08			
Outfit	0,98	0,25	0,58	1,47	0,98	0,60	0,16	8 93			
EP	0,07	0,02	0,06	0,12	0,60	0,14	0,50	1 10			

P	Itens				Sujeitos				Precisão		
9 itens	*M*	*DP*	Mín.	Máx.	*M*	*DP*	Mín.	Máx.	***PSI***	***PSS***	*α*
Medida	0,00	0,78	–1,08	1,65	–1,60	0,82	–2,29	2,32	0,98	0,00	0,55
Infit	1,00	0,07	0,90	1,08	1,00	0,18	0,61	1,60			
Outfit	0,99	0,10	0,83	1,14	0,99	0,67	0,47	5,83			
EP	0,10	0,02	0,07	0,16	0,93	0,15	0,71	1,10			
L	Itens				Sujeitos				Precisão		
18 itens	*M*	*DP*	Mín.	Máx.	*M*	*DP*	Mín.	Máx.	***PSI***	***PSS***	*α*
Medida	0,00	1,28	–2,15	2,40	0,22	1,26	–3,47	3,49	1,00	0,74	0,78
Infit	0,99	0,08	0,86	1,10	1,00	0,28	0,43	2,15			
Outfit	1,01	0,16	0,70	1,31	1,01	0,66	0,21	9,90			
EP	0,06	0,01	0,06	0,08	0,61	0,10	0,55	1,07			

[*N* (neuroticismo), *E* (extroversão), *P* (psicoticismo), *L* (mentira/desejabilidade social); *M* (média), *DP* (desvio-padrão), Mín. (valor mínimo), Máx. (valor máximo); *EP* (erro-padrão), *PSI* (precisão da separação dos itens), *PSS* (precisão da separação dos sujeitos); *α* (*coeficiente alfa*)].

Na representação gráfica da parametrização dos itens da escala *L* e dos participantes, presente na Figura 8.2, pode-se constatar que existe um ajuste muito bom entre o índice de dificuldade dos itens e o nível do atributo medido nos sujeitos. Os itens da escala *L* situam-se entre os valores −2,15 e 2,40 da escala *logit* (ponto médio de 0,00) e medem convenientemente os níveis baixos, médios e elevados do atributo (a *mentira/desejabilidade social*) nos sujeitos, que se localizam nos valores entre −3,47 e 3,49 (ponto médio de 0,22) da mesma escala (ver Tabela 8.4).

Na Figura 8.2, é possível observar, ainda, que os itens da escala *L* (embora não assumam uma distribuição contínua como na escala *N*) possuem um bom poder discriminativo, sendo que os itens *L*_94, *L*_18, *L*_29, *L*_26, *L*_15, *L*_7 são os que melhor medem os níveis baixos do atributo, os itens *L*_48, *L*_22, *L*_50, *L*_63, *L*_12, *L*_35, *L*_78, *L*_83 são os que avaliam melhor os níveis médios do atributo, e os itens *L*_39, *L*_65, *L*_59, *L*_69 são os que medem com maior adequabilidade os níveis altos do atributo. O item *L*_94 (*"Alguma vez aceitou um elogio sabendo* *que o mérito era de outra pessoa?*"; 86% de "acertos") é o mais "fácil" da escala *L*, e o item *L*_39 ("*Alguma vez disse mal de alguém?*"; 16% de "acertos"), o mais "difícil".

Estudos de precisão do EPQ-R

No Modelo Rasch, o estudo da precisão resulta da análise da proporção da variância dos itens e dos sujeitos que não é explicada pelo erro de medição. Essa análise baseia-se em três índices fundamentais: o *erro-padrão* (*EP*) (para cada item), a *precisão da separação dos itens* (*PSI*) e a *precisão da separação dos sujeitos* (*PSS*) (tal índice é homólogo ao coeficiente alfa da *TCT*) (Bond, & Fox, 2007; Linacre, 2009; Prieto, & Delgado, 2003).

No que respeita ao *EP* dos itens da escala *N*, os valores variam entre 0,06 e 0,07 (valor médio de 0,06), a *PSI* é 1,00 e a *PSS* é 0,83 (ver Tabela 8.4).

Para a escala *E*, os valores do *EP* dos itens oscilam entre 0,06 e 0,12 (média de 0,07), a *PSI* é 1,00 e a *PSS* é 0,78 (ver Tabela 8.4; os valores do *EP* para os itens das escalas *N* e *E* constam na Tabela 8.2).

Na escala *P*, os valores do *EP* dos itens variam entre 0,07 e 0,16 (valor médio de 0,10), a *PSI* é 0,98 e a *PSS* é 0,00 (ver Tabela 8.4).

Por seu turno, os valores do *EP* dos itens da escala *L* oscilam entre 0,06 e 0,08 (média de 0,06), a *PSI* é 1,00 e a *PSS* é 0,74 (ver Tabela 8.4; os valores do *EP* para os itens das escalas *P* e *L* constam na Tabela 8.3).

Por conseguinte, todos os índices de precisão do EPQ-R obtidos na *TRI* são adequados – os valores do *EP* dos itens são baixos, os valores da *PSI* atingiram 1,00 (o índice de 0,98 obtido para a escala *P* é um valor muito próximo do ideal) e os valores da *PSS* (que refletem a precisão com que os itens da escala medem os sujeitos) são superiores a 0,70 (DeVellis, 1991; Nunnally, 1978). A única exceção é o valor da *PSS* da escala *P* (0,00), que é nulo e advém do elevado nível de dificuldade dos itens dessa escala e de sua inadequação para medir convenientemente o atributo de *psicoticismo* nos sujeitos em contexto normativo. Esse resultado está em consonância com o baixo *coeficiente de alfa* obtido para a mesma escala (0,55) no âmbito da *TCT*.

Estudos de validade do EPQ-R

Análise *DIF*

Na presente pesquisa, realizou-se uma análise do *Funcionamento Diferencial dos Itens* (*DIF*) em função das variáveis gênero (*H* e *M*) e idade (*GJ* e *GA*), por meio da aplicação do Modelo Rasch, para verificar se o *princípio de invariância* é cumprido nas escalas *N*, *E*, *P*, *L* do EPQ-R.

Uma medida cumpre o *princípio de invariância* quando a associação entre os itens do teste e a variável latente que pretende mensurar é a mesma independentemente das características do grupo a qual pertence o sujeito (gênero, idade, cultura, entre outras). Ou seja, a probabilidade de determinado sujeito responder corretamente a um item do teste deve depender apenas das diferenças inerentes ao atributo, e não das características específicas do grupo a que pertence. Nesse sentido, os sujeitos com o mesmo nível no atributo avaliado deverão ter a mesma probabilidade de responder acertadamente ao item. No Modelo Rasch, tal probabilidade é estimada em função do nível de dificuldade dos itens (1 PL), considerando os sujeitos cujo nível do atributo avaliado se situa no mesmo patamar, para o qual não devem ser verificadas diferenças de desempenho. Os enviesamentos da medida produzidos pelo *DIF* remetem a um conjunto de erros que deturpam a validade do constructo do instrumento (Aliste, 1996; Bond, & Fox, 2007; Embretson, & Reise, 2000; Linacre, 2009, 2012).

No Modelo Rasch, existem dois critérios que devem ser simultaneamente considerados para detectar *DIF* (Linacre, 2012):

- **Primeiro critério**: um item tem *DIF* quando o valor absoluto do *contraste DIF* entre os grupos avaliados $|D1–D2| \geq 0,50$ e o valor *t de Welch* é significativo, aplicando o *critério de Bonferroni* – por exemplo, a escala *N* tem 23 itens, então, o valor *t de Welch* é significativo se $p < (0,05/23) = 0,0022$;
- **Segundo critério:** sugerido por Zwick e Ercikan (1989) e adotado pelo *Educational Testing Service* (*ETS*): um item apresenta *DIF* quando preenche o *critério de Mantel-Haenszel* para o Tipo C; ou seja, quando o Delta-MH, obtido a partir da multiplicação de (−2,35ln) pelo valor absoluto do *size* (de *DIF*) do *teste de Mantel-Haenszel*, é superior a 1,5

(|*DIF*| > |1,5|) e significativo, aplicando o *critério de Bonferroni* (o *ETS* utiliza unidades *delta*, e não as unidades *logit* do Modelo Rasch, pelo que 1 *logit* corresponde a 2,35 unidades *delta*).

De acordo com a classificação do *ETS* (Linacre, 2012; Zwick, & Ercikan, 1989; Zwick, Thayer, & C. Lewis, 1999), existem três categorias de *DIF*:

1. Os itens com *DIF* do Tipo A, que é insignificante, quando |*DIF*| < |1|.
2. Os itens com *DIF* do Tipo B, que é leve ou moderado, quando 1 ≤ |*DIF*| ≥ |1,5| = 0,43, com *p* significativo aplicando o *critério de Bonferroni.*
3. Os itens com *DIF* do Tipo C, que é severo, quando |*DIF*| > |1,5| = 0,64, com *p* significativo aplicando o *critério de Bonferroni.*

No que concerne à variável gênero, os dados da análise *DIF* encontram-se expostos na Tabela 8.5 e na Figura 8.3, para as escalas *N* e *E*, e na Tabela 8.6 e na Figura 8.4, para as escalas *P* e *L*. A Tabela 8.7 mostra os itens com *DIF* (*N*, *E*, *P*, *L*) e o respectivo conteúdo.

Tabela 8.5 ■ Análise *DIF* dos itens das escalas *N* e *E* do EPQ-R em função da variável gênero.

Escala	Item	Grupos	Medida *DIF*	Contraste *DIF*	S.E.	Welch		Mantel-Haenszel	
						t	*sig.*	*size*	*sig.*
N	*N_9*[+]	*H*	–1,66	–0,73	0,09	–5,96	0,0000	–0,66	0,0000
		M	–0,94	0,73	0,08	5,96	0,0000	0,66	0,0000
	N_23	*H*	0,50	–0,63	0,09	–5,11	0,0000	–0,63	0,0000
		M	1,12	0,63	0,08	5,11	0,0000	0,63	0,0000
	N_74	*H*	–1,61	0,59	0,09	4,38	0,0000	0,62	0,0000
		M	–2,20	–0,59	0,10	–4,38	0,0000	–0,62	0,0000

	E_1†	*H*	0,41	–1,03	0,09	–8,80	0,0000	–0,92	0,0000
		M	1,44	1,03	0,08	8,80	0,0000	0,92	0,0000
	E_4†	*H*	0,16	0,68	0,09	5,51	0,0000	0,74	0,0000
		M	–0,51	–0,68	0,09	–5,51	0,0000	–0,74	0,0000
	E_55†	*H*	0,22	0,64	0,09	5,23	0,0000	0,71	0,0000
E		*M*	–0,42	–0,64	0,08	–5,23	0,0000	–0,71	0,0000
	E_66	*H*	–0,10	–0,50	0,09	–4,18	0,0000	–0,51	0,0001
		M	0,40	0,50	0,08	4,18	0,0000	0,51	0,0001
	E_96	*H*	–0,81	–0,64	0,10	–4,92	0,0000	–0,56	0,0000
		M	–0,18	0,64	0,08	4,92	0,0000	0,56	0,0000

[*N* (neuroticismo), *E* (extroversão); *H* (homens), *M* (mulheres); †itens com *DIF* do Tipo C].

Na escala *N*, apenas o item *N*_9 tem *DIF* do Tipo C (severo), sendo este item mais "difícil" para as *M*. Isso significa que os *H* com um nível menor no atributo de *neuroticismo* tendem mais facilmente a estar de acordo com o conteúdo do item *N*_9 que as *M*. Todavia, as *M* tendem a obter pontuações mais elevadas nessa escala que os *H*, por isso, apesar de o *DIF* deste item ser severo, o enviesamento por ele produzido, em uma escala com 23 itens (na qual o nível médio do atributo é superior nas *M*, como mostram os resultados do *Teste t*), é pouco expressivo (ver Tabela 8.5 e Figura 8.3).

Com *DIF* do Tipo B (leve), na escala *N*, aparece o item *N*_23, que é mais "difícil" para as *M*, e o item *N*_74, que é mais "difícil" para os *H*. Porém, um item beneficia os *H*, e um item beneficia as *M*, o que torna o *DIF*, que nesse caso é leve, equilibrado em relação ao gênero (ver também a Tabela 8.7).

Figura 8.3 ■ Representação gráfica da análise *DIF* dos itens das escalas *N* e E do EPQ-R para a variável gênero [*N* (neuroticismo), *E* (extroversão); *H* (homens), *M* (mulheres)].

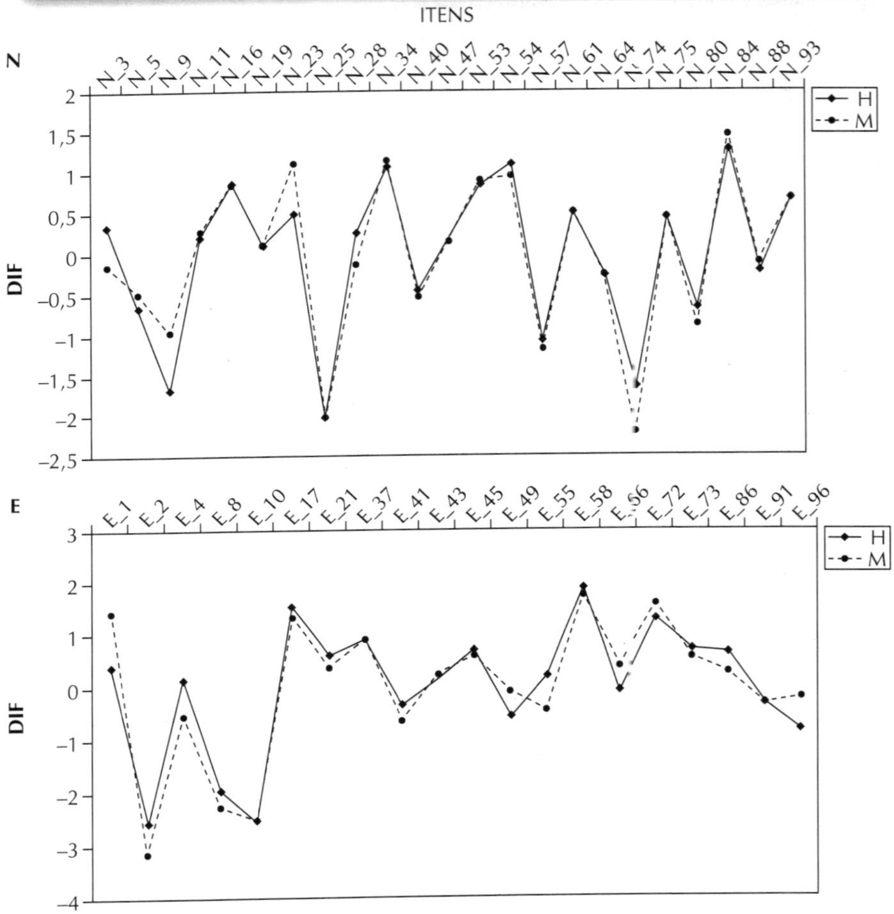

Na escala *E*, os itens *E*_1, *E*_4, *E*_55 apresentam *DIF* do Tipo C (severo): o item *E*_1 é mais "difícil" para as *M*, e os itens *E*_4 e *E*_55 são mais "difíceis" para os *H*. Assim, no item *E_1*, os *H* com um nível menor no atributo de *extroversão* tendem mais facilmente a estar de acordo com o seu conteúdo do que as *M*. Nos itens *E*_4 e *E*_55, as *M* com um nível menor no atributo de *extroversão* tendem mais facilmente a estar de acordo com o conteúdo desses itens que os *H*. Por isso, nos itens da escala *E*, o enviesamento produzido na avaliação dos sujeitos é maior em relação aos *H* que em relação às *M* – dois itens são mais "difíceis" para os *H*, e um item é mais "difícil" para as *M*, sendo que o *Teste t não mostra diferenças significativas nas pontuações entre H e M* (ver Tabela 8.5 e Figura 8.3).

Quanto ao *DIF* do Tipo B (leve), na escala *E*, surgem os itens *E_66* e *E_96*, que são ambos mais "difíceis" para as *M*. Assim, apesar de os itens com *DIF* do Tipo B não terem, por si só, uma grande expressão no viés produzido na medida, neste caso particular, estabelecem um equilíbrio importante entre os *H* e as *M*: um item que tem *DIF* do Tipo C e dois itens que têm *DIF* do Tipo B são mais "difíceis" para as *M*; 2 itens que têm *DIF* do Tipo C são mais "difíceis" para os *H* (ver também a Tabela 8.7).

Tabela 8.6 ■ Análise *DIF* dos itens das escalas *P* e *L* do EPQ-R em função da variável gênero.

Escala	Item	Grupos	Medida *DIF*	Contraste *DIF*	*S.E.*	Welch		Mantel-Haenszel	
						t	*sig.*	*size*	*sig.*
P	***P_27***	*H*	–0,75	0,66	0,11	4,46	0,0000	0,56	0,0001
		M	–1,41	–0,66	0,10	–4,46	0,0000	–0,56	0,0001
	P_70	*H*	–0,73	–0,63	0,11	–3,74	0,0002	–0,59	0,0008
		M	–0,10	0,63	0,13	3,74	0,0002	0,59	0,0008
L	***L_15***	*H*	–1,00	0,56	0,09	4,33	0,0000	0,55	0,0001
		M	–1,57	–0,56	0,10	–4,33	0,0000	–0,55	0,0001
	L_39†	*H*	2,06	–0,63	0,11	–4,17	0,0000	–0,72	0,0000
		M	2,69	0,63	0,11	4,17	0,0000	0,72	0,0000
	L_50	*H*	0,61	0,65	0,08	5,67	0,0000	0,62	0,0000
		M	–0,03	–0,65	0,08	–5,67	0,0000	–0,62	0,0000
	L_63	*H*	–0,10	–0,68	0,08	–6,07	0,0000	–0,63	0,0000
		M	0,58	0,68	0,08	6,07	0,0000	0,63	0,0000

[*P* (psicoticismo), *L* (mentira/desejabilidade social); *H* (homens), *M* (mulheres); †itens com *DIF* do Tipo C].

Na escala *P*, apenas dois itens apresentam *DIF* do Tipo *B* (leve): *P*_27, que é mais "difícil" para os *H*, e *P*_70, que é mais "difícil" para as *M*, o que estabelece um equilíbrio no enviesamento produzido face ao gênero (ver Tabela 8.6 e Figura 8.4; ver também a Tabela 8.7).

Figura 8.4 ■ Representação gráfica da análise *DIF* dos itens das escalas *P* e *L* do EPQ-R para a variável gênero [*P* (psicoticismo), *L* (mentira/desejabilidade social); *H* (homens), *M* (mulheres)].

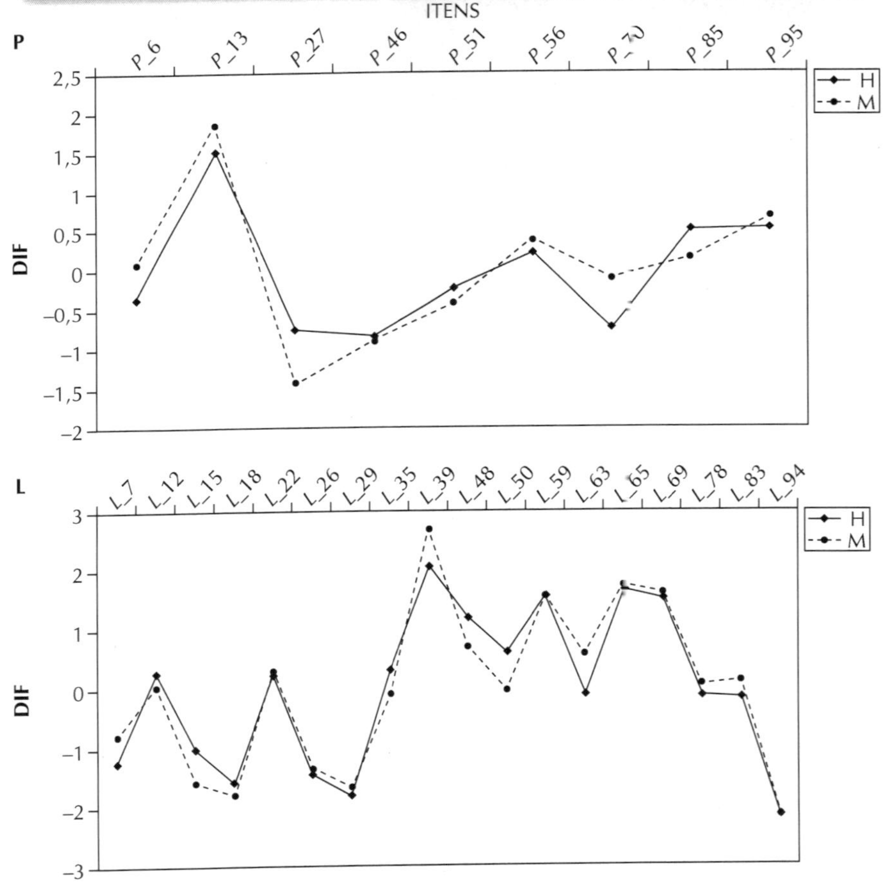

Na escala *L*, apenas o item *L*_39 apresenta *DIF* do Tipo C (severo). Esse item é mais "difícil" para as *M*, o que significa que os *H* com um nível de *desejabilidade social* menor tendem mais facilmente a estar de acordo com o conteúdo desse item que as *M*. No entanto, as *M* tendem a obter pontuações mais elevadas nessa escala que os *H* (como demonstram os resultados do *Teste t*). Por isso, apesar de o *DIF* deste item ser severo, o enviesamento produzido é, neste contexto (o nível médio do atributo é superior nas *M*), pouco expressivo (ver Tabela 8.6 e Figura 8.4).

Para a escala *L*, com *DIF* do Tipo B (leve), os itens *L*_15 e *L*_50 são mais "difíceis" para os *H*, e o item *L*_74 é mais "difícil" para as *M*. Tal como acontece para a escala *E*, o balanço entre os itens com *DIF* do Tipo B (leve) e do Tipo C (severo) equilibra o viés gerado pelos itens na medida – um item com *DIF* do Tipo C e um item com *DIF* do Tipo B são mais "difíceis" para as *M*, e dois itens com *DIF* do Tipo B são mais "difíceis" para os *H* (ver também a Tabela 8.7).

Tabela 8.7 ■ Conteúdo dos itens do EPQ-R com *DIF* em função da variável gênero.

DIF			Gênero
Escala	**Itens**		**Maior dificuldade**
N	*N*_9†	Preocupa-se frequentemente com coisas que não deveria ter feito ou dito?	*M*
	*N*_23	Sente-se muitas vezes perturbado(a) por sentimentos de culpa?	*M*
	*N*_74	Fica especialmente afetado(a) com algumas coisas?	*H*
E	*E*_1†	Tem muitos passatempos diferentes?	*M*
	*E*_4†	É uma pessoa faladora?	*H*
	*E*_55†	É capaz de organizar e animar uma festa?	*H*
	*E*_66	Tem muitos amigos?	*M*
	*E*_96	Gosta de contar anedotas e histórias engraçadas aos seus amigos?	*M*
P	*P*_27	Tem inimigos que lhe querem fazer mal?	*H*
	*P*_70	Colaboraria com as associações que ajudam as pessoas mais desfavorecidas (ou marginalizadas)?	*M*
L	*L*_15	Já alguma vez quis ficar com mais do que aquilo que lhe pertencia?	*H*
	*L*_39†	Alguma vez falou mal de alguém?	*M*
	*L*_50	Às vezes gaba-se um pouco?	*H*
	*L*_63	Age sempre de acordo com o que diz?	*M*

[*N* (neuroticismo), *E* (extroversão), *P* (psicoticismo), *L* (mentira/desejabilidade social); *H* (homens), *M* (mulheres); †itens com *DIF* do Tipo C].

No que respeita à variável idade, os dados da análise *DIF* são apresentados na Tabela 8.8 e na Figura 8.5, para as escalas N e E, e na Tabela 8.9 e na Figura 8.6, para as escalas P e L. A Tabela 8.10 mostra os itens com *DIF* (*N*, *E*, *P*, *L*) e o respectivo conteúdo.

Tabela 8.8 ▪ Análise *DIF* dos itens das escalas *N* e *E* do EPQ-R em função da variável idade.

Escala	Item	Grupos	Medida *DIF*	Contraste *DIF*	*S.E.*	Welch		Mantel-Haenszel	
						t	*sig.*	*size*	*sig.*
N	*N_19*	*GJ*	–0,12	–0,50	0,08	–4,32	0,0000	–0,48	0,0000
		GA	0,38	0,50	0,08	4,32	0,0000	0,48	0,0000
	N_25†	*GJ*	–1,57	0,92	0,09	6,69	0,0000	0,79	0,0000
		GA	–2,49	–0,92	0,10	–6,69	0,0000	–0,79	0,0000
	N_53	*GJ*	0,64	–0,53	0,08	–4,28	0,0000	–0,53	0,0000
		GA	1,17	0,53	0,09	4,28	0,0000	0,53	0,0000
E	*E_17*†	*GJ*	1,07	–0,73	0,08	–6,20	0,0000	–0,71	0,0000
		GA	1,80	0,73	0,09	6,20	0,0000	0,71	0,0000
	E_43	*GJ*	0,49	0,53	0,08	4,55	0,0000	0,63	0,0000
		GA	–0,04	–0,53	0,08	–4,55	0,0000	–0,63	0,0000
	E_73†	*GJ*	0,29	–0,65	0,08	–5,62	0,0000	–0,67	0,0000
		GA	0,94	0,65	0,08	5,62	0,0000	0,67	0,0000

[*N* (neuroticismo), E (extroversão); *GJ* (16-30 anos), *GA* (31-60 anos); †itens com *DIF* do Tipo C].

Na escala *N*, apenas o item *N_25* tem *DIF* do Tipo C (severo), sendo este item mais "difícil" para o *GJ*. Isso significa que os sujeitos do *GA* com um nível menor no atributo de *neuroticismo* tendem mais facilmente a estar de acordo com o conteúdo do item *N_25* que os sujeitos do *GJ*. Contudo, o *GJ* tende a obter pontuações mais elevadas nesta escala que o *GA* (conforme mostram os resultados do *Teste t*). Por isso, embora o *DIF* desse item seja severo, o enviesamento produzido, neste contexto (o nível médio do atributo é superior no *GJ*), não tem grande expressão (ver Tabela 8.8 e Figura 8.5).

Com *DIF* do Tipo B (leve), na escala *N*, surgem os itens *N*_19 e *N*_53, que são mais "difíceis" para o *GA*. Assim sendo, o balanço entre os itens com *DIF* do Tipo B (leve) e do Tipo C (severo) equilibra o viés gerado na medida: 1 item com *DIF* do Tipo C é mais "difícil" para os sujeitos do *GJ*, e 2 itens com *DIF* do Tipo B são mais "difíceis" para os sujeitos do *GA* (ver também a Tabela 8.10).

Figura 8.5 ■ Representação gráfica da análise *DIF* dos itens das escalas *N* e *E* do EPQ-R para a variável idade [*N* (neuroticismo), *E* (extroversão); *GJ* (16-30 anos), *GA* (31-60 anos)].

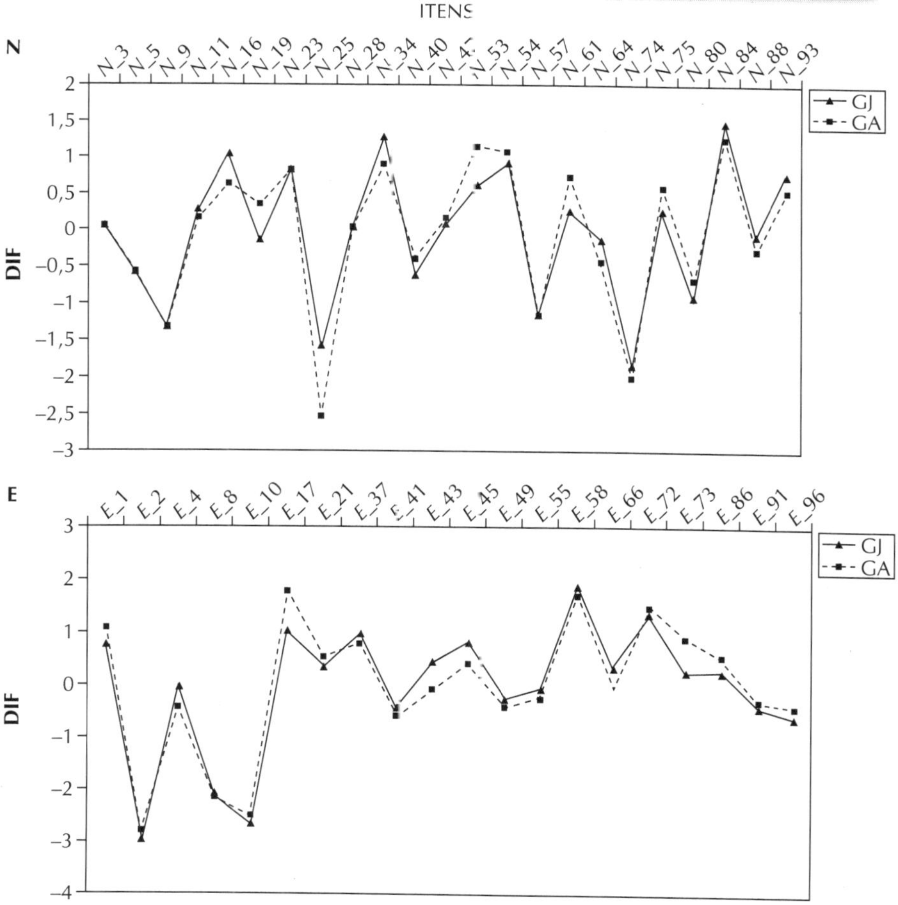

Na escala *E*, os itens *E_17* e *E_73* têm *DIF* do Tipo C (severo), sendo que esses itens são mais "difíceis" para o *GA*. Tal fato indica que os sujeitos do *GJ*, com um nível menor no atributo de *extroversão*, tendem mais facilmente a estar de acordo com o conteúdo dos itens *E_17* e *E_73* que os sujeitos do *GA*. A par disso, o *GJ* tende a pontuar mais nessa escala que o *GA* (*Teste t*), uma vez que o *DIF* desses itens produz um enviesamento considerável na avaliação dos sujeitos do *GA* (ainda que a escala *E* seja composta por vinte itens) (ver Tabela 8.8 e Figura 8.5).

Em relação ao *DIF* do Tipo B (leve), nessa escala, apenas se regista o item *E_43*, que é mais "difícil" para os sujeitos do *GJ* (ver também a Tabela 8.10).

Tabela 8.9 ■ Análise *DIF* dos itens das escalas *P* e *L* do EPQ-R em função da variável idade.

Escala	Item	Grupos	Medida *DIF*	Contraste *DIF*	S.E.	Welch		Mantel--Haenszel	
						t	*sig.*	*size*	*sig.*
P	**P_46**†	*GJ*	–1,21	–0,83	0,10	–5,22	0,0000	–0,85	0,0000
		GA	–0,39	0,83	0,12	5,22	0,0000	0,85	0,0000
L	**L_15**	*GJ*	–1,01	0,65	0,08	4,81	0,0000	0,57	0,0002
		GA	–1,66	–0,65	0,11	–4,81	0,0000	–0,57	0,0002
	L_18	*GJ*	–1,45	0,62	0,09	4,14	0,0000	0,57	0,0004
		GA	–2,06	–0,62	0,12	–4,14	0,0000	–0,57	0,0004
	L_48	*GJ*	1,23	0,55	0,09	4,61	0,0000	0,52	0,0001
		GA	0,68	–0,55	0,08	–4,61	0,0000	–0,52	0,0001
	L_59†	*GJ*	1,09	–0,89	0,09	–7,17	0,0000	–0,80	0,0000
		GA	1,99	0,89	0,09	7,17	0,0000	0,80	0,0000

[*P* (psicoticismo), *L* (mentira/desejabilidade social); *GJ* (16-30 anos), *GA* (31-60 anos); †itens com *DIF* do Tipo C].

Na escala *P*, o item *P_46* apresenta *DIF* do Tipo C (severo), sendo este mais "difícil" para o *GA*. Desse modo, os sujeitos do *GJ* com um nível mais baixo no atributo de *psicoticismo* tendem mais facilmente a estar de acordo com o conteúdo desse item que os sujeitos do *GA*. Além disso, o *GJ* tende a pontuar mais na escala *P* que o *GA* (*Teste t*). Por isso, esse *DIF* produz um viés importante na medição do atributo nos sujeitos do *GA*, sobretudo porque essa escala possui apenas nove itens (ver Tabela 8.9 e Figura 8.6; ver também a Tabela 8.10).

Figura 8.6 ■ Representação gráfica da análise *DIF* dos itens das escalas *P* e *L* do EPQ-R para a variável idade [*P* (Psicoticismo), *L* (Mentira/Desejabilidade social)]; *GJ* (16-30 anos), *GA* (31-60 anos)].

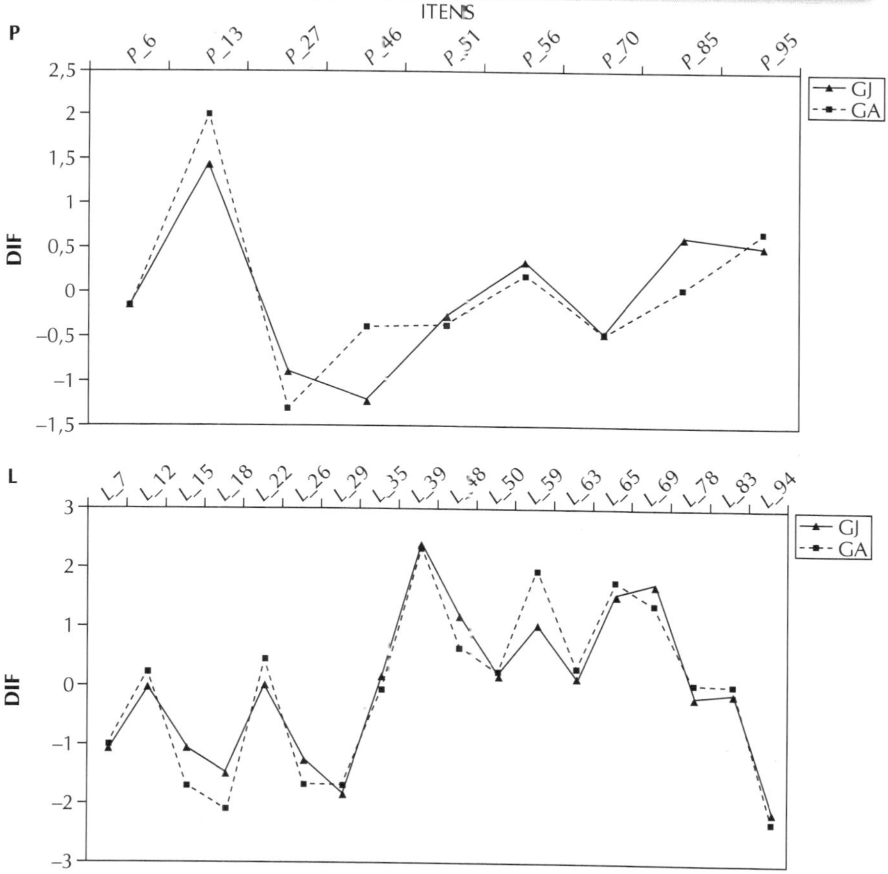

Na escala *L*, apenas o item *L*_59 apresenta *DIF* do Tipo C (severo), sendo esse item mais "difícil" para o *GA*. Isso significa que os sujeitos do *GJ* com um nível de *desejabilidade social* menor tendem mais facilmente a estar de acordo com o conteúdo desse item que os sujeitos do *GA*. Todavia, o *GA* tende a obter pontuações mais elevadas na escala *L* que o *GJ* (*Teste t*). Então, o *DIF* do *L*_59, apesar de ser severo, produz um enviesamento que, neste contexto (o nível médio do atributo é superior no *GA*), é pouco expressivo (ver Tabela 8.9 e Figura 8.6).

Com *DIF* do Tipo B (leve), na escala *L*, aparecem os itens *L*_15, *L*_18 e *L*_48, que são todos mais "difíceis" para os sujeitos do *GJ*. Assim, tendo em conta o balanço entre os itens com *DIF* do Tipo B (leve) e do Tipo C (severo), existe um equilíbrio do viés gerado na medida – um item com *DIF* do Tipo C é mais "difícil" para o *GA*, e três itens com *DIF* do Tipo B são mais "difíceis" para o *GJ* (ver também a Tabela 8.10).

Tabela 8.10 ▪ Conteúdo dos itens do EPQ-R com *DIF* em função da variável idade.

DIF			Idade
Escala	**Itens**		**Maior dificuldade**
N	***N*_19**	Costuma sentir dificuldades para tomar decisões?	*GA*
	***N*_25**†	É uma pessoa preocupada?	*GJ*
	***N*_53**	Alguma vez já desejou estar morto(a)?	*GA*
E	***E*_17**†	Em encontros sociais prefere ficar em segundo plano?	*GA*
	***E*_43**	Geralmente toma a iniciativa de fazer novas amizades?	*GJ*
	***E*_73**†	Gosta de muita excitação e animação à sua volta?	*GA*
P	***P*_46**†	Costuma sentir prazer em ver alguém com quem não simpatiza ser humilhado perante outras pessoas?	*GA*
L	***L*_15**	Alguma vez já quis ficar com mais do que aquilo que lhe pertencia?	*GJ*
	***L*_18**	Alguma vez culpou alguém sabendo que a responsabilidade era sua?	*GJ*
	***L*_48**	Alguma vez trapaceou em um jogo?	*GJ*
	***L*_59**†	Alguma vez já insistiu em impor sua vontade?	*GA*

[*N* (neuroticismo), *E* (extroversão), *P* (psicoticismo), *L* (mentira/desejabilidade social); *GJ* (16-30 anos), *GA* (31-60 anos); †itens com *DIF* do Tipo C].

Em suma, na análise *DIF* efetuada para as variáveis gênero e idade, apenas dez itens do EPQ-R apresentam *DIF* do Tipo C (severo), preenchendo simultaneamente os dois critérios: o *contraste DIF* [$|D1–D2| \geq .50$] (com *t de Welch* significativo), e o critério de *Mantel-Haenszel* [$|DIF| > |1,5| = 0,64$] (com *p* significativo).

No gênero, cinco itens apresentam *DIF*: os itens *E*_4 e *E*_55 são mais "difíceis" para os *H*, e os itens *N*_9, *E*_1 e *L*_39 são mais "difíceis" para as *M*. Na idade, o *DIF* surge também em cinco itens: o item *N*_25 é mais "difícil" para os sujeitos do *GJ* e os itens *E*_17, *E*_73, *P*_46 e *L*_59 são mais "difíceis" para os sujeitos do *GA*.

De maneira geral, os itens com *DIF* do Tipo C (severo) não produzem um enviesamento com grande expressão na medida, porque: ou surgem nas escalas para as quais o grupo "penalizado" (isto é, para o qual o índice de dificuldade do item é superior) apresenta pontuações significativamente superiores ao grupo "favorecido" (diferenças evidenciadas no *Teste t*); ou os itens com *DIF* do Tipo B (leve) "penalizam" o grupo que é "favorecido" pelos itens com *DIF* do Tipo C, equilibrando, de certo modo, o viés gerado pelos itens; ou, então, ocorrem ambas as situações.

Contudo, no *DIF* para a idade, o enviesamento produzido pelos itens *E*_17, *E*_73, *P*_46 deve ser levado em consideração, uma vez que o grupo "penalizado" é sempre o dos sujeitos do *GA*, não ocorrendo nenhuma das compensações mencionadas. Se, por um lado, a escala *E* é constituída por vinte itens, o que atenua o viés dos referidos itens, por outro lado, a escala *P* é composta apenas por nove itens, o que torna o *DIF* particularmente problemático para os sujeitos "mais velhos".

Estudo da unidimensionalidade (A*C*PR)

Visando confirmar a unidimensionalidade (princípio essencial da *TRI*) das escalas *N*, *E*, *P*, *L* do EPQ-R (fatores ortogonais), aplicou-se a *análise de componentes principais dos resíduos* (A*C*PR), estimando cada escala em separado (ver Tabela 8.11).

No Modelo Rasch, uma escala é considerada unidimensional quando a variância explicada pelo *componente principal* (*CP*) da dimensão é superior a 20% e o *eigenvalue* do *primeiro contraste* (1 °C) (unidade de variância residual) não excede o valor de 2,0 (critério de Linacre, 2009).

- Na escala *N*, o *CP* dessa dimensão explica 33,0% da variância total (67,0% da variância fica sem explicação), com um *eigenvalue* de 11,3. Seu 1 °C explica 6,3% da variância e tem um *eigenvalue* de 2,2.
- Na escala *E*, o *CP* dessa dimensão explica 34,2% da variância total (65,8% da variância fica sem explicação), com um *eigenvalue* de 10,4. Seu 1 °C explica 6,1% da variância e tem um *eigenvalue* de 1,9.
- Na escala *P*, o *CP* dessa dimensão explica 17,4% da variância total (82,6% da variância fica sem explicação), com um *eigenvalue* de 1,9. Seu 1 °C explica 14,9% da variância e tem um *eigenvalue* de 1,6.
- Na escala *L*, o *CP* dessa dimensão explica 36,2% da variância total (63,8% da variância fica sem explicação), com um *eigenvalue* de 10,2. Seu 1 °C explica 5,5% da variância e tem um *eigenvalue* de 1,5.

As escalas *N*, *E*, *L* possuem cinco unidades de variância residual (incluindo o 1 °C), ao passo que a escala *P* apresenta quatro. Os *eigenvalues* dessas unidades de variância residual são todos baixos, como é desejável. A partir do segundo contraste, os valores (decrescentes) oscilam entre 1,8 e 1,1.

Tabela 8.11 ■ ACPR das escalas *N*, *E*, *P*, *L* do EPQ-R.

ACPR		*N*	*E*	*P*	*L*
Componente principal	*Eigenvalues*	11,3	10,4	1,9	10,2
	% var. explicada	33,0%	34,2%	17,4%	36,2%
Primeiro contraste	*Eigenvalues*	2,2	1,9	1,6	1,5
	% var. explicada	6,3%	6,1%	14,9%	5,5%

[*N* (neuroticismo), *E* (extroversão), *P* (psicoticismo), *L* (mentira/desejabilidade social)].

Nos resultados da ACPR (ver Tabela 8.11), as escalas *E* e *L* preenchem por completo os critérios de unidimensionalidade, na medida em que os *CP* das respectivas dimensões explicam mais de 20% da variância total – 34,2% na escala *E* e 36,2% na escala *L* – e os *eigenvalues* do 1 °C são inferiores a 2,0 – 1,9 na escala *E* e 1,5 na escala *L*.

No que concerne à escala *N*, embora a variância explicada pelo *CP* seja elevada, o *eigenvalue* para seu 1 °C excede ligeiramente os 2,0 (o valor atingido é 2,2). Contudo, independentemente desse fato, considera-se que a escala *N* é unidimensional. Primeiro, porque a percentagem total de variância explicada pelo *CP* da dimensão *N* é de 33%, o que constitui um bom resultado. Segundo, porque os *eigenvalues* para os contrastes restantes são todos inferiores a 1,8 (valor baixo). Terceiro, porque a percentagem de variância explicada pelo 1 °C é de 6,3%, o que, de acordo com o critério de Fisher (2007), constitui um valor baixo (inferior a 10%). A par disso, todos os resultados obtidos no domínio da *TCT* (*AFE*, *AFC*: Almiro, 2013; Almiro, & M. R. Simões, 2013b) confirmam claramente a unidimensionalidade da escala *N* do EPQ-R.

No que respeita à escala *P*, apesar de o *eigenvalue* do 1 °C ser baixo (1,6), o *CP* dessa dimensão explica apenas 17,4% da variância total, não alcançando o valor mínimo esperado de 20%. Além disso, a percentagem de variância explicada pelo 1 °C é elevada (14,9%) e não preenche o critério de Fisher (2007). Por conseguinte, os resultados obtidos na A*CP*R não confirmam a unidimensionalidade da escala *P*. No entanto, os índices *CFI* (0,956), *SRMR* (0,028) e *RMSEA* (0,032) alcançados na *AFC*, no âmbito da *TCT*, são comprovativos do bom ajustamento (ao nível dos itens) do modelo do fator *P* (cf. Almiro, 2013; Almiro, & M. R. Simões, 2013b).

Tal como é desejável, em todas as escalas do EPQ-R, a percentagem de variância explicada pelo 1 °C é inferior a ¼ do valor da percentagem de variância explicada pelo *CP* da respetiva dimensão (Linacre, 2009): *N* (4 × 6,3% < 33%), *E* (4 × 6,1% < 34,2%), *L* (4 × 5,5% < 36,2%). Esse princípio não se verifica apenas em relação à escala *P*.

Conclusão

A investigação das propriedades psicométricas da versão portuguesa do EPQ-R (Almiro, & M. R. Simões, 2013a), desenvolvida no domínio da TRI, evidencia, na generalidade, bons índices de precisão e de validade.

Em relação à análise dos itens, as quatro escalas do EPQ-R (*N*, *E*, *P*, *L*) apresentam índices de ajuste *infit* e *outfit* adequados (ao nível dos itens), assumindo valores que são considerados ótimos, com uma média de 1,00 (ou com valores aproximados), cumprindo, assim, o critério de Linacre (1999). Ao nível dos sujeitos, os índices de ajuste *infit* e *outfit* são em global adequados, tendo alguns sujeitos manifestado desajuste (em uma baixa percentagem). Ainda assim, a média dos índices é 1,00 (ou assume valores aproximados).

Os índices obtidos no âmbito da precisão, examinada por meio do *EP*, da *PSI* e da *PSS*, são comprovativos da boa qualidade da medição efetuada pelos itens do EPQ-R. Contudo, a análise da adequação entre o nível de dificuldade dos itens e o nível do atributo avaliado nos sujeitos revela que, apesar de os índices de ajuste (*infit* e *outfit*) serem ótimos, existem duas limitações a ter em conta.

Por um lado, na escala *E* (vinte itens), os itens *E*_2, *E*_8, *E*_10 são pouco discriminativos na medição do atributo (*extroversão*), uma vez que seu índice de dificuldade é demasiado baixo para avaliar adequadamente esses sujeitos, cujo nível do atributo tende a ser elevado.

Por outro lado, na escala *P* (nove itens), apenas os itens mais "fáceis", *P*_27 e *P*_46, medem convenientemente os participantes, dado que o nível do atributo (*psicoticismo*) nesses sujeitos é muito baixo. Os demais itens da escala, que são extremamente "difíceis", revelam também uma inadequação para avaliar as características dos sujeitos desta amostra. Com efeito, o contraste entre a boa qualidade dos itens da escala *P* (média *Di* = 0,00; média *infit* = 1,00; média *outfit* = 0,99) e seu desajuste na medição dos sujeitos (média *Di* = −1,60; média *infit* = 1,00; média *outfit* = 0,99) é expresso pelo valor da *PSS* (0,00), que é nulo.

No que respeita à análise *DIF*, o enviesamento produzido pelos (poucos) itens que apresentam *DIF* do Tipo C (severo), em função da variável gênero, não tem grande expressão na medida. Todavia, para a variável idade, o viés gerado por alguns itens com *DIF* do Tipo C na escala *E* (*E*_17 e *E*_73) e na escala *P* (*P*_46) deve ser tido em conta, uma vez que apenas "penaliza" os sujeitos do *GA*, para os quais o índice de dificuldade desses itens é maior.

Por sua vez, os resultados obtidos na A*CP*R comprovaram a unidimensionalidade de todas as escalas do EPQ-R, exceto para a escala *P*, cujos resultados foram inconclusivos – na *TRI*, a unidimensionalidade dessa escala não é comprovada, no entanto, os dados da *AFC* revelam um bom ajuste do modelo confirmatório do fator *P*.

Em suma, no domínio da *TRI*, os resultados obtidos nas investigações psicométricas do EPQ-R indicam que este instrumento de avaliação da personalidade mede convenientemente os constructos de *neuroticismo*, *extroversão*, *psicoticismo* e *mentira/desejabilidade social* definidos por H. Eysenck (H. Eysenck, & M. Eysenck, 1985; H. Eysenck, & S. Eysenck, 1975, 2008), demonstrando sua adequabilidade geral ao contexto português. Apesar das limitações mencionadas, a apreciação global do desempenho do EPQ-R nas análises desenvolvidas com a aplicação do Modelo Rasch é muito positiva. Contudo, em sua utilização recomenda-se que os dados obtidos com a escala *P* sejam interpretados com a devida precaução.

Referências

Aliste, A. M. (1996). Funcionamiento diferencial de los items. In J. Muñiz (Ed.). *Psicometría* (pp. 371-455). Madrid: Universitas.

Almiro, P. A. (2013). *Adaptação, validação e aferição do EPQ-R para a população portuguesa: estudos nos contextos clínico, forense e na comunidade*. Dissertação de Doutoramento, Faculdade de Psicologia e de Ciências da Educação da Universidade de Coimbra, Coimbra, Portugal.

Almiro, P. A., & Simões, M. R. (2013a). *Manual da versão portuguesa do Questionário de Personalidade de Eysenck – Forma Revista (EPQ-R)*. Coimbra: Laboratório de Avaliação Psicológica.

Almiro, P. A., & Simões, M. R. (2013b). Questionário de personalidade de Eysenck – forma revista (EPQ-R). In M. R. Simões, L. S. Almeida, & M. M. Gonçalves (Eds.). *Instrumentos e contextos de avaliação psicológica* (Vol. II). Coimbra: Almedina.

Barrett, P. T., Petrides, K. V., Eysenck, S. B., & Eysenck, H. J. (1998). The Eysenck personality questionnaire: an examination of the factorial similarity of P, E, N, and L across 34 countries. *Personality and Individual Differences, 26*, 805-819.

Bond, T. G., & Fox, C. M. (2007). *Applying the Rasch model: fundamental measurement in the human sciences* (2nd ed.). Mahwah: Lawrence Erlbaum Associates.

Dazzi, C. (2011). The Eysenck personality questionnaire – revised (EPQ-R): a confirmation of the factorial structure in the Italian context. *Personality and Individual Differences, 50*, 790-794.

DeVellis, R. F. (1991). *Scale development: theory and applications*. London: SAGE.

Embretson, S. E., & Hershberger, S. L. (Eds.) (1999). *The new rules of measurement: what every psychologist and educator should know*. Mahwah: Lawrence Erlbaum Associates.

Embretson, S. E., & Reise, S. P. (2000). *Item Response Theory for psychologists*. Mahwah: Lawrence Erlbaum Associates.

Escorial, S., & Navas, M. J. (2007). Analysis of the gender variable in the Eysenck personality questionnaire – revised scales using differential item functioning techniques. *Educational and Psychological Measurement, 67*(6), 990-1001.

Eysenck, H. J. (1970). *The structure of human personality* (3rd ed.) London: Methuen, & Co.

Eysenck, H. J. (1992). The definition and measurement of psychoticism. *Personality and Individual Differences, 13*, 757-785.

Eysenck, H. J. (1994). The big five or giant three: criteria for a paradigm. In C. F. Halverson, G. A. Kohnstamm, & R. P. Martin (Eds.). *The developing structure of temperament and personality from infancy to adulthood* (pp. 37--51). Hillsdale: Lawrence Erlbaum Associates.

Eysenck, H. J. (1998). *Dimensions of personality*. New Brunswick: Transaction.

Eysenck, H. J., & Eysenck, M. W. (1985). *Personality and individual differences: a natural science approach*. New York: Plenum Press.

Eysenck, H. J., & Eysenck, S. B. (1975). *Manual of the Eysenck personality questionnaire (junior & adult)*. London: Hodder & Stoughton.

Eysenck, H. J., & Eysenck, S. B. (1976). *Psychoticism as a dimension of personality*. London: Hodder & Stoughton.

Eysenck, H. J., & Eysenck, S. B. (2008). *EPQ-R: Cuestionario revisado de personalidad de Eysenck: bersiones completa (EPQ-R) y abreviada (EPQ-RS)* (3rd ed.) Madrid: TEA.

Eysenck, H. J., & Wilson, G. D. (Eds.) (1986). *Manual de psicologia humana.* Coimbra: Almedina.

Eysenck, S. B., Eysenck, H. J., & Barrett, P. T. (1985). A revised version of the psychoticism scale. *Personality and Individual Differences, 6*, 21-29.

Feist, J., & Feist, G. J. (2008). *Teorias da personalidade* (6ª ed.) São Paulo: McGraw-Hill Interamericana.

Ferrando, P. J. (2001). The measurement of neuroticism using MMQ, MPI, EPI and EPQ items: a psychometric analysis based on item response theory. *Personality and Individual Differences, 30*, 641-656.

Ferrando, P. J. (2003). The accuracy of the E, N and P trait estimates: an empirical study using the EPQ-R. *Personality and Individual Differences, 34*, 665-679.

Fisher, W. P. (2007). Rating scale instrument quality criteria. *Rasch Measurement Transactions, 21*, 1095.

Furnham, A., Eysenck, S. B., & Saklofske, D. H. (2008). The Eysenck personality measures: fifty years of scale development. In G. J. Boyle, G. Matthews, & D. H. Saklofske (Eds.). *The SAGE handbook of personality theory and assessment: Vol. 2 – Personality measurement and testing* (pp. 199-218). London: SAGE.

García-Cueto, E. (1997). La Teoría de Respuesta al Ítem. In G. Buela-Casal, & J. C. Sierra (Eds.). *Manual de evaluación psicológica: fundamentos, técnicas y aplicaciones* (pp. 205-219). Madrid: Siglo XXI de España.

Geisinger, K. F. (1992). The metamorphosis of test validation. *Educational Psychologist, 27*(2), 197-222.

Hambleton, R. J., & Swaminathan, H. (1985). *Item Response Theory: principles and applications*. Boston: Kluwer-Nijhoff Publishing.

Hambleton, R. J., Merenda, P. F., & Spielberger, C. D. (Eds.) (2005). *Adapting educational and psychological tests for cross-cultural assessment*. Mahwah: Lawrence Erlbaum Associates.

Hambleton, R. K. (1994). Item Response Theory: a broad psychometric framework for measurement advances. *Psicothema, 6*(3), 535-556.

Hu, L., & Bentler, P. M. (1999). Cutoff criteria for fit indexes in covariance structure analysis: Conventional criteria versus new alternatives. *Structural Equation Modeling, 6*(1), 1-55.

Instituto Nacional de Estatística (2002). *Censos 2001: Resultados definitivos do XIV Recenseamento Geral da População e do IV Recenseamento Geral da Habitação* (8 Vols.). Lisboa: Instituto Nacional de Estatística.

Kline, P. (1993). *Personality: the psychometric view*. London: Routledge.

Kline, P. (1994). *An easy guide to factor analysis*. London: Routledge.

Linacre, J. M. (2009). *WINSTEPS 3.68.0: Rasch measurement computer program*. Chicago: Winsteps.com.

Linacre, J. M. (2012). *WINSTEPS 3.74.0: Rasch measurement computer program*. Chicago: Winsteps.com.

Little, T. D., Cunningham, W. A., Shahar, G., & Widaman, K. F. (2002). To parcel or not to parcel: Exploring the question, weighing the merits. *Structural Equation Modeling, 9*, 151-173.

Lynn, R. (Ed.) (1981). *Dimensions of personality: papers in honour of H. J. Eysenck*. Oxford: Pergamon Press.

Messick, S. (1980). Test validity and the ethics of assessment. *American Psychologist, 35*(11), 1012-1027.

Messick, S. (1995). Validity of psychological assessment: validation of inferences from persons' responses and performances as scientific inquiry into score meaning. *American Psychologist, 50*(9), 741-749.

Nunnally, J. C. (1978). *Psychometric theory* (2nd ed.). New York: McGraw-Hill.

Nyborg, H. (Ed.) (1997). *The scientific study of human nature- tribute to Hans J. Eysenck at eighty*. Oxford: Pergamon.

Pasquali, L. (2003). *Psicometria: teoria dos testes na psicologia e na educação*. Petrópolis: Vozes.

Prieto, G., & Delgado, A. R. (2003). Análisis de un test mediante el modelo de Rasch. *Psicothema, 15*(1), 94-100.

Primi, R., & Almeida, L. S. (2001). Teoria de Resposta ao Item (TRI). In E. M. Fernandes, & L. S. Almeida (Eds.). *Métodos e técnicas de avaliação: contributos para a prática e investigação psicológicas* (pp. 205-232). Braga: Universidade do Minho/Centro de Estudos em Educação e Psicologia.

Raîche, G. (2005). Critical eigenvalue sizes in standardized Residual Principal Components Analysis. *Rasch Measurement Transactions*, *19*(1), 1012.

Schumacker, R. E., & Lomax, R. G. (2004). *A beginner's guide to structural equation modeling* (2nd ed.). New Jersey: Lawrence Erlbaum Associates.

Zwick, R. (2012). *A review of ETS Differential Item Functioning assessment procedures: flagging rules, minimum sample size requirements, and criterion refinement*. Research report. Princeton: Educational Testing Service.

Zwick, R., & Ercikan, K. (1989). Analysis of differential item functioning in the NAEP history assessment. *Journal of Educational Measurement*, *26*, 55-66.

Zwick, R., Thayer, D. T., & Lewis, C. (1999). An empirical Bayes approach to Mantel-Haenszel *DIF* analysis. *Journal of Educational Measurement*, *36*, 1-28.

> *"O conhecimento científico está em perpétua evolução; muda de um dia para o outro."*
>
> (Piaget, J.)

Capítulo

9

Investigando estágios de desenvolvimento do raciocínio indutivo usando a análise fatorial confirmatória, o Modelo Logístico Simples de Rasch e o modelo de teste logístico linear (Rasch Estendido)

Hudson Fernandes Golino
Universidade Estadual de Feira de Santana
Cristiano Mauro Assis Gomes
Universidade Federal de Minas Gerais

OBJETIVO

O objetivo deste capítulo é verificar a validade estrutural do Teste de Desenvolvimento do Raciocínio Indutivo – 3ª versão –, por meio de estratégias complementares de análise fatorial confirmatória (testando modelos concorrentes), do Modelo Logístico Simples de Rasch e do Modelo Rasch Estendido. Diferentes estratégias investigam diferentes aspectos da validade dos estágios de desenvolvimento, formando um guarda-chuva de evidências. Ao final do capítulo, uma nova definição probabilística de estágios de desenvolvimento é apresentada, a partir das evidências obtidas no estudo.

Introdução

Um conjunto relevante de pesquisadores tem apontado a necessidade e a urgência pela construção de métricas em psicologia do desenvolvimento (Fischer, & Rose, 1999; Rose, & Fischer, 1998; Van Geert, & Steenbeek, 2005), com medidas confiáveis e válidas (Fischer, & Dawson, 2002; Stein, & Heikkinen, 2009). Por sua vez, a literatura neopiagetiana tem oferecido um pacote de estratégias para lidar com a questão da medida em psicologia do desenvolvimento por meio da aplicação de novas metodologias e de novos instrumentos que possibilitam a identificação empírica de estágios de desenvolvimento (Bond, & Fox, 2001; Commons *et al.*, 2008; Dawson, 2000; Dawson-Tunik, Commons, Wilson, & Fischer, 2005; Dawson-Tunik, Goodheart, Draney, Wilson, & Commons, 2010; Demetriou, & Kyriakides, 2006; Giri, Commons, & Harrigan, 2014; Golino, Gomes, Commons, & Miller, 2014). A Tabela 9.1, a seguir, sintetiza alguns dos principais artigos publicados que focam a identificação de estágios de desenvolvimento, aplicando instrumentos especificamente construídos para que essa identificação seja possível, e empregando modelos psicométricos que permitem verificar a qualidade destes.

Apesar de ainda existir um debate sobre a natureza do desenvolvimento, se este é contínuo ou descontínuo (ou seja, se apresenta padrões do tipo estágio), Fischer e seus colaboradores apresentaram uma série de artigos com evidências que suportam a ambos os padrões, tanto contínuos quanto descontínuos (Fischer, Kenny, & Pipp, 1990; Fischer, & Silvern, 1985; Fischer, & Yan, 2002a, 2002b; Yan, & Fischer, 2007). O desenvolvimento contínuo é relacionado à sequência de *passos* necessários na construção de habilidades (isto é, *microdesenvolvimento*), enquanto a descontinuidade é relacionada com mudanças abruptas, do tipo estágio, que marcam o surgimento de novas unidades de controle do comportamento e da cognição (Fischer, 1980; Fischer, & Rose, 1994; Fischer, & Bidell, 1998, 2006; Fischer, & Yan, 2002a).

Tabela 9.1 ■ Alguns dos principais estudos investigando estágios de desenvolvimento.

Referência	Instrumentos empregados	N	Idade (intervalo, média, desvio-padrão)	Modelos utilizados	Domínios	Confiabilidade		Ajuste		Evidências de descontinuidade (estágios)
						Pessoa	Item (ou estágio)	Pessoa	Item (ou estágio)	
Demetriou *et al.* (1993)	*Combinatorial ability battery, Experimentation ability battery, Hypothesis-evidence handling battery* e *model construction.*	260	12-17; 14,44; 1,34	Análise Fatorial Confirmatória (dimensionalidade)/ *Rasch – Rating Scale Model/Saltus Model*	Raciocínio Causal--Experimental	0,79	0,99	NA	4 fatores de primeira ordem e um fator geral de segunda ordem [χ^2 (30) = 39,868, p = 0,108, CFI = 0,992]	*Saltus model* (o resultado mostrou que o valor do *u* apenas 10,26 em relação ao Modelo Rasch, portanto, os autores concluíram que as habilidades investigadas são contínuas, e não descontínuas)
Müller, Sokol, & Overton (1999)	*Class reasoning tasks* e *propositional reasoning tasks*	80	6-13; 12; 1,41	Modelo Rasch Dicotômico	Raciocínio Lógico	NA	NA	NA	*Infit* t (M = −0,2, DP = 1,2)	Análise do Mapa de Variáveis

Dawson (2000)	*Good Education Interview, Moral Judgement Interview* e *Evaluative Reasoning Interview*	209	5-86, NA, NA	Modelo de Créditos Parciais	Conceitos de boa educação, raciocínio moral e raciocínio avaliativo	NA	0,98	NA	Todos os itens apresentaram t < 2,0, e média do *infit mean square* variando de 0,57 até 1,07	Mapa de Variáveis
				Random coefficients multinomial logit model (RCML)	Conceitos de boa educação, raciocínio moral e raciocínio avaliativo	NA	1,00	NA	Todos os itens apresentaram t < 2,0, e média do *infit mean square* variando de 0,61 até 1,48	Mapa de Variáveis
Bond, & Fox (2001)	*Three Noelting tasks: Mixing Juices, Caskets task* e *coded orthogonal views*	350	Mais de 16 anos, NA, NA	Modelo Rasch Dicotômico	Raciocínio Lógico/ Habilidade Visuo-espacial	NA	NA	NA	Dos 41 itens, 4 não se ajustaram ao modelo (o valor t do *infit* e *outfit* excederam o intervalo -2 e 2)	Teste *t de Student* entre grupamentos de itens/Mapa de Variáveis
	Bond's logical operations test	150	NA (alunos secundaristas)	Modelo Rasch Dicotômico	Raciocínio Lógico	0,81	0,94	*Infit mean square* (M = 0,99, DP = 0,13)	*Infit mean square* (M = 1,00, DP = 0,11)	Mapa de Variáveis
	Piagetian Reasoning Task (PRTIII--Pendulum)	150	NA (alunos secundaristas)	Modelo Rasch Dicotômico	Raciocínio Lógico	NA	NA	NA	*Infit mean square* (M = 0,99, DP = 0,13)	Mapa de Variáveis
	Mixing Juices Test	460	5-17, NA, NA	Modelo Rasch Politômico/*Saltus Model*	Raciocínio Lógico	NA	NA	NA	NA	Mapa de Variáveis/*Saltus Model*

Dawson (2002)	*Moral judgement Interviews* com escores seguindo *Kohlberg's Standard Issue Score System*	996	5-86; 32; 16	Modelo Rasch de Créditos Parciais	Raciocínio Moral	0,93	NA	12% da amostra excederam o intervalo adequado de *t* do infit e outfit (entre –2 e 2)	*Infit Mean Square* (M = 0,93, DP = 0,07)	Mapa de Variáveis; O intervalo de confiança (95%) para cada estimativa de dificuldade dos itens de cada estágio foi calculado utilizando-se os erros-padrão
Dawson, Xie, & Wilson (2003)	*Kohlberg's Standard Issue Scoring Systeme and Hierarchical Complexity Score System*	378	6-86, NA, NA	Modelo de Crédito Parcial Unidimensional e Multidimensional	Raciocínio Moral	NA	NA	NA	NA	Mapa de Variáveis
Dawson--Tunik (2004)	*Hierarchical Complexity Score System* aplicado ao *Good Education Interview*	246	5-86; 26,67; 20,56	Modelo Rasch Politômico (*Rating Scale*)	Conceitos de boa educação	0,94	NA	0,5% excederam o limite adotado do *infit z* (Entre –2 e 2)	Todos os itens apresentaram *infit z* menor que 2.	Análise da curva característica das categorias
Dawson--Tunik *et al.* (2005)	*Hierarchical Complexity Score System and Lectical Assessment System applied to interviews about moral judgment*	747	5-86; 25,38; 15,93	Modelo Rasch Politômico (*Rating Scale*)	Raciocínio Moral	0,97	NA	3% excederam o limite adotado do *infit z* (Entre –2 e 2)	Todos os itens apresentaram *infit z* menor que 2.	Análise da curva característica das categorias

Demetriou, & Kyriakides (2006)	*The comprehensive test of cognitive development*	629	12,1 18,3; 15,7 (mediana), NA	Modelo Rasch/ *Saltus Model*	Inteligência	0,92	0,99	*Infit mean square mean of 0,99, outfit mean square mean of 1,07*	*Infit mean square* com média 0,99, *outfit mean square* com média 1,07	*Cluster Analysis/ Saltus Model*
Commons, *et al.* (2008)	*The Balance Beam Task Series*	121	7-66; 29,22; 12,98	Modelo Rasch Dicotômico	Raciocínio Lógico	NA	0,98	NA	*Infit mean square* de 0,24 até 1,41 (M = 0,59)	Mapa de variáveis, análise univariada do espaçamento dos estágios
Dawson--Tunik *et al.* (2010)	*The Balance Beam Task Series*	121	7-56; 29,2; 12,98	Modelo Rasch Dicotômico/*Saltus Model*	Raciocínio Lógico	0,77	0,97	*Infit mean square* (M = 0,95; DP = 0,64).	*Infit mean square* (M = 0,94; DP = 0,13).	Mapa de Variáveis/*Saltus Model*
Golino *et al.* (2014)	*Teste do Desenvolvimento do Raciocínio Indutivo (TDRI) 1ª versão (Estudo 1)*	167	6-58; 18,9; 9,7	Modelo Rasch Dicotômico	Raciocínio Lógico	0,95	0,97	NA	*Infit mean square* entre 0,39 e 1,69 (M= 0,87; DP= 0,28)	Mapa de Variáveis/Teste *t de Student* comparando as médicas dos estágios
	Teste do Desenvolvimento do Raciocínio Indutivo (TDRI) 2ª versão (Estudo 2)	188	6-65; 21,45; 14,31	Modelo Rasch Dicotômico	Raciocínio Lógico	0,95	0,99	NA	*Infit Mean Square* entre 0,56 e 1,46 (M = 0,94; DP = 0,22)	Mapa de Variáveis/Teste *t de Student* comparando as médicas dos estágios

Giri *et al.* (2014)	*Helper Person*	40	19-64;22,16; 9,09	Modelos Rasch	Raciocínio Social	NA	NA	NA	NA	Mapa de Variáveis
	Counselor Patient	30	16-71; 25,13; 7,02							
	Empathy	22	18-65; NA; 2,02							
	Depression Breakup Dilemma	21	18-65; 24,07; 9,02							
	Caregiver	42	19-62; 22,90; 8,12							
	Laundry Test	111	12-73; 26,02; 10,62		Raciocínio Lógico					
	Algebra Test	40	14-81; 24,06; 8,60							
	The Balance Beam Test	51	12-87; 24,11;9,05							
	Infinity Test	51	12-73; 25,05; 10,51							

A descontinuidade pode ser empiricamente verificada por meio da construção de instrumentos que foquem a complexidade hierárquica dos itens, isto é, a organização da informação na forma de ações em duas ou mais subtarefas coordenadas, em vez da complexidade vertical dos itens, isto é, o número de unidades de informação demandada pela tarefa para a sua adequada resolução (Commons, 2008; Commons, & Pekker, 2008; Commons, Gane-McCalla, Barker, & Li, 2014).

Commons e Pekker (2008) definem que uma tarefa possui complexidade hierárquica superior à outra tarefa se todos os seguintes axiomas forem atendidos:

- **É definida em termos de duas ou mais subtarefas de menor ordem de complexidade:** em termos matemáticos, esse postulado é equivalente a um conjunto formado por elementos:
  i. $A = \{a, b\}$, onde a e b são "menos complexos" ou "de menor ordem de complexidade" que A, e compõem o conjunto A;
  ii. $A \neq \{A,...\}$, onde o conjunto A não pode conter si mesmo. Isso significa que tarefas de maior ordem de complexidade hierárquica não podem ser reduzidas a tarefas de menor complexidade.
- **Organiza as tarefas de menor ordem de complexidade:** em termos matemáticos simplificados, esse postulado é uma relação entre as tarefas. Essas relações são ordinais:
  i. $A = (a, b) = \{a, \{b\}\}$ é um par ordenado.
- **A organização não é arbitrária:** em outras palavras, há uma correspondência entre o modelo e o mundo real. Isso pode ser escrito como: $\sim P(a,b)$; todas as permutações não são permitidas (Commons, & Pekker, 2008; Commons *et al.*, 2014).

Em síntese, o Modelo da Complexidade Hierárquica postula que ações de maior ordem de complexidade hierárquica: (1) são definidas por duas ou mais ações de menor ordem de complexidade; (2) organizam e transformam essas ações, e não apenas as combinam em cadeias; e (3) produzem organizações das ações de menor ordem que são novas e não arbitrárias (Commons *et al.*, 2014; Golino *et al.*, 2014).

Como argumentaram Golino *et al.* (2014), a identificação empírica de estágios de desenvolvimento pode ser feita quando um instrumento agrupa itens com a mesma complexidade hierárquica para identificar um estágio específico e utiliza itens com complexidade hierárquica crescente para medir estágios subsequentes. A primeira estratégia lida com a equivalência dos itens dentro de cada estágio, e a segunda estratégia vai proporcionar a identificação de diferentes níveis de desempenho, com saltos ou *gaps* entre os níveis. A regra de ouro para a construção de instrumentos de avaliação de estágios de desenvolvimento, portanto, é maximizar a complexidade dos itens e minimizar a complexidade horizontal destes. Se ambas as estratégias forem alcançadas com sucesso, então, a diferença entre os estágios, em termos de dificuldade dos itens, é facilmente verificável ao analisar o mapa de distribuição do parâmetro de dificuldade (também chamado de *mapa de variáveis*). Essas duas estratégias de construção de instrumentos para verificar estágios de desenvolvimento foram chamadas por Golino *et al.* (2014) de *verticalização*. Em suma, instrumentos que não controlam a *verticalização* dos itens possuem menor probabilidade de identificar estágios de desenvolvimento.

Commons *et al.* (2008), assim como Dawson-Tunik *et al.* (2010), mostraram evidências de estágios de desenvolvimento do raciocínio lógico por meio da *Balance Beam Task Series*, um instrumento construído de acordo com o Modelo da Complexidade Hierárquica (Commons, & Richards, 1984; Commons *et al.*, 2014), baseado nas tarefas piagetianas chamadas de *balance beam* (Inhelder, & Piaget, 1958). No estudo de 2008, os autores empregaram o modelo dicotômico de Rasch para verificar se os itens elaborados com a mesma complexidade hierárquica formariam agrupamentos com dificuldades semelhantes. Cada um desses agrupamentos representaria um estágio específico. A hipótese seguida pelos autores é a de que itens com diferentes níveis de complexidade hierárquica se localizariam em agrupamentos distintos, e itens com mesmo nível de complexidade hierárquica estariam localizados em um mesmo grupamento. Esse padrão na dificuldade dos itens é o que se espera ao focar a *verticalização* do instrumento de medida. Os resultados de ambos os trabalhos (Commons *et al.*, 2008; Dawson-Tunik *et al.*, 2010) mostraram que a hipótese seguida não poderia ser refutada, já que o resultado do Modelo Rasch apontou que itens com a mesma complexidade hierárquica, de fato, formaram agrupamentos com dificuldades próximas e itens com complexidade hierárquica distintas se localizariam em grupamentos distintos. Ademais, a dificuldade média dos grupamentos apresentou diferenças significativas quando grupamentos adjacentes foram comparados.

No entanto, Dawson-Tunik *et al.* (2010) também buscaram verificar um padrão de descontinuidade entre os estágios concreto, abstrato, formal e sistemático, por meio do emprego do *Saltus Model* (Wilson, 1989). Esse modelo é um Modelo Rasch estendido que emprega um parâmetro de grupo latente que foi construído para determinar "se a dificuldade de um grupo de itens é significativamente diferente para grupos de pessoas com diferentes estimativas de habilidades" (Dawson-Tunik, *et al.*, 2010, p. 6). O resultado apontou um modelo com dois *saltos* ou *gaps* entre os grupamentos de itens concreto/abstrato e entre os grupamentos dos itens *formal/sistemático*. As evidências desse estudo, apesar de mostrarem duas descontinuidades no instrumento, apontaram um resultado diferente daquele encontrado utilizando-se o modelo dicotômico de Rasch. Assim, os autores concluíram que o instrumento precisaria ser ainda mais aprimorado, de modo que pudesse identificar os quatro estágios que em teoria deveria identificar (concreto, abstrato, formal e sistemático). Ou seja, a *verticalização* do *Balance Beam Task Series* deveria ser refinada. A combinação dos modelos tradicionais de Rasch com o *Saltus Model* de Mark Wilson (1989) na investigação de estágios ou descontinuidades também foi empregada por Demetriou e Kyriakides (2006) e por Bond e Fox (2001).

Golino *et al.* (2014) mostraram evidências de estágios de desenvolvimento por meio do emprego do modelo dicotômico de Rasch nos dados coletados por meio do Teste de Desenvolvimento do Raciocínio Indutivo (TDRI – primeira e segunda versões). O TDRI é um teste do tipo lápis-e-papel construído com base no Modelo da Complexidade Hierárquica, tendo em vista a estratégia da *verticalização*. O resultado desse trabalho apontou seis estágios de desenvolvimento do raciocínio indutivo, uma vez que o padrão de dificuldade dos itens formou seis agrupamentos, com saltos significativos entre eles (verificado com a utilização do teste *t de Student* nos grupamentos adjacentes).

Como mostra a Tabela 9.1, os Modelos Rasch têm sido amplamente empregados pela literatura neopiagetiana. Alguns estudos evidenciam os estágios de desenvolvimento por meio da visualização dos padrões de dificuldades dos itens, como feito por Commons *et al.* (2008) e por Golino *et al.* (2014). Outros trabalhos empregam Modelos Rasch Estendidos para identificar grupos latentes, de modo a fortalecer a verificação dos estágios (por exemplo, Dawson-Tunik *et al.*, 2010). No entanto, um terceiro grupo de investigações pode ser identificado ao se analisar a Tabela 9.1, que emprega os Modelos Rasch nos escores gerados por meio de sistemas de pontuação em entrevistas semiestruturadas ou estruturadas. Dawson (2000, 2002), Dawson *et al.* (2003), Dawson-Tunik (2004) e Dawson-Tunik *et al.* (2005) empregaram o *Hierarchical Complexity Score System* em entrevistas de raciocínio ou julgamento moral, mostrando evidências de validade de construto, validade congruente, consistência interna e confiabilidade inter-juízes. Os estudos realizados por Dawson e seus colaboradores também mostraram que, apesar de mensurar o mesmo traço latente, sistemas de pontuação domínio-independente, como o *Hierarchical Complexity Score System* (HCSS), apresentaram melhor consistência interna, permitiram comparações dotadas de significado em diferentes domínios e contextos e permitiram a análise da relação entre estágios de desenvolvimento e conteúdos conceituais específicos. As evidências de estágios levantadas por esse tipo de estudo são, no geral, as distribuições das categorias de respostas (categorias dos escores oriundos dos sistemas de pontuação) ao longo do traço latente, sendo cada categoria um estágio específico de raciocínio moral. Os resultados dessas pesquisas mostraram que as categorias de respostas iguais (estágios) formavam grupamentos específicos, espaçados dos outros grupamentos das outras categorias de respostas (isto é, outros estágios). Como apontado por Golino *et al.* (2014), apesar da importância desse terceiro tipo de pesquisa identificada na literatura especializada, o uso de uma metodologia de pontuação de entrevistas não é a maneira mais robusta para verificar estágios de desenvolvimento. Esse tipo de metodologia demanda o treinamento de um grande número de pessoas para realizar as pontuações (*scoring analysts*); essas pessoas devem obter um alto percentual de concordância em suas avaliações para que os escores sejam válidos, demandam muito tempo para realizar uma pesquisa em larga escala e, por último, são muito mais propensas a vieses subjetivos. Por outro lado, a construção de testes e tarefas objetivas para a identificação de estágios de desenvolvimento traz consigo maior velocidade na coleta e análise de dados, além de menor custo para a condução de pesquisas em larga escala. Adotar o Modelo da Complexidade Hierárquica na construção dos itens, controlando a complexidade horizontal dentro de cada estágio e aumentando a complexidade hierárquica entre os estágios (isto é, focar a *verticalização* dos instrumentos), além de empregar métodos quantitativos que auxiliem na identificação de descontinuidades, configura uma *forma testável* de construir métricas em psicologia do desenvolvimento.

O objetivo deste é verificar a existência de estágios de desenvolvimento do raciocínio, por meio da terceira versão do TDRI – *Teste de Desenvolvimento do Raciocínio Indutivo*. Para isso, três métodos quantitativos serão empregados, cada um investigando diferentes aspectos da estrutura do TDRI. A análise fatorial confirmatória ajudará a verificar se os itens construídos para identificar diferentes estágios de desenvolvimento formam, de fato, diferentes variáveis latentes, como previsto pelo Modelo da Complexidade Hierárquica, além de verificar qual tipo de estrutura melhor se ajusta aos dados. Já o modelo logístico simples de Rasch para dados dicotômicos auxiliará a verificar se o padrão de dificuldade dos itens do teste segue o padrão preconizado pela teoria: itens com a mesma complexidade hierárquica formando um mesmo agrupamento de dificuldade, e itens com diferentes níveis de complexidade hierárquica formando diferentes agrupamentos, com saltos entre eles. Por último, um Modelo Rasch estendido multidimensional (Modelo de Teste Logístico Linear, ver Capítulo 7) será empregado para verificar se a quebra da variável latente unidimensional em sete variáveis latentes específicas (uma para cada estágio) se ajusta melhor aos dados que o modelo dicotômico de Rasch.

Algumas predições serão testadas ao aplicar os métodos quantitativos supracitados:

1. Cada grupo de oito itens (um grupo para cada estágio) terá dificuldades próximas, formando agrupamentos específicos, de modo que será possível verificar sete agrupamentos distintos, com saltos entre eles, por meio da inspeção do mapa de variáveis (Modelo Rasch).

2. Cada agrupamento adjacente de itens, verificado por meio do mapa de variáveis, apresentará diferenças significativas um do outro (Modelo Rasch mais estatísticas univariadas).
3. Cada grupo de oito itens será explicado por uma variável latente representando um estágio específico, e os 56 itens do teste serão diretamente explicados por um fator geral de primeiro nível, formando uma estrutura bifatorial (análise fatorial confirmatória).
4. Um fator único de primeiro nível explicando as respostas observáveis aos 56 itens do teste não apresentará grau adequado de ajuste (análise fatorial confirmatória).
5. A estimativa dos parâmetros do Modelo Rasch estendido seguirá a mesma ordem de dificuldade preconizada pelo Modelo da Complexidade Hierárquica.

Se não for possível verificar sete agrupamentos de dificuldades dos itens, com saltos entre eles, ao aplicar o modelo dicotômico de Rasch, então, a predição 1 será refutada, e o teste precisará passar por revisão. Essa revisão também será necessária caso ao menos um item não se ajuste ao modelo dicotômico de Rasch ou caso algum item se aloque em um grupamento (estágio) diferente daquele que o item foi originalmente construído para identificar. Se não for possível verificar diferenças estatisticamente significativas entre os agrupamentos das dificuldades dos itens, então, a predição 2 será refutada. Se não for possível verificar sete variáveis latentes explicando, cada uma, um conjunto de oito itens construídos para identificar cada estágio, além de não conseguir verificar um fator geral de primeiro nível explicando todos os 56 itens do teste, a predição 3 será refutada. Igualmente, será refutada a predição 4 se um modelo com apenas uma variável latente explicando os itens do teste se ajustar aos dados. Por último, se os parâmetros do Modelo Rasch estendido não seguirem a ordem preconizada pelo Modelo da Complexidade Hierárquica (isto é, Pré-Operacional < Primário < Concreto < Abstrato < Formal < Sistemático < Metassistemático), a predição 5 será refutada.

Quanto maior for o número de predições não refutadas, mais robusta será a evidência de que o TDRI identifica sete estágios de desenvolvimento do raciocínio indutivo de maneira eficiente, válida e confiável.

Métodos

Participantes

A terceira versão do TDRI foi aplicada em uma amostra composta por 1.803 brasileiros (52,5% do sexo feminino) com idades variando entre 5 e 85 anos (*M* = 15,75; *DP* = 12,21). A amostra foi intencionalmente ampla, com a seguinte distribuição: 21,4% de 5 a 10 anos, 62,7% entre 11 e 17 anos, 7,5% de 18 a 29 anos, 6,4% de 30 a 59 anos e 2,1% com mais de 60 anos. A distribuição do nível educacional máximo dos participantes é: 11,3% completaram até o segundo ano do ensino fundamental; 9,9% até o terceiro ano; 0,1% até o quarto ano; 22,5% até o sétimo ano; 33% até o oitavo ano; 4,4% até o primeiro ano do ensino médio; 11% até o terceiro ano do ensino médio; 4,2% com ensino superior completo; e 0,9% com pós-graduação completa. De todos os participantes, 182 não forneceram informações sobre o nível educacional. Os participantes são oriundos de Belo Horizonte (MG), Divinólopis (MG) e Vitória da Conquista (BA).

Instrumento

O Teste de Desenvolvimento do Raciocínio Indutivo (TDRI – 3ª versão) é um instrumento de lápis-e-papel construído para avaliar o raciocínio indutivo de maneira sequencial (ao longo do desenvolvimento das pessoas) e organizado hierarquicamente. É uma extensão, em termos de complexidade, do Teste de Indução, parte de uma bateria de inteligência fluida (Gomes, & Borges, 2009) da Bateria de Fatores Cognitivos de Alta Ordem (Gomes, 2010). O domínio do raciocínio indutivo foi escolhido por ser um dos melhores indicadores de inteligência fluida e teste da inteligência geral (Carroll, 1993). É importante apontar que a validade estrutural das primeiras duas versões do TDRI foi investigada por Golino *et al.* (2014).

A sequência de itens do TDRI foi construída com base no modelo matemático denominado *Modelo da Complexidade Hierárquica*, e na *Dynamic Skill Theory* de Kurt Fischer (Fischer, 1980).

É importante apontar que dentro do Modelo da Complexidade Hierárquica, *ações* são definidas como *eventos comportamentais que produzem resultados*, enquanto *tarefas* são definidas como "um conjunto de ações que são necessárias para se atingir um objetivo" (Commons *et al.*, 2014, p. 10).

As duas primeiras versões do TDRI (Golino *et al.*, 2014) foram construídas para identificar seis estágios de desenvolvimento, que serão nomeados de acordo com o Modelo da Complexidade Hierárquica: *pré-operacional, primário, concreto, abstrato, formal* e *sistemático*. Cada estágio contém oito itens com a mesma ordem de complexidade hierárquica, em um total de 48 itens. Cada item é composto por quatro letras, ou sequências de letras, com uma regra específica além de uma letra ou sequência que foge à regra das demais. A tarefa é descobrir qual letra ou sequência de letra foge à regra seguida pelas demais. A terceira versão do TDRI, utilizada no presente estudo, mantém a ideia original, mas implementa duas grandes mudanças: (1) reformula os itens dos estágios abstrato, formal e sistemático; (2) adiciona itens do estágio metassistemático. Essas mudanças serão brevemente detalhadas a seguir, enquanto apresentamos a terceira versão do TDRI.

Itens do estágio pré-operacional

Os oito itens do estágio pré-operacional demandam que os respondentes façam induções lógicas bastante simples, a partir de estímulos singulares. No modelo teórico de Fischer (1980), esse estágio é denominado representação singular. Os respondentes precisam identificar e analisar um conjunto de quatro letras iguais para chegar à conclusão de que uma quinta letra, diferente das demais, não pertence ao mesmo grupo das outras letras. Em outras palavras, esses itens demandam que os respondentes distinguam categorias simples (por exemplo, letras iguais *versus* letras diferentes), de modo a realizar uma conclusão lógica (ver Figura 9.1).

Figura 9.1 ■ Item 1, estágio pré-operacional.

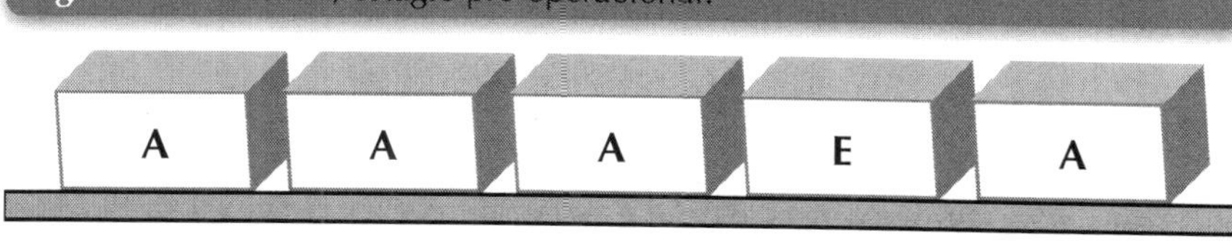

Itens do estágio primário

Os oito itens do estágio primário demandam dos respondentes a realização de uma indução lógica simples a partir de estímulos coordenados. No modelo teórico de Fischer (1980), esse estágio é denominado mapa de representação. Os respondentes precisam identificar a relação entre o conjunto de dois estímulos coordenados (letras) para chegar a uma conclusão lógica sobre um dos estímulos coordenados, isto é, aquele que foge à regra seguida pelos demais. Em síntese, esses itens demandam que os respondentes mapeiem as relações entre os pares de estímulos e comparem todos os pares de estímulos, para, então, concluir logicamente (ver Figura 9.2).

Figura 9.2 ■ Item 8, estágio primário.

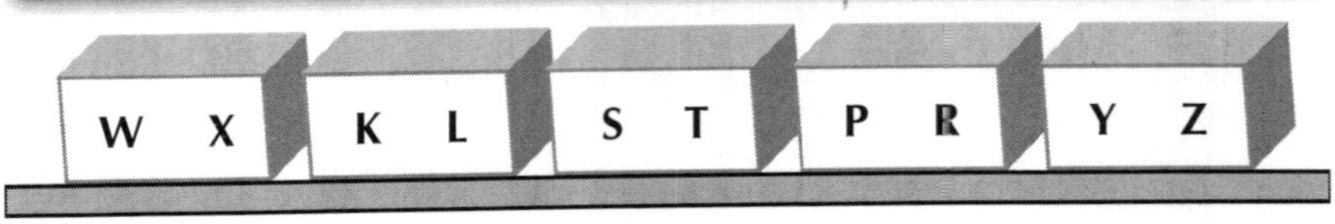

Itens do estágio concreto

Os oito itens do estágio concreto demandam dos respondentes a realização de uma indução a partir de um sistema de estímulos mapeados. No modelo teórico de Fischer (1980), esse estágio recebe o nome de *sistema de representação*. Os participantes precisam analisar X pares de letras coordenadas, formando um sistema de relações dentro de cada opção de resposta, para chegar a uma conclusão acerca de uma coordenação específica de X pares de letras. Para acertar os itens, é preciso analisar o sistema de relação entre as opções de resposta, assim como compará-las, de modo que se conseguisse chegar a uma conclusão lógica (ver Figura 9.3).

Figura 9.3 ■ Item 17, estágio concreto.

As duas versões anteriores do TDRI (Golino, *et al.*, 2014) apresentavam uma tabela com códigos (letras gregas), cada uma representando uma coordenação de dois conjuntos com quatro letras. A tabela formava, portanto, os itens do estágio abstrato. Combinações de duas letras gregas, provenientes dessa tabela, formavam os itens do estágio formal. Combinações com quatro letras gregas formavam os itens do estágio sistemático.

Apesar do adequado ajuste dos dados ao modelo dicotômico de Rasch (*infit mean square*: $M = 0{,}87$; $DP = 0{,}28$), a segunda versão do TDRI apresentava um pequeno problema na tabela do estágio abstrato, uma vez que os itens dos estágios subsequentes dependiam dessa tabela para serem respondidos. Essa característica é problemática, uma vez que gerava uma não diferenciação dos itens dos estágios formal e sistemático, além de gerar dependência local dos itens. Esse problema foi solucionado na terceira versão do TDRI, apresentada neste capítulo. Os itens dos estágios formal, sistemático e metassistemático serão descritos a seguir.

Itens do estágio abstrato

Os oito itens do estágio abstrato requerem dos respondentes que realizem uma indução lógica a partir da comparação de classes singulares de sistemas abstratos. Esses sistemas são compostos por quatro letras, dispostos em um formato retangular (ver Figura 9.4). No modelo teórico de Fischer (1980), esse estágio recebe o nome de *abstração singular*, um sistema formado por sistemas de representação, definição coincidente com o Modelo da Complexidade Hierárquica, como apresentado em parágrafos anteriores.

Figura 9.4 ■ Item 25, estágio abstrato.

Para acertar o item desse estágio, o respondente precisa verificar como as letras se relacionam umas com as outras dentro de cada sistema (cada caixa), além de comparar os diferentes sistemas, escolhendo aquele que não segue o mesmo padrão dos outros quatro. No entanto, diferentemente dos itens do estágio anterior, o sistema no estágio abstrato é fechado, ou seja, a primeira e a última letra também são relacionadas, e isso deve ser levado em consideração. Analisando o item 25, exposto na Figura 9.4, vê-se que na primeira caixa há as letras E, F, H e J formando uma estrutura retangular. O respondente precisa analisar a relação entre E e F (*não há letras entre elas*), entre F e H (*há uma letra entre elas*), H e J (*há uma letra entre elas*), bem como entre J e E (*há quatro letras entre elas*). Os sistemas são: E-F-H (sistema 1) e H-J-E (sistema 2) têm características reversíveis, tornando possível ir de E a J, bem como de J a E. O respondente precisa identificar esse padrão abstrato e verificar como ele se relaciona com os demais padrões das outras caixas, de modo a identificar qual delas possui um padrão diferente (que, no caso, é a caixa com os sistemas MOP-PRM).

Itens do estágio formal

Os oito itens do estágio formal requerem cognitivamente dos respondentes a elaboração de uma indução lógica pela análise de classes de abstrações coordenadas. No modelo teórico de Fischer (1980), esse estágio recebe o nome de *mapa de abstração*. Os respondentes precisam proceder da identificação da relação entre três abstrações coordenadas (ver Figura 9.5), que representa uma opção de resposta (caixa grande), para a elaboração de uma conclusão sobre a opção que apresenta um padrão diferente das demais.

Figura 9.5 ▪ Item 33, estágio formal.

Itens do estágio sistemático

Os oito itens do estágio sistemático demandam dos respondentes a elaboração de uma indução lógica pela comparação de sistemas de mapeamentos abstratos coordenados. No modelo teórico de Fischer (1980), esse estágio recebe o nome de *sistema de abstração*. Os participantes precisam proceder da análise de dois pares de variáveis abstratas coordenadas, formando um sistema de relações dentro de cada opção (caixa grande), para elaborar uma conclusão lógica sobre uma coordenação específica de dois pares de variáveis abstratas (ver Figura 9.6). Das cinco opções de respostas, quatro apresentam um padrão no qual o primeiro par de variáveis abstratas coordenadas possui uma distância 6, por exemplo, de A a H, ao passo que o segundo par possui distância 3, isto é, de H a L. A opção que foge a esse padrão é a opção 4 da Figura 9.6.

Figura 9.6 ■ Item 41, estágio sistemático.

Itens do estágio metassistemático

Os oito itens do estágio metassistemático demandam dos participantes a elaboração de uma indução lógica a partir da comparação de sistemas de classes de sistemas abstratos (Figura 9.7). Os participantes devem identificar as relações entre os sistemas e descobrir qual é a similaridade entre quatro deles. A Figura 9.7 mostra, na primeira opção (caixa grande), a letra B com distância 3 de F; F com distância 6 de M e −2 de C. Somando 3, 6 e −2, obtemos uma regra geral dos sistemas, isto é, 7. Todas as outras caixas grandes (opções de resposta) possuem a mesma regra geral, exceto a opção 3, uma vez que E está distante 2 letras de Q; Q com distância 6 de X e −3 de M. Somando essas distâncias, temos 5, e não 7, como as demais.

Figura 9.7 ■ Item 25, estágio metassistemático.

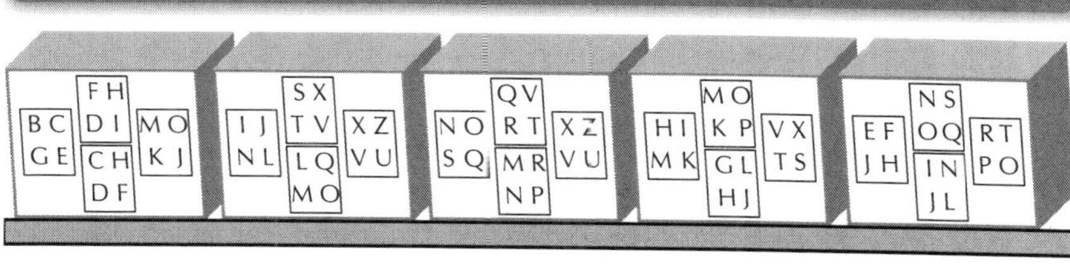

Em suma, os itens do estágio metassistemático coordenam dois componentes sistemáticos. Por sua vez, os itens do estágio sistemático coordenam dois componentes formais, enquanto o estágio formal coordena dois componentes abstratos. Já o estágio abstrato coordena dois componentes concretos, enquanto o estágio concreto coordena dois componentes primários. Por último, os itens do estágio primário coordenam dois componentes pré-operacionais. Todas as páginas do TDRI contêm a sequência de letras do alfabeto, de A a Z, para que o respondente possa consultar. Essa estratégia tem como objetivo auxiliar o respondente a verificar a ordem das letras, diminuindo a chance de uma resposta errada ser oriunda de um problema de evocação de memória.

Análise de dados

Para verificar se as predições realizadas na introdução se sustentam ou não, três métodos quantitativos foram empregados: análise fatorial confirmatória, modelo dicotômico de Rasch e Modelo Rasch Bifatorial. A seguir esses métodos serão brevemente explicados, bem como os procedimentos adotados.

Análise fatorial confirmatória

A análise fatorial confirmatória foi conduzida por meio do pacote *lavaan* (Rosseel, 2012), do software *R* (R Core Team, 2013). Cinco modelos diferentes foram testados e comparados utilizando-se o *robust weighted least squares estimator* (WLSMV) e tendo como amostra 726 participantes de um total de 1.803. Esse número reduzido, cerca de 40,26% da amostra original desse estudo, deve-se ao fato de que a análise fatorial confirmatória no pacote *lavaan* demandava que todos os itens tivessem sido respondidos. Como a matriz de dados possui valores faltantes, apenas uma subamostra com dados completos da amostra original é empregada. No entanto, com 726 participantes é possível estimar de adequadamente os modelos fatoriais confirmatórios. O primeiro modelo analisado é o modelo unidimensional, no qual uma única variável latente explica os 56 itens do TDRI. O segundo modelo é o modelo de traços correlacionados, no qual cada variável latente explica um conjunto de oito itens (construídos para identificar o mesmo estágio). O terceiro modelo é o de traços não correlacionados, cuja diferença para o modelo anterior diz respeito à ortogonalização das variáveis latentes, isto é, a correlação entre elas é fixada em 0. O quarto é o modelo hierárquico, com sete variáveis latentes explicando cada um dos oito itens construídos para identificar cada estágio, mais um fator geral de segundo nível explicando as variáveis latentes de primeiro nível. Já o quinto modelo é chamado de modelo bifatorial, no qual sete variáveis latentes explicam os oitos itens por estágio e um fator geral de primeiro nível explica diretamente os 56 itens do TDRI, sendo que as variáveis latentes são todas ortogonais (correlação fixada em zero). A Figura 9.8 apresenta a estrutura dos modelos testados.

Figura 9.8 ■ Modelos fatoriais confirmatórios testados. É importante apontar que as linhas pontilhadas entre as variáveis latentes no modelo de traços não correlacionados e no modelo bifatorial nesta figura indicam que esses modelos são ortogonalizados.

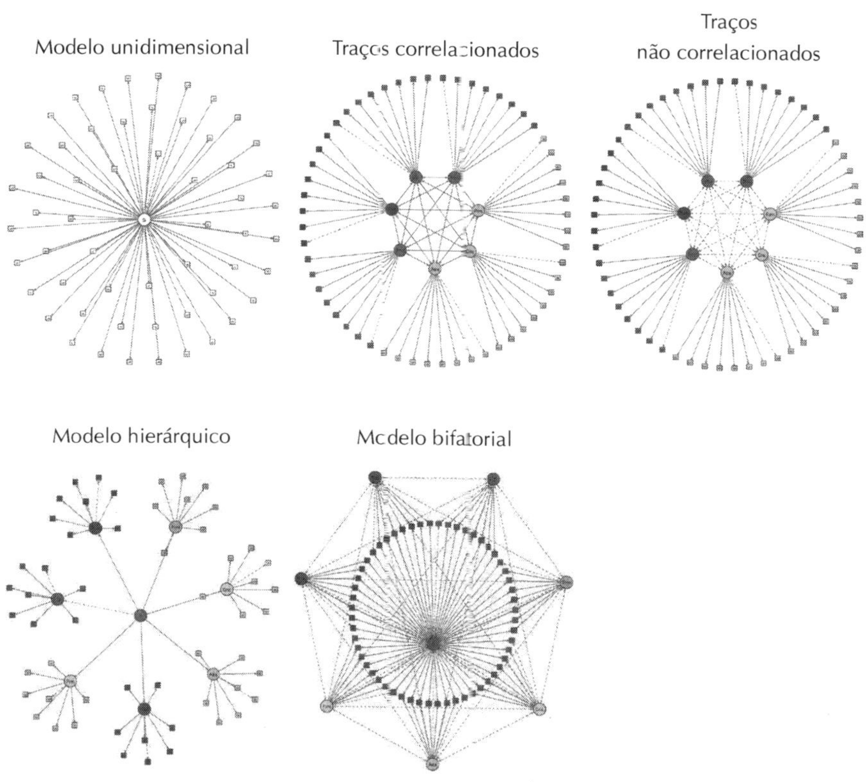

Reise, Moore e Haviland (2010) argumentam que instrumentos complexos se beneficiam da aplicação de modelos bifatoriais se comparados a modelos mais tradicionais, como o unidimensional, de traços correlacionados ou modelos hierárquicos. O benefício vem da estratégia do modelo bifatorial: ele permite a estimação de uma variável latente geral, mas também controla a variância que emerge de fatores específicos adicionais. Portanto, o uso do modelo bifatorial é uma estratégia mais apropriada para investigar se os itens de um instrumento avaliam um fator único comum, uma vez que o fator geral e os específicos competem pela explicação da variância. Se o fator geral explicar uma parcela grande da variância, mesmo na presença de fatores específicos de primeiro nível que expliquem a variância comum adicional para grupos de itens, então, esses itens podem ser considerados bastante adequados para estimar uma dimensão comum, e modelos tradicionais unidimensionais como os Modelos Rasch podem ser utilizados. Em suma, Reise *et al.* (2010) argumentam que o modelo bifatorial é mais adequado que outros modelos confirmatórios para verificar: "(a) se os itens do instrumento medem uma dimensão comum única, (b) quão bem esses itens refletem essa dimensão comum, (c) o efeito da multidimensionalidade na escala gerada, e (d) a viabilidade da aplicação de um modelo unidimensional da teoria de resposta ao item na presença de dados multidimensionais" (p. 547). Os autores ainda apontam que parâmetros da teoria de resposta ao item não são seriamente distorcidos se há a presença de um fator comum, ou geral, ou se há uma estrutura com fatores altamente correlacionados.

O ajuste dos itens aos modelos fatoriais confirmatórios foi verificado por meio do *root mean-square error of approximation* (RMSEA), do *comparative fit index* (CFI: Bentler, 1990), do *normed fit index* (NFI) e do *nonnormed fit index* (NNFI: Bentler Bonett, & Douglas, 1980). Um bom ajuste dos modelos aos dados é indicado por um RMSEA menor ou igual à 0,05 (Browne, & Cudeck, 1993), um CFI igual ou maior que 0,95 (Hu, & Bentler, 1999), e um NFI e NNFI maior que 0,90 (Bentler, & Bonett, 1980).

Modelo Logístico Simples de Rasch

O modelo logístico simples de Rasch foi aplicado utilizando o pacote *eRm* (Mair, Hatzinger, & Maier, 2014) do software *R* (R Core Team, 2013).

Dentre todos os benefícios da utilização dos Modelos Rasch, destaca-se sua capacidade de transformar os itens em uma métrica única do desenvolvimento (Demetriou, & Kyriakides, 2006), colapsando em um mesmo traço latente a habilidade das pessoas e a dificuldade dos itens (Bond, & Fox, 2001; Embreston, & Reise, 2000; Glas, 2007). Também permite a verificação de sequências hierárquicas dos itens e das pessoas, sendo particularmente relevante para a identificação de estágios de desenvolvimento (Dawson *et al.*, 2003) e para testar modelos teóricos hierárquicos, como o Modelo da Complexidade Hierárquica. Para verificar o ajuste dos dados ao modelo dicotômico de Rasch será utilizado o *information-weighted fit mean-square statistic* (*infit*) e o teste de razão da verossimilhança de Andersen (*LR-Test*, ver Capítulo 7). Valores de *infit* entre 0,50 e 1,50 são considerados produtivos para a medida, embora ideal seja que o *infit* dos itens esteja localizado entre 0,70 e 1,20 (Wright, & Linacre, 1994). Já o *LR-Test* é considerado adequado se a hipótese nula da homogeneidade de subgrupos não for rejeitada. Neste trabalho, o nível de significância adotado é de 5%. Para computar o *LR-Test*, a amostra foi dividida em cinco subgrupos aleatórios, com tamanhos aproximadamente iguais.

Além do *infit* e do *LR-Test*, outro indicador de qualidade é a confiabilidade de separação das pessoas e a confiabilidade de separação dos itens. Ambos são calculados por meio da relação entre a variância do erro-padrão do parâmetro e o erro quadrado médio do parâmetro (*MSE*):

$$\text{Confiabilidade de Separação das Pessoas} = \frac{var(\text{Erro-Padrão de } \beta) - (MSE\ \beta)}{var(\text{Erro-Padrão de } \beta)} \quad (1)$$

$$\text{Confiabilidade de Separação dos Itens} = \frac{var(\text{Erro-Padrão de } \delta) - (MSE\ \delta)}{var(\text{Erro-Padrão de } \delta)} \quad (2)$$

O valor da confiabilidade de separação das pessoas e dos itens tem a mesma interpretação que o valor da confiabilidade indicada pelo alfa de Cronbach. Quanto mais próximo de 1, maior é a confiabilidade da medida.

No entanto, a maneira de interpretar é a seguinte: quão bem o padrão de respostas das pessoas, ou o padrão de acerto dos itens, se ajusta à estrutura da medida (Hibbard, Collins, Mahoney, & Baker, 2010). Em outras palavras, a confiabilidade de separação das pessoas indica qual a confiança que se tem que uma pessoa que obtém uma habilidade estimada β_2 de fato possui maior habilidade que outra pessoa que tenha obtido uma habilidade estimada β_1, sendo $\beta_2 > \beta_1$. De modo semelhante, a confiabilidade de separação dos itens indica qual a confiança que se tem que um item de dificuldade estimada δ_2 de fato possui maior dificuldade que outro item de dificuldade estimada δ_1, sendo $\delta_2 > \delta_1$.

Na segunda parte da análise do modelo dicotômico de Rash, o espaçamento das dificuldades dos itens do TDRI de estágios adjacentes será verificado utilizando o *teste t de Student para uma amostra*, com intervalo de confiança de 95%. Seria bom poder comparar a dificuldade de cada item de estágios adjacentes, mas, como há 56 itens, o número de comparações seria muito elevado. Para reduzir o número de pares para a comparação, cada parâmetro de dificuldade dos itens foi subtraído da dificuldade média dos itens do estágio adjacente superior (em termos de complexidade hierárquica). Esse cálculo está representado na Equação 3:

$$\overline{X}_{k+1} - \delta_{i_k} = Adj\,\delta_{i_k} \tag{3}$$

onde $\overline{X}_{k+1}$ é a dificuldade média dos itens do estágio adjacente com maior complexidade hierárquica (ou estágio $k + 1$), e δ_{i_k} é a dificuldade do item i do estágio k, produzindo a dificuldade ajustada do item i: $Adj\,\delta_{i_k}$. Para verificar se o teste t para amostra única pode ser utilizado, o teste de normalidade de Shapiro-Wilk (1965) será utilizado na dificuldade ajustada dos itens (alfa = 0,05). Caso a distribuição das dificuldades ajustadas não seja oriunda de uma distribuição normal, o teste de Wilcoxon será empregado.

Modelo Rasch Estendido (Modelo de Teste Logístico Linear – LLTM)

Como foi visto no Capítulo 4 deste livro, a probabilidade de uma pessoa p responder corretamente a um item i, no modelo logístico simples de Rasch para dados dicotômicos, é definida como:

$$P\left(X_{pi} = 1 \mid \beta_p, \delta_i\right) = \frac{e^{(\beta_p - \delta_i)}}{1 + e^{(\beta_p - \delta_i)}} \tag{4}$$

Já no Capítulo 7, vimos uma extensão do modelo logístico simples de Rasch proposta por Scheiblechner (1972), formalizada posteriormente por Fischer (1973), e denominada de *Modelo de Teste Logístico Linear* (LLTM), que separa o parâmetro de dificuldade dos itens na seguinte combinação linear:

$$\delta_i = \sum_{j=1}^{p} \omega_{ij}\, \eta_j \tag{5}$$

onde η_j representa "processos cognitivos específicos" ou, em nosso caso, estágios específicos. Já ω_{ij} representa o peso do item i com a operação lógica j (ou estágio j), que é definido *a priori* em uma matriz W. A Tabela 9.2 apresenta a matriz W que será utilizada para a análise.

Tabela 9.2 ■ Matriz *W* utilizada no Modelo Rasch Estendido (LLTM).

Item	Pré-operacional	Primário	Concreto	Abstrato	Formal	Sistemático	Metassistemático
1	1	0	0	0	0	0	0
2	1	0	0	0	0	0	0
3	1	0	0	0	0	0	0
4	1	0	0	0	0	0	0
5	1	0	0	0	0	0	0
6	1	0	0	0	0	0	0
7	1	0	0	0	0	0	0
8	1	0	0	0	0	0	0
9	0	1	0	0	0	0	0
10	0	1	0	0	0	0	0
11	0	1	0	0	0	0	0
12	0	1	0	0	0	0	0

13	0	1	0	0	0	0	0
14	0	1	0	0	0	0	0
15	0	1	0	0	0	0	0
16	0	1	0	0	0	0	0
17	0	0	1	0	0	0	0
18	0	0	1	0	0	0	0
19	0	0	1	0	0	0	0
20	0	0	1	0	0	0	0
21	0	0	1	0	0	0	0
22	0	0	1	0	0	0	0
23	0	0	1	0	0	0	0
24	0	0	1	0	0	0	0
25	0	0	0	1	0	0	0
26	0	0	0	1	0	0	0
27	0	0	0	1	0	0	0
28	0	0	0	1	0	0	0
29	0	0	0	1	0	0	0
30	0	0	0	1	0	0	0
31	0	0	0	1	0	0	0
32	0	0	0	1	0	0	0
33	0	0	0	0	1	0	0
34	0	0	0	0	1	0	0
35	0	0	0	0	1	0	0
36	0	0	0	0	1	0	0
37	0	0	0	0	1	0	0
38	0	0	0	0	1	0	0
39	0	0	0	0	1	0	0
40	0	0	0	0	1	0	0
41	0	0	0	0	0	1	0
42	0	0	0	0	0	1	0

43	0	0	0	0	0	1	0
44	0	0	0	0	0	1	0
45	0	0	0	0	0	1	0
46	0	0	0	0	0	1	0
47	0	0	0	0	0	1	0
48	0	0	0	0	0	1	0
49	0	0	0	0	0	0	1
50	0	0	0	0	0	0	1
51	0	0	0	0	0	0	1
52	0	0	0	0	0	0	1
53	0	0	0	0	0	0	1
54	0	0	0	0	0	0	1
55	0	0	0	0	0	0	1
56	0	0	0	0	0	0	1

O modelo LLTM será aplicado por meio do pacote *eRm* (Mair *et al.*, 2014) do software *R* (R Core Team, 2013). A comparação entre o modelo dicotômico de Rasch e o Modelo Rasch estendido será feita por meio do *Akaike's Information Criterion* (AIC: Akaike, 1973) e do *Bayesian Information Criterion* (BIC: Schwarz, 1978), além do teste de razão de verossimilhança. O AIC e o BIC são calculados como se segue:

$$AIC = -2(Loglikelihood) + 2(p) \tag{6}$$

$$BIC = -2(Loglikelihood) + log(n)\,p \tag{7}$$

onde *Loglikelihood* é a verossimilhança do modelo, *p* é o número de parâmetros do modelo e *n* é o tamanho da amostra. O modelo apresentando os menores AIC e BIC é considerado o melhor modelo. O teste de razão de verossimilhança (*LR-Test*) também pode ser utilizado para comparar modelos, por meio da função *anova* do pacote *eRm*. Além disso, será verificado o ajuste dos itens, por meio do *Infit mean square*, sendo favorável o modelo com melhor intervalo de *infit*, isto é, aquele que tiver mais itens entre 0,70 e 1,20.

Resultados

Análise fatorial confirmatória

O modelo unidimensional não apresentou ajuste adequado aos dados [χ^2 (1484) = 10.207,49; p = 0,00; *CFI* = 0,85; *RMSEA* = 0,09; *NFI* = 0,83; *NNFI* = 0,85], bem como o modelo de traços não correlacionados [χ^2 (1484) = 31039,29; p = 0,00; *CFI* = 0,51; *RMSEA* = 0,17; *NFI* = 0,50; *NNFI* = 0,49]. Já o modelo de traços correlacionados apresentou um ajuste muito bom aos dados [χ^2 (1463) = 764,28; p = 0,00; *CFI* = 1,00; *RMSEA* = 0,00; *NFI* = 0,99; *NNFI* = 1,00].

Figura 9.9 ■ Modelo de Traços Correlacionados. Prp = pré-operacional, Prm = primário, Cnc = concreto, Abs = abstrato, Frm = formal, Sys = sistemático, Met = metassistemático.

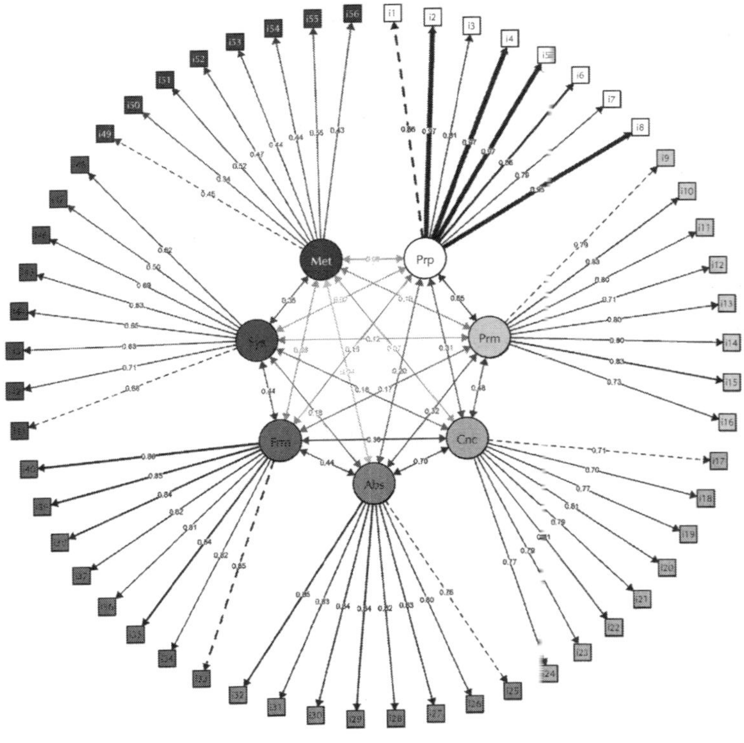

As cargas fatoriais padronizadas no modelo de traços correlacionados variaram de 0,34 a 0,97 ($M = 0{,}74$; $DP = 0{,}15$). As correlações variaram entre 0,04 e 0,70 ($M = 0{,}26$; $DP = 0{,}20$). Tanto as cargas fatoriais padronizadas quanto as correlações entre as variáveis latentes podem ser visualizadas na Figura 9.9.

As figuras dos modelos fatoriais confirmatórios mostradas nesta seção foram geradas utilizando o pacote *semPlot* (Epskamp, 2014). Esse pacote cria um gráfico com as cargas fatoriais padronizadas e as disponibiliza em um formato de redes, com os círculos representando as variáveis latentes e os quadrados representando os itens. A intensidade da cor das setas indicam a magnitude das cargas fatoriais ou das correlações, isto é, quanto maior a carga fatorial ou a correlação, mais intensa é a cor e espessa é a seta. Setas unidirecionais indicam o efeito da variável latente nos itens, enquanto setas bidirecionais indicam a correlação entre as variáveis latentes.

Um ajuste adequado do modelo hierárquico também foi obtido [χ^2 (1477) = 2884,70; $p = 0{,}00$; $CFI = 0{,}98$; $RMSEA = 0{,}04$; $NFI = 0{,}95$; $NNFI = 0{,}98$]. As cargas fatoriais padronizadas no modelo hierárquico também variaram de 0,34 a 0,97 ($M = 0{,}74$; $DP = 0{,}15$) para as variáveis latentes de primeiro nível. Já para o fator geral de segundo nível, as cargas fatoriais variaram de 0,17 até 0,83 ($M = 0{,}47$; $DP = 0{,}27$).

O modelo bifatorial também apresentou um ajuste muito bom aos dados [χ^2 (1428) = 2768,36; p = 0,00; $CFI = 0{,}98$; $RMSEA = 0{,}04$; $NFI = 0{,}95$; $NNFI = 0{,}98$]. As cargas fatoriais padronizadas das variáveis latentes específicas variaram de 0,34 a 0,93 ($M = 0{,}61$; $DP = 0{,}17$). Já as cargas fatoriais padronizadas do fator geral de primeiro nível variaram de 0,05 a 0,72 ($M = 0{,}47$; $DP = 0{,}27$).

A quantidade de variância comum explicada pelo fator geral no modelo bifatorial pode ser calculada utilizando um índice chamado de *explained common variance* (ECV: Ten Berge, & Sočan, 2004; Reise *et al.*, 2010):

$$ECV = \frac{\sum \lambda^2_{Gen}}{(\sum \lambda^2_{Gen}) + (\sum \lambda^2_{F1}) \leqslant (\sum \lambda^2_{F2}) + \ldots + (\sum \lambda^2_{Fk})} \qquad (8)$$

Figura 9.10 ■ Modelo Hierárquico. Prp = pré-operacional, Prm = primário, Cnc = concreto, Abs = abstrato, Frm = formal, Sys = sistemático, Met = metassistemático.

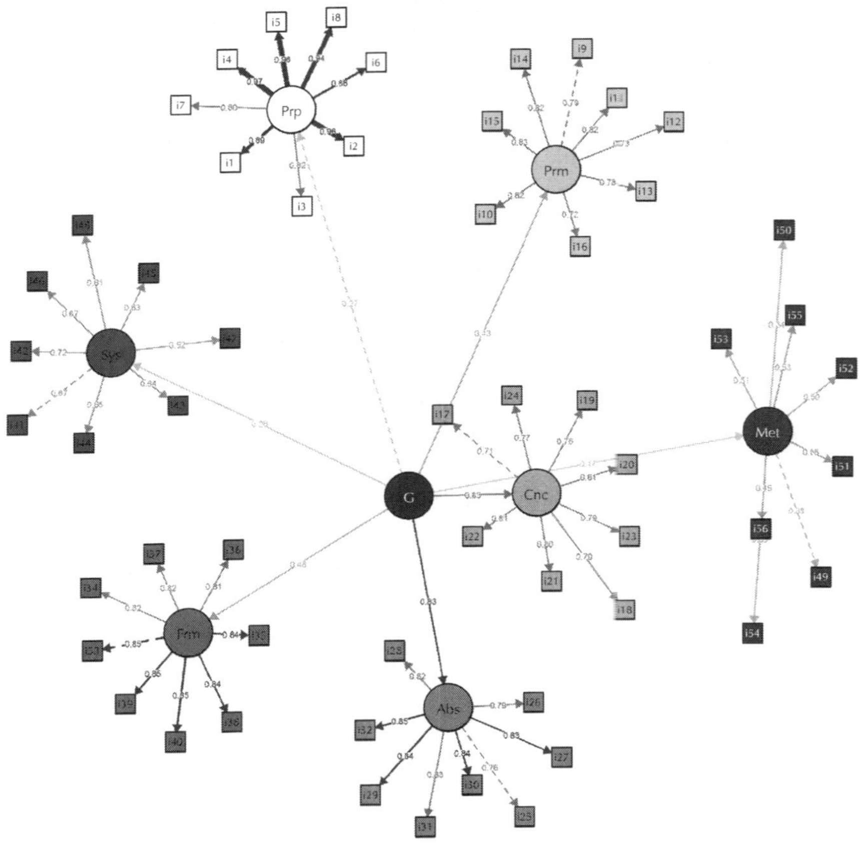

onde λ^2_{Gen} é o quadrado das cargas não padronizadas do fator geral e λ^2_{Fk} o quadrado das cargas não padronizadas para cada uma das k variáveis latentes. A variável latente geral do modelo bifatorial explica cerca de 96% da variância comum. É importante apontar que o ECV é um índice de unidimensionalidade, não sendo adequado para funcionar como um indicador de saturação do fator geral. Os índices de ajuste dos modelos fatoriais confirmatórios investigados estão disponíveis também na Tabela 9.3.

Figura 9.11 ■ Modelo bifatorial: prp = pré-operacional, Prm = primário, Cnc = concreto, Abs = abstrato, Frm = formal, Sys = sistemático, Met = metassistemático.

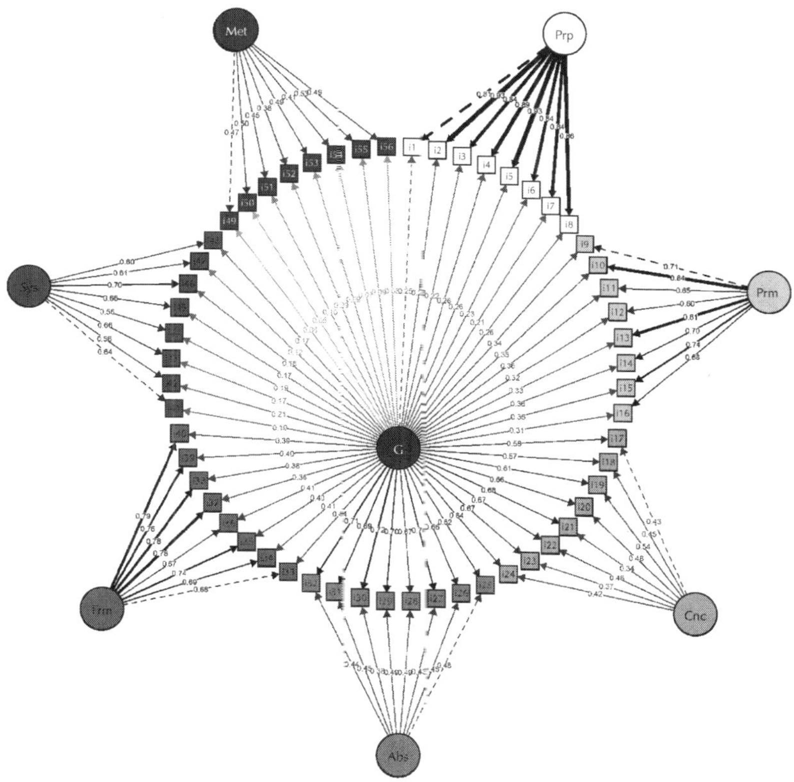

A diferença entre os melhores modelos, isto é, traços correlacionados, hierárquico e bifatorial, é estatisticamente significativa? Qual é, afinal, o melhor modelo? Para responder a essa pergunta, o teste de diferença do qui-quadrado escalonado (Satorra, & Bentler, 2001) será utilizado por meio da função *anova* do pacote *lavaan* (Rosseel, 2012). O resultado aponta que o modelo bifatorial é um modelo significativamente melhor que o modelo hierárquico, mas não é significativamente melhor que o modelo de traços correlacionados (ver Tabela 9.4). Porém, o modelo bifatorial é um modelo mais parcimonioso, uma vez que possui menos graus de liberdade que o modelo de traços correlacionados.

Tabela 9.3 ▪ Ajuste dos modelos fatoriais confirmatórios.

Modelo	Qui-quadrado	Graus de liberdade	p	CFI	RMSEA	NFI	NNFI
Unidimensional	10207,49	1484	0,00	0,85	0,09	0,83	0,85
Traços não correlacionados	31039,29	1484	0,00	0,51	0,17	0,50	0,49
Traços correlacionados	764,28	1463	0,00	1,00	0,00	0,99	1,00
Hierárquico	2884,70	1477	0,00	0,98	0,04	0,95	0,98
Bifatorial	2768,36	1428	0,00	0,98	0,04	0,95	0,98

Tabela 9.4 ▪ Teste de diferença do qui-quadrado escalonado de Satorra e Bentler (2001).

Modelo	χ^2	Graus de liberdade	$\Delta\chi^2$	Δ Graus de liberdade	p
Bifatorial	2768,36	1428			
Traços correlacionados	764,28	1463	–99,87	35	1
Hierárquico	2884,70	1477	154,52	14	<0,001

Modelo Logístico Simples de Rasch

O Modelo Logístico Simples de Rasch para dados dicotômicos apresentou um *log-likelihood* de −13938 com 55 parâmetros. Com isso, é possível calcular que o AIC do modelo é 27985,99, e o BIC, 28055,07. O resultado apontou um ajuste adequado dos dados ao modelo, com *infit* médio de 0,91 (*Mediana* = 0,86; *DP* = 0,15; *Mín.* = 0,68; *Máx.* = 1,21). O valor do *infit* de cada item, bem como outras características dos itens, estão disponíveis na Tabela 9.5. O teste da razão de verossimilhança de Andersen (*LR-Test*) também apontou que os dados do TDRI se ajustam de maneira adequada ao Modelo Logístico Simples de Rasch, uma vez que não é possível refutar a hipótese da homogeneidade dos cinco subgrupos aleatórios comparados

($LR = 212{,}85$; *graus de liberdade* $= 220$; $p = 0{,}62$). Uma representação gráfica do resultado do *LR-Test* (apenas um subgrupo dos itens) pode ser vista na Figura 9.12. Esse é um gráfico de ajuste com elipses de intervalos de confiança.

Figura 9.12 ▪ Representação gráfica do teste de razão da verossimilhança (*LR-Test*) para um subgrupo de itens do TDRI, mostrando o valor dos parâmetros dos itens e suas elipses com intervalos de confiança de 95% para dois dos cinco subgrupos utilizados.

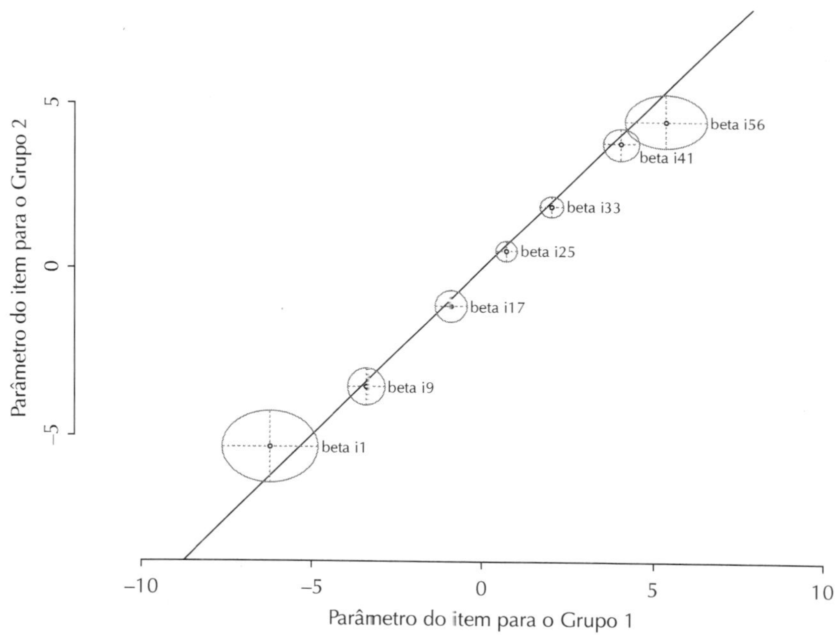

A dificuldade dos itens variou entre –6,39 até 5,75 ($M = 0{,}00$; *Mediana* $= 0{,}48$; $DP = 3{,}75$). A Figura 9.13 apresenta o mapa das variáveis, sendo a parte superior a distribuição das habilidades das pessoas, e a inferior, a distribuição da dificuldade dos itens. É possível visualizar sete agrupamentos de itens, sendo cada um deles formado por itens construídos para identificar um mesmo estágio. A confiabilidade de separação das pessoas é de 0,90, e a confiabilidade de separação dos itens é de 0,998.

Figura 9.13 ▪ Mapa de variáveis mostrando na parte superior a distribuição das habilidades das pessoas, e na inferior, a distribuição da dificuldade dos itens, do item 1 ao item 56

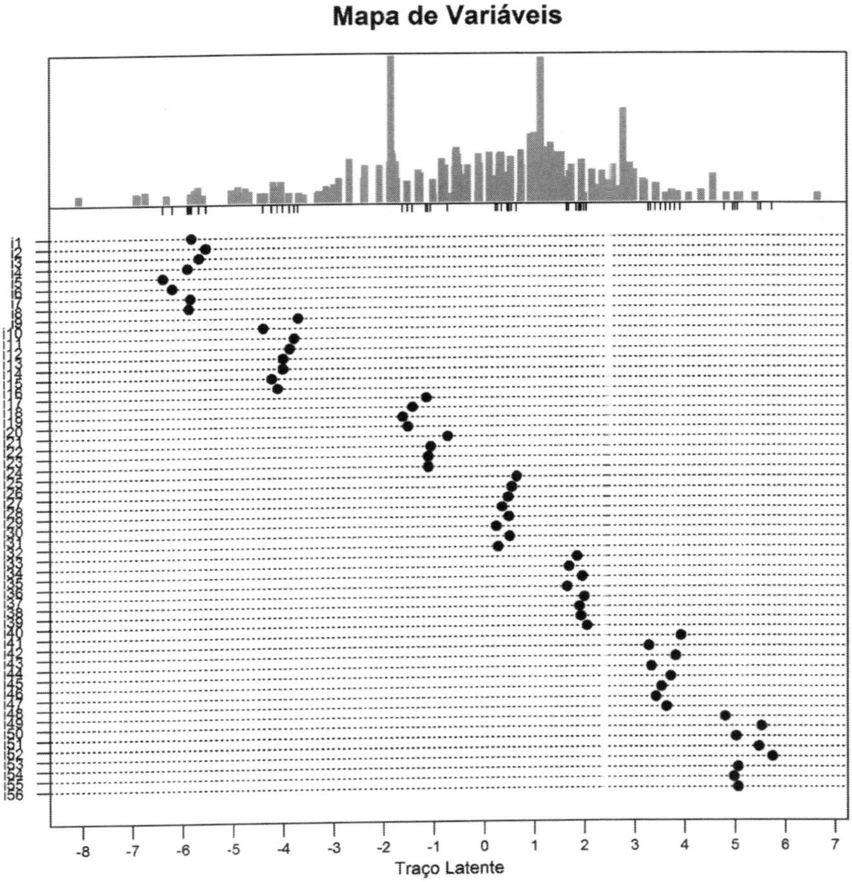

A Tabela 9.5 apresenta a dificuldade, o erro-padrão, o intervalo de confiança de 95% da dificuldade, bem como o *infit* dos itens do TDRI. A média da dificuldade dos itens do estágio pré-operacional é de −5,91, do estágio primário é de −4,01, do concreto é −1,21, do abstrato é 0,44, do formal é 1,88, do sistemático é de 3,59 e do metassistemático é 5,21.

Tabela 9.5 ■ Dificuldade, erro-padrão, intervalo de confiança e *Infit* por item do TDRI.

Item	Dificuldade	Erro--padrão	Intervalo de confiança de 95% da dificuldade		*Infit Mean Square*
			Limite inferior	Limite superior	
i1	−5,82	0,26	−6,38	−5,31	1,03
i2	−5,54	0,22	−5,96	−5,11	0,99
i3	−5,67	0,23	−6,11	−5,23	1,06
i4	−5,90	0,27	−6,43	−5,37	0,80
i5	−6,39	0,33	−7,04	−5,74	0,79
i6	−6,20	0,27	−6,72	−5,68	0,88
i7	−5,84	0,23	−6,30	−5,39	0,94
i8	−5,88	0,26	−6,39	−5,36	0,78
i9	−3,70	0,13	−3,95	−3,44	0,82
i10	−4,39	0,17	−4,73	−4,06	0,69
i11	−3,77	0,13	−4,03	−3,52	0,75
i12	−3,87	0,14	−4,13	−3,60	0,85
i13	−4,00	0,15	−4,29	−3,70	0,68
i14	−4,00	0,15	−4,29	−3,70	0,74
i15	−4,22	0,16	−4,53	−3,91	0,72
i16	−4,10	0,14	−4,38	−3,82	0,82
i17	−1,15	0,11	−1,37	−0,92	0,98
i18	−1,42	0,12	−1,65	−1,18	0,96
i19	−1,62	0,12	−1,86	−1,38	0,79
i20	−1,52	0,12	−1,75	−1,28	0,74
i21	−0,72	0,11	−0,93	−0,51	0,88
i22	−1,06	0,11	−1,28	−0,84	0,80
i23	−1,11	0,12	−1,34	−0,89	0,85
i24	−1,11	0,12	−1,33	−0,89	0,87
i25	0,65	0,07	0,51	0,79	0,94
i26	0,55	0,07	0,41	0,70	0,88
i27	0,48	0,07	0,34	0,62	0,84
i28	0,36	0,07	0,21	0,50	0,84
i29	0,49	0,07	0,35	0,64	0,81

i30	0,24	0,08	0,09	0,39	0,78
i31	0,51	0,07	0,37	0,65	0,81
i32	0,28	0,08	0,13	0,42	0,83
i33	1,86	0,08	1,70	2,01	0,78
i34	1,70	0,07	1,55	1,84	0,89
i35	1,95	0,08	1,80	2,11	0,78
i36	1,66	0,07	1,52	1,81	0,85
i37	2,00	0,08	1,85	2,15	0,79
i38	1,90	0,08	1,75	2,06	0,77
i39	1,93	0,08	1,77	2,08	0,77
i40	2,05	0,08	1,90	2,21	0,76
i41	3,92	0,12	3,70	4,15	0,96
i42	3,29	0,10	3,09	3,48	1,10
i43	3,82	0,11	3,60	4,04	1,06
i44	3,33	0,10	3,14	3,53	1,12
i45	3,72	0,11	3,50	3,94	1,10
i46	3,54	0,10	3,34	3,74	1,10
i47	3,43	0,10	3,23	3,63	1,20
i48	3,64	0,11	3,42	3,85	1,11
i49	4,81	0,19	4,44	5,18	1,21
i50	5,53	0,25	5,05	6,01	1,14
i51	5,02	0,21	4,62	5,43	1,16
i52	5,48	0,25	5,00	5,96	1,04
i53	5,75	0,27	5,21	6,28	1,05
i54	5,07	0,21	4,65	5,48	1,21
i55	4,98	0,20	4,58	5,38	1,13
i56	5,07	0,21	4,65	5,48	1,21

Para facilitar a visualização do padrão de distribuição dos itens do TDRI, a Figura 9.14 foi criada. Ela apresenta a distribuição da estimativa da dificuldade dos itens com barra de erros, isto é, a dificuldade menos o erro-padrão da estimativa e a dificuldade mais o erro-padrão da estimativa. Além disso, uma linha cinza em cada agrupamento de itens mostra a dificuldade média dos estágios. Um retângulo cinza-escuro mostra a média do intervalo de confiança dos estágios. O padrão dos estágios, do mais simples (pré-operacional) ao mais complexo (metassistemático) é bastante claro.

Figura 9.14 ■ Mapa de variáveis mostrando, na parte superior a distribuição das habilidades das pessoas, e na parte inferior, a distribuição da dificuldade dos itens, do item 1 ao item 56.

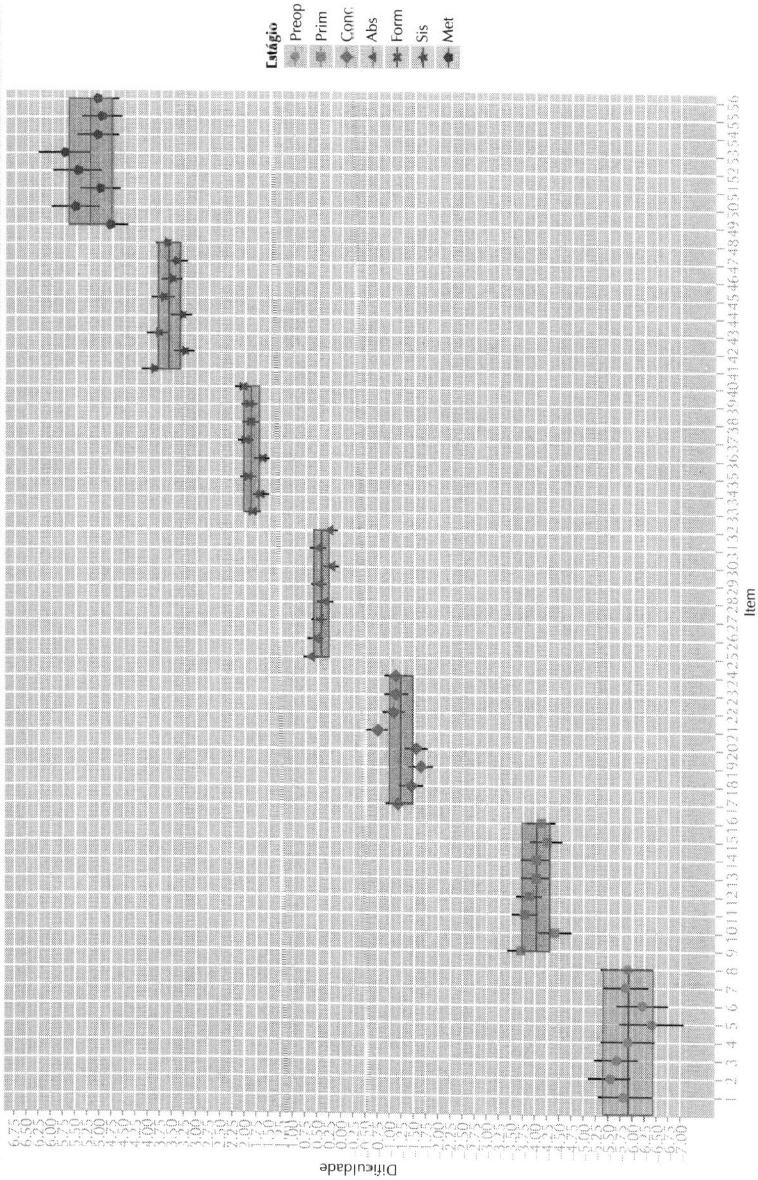

Após a verificação da qualidade do TDRI, o próximo passo na análise é verificar o espaçamento das dificuldades dos itens de estágios adjacentes. Após calcular a *dificuldade ajustada* Adjδ_{ik} do item i do estágio k, foi possível verificar que essas dificuldades apresentam uma distribuição normal. Portanto, pode-se prosseguir com o teste *t de Student* para uma amostra.

Tabela 9.6 ■ Teste de Normalidade de Shapiro-Wilk das dificuldades ajustadas.

Comparação de estágios	Média Adjδ_{ik}	Desvio-padrão Adjδ_{ik}	Mín. Adjδ_{ik}	Máx. Adjδ_{ik}	Shapiro-Wilk W	p
Preop/Prim	1,90	0,27	1,53	2,38	0,93	0,53
Prim/Conc	2,79	0,23	2,48	3,18	0,97	0,94
Conc/Abs	1,66	0,29	1,16	2,06	0,93	0,59
Abs/Form	1,44	0,14	1,23	1,64	0,94	0,66
Form/Sist	1,71	0,14	1,53	1,93	0,91	0,41
Sist/Meta	1,63	0,23	1,29	1,93	0,96	0,81

O resultado do teste *t de Student* para uma amostra, com intervalo de confiança de 95%, está exposto na Tabela 9.7. Houve diferenças significativas entre todas as comparações realizadas.

Tabela 9.7 ■ Teste *t de Student* para uma amostra e tamanho de efeito da diferença (d de Cohen e *r*).

Valor de teste = 0								
					Intervalo de confiança de 95% (diferença)			
	T	Graus de liberdade	*p*	Diferença média	Limite inferior	Limite superior	d de Cohen	*r*
Preop/Prim	19,60	7	<0,000	1,90	1,67	2,13	14,81	0,99
Prim/Conc	34,16	7	<0,000	2,79	2,60	2,99	25,82	1,00
Conc/Abs	16,16	7	<0,000	1,66	1,41	1,90	12,21	0,99

Abs/Form	28,71	7	<0,000	1,44	1,32	1,55	21,70	1,00
Form/Syst	34,88	7	<0,000	1,71	1,59	1,82	26,36	1,00
Syst/Meta	19,93	7	<0,000	1,63	1,43	1,82	15,06	0,99

Modelo Rasch Estendido

O Modelo Rasch Estendido (LLTM) apresentou um *log-likelihood* de −14.026,33 com sete parâmetros. Com isso, é possível calcular que o AIC do modelo é 28.066,66, e o BIC, 28.075,45. Ambos os índices são superiores aos apresentados pelo Modelo Logístico Simples de Rasch para dados dicotômicos. Isso significa que os dados se ajustam melhor ao Modelo Logístico Simples de Rasch que ao Modelo Rasch Estendido (LLTM). O *LR-Test* para comparação de dois modelos também indica que o modelo dicotômico é significativamente melhor que o Modelo Rasch Estendido ($LR = 88{,}33$; $p < 0{,}001$).

No entanto, os parâmetros dos estágios seguiram exatamente o padrão esperado pelo Modelo da Complexidade Hierárquica. O parâmetro do estágio pré-operacional foi estimado em −5,86, o estágio primário foi estimado em −3,97, o concreto, em −1,20, o abstrato, em 0,44, o formal, em 1,87, o sistemático, em 3,56, e o metassistemático, em 5,16. A Figura 9.15 mostra a curva característica dos estágios, com a probabilidade de acertar os itens de cada estágio ao longo do traço latente.

O ajuste dos itens no Modelo Rasch Estendido aponta que os itens se enquadram dentro dos valores considerados produtivos para a medida (apesar de não serem os valores ideais), uma vez que o *infit* varia entre 0,56 e 1,49 ($M = 0{,}91$; $Mediana = 0{,}87$; $DP = 0{,}21$). Cerca de 77% dos itens apresentam valores de *infit* dentro da faixa ideal entre 0,70 e 1,20.

A confiabilidade de separação das pessoas é de 0,89. A confiabilidade de separação dos itens não é computada quando se utiliza o Modelo Rasch Estendido (LLTM), pois a matriz W indica os pesos dos itens nas variáveis latentes, fazendo que todos os itens de uma mesma variável latente tenham uma mesma estimativa de dificuldade, a qual, por sua, vez é igual ao parâmetro da variável latente.

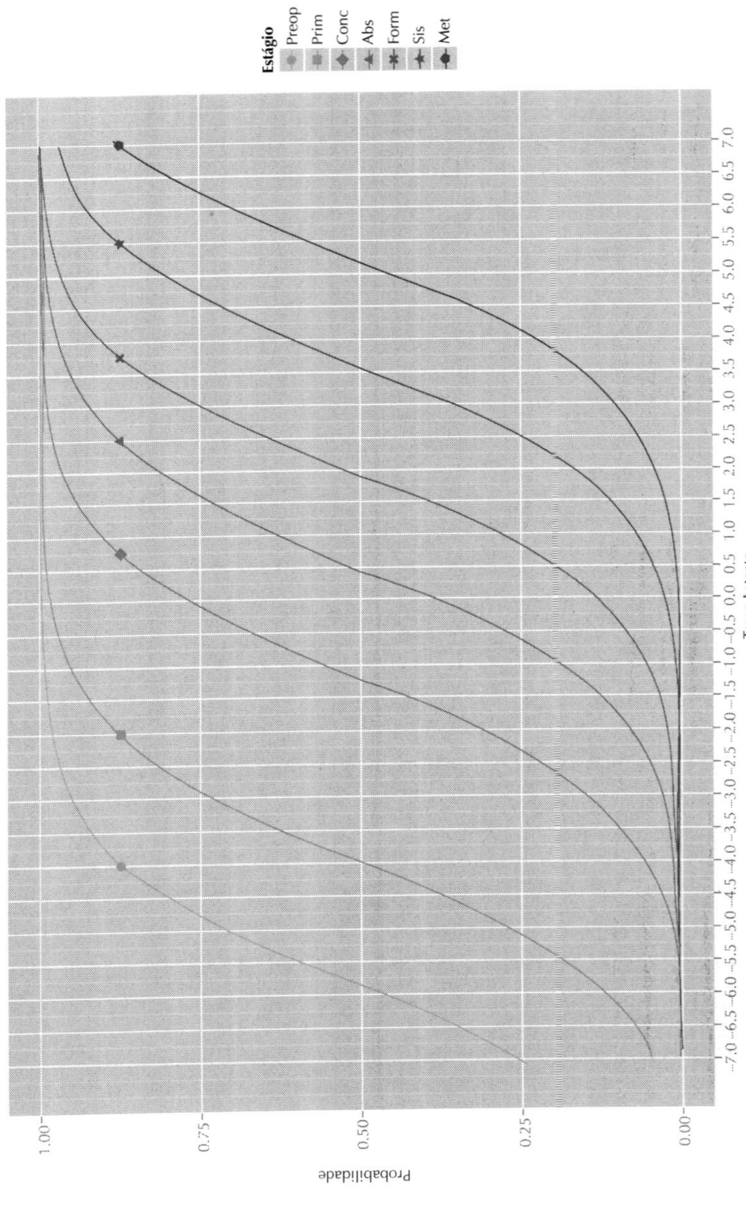

Figura 9.15 ■ Curva característica dos estágios, no Modelo Rasch Estendido (LLTM).

Discussão

Este capítulo buscou verificar se é possível identificar estágios de desenvolvimento do raciocínio, por meio de um estudo de validade estrutural do Teste do Desenvolvimento do Raciocínio Indutivo (3ª versão). Uma vez que os itens do TDRI foram construídos com base no modelo matemático de organização de informações chamado de *Modelo da Complexidade Hierárquica* (Commons, & Pekker, 2008; Commons *et al.*, 2014), era esperado que o resultado do Modelo Logístico Simples de Rasch mostrasse agrupamentos, em termos de dificuldade, para cada conjunto de oito itens construído com a mesma (hipotética) complexidade hierárquica (predição 1). Além disso, era esperado que cada um desses agrupamentos (representando os estágios) fosse estatisticamente diferente do agrupamento de itens adjacente (predição 2). Era esperado, também, encontrar uma estrutura fatorial confirmatória com sete fatores específicos de primeiro nível, cada um explicando os itens representantes de um estágio, além de um fator geral de primeiro nível explicando todos os itens, em uma estrutura conhecida como bifatorial (predição 3). Por outro lado, não era esperado encontrar uma estrutura com uma única variável latente (predição 4). Por fim, o Modelo Rasch Estendido evidenciaria que as sete dimensões representando os estágios seguiriam a mesma ordem preconizada pelo *Modelo da Complexidade Hierárquica*.

Os resultados mostraram que nenhuma das predições foi refutada. O modelo confirmatório bifatorial apresentou um grau adequado de ajuste aos dados [χ^2 (1428) = 2768,36; *p* = 0,00; *CFI* = 0,98; *RMSEA* = 0,04; *NFI* = 0,95; *NNFI* = 0,98], diferentemente do modelo unidimensional [χ^2 (1484) = 10207,49; *p* = 0,00; *CFI* = 0,85; *RMSEA* = 0,09; *NFI* = 0,83; *NNFI* = 0,85] e do modelo de traços não correlacionados [χ^2 (1484) = 31039,29; *p* = 0,00; *CFI* = 0,51; *RMSEA* = 0,17; *NFI* = 0,50; *NNFI* = 0,49]. Já o modelo de traços correlacionados [χ^2 (1463) = 764,28; *p* = 0,00; *CFI* = 1,00; *RMSEA* = 0,00; *NFI* = 0,99; *NNFI* = 1,00] e o modelo hierárquico [χ^2 (1477) = 2884,70; p = 0,00; *CFI* = 0,98; *RMSEA* = 0,04; *NFI* = 0,95; *NNFI* = 0,98] apresentaram um bom ajuste aos dados.

Ao comparar os modelos com bom ajuste, verificou-se que o modelo bifatorial é significativamente melhor que o modelo hierárquico. No entanto, o modelo bifatorial não apresenta ajuste estatisticamente melhor aos dados que o modelo de traços correlacionados, apesar de ser mais parcimonioso, por apresentar menos graus de liberdade, sendo, portanto, o modelo preferido. Esse resultado evidencia a força da unidimensionalidade do TDRI, uma vez que os fatores específicos competem com o fator geral na explicação da variância. Mesmo com essa competição, o fator geral mostrou-se absolutamente forte, com um índice de variância explicada comum (*ECV*) de 96%.

Do ponto de vista do modelo logístico simples de Rasch para dados dicotômicos, os dados apresentaram um ajuste considerado ideal, com *infit mean square* variando entre 0,68 e 1,21 (*Média* = 0,91; *Mediana* = 0,86; DP = 0,15). Além do *infit*, o teste de razão da verossimilhança de Andersen (*LR-Test*) apontou que não é possível refutar a homogeneidade dos parâmetros quando os comparamos em cinco subgrupos aleatórios da amostra (*LR* = 212,85; *Graus de liberdade* = 220; *p* = 0,62). No que diz respeito ao padrão de dificuldade dos itens, foi possível identificar claramente sete grupamentos de itens, com saltos entre eles. A conversão das dificuldades dos itens em dificuldades ajustadas em relação ao agrupamento adjacente superior de itens (estágio superior), possibilitou verificar a significância da diferença entre estágios adjacentes. Foram encontradas diferenças estatisticamente significativas para todas as comparações realizadas (pré-operacional/primário, primário/concreto, concreto/abstrato, abstrato/formal, formal/sistemático e sistemático/metassistemático). Ademais, o tamanho de efeito das diferenças foi grande para todas as comparações realizadas, tanto utilizando o índice *d* de Cohen quanto o índice *r*.

O Modelo Rasch estendido utilizado, modelo de teste logístico linear (*LLTM*), mostrou que é possível estimar diretamente os estágios de desenvolvimento identificados pelo TDRI. A ordem dos parâmetros dos estágios seguiu exatamente a ordem preconizada pelo Modelo da Complexidade Hierárquica, isto é, pré-operacional < primário < concreto < abstrato < formal < sistemático < metassistemático. No entanto, ao comparar o ajuste dos dados aos Modelos Logístico Simples de Rasch e Rasch Estendido, verificou-se que o primeiro é significativamente melhor. Ademais, o ajuste dos itens ao Modelo Rasch estendido é um pouco pior, mas ainda encontra-se em uma faixa de ajuste produtiva para a medida. São duas as vantagens de utilizar o Modelo Rasch Estendido (*LLTM*). A primeira delas diz respeito à investigação sobre a plausibilidade das variáveis latentes, adicionando evidências complementares à investigação por meio da análise fatorial confirmatória. Se os dados se ajustarem ao Modelo Rasch Estendido, tem-se mais uma evidência da qualidade das variáveis latentes investigadas. A segunda grande vantagem de empregar o Modelo Rasch Estendido (*LLTM*) é que ele torna possível estimar em qual estágio de desenvolvimento uma pessoa está, analisando o parâmetro de cada estágio no cálculo probabilidade. Diferentemente do Modelo Logístico Simples de Rasch, que estima a dificuldade de cada item do instrumento, o Modelo Rasch Estendido estima a *mesma* dificuldade para todos os itens de um estágio. Portanto, basta verificar o padrão de probabilidades, estágio por estágio. Por exemplo, suponha que uma pessoa chamada Helena tenha sua habilidade estimada no Modelo Rasch Estendido em -5. Aplicando a fórmula do Modelo Rasch, tem-se que sua probabilidade de acertar um item i é:

$$P\left(X_{Helena,i} = 1 \mid \beta_{Helena}, \delta_i\right) = \frac{e^{(\beta_{Helena} - \delta_i)}}{1 + e^{(\beta_{Helena} - \delta_i)}}$$

A fórmula acima é a fórmula do Modelo Logístico de Rasch para dados dicotômicos. A diferença desse modelo para o Modelo Rasch Estendido (*LLTM*) diz respeito à transformação linear da dificuldade:

$$\delta_i = \sum_{j=1}^{p} \omega_{ij}\, \eta_j$$

Portanto, para estimar a probabilidade de Helena acertar os itens do estágio pré-operacional, basta calcular a probabilidade, substituindo δ_i da fórmula acima pelo parâmetro do estágio, como calculado pelo Modelo Rasch Estendido:

$$P\left(X_{Helena,\ PreOp} = 1 \mid \beta_{Helena}, \delta_{PreOp}\right) = \frac{e^{\left(\beta_{Helena} - \delta_{PreOp}\right)}}{1 + e^{\left(\beta_{Helena} - \delta_{PreOp}\right)}}$$

Como sabemos que o parâmetro de dificuldade do estágio pré-operatório é -5,86, basta substituir os valores:

$$P\left(X_{Helena,\ PreOp} = 1 \mid \beta_{Helena}, \delta_{PreOp}\right) = \frac{e^{(-5-(-5,86))}}{1+ e^{(-5-(-5,86))}} = 0,70$$

Se fizermos a mesma operação acima para cada um dos estágios que o TDRI identifica, teremos as seguintes probabilidades:

$$P\left(X_{Helena,\ Prim} = 1 \mid \beta_{Helena}, \delta_{Prim}\right) = \frac{e^{(-5-(-3,97))}}{1+e^{(-5-(-3,97))}} = 0,26$$

$$P\left(X_{Helena,\ Conc} = 1 \mid \beta_{Helena}, \delta_{Conc}\right) = \frac{e^{(-5-(-1,20))}}{1+ e^{(-5-(-1,20))}} = 0,02$$

$$P\left(X_{Helena,\ Abs} = 1 \mid \beta_{Helena}, \delta_{Abs}\right) = \frac{e^{(-5-(0,44))}}{1+ e^{(-5-(0,44))}} = 0,004$$

$$P\left(X_{Helena,\ Form} = 1 \mid \beta_{Helena}, \delta_{Form}\right) = \frac{e^{(-5-(1,87))}}{1+ e^{(-5-(1,87))}} = 0,001$$

$$P\left(X_{Helena,\ Sis} = 1 \mid \beta_{Helena}, \delta_{Sis}\right) = \frac{e^{(-5-(3,56))}}{1+ e^{(-5-(3,56))}} = 0,0002$$

$$P\left(X_{Helena,\ Met} = 1 \mid \beta_{Helena}, \delta_{Met}\right) = \frac{e^{(-5-(5,16))}}{1+ e^{(-5-(5,16))}} = 0,0002$$

Figura 9.16 ■ Probabilidades de acerto de itens em cada estágio para uma pessoa com habilidade estimada –5.

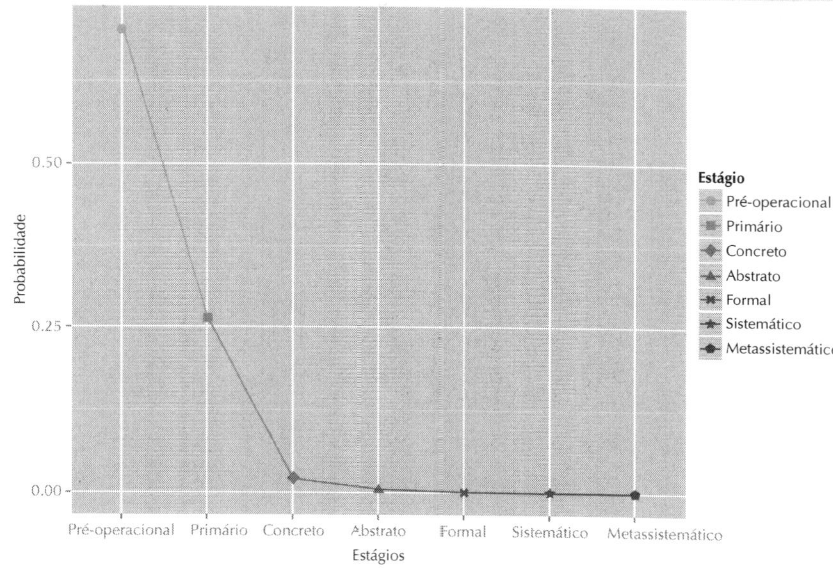

Com esse método de estimação do estágio de *performance* da pessoa, pode-se criar uma nova definição de estágio das pessoas, com base na probabilidade:

1. O estágio inicial de *performance* Si de uma pessoa p é definido como o maior nível de complexidade hierárquica h no qual a pessoa possui probabilidade de acerto de itens maior que 50% e menor ou igual a 70%.

■ $$Si_p = h \leftrightarrow 0,60 < P(X_h = 1 \mid \beta_p, \delta_h) \leq 0,70$$

2. O estágio consolidado de performance Sc de uma pessoa p é definido como o maior nível de complexidade hierárquica h no qual a pessoa possui probabilidade de acerto de itens maior que 70% e menor ou igual a 80%.

■ $$Sc_p = h \leftrightarrow 0,70 < P(X_h = 1 \mid \beta_p, \delta_h) \leq 0,80$$

3. O estágio de transição de performance St de uma pessoa p é definido como o maior nível de complexidade hierárquica h no qual a pessoa possui probabilidade de acerto de itens maior que 80%.

■ $$St_p = h \leftrightarrow P\left(X_h = 1 | \beta_p, \delta_h\right) > 0{,}80$$

Por meio dessa nova definição de estágio de desenvolvimento, é possível estimar se uma pessoa encontra-se na fase inicial, consolidada ou de transição de estágios. Um meio rápido de calcular em qual dos estágios uma pessoa se encontra, e em qual etapa (inicial, consolidada ou de transição), é aplicar a fórmula de Commons (Golino *et al.*, 2014):

$$\varphi_p = \frac{\beta_p - \eta_k}{\eta_{k+1} - \eta_k} + OHC_k$$

onde φp representa o estágio de *performance* da pessoa *p*, βp a habilidade de estimada dessa pessoa pelo Modelo Rasch estendido, η_k o parâmetro do estágio, *k*, ηk_{+1} o parâmetro do estágio superior *k+1* e OHC_k a ordem de complexidade do estágio *k*. Sendo assim, podemos utilizar a tabela de conversão de escores brutos do TDRI em habilidades esperadas das pessoas para calcular o estágio de *performance* das pessoas, conforme é possível observar na Tabela 9.8.

Tabela 9.8 ■ Tabela de conversão do escore bruto no TDRI para a habilidade esperada para o escore e estágio de *performance*, com a probabilidade de acertar os itens do estágio de referência.

Escore bruto	Habilidade esperada para o escore	Parâmetro do estágio	Parâmetro do estágio superior	OCH	Estágio (calculado usando a fórmula de Commons)	Probabilidade de acertar itens do estágio
0	−8,63	−5,86	−3,97	6	4,53	0,06
1	−8,00	−5,86	−3,97	6	4,87	0,11
2	−6,42	−5,86	−3,97	6	5,70	0,36
3	−6,18	−5,86	−3,97	6	5,83	0,42
4	−6,27	−5,86	−3,97	6	5,78	0,40
5	−5,70	−5,86	−3,97	6	6,08	0,54
6	−5,46	−5,86	−3,97	6	6,21	0,60
7	−5,22	−5,86	−3,97	6	6,34	0,65
8	−4,99	−5,86	−3,97	6	6,46	0,71
9	−4,70	−3,97	−1,2	7	6,74	0,33

10	−4,41	−3,97	−1,2	7	6,84	0,39
11	−4,13	−3,97	−1,2	7	6,94	0,46
12	−3,84	−3,97	−1,2	7	7,05	0,53
13	−3,55	−3,97	−1,2	7	7,15	0,60
14	−3,25	−3,97	−1,2	7	7,26	0,67
15	−2,95	−3,97	−1,2	7	7,37	0,74
16	−2,64	−3,97	−1,2	7	7,48	0,79
17	−2,34	−1,2	0,44	8	7,30	0,24
18	−2,05	−1,2	0,44	8	7,48	0,30
19	−1,77	−1,2	0,44	8	7,65	0,36
20	−1,50	−1,2	0,44	8	7,82	0,42
21	−1,25	−1,2	0,44	8	7,97	0,49
22	−1,00	−1,2	0,44	8	8,12	0,55
23	−0,76	−1,2	0,44	8	8,27	0,61
24	−0,54	−1,2	0,44	8	8,41	0,66
25	−0,31	0,44	1,87	9	8,47	0,32
26	−0,09	0,44	1,87	9	8,63	0,37
27	0,12	0,44	1,87	9	8,78	0,42
28	0,33	0,44	1,87	9	8,92	0,47
29	0,54	0,44	1,87	9	9,07	0,52
30	0,74	0,44	1,87	9	9,21	0,57
31	0,94	0,44	1,87	9	9,35	0,62
32	1,14	0,44	1,87	9	9,49	0,67
33	1,35	1,87	3,56	10	9,69	0,37
34	1,55	1,87	3,56	10	9,81	0,42
35	1,75	1,87	3,56	10	9,93	0,47
36	1,95	1,87	3,56	10	10,05	0,52
37	2,15	1,87	3,56	10	10,17	0,57
38	2,36	1,87	3,56	10	10,29	0,62
39	2,57	1,87	3,56	10	10,41	0,67
40	2,77	1,87	3,56	10	10,53	0,71
41	2,98	3,56	5,16	11	10,64	0,36
42	3,20	3,56	5,16	11	10,77	0,41
43	3,41	3,56	5,16	11	10,91	0,46
44	3,63	3,56	5,16	11	11,04	0,52

45	3,85	3,56	5,16	11	11,13	0,57
46	4,08	3,56	5,16	11	11,33	0,63
47	4,31	3,56	5,16	11	11,47	0,68
48	4,56	3,56	5,16	11	11,62	0,73
49	4,81	5,16		12	11,81	0,41
50	5,08	5,16		12	11,96	0,48
51	5,37	5,16		12	12,12	0,55
52	5,58	5,16		12	12,23	0,60
53	5,82	5,16		12	12,36	0,66
54	6,59	5,16		12	12,78	0,81
55	6,80	5,16		12	12,89	0,84
56	7,49	5,16		12	13,27	0,91

Uma das características mais interessantes que emergem da definição probabilística de estágio de *performance* e do uso da tabela de conversão de escores acima é a não linearidade da relação entre a probabilidade de acertar os itens, estágio por estágio, com o escore bruto no teste. A Figura 9.17 mostra esse padrão.

Figura 9.17 ■ Probabilidades de acerto dos itens de referência dos estágios, ao longo do escore total do TDRI.

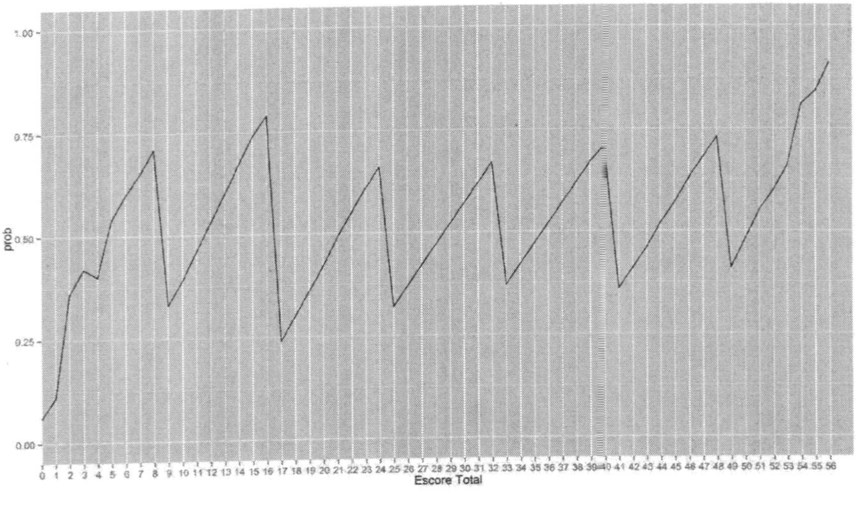

Conclusão

O uso de Modelos Rasch em dados de estágios de desenvolvimento tem sido reportado em um grande número de pesquisas (Commons *et al.*, 2008; Bond, & Fox, 2001; Dawson, 2000, 2002; Dawson *et al.*, 2003; Dawson-Tunik, 2004; Dawson-Tunik, Commons, Wilson, & Fischer, 2005; Dawson-Tunik *et al.*, 2010; Demetriou, & Kyriakides, 2006; Müller, Sokol, & Overton, 1999). Dentre os benefícios dos Modelos Rasch é possível apontar, de modo sintetizado, que esses modelos não demandam amostras representativas para estimação não enviesada dos parâmetros dos itens, não demanda um grupo normativo para comparar os indivíduos da amostra de modo a dar significado aos escores, e não demanda a normalização dos escores para atingir propriedades intervalares de escala (Embreston, & Reise, 2000). Como apontado por Andrich (2004), os Modelos Rasch "[...] provêm de uma formalização matemática de invariância que, em última análise, torna-se o critério operacional para medidas fundamentais" (p. 15). Portanto, no lugar de modelar os dados, o paradigma de Rasch foca a verificação do ajuste dos dados a um critério objetivo de medida fundamental, compatível com aqueles encontrados na Física (Andrich, 2004, p. 15). O uso dos Modelos Rasch possibilita a construção de escalas objetivas, aditivas, com propriedades intervalares (Bond, & Fox, 2001; Embreston, & Reise, 2000), produzindo medidas lineares, proporcionando estimativas de precisão e a detecção de não ajuste de itens e pessoas, permitindo a separação do objeto sendo medido do instrumento de medida (Panayides, Robinson, & Tymms, 2010), além de possibilitar a verificação de sequências hierárquicas dos itens e das pessoas (Dawson *et al.*, 2003).

Os estudos que empregam Modelos Rasch, mostrados na Tabela 9.1, no geral mostram uma alta confiabilidade e um bom ajuste dos itens aos modelos empregados. Evidências de estágios de desenvolvimento são verificadas por meio da distribuição das dificuldades dos itens ao longo da variável latente (Dawson, 2000; Dawson *et al.*, 2003; Bond, & Fox, 2001; Müller, Sokol, & Overton, 1999), por meio das curvas características das categorias (Dawson-Tunik, 2004; Dawson-Tunik *et al.*, 2005), utilizando estatísticas univariadas como o teste *t de Student* (Bond, & Fox, 2001; Commons *et al.*, 2008; Dawson, 2002; Golino *et al.*, 2014) e por meio da análise de classes latentes (Bond, & Fox, 2001; Dawson-Tunik *et al.*, 2010; Demetriou, & Kyriakides, 2006).

Neste capítulo, levantamos evidências acerca de sete estágios de desenvolvimento do raciocínio indutivo por meio de diferentes modelos. A análise fatorial confirmatória ajudou a verificar os melhores modelos estruturais para os dados coletados, dentre os quais, o modelo bifatorial se destaca. O Modelo Logístico Simples de Rasch para dados dicotômicos possibilitou verificar sete agrupamentos de itens, com saltos entre eles, uma evidência robusta de estágios de desenvolvimento. Já o Modelo Rasch Estendido (*LLTM*) mostrou que, quando se utiliza uma técnica multidimensional de Rasch, o parâmetro dos estágios segue exatamente a ordem preconizada pelo Modelo da Complexidade Hierárquica. Por fim, criamos uma definição probabilística de estágios de desenvolvimento, e mostramos como fazer uma inferência sobre a habilidade das pessoas e seus respectivos estágios de desenvolvimento, por meio da conversão dos escores brutos no TDRI.

Referências

Akaike, H. (1973). Information theory and an extension of the maximum likelihood principle. In B. N. Petrov, & F. Csaki (Eds.). *Second international symposium on information theory* (pp. 267-281). Budapest: Akademai Kiado.

Andreis, F., & Ferrari, P. A. (2012). Missing data and parameters estimates in multidimensional item response models. *Electronic Journal of Applied Statistical Analysis, 5*(3), 431-437.

Andrich, D. (2004). Controversy and the Rasch model: a paradigm of incompatable paradigms. *Medical Care, 42*(1 Suppl.), I7-16.

Bentler, P. M. (1990). Comparative fit indexes in structural models. *Psychological Bulletin, 107*(2), 238-246.

Bond, T. G., & Fox, C. M. (2001). *Applying the Rasch model: fundamental measurement in the human sciences*. Mahwah: Lawrence Erlbaum.

Browne, M. W., & Cudeck, R. (1993). Alternative ways of assessing model fit. In K. A. Bollen, & J. S. Long, (Eds.). *Testing structural equation models* (pp. 136--162). Newbury Park: Sage.

Carroll, J. B. (1993). *Human cognitive abilities: a survey of factor-analytical studies*. New York: Cambridge University Press.

Commons, M. L., & Richards, F. A. (1984). Applying the general stage model. In M. L. Commons, F. A. Richards, & C. Armon (Eds.). *Beyond formal operations. late adolescent and adult cognitive development* (Vol 1., pp. 141-157). New York: Praeger.

Commons, M. L. (2008). Introduction to the model of hierarchical complexity and its relationship to postformal action. *World Futures, 64*, 305-320.

Commons, M. L., & Pekker, A. (2008). Presenting the formal theory of hierarchical complexity. *World Futures, 64*, 375-382

Commons, M. L., Gane-McCalla, R., Barker, C. D., & Li, E. Y. (2014). The model of hierarchical complexity as a measurement system. *Behavioral Development Bulletin, 19*(3), 9-14.

Commons, M. L., Goodheart, E., Pekker, A., Dawson, T., Draney, K., & Adams, K. (2008). Using Rasch scaled stage scores to validate orders of hierarchical complexity of balance beam task sequences. *Journal of Applied Measurement, 9*(2), 182-199.

Dawson, T. L. (2000). Moral reasoning and evaluative reasoning about the good life. *Journal of Applied Measurement, 1*, 372-397.

Dawson, T. L. (2002). New tools, new insights: Kohlberg's moral reasoning stages revisited. *International Journal of Behavioral Development, 26*, 154-166.

Dawson, T. L., Xie, Y., & Wilson, M. (2003). Domain-general and domain-specific developmental assessments: do they measure the same thing? *Cognitive Development, 18*, 61-78.

Dawson, T. L., Goodheart, E., Draney, K., Wilson, M., & Commons, M. (2010). Concrete, abstract, formal, and systematic operations as observed in a 'Piagetian' balance-beam task series. *Journal of Applied Measurement, 11*(1), 11-23.

Dawson-Tunik, T. L. (2004). "A good education is..." The development of evaluative thought across the life-span. *Genetic, Social, and General Psychology Monographs, 130*(1), 4-112.

Dawson-Tunik, T. L., Commons, M., Wilson, M., & Fischer, K. (2005). The shape of development. *The European Journal of Developmental Psychology, 2*, 163-196.

Demetriou, A., & Kyriakides, L. (2006). The functional and developmental organization of cognitive developmental sequences. *British Journal of Educational Psychology, 76*(2), 209-242.

Dziak, J. J., Coffman, D. L., Lanza, S. T., & Li, R. (2012). *Correctional populations of the United States*, 2002 (Report n. #12-119). Recuperado em 1, abril, 2015, de http://methodology.psu.edu/media/techreports/12-119.pdf

Embretson, S. E., & Reise, S. P. (2000). *Item response theory for psychologists*. London: Erlbaum.

Epskamp, S. (2014). semPlot: path diagrams and visual analysis of various SEM packages' output. *R Package version 1.0.1*. Recuperado em 1, abril, 2015, de http://CRAN.R-project.org/package=semPlot

Ewing, M. T., Salzberger, T., & Sinkovics, R. R. (2005). An alternate approach to assessing cross-cultural measurement equivalence in advertising research. *Journal of Advertising, 34*(1), 17-36.

Fischer, K. W., & Bidell, T. R. (1998). Dynamic development of psychological structures in action and thought. In W. Damon, R. M. Lerner, W. Damon, & R. M. Lerner (Eds.). *Handbook of child psychology: volume 1 – theorectical models of human development* (5th ed., pp. 467-561). Hoboken: John Wiley & Sons.

Fischer, K. W., & Bidell, T. R. (2006). Dynamic development of action, thought, and emotion. In W. Damon, & R. M. Lerner (Eds.). *Theoretical models of human development: handbook of child psychology* (6th ed., Vol. 1, pp. 313-399). New York: Wiley.

Fischer, K. W., & Yan, Z. (2002a). The development of dynamic skill theory. In R. Lickliter, & D. Lewkowicz (Eds.). *Conceptions of development: lessons from the laboratory*. Hove: Psychology Press.

Fischer, K. W., & Yan, Z. (2002b). Darwin's construction of the theory of evolution: microdevelopment of explanations of variation and change of species. In N. Granott, & J. Parziale (Eds.). *Microdevelopment: transition processes in development and learning*. Cambridge: Cambridge University Press.

Fischer, K. W. (1980). A theory of cognitive development: the control and construction of hierarchies of skills. *Psychological Review, 87*, 477-531.

Fischer, K. W., & Dawson, T. L. (2002). A new kind of developmental science: using models to integrate theory and research. *Monographs of the Society for Research in Child Development, 67*(1), 156-167.

Fischer, K. W., & Rose, S. P. (1994). Dynamic development of coordination of components in brain and behavior: a framework for theory and research. In G. Dawson, & K. W. Fischer (Eds.). *Human behavior and the developing brain* (pp. 3-66). New York: Guilford Press.

Fischer, K. W., & Rose, S. P. (1999). Rulers, models, and nonlinear dynamics: measurement and method in developmental research. In G. Savelsbergh, H. van der Maas, & P. van Geert (Eds.). *Nonlinear developmental processes* (pp. 197--212). New York: Elsevier.

Fischer, K. W., & Silvern, L. (1985). Stages and individual differences in cognitive development. *Annual Review of Psychology, 36*, 613-648.

Fischer, K. W., Kenny, S. L., & Pipp, S. L. (1990). How cognitive processes and environmental conditions organize discontinuities in the development of abstractions. In C. N. Alexander, E. J. Langer, & R. M. Oetzel (Eds.). *Higher stages of development* (pp. 162-187). New York: Oxford University Press.

Giri, S., Commons, M. L., & Harrigan, W. J. (2014, dec.). There is only one stage domain. *Behavior Development Bulletin, 19*(4), 51-61.

Glas, C. A. (2007). *Multivariate and mixture distribution Rasch models*. New York: Springer-Verlag.

Golino, H. F., Gomes, C. M. A., Commons, M. L. C., & Miller, P. M. (2014). The construction and validation of a developmental test for stage identification: two exploratory studies. *Behavioral Development Bulletin, 19*(3), 37-54.

Gomes, C. M. A., & Borges, O. N. (2009). Qualidades psicométricas do conjunto de testes de inteligência fluida. *Avaliação Psicológica, 8*, 17-32.

Gomes, C. M. A. (2010). Estrutura fatorial da Bateria de Fatores Cognitivos de Alta--ordem (BaFaCaLo) *Avaliação Psicológica, 9*, 449-459.

Gomes, C. M. A., & Golino, H. F. (2009). Estudo exploratório sobre o Teste de Desenvolvimento do Raciocinio Indutivo (TDRI) In D. Colinvaux. *Anais do VII Congresso Brasileiro de Psicologia do Desenvolvimento: Desenvolvimento e Direitos Humanos* (pp. 77-79). Rio de Janeiro: UERJ. Recuperado em 1, abril, 2015, de http://www.abpd.psc.br/files/congressosAnteriores/AnaisVIICBPD.pdf

Hibbard, J., Collins, P., Mahoney, E., & Baker, L. (2010). The development and testing of a measure assessing clinician beliefs about patient self-management. *Health Expectations: an International Journal of Public Participation in Health Care, & Health Policy, 13*(1), 65 72.

Hu, L. T., & Bentler, P. M. (1999). Cutoff criteria for fit indexes in covariance structure analysis: conventional criteria versus new alternatives. *Structural Equation Modeling, 6*(1), 1-55.

Inhelder, B., & Piaget, J. (1958). *The growth of logical thinking forom childhood to adolescence.* New York: Basic Books.

Linacre J. M. (2002). What do infit and outfit, mean-square and standardized mean? *Rasch Measurement Transactions, 16*(2), 878.

Linacre, J. M. (1999). Investigating rating scale category utility. *Journal of Outcome Measurement, 32*(2), 103-122.

Mair, P., Hatzinger, R., & Maier, M. J. (2014). eRm: Extended Rasch Modeling [R package version 0.15-4]. Recuperado em 1, abril, 2015 de http://erm.r-forge.r-project.org/

Muthén, B. (1989). Factor structure in groups selected on observed scores. *British Journal of Mathematical and Statistical Psychology, 42*(23), 81-90.

Panayides, P., Robinson, C., & Tymms, P. (2010). The assessment revolution that has passed England by: Rasch measurement. *British Educational Research Journal, 36*(4), 611-626.

Peeters, M. J., & Stone, G. E. (2009). An instrument to objectively measure pharmacist professionalism as an outcome: a pilot study. *The Canadian Journal of Hospital Pharmacy, 62*(3), 209-216.

R Core Team (2013). *R: a language and environment for statistical computing.* Vienna: R Foundation for Statistical Computing. Recuperado em 1, abril, 2015, de http://www.R-project.org/

Reise, S. P., Moore, T. M., & Haviland, M. G. (2010). Bifactor models and rotations: exploring the extent to which multidimensional data yield univocal scale scores. *Journal of Personality Assessment, 92*(6), 544-559.

Revelle, W., & Wilt, J. (2013). The general factor of personality: a general critique. *Journal of Research in Personality, 47*, 493-504.

Rose, S. P., & Fischer, K. W. (1998). Models and rulers in dynamical development. *British Journal of Developmental Psychology, 16*(1), 123-131.

Rosseel, Y. (2012). lavaan: an R package for structural equation modeling. *Journal of Statistical Software, 48*(2), 1-36. Recuperado em 1, abril 2015, de http://www.jstatsoft.org/v48/i02

Satorra, A., & Bentler, P. M. (2001). A scaled difference chi-square test statistic for moment structure analysis. *Psychometrika, 66*(4), 507-514.

Schwarz, G. (1978). Estimating the dimension of a model. *Annals of Statistics, 6*, 461-464.

Shapiro, S. S., & Wilk, M. B. (1965). An analysis of variance test for normality (complete samples). *Biometrika, 52*(3-4), 591-611.

Stein, Z., & Hiekkinen, K. (2009). Metrics, models, and measurement in developmental psychology. *Integral Review, 5*(1), 4-24.

Tennant A., & Pallant J. F. (2006). Unidimensionality matters! (a tale of two Smiths?). *Rasch Measurement Transactions, 20*(1), 1048-1051.

Van Geert, P., & Steenbeek, H. (2005). Explaining after by before: basic aspects of a dynamic systems approach to the study of development. *Developmental Review, 25*, 408-442.

Visser, I., & Speekenbrink, M. (2010). depmixS4: an R Package for hidden Markov models. *Journal of Statistical Software, 36*(7), 1-21. Recuperado em 1, abril, 2015, de http://www.jstatsoft.org/v36/i07/

Wilson, M. (1989). Saltus: a psychometric model of discontinuity in cognitive development. *Psychological Bulletin, 105*, 276-289.

Wright, B. D., & Linacre, J. M. (1994). Reasonable mean-square fit values. *Rasch Measurement Transactions, 8*(3), 370.

Yan, Z., & Fischer, K. W. (2007). Pattern emergence and pattern transition in microdevelopmental variation: evidence of complex dynamics of developmental processes. *Journal of Developmental Processes, 2*(2), 39-62.

Schwarz, G. (1978). Estimating the dimension of a model. *Annals of Statistics, 6*, 461-464.

> *"Ele vai escolher você, desarmá-lo com suas palavras, e controlá-lo com a sua presença. Você irá deliciar-se com a sua sagacidade e com os seus planos. Ele irá te divertir, mas você sempre acabará pagando a conta."*
>
> (Hare, R. D.)

Capítulo

10

Uso do modelo *Rating Scale* na construção de uma escala para avaliar traços de psicopatia: Uma ilustração metodológica

Nelson Hauck Filho
Doutor em Psicologia pela UFRGS,
Professor do PPG em Psicologia da
Universidade São Francisco
Marco Antônio Pereira Teixeira
Doutor em Psicologia pela UFRGS,
Professor do PPG em Psicologia
da UFRGS.

OBJETIVO

Este capítulo tem como objetivo ilustrar o uso do modelo *Rating Scale* na construção de um instrumento psicométrico para avaliar algumas características da personalidade psicopática.

Introdução – Os Modelos Rasch (1960) e *Rating Scale* (Andrich, 1978)

A *Teoria das Variáveis Latentes* compreende um conjunto de modelos estatísticos que buscam relacionar uma matriz de dados brutos observados a uma ou mais variáveis latentes (Borsboom, 2008). "Variável latente", nesse contexto, designa uma variável aleatória sem realizações amostrais disponíveis no banco de dados, cuja verdadeira estrutura pode ser apenas probabilisticamente inferida mediante um conjunto de respostas a indicadores como itens ou outros tipos de tarefas (Bollen, 2002; Borsboom, 2008). Quando a variável latente em questão é de natureza contínua e os indicadores são categorias ordenadas (por exemplo, itens em escala Likert), modelos da *Teoria de Resposta ao Item* (*TRI*) podem ser utilizados para estimar a localização das pessoas e dos indicadores nessa variável. Em virtude disso, esses modelos são ideais para o desenvolvimento e o refinamento de instrumentos psicométricos que buscam avaliar dimensões contínuas da personalidade via itens de autorrelato com escalas ordinais de tipo Likert.

Um dos principais modelos de TRI é o Modelo Rasch (1960), que estabelece que a resposta correta a um item ou a uma tarefa é função da habilidade β_s do indivíduo (isto é, nível de traço latente) e da dificuldade δ_i desse item ou dessa tarefa. O Modelo Rasch apresenta duas formulações alternativas: uma com a variável dependente sendo a probabilidade de resposta correta ao item, e a outra, em que a variável dependente é o logaritmo natural da chance de acerto ao item (isto é, *log odds*; para maiores detalhes, ver Andrich, 1988; para uma distinção entre ambas as formulações, ver Embretson, & Reise, 2000). A versão do modelo em termos de probabilidades pode ser expressa da seguinte maneira:

$$P(x=1 \mid \beta_s,\ \delta_i)=\frac{e^{(\beta_s-\delta_i)}}{1+e^{(\beta_s-\delta_i)}} \qquad (1)$$

Onde:

P = probabilidade de resposta correta ao item i pelo indivíduo s;

β_s = localização, nível de habilidade ou traço latente do indivíduo s;

δ_i = localização ou nível de dificuldade do item i;

e = número nepperiano, aproximadamente 2,7183.

Ou seja, mantendo-se os pressupostos de monotonicidade, unidimensionalidade e independência local dos itens, a probabilidade de resposta correta ou positiva a um item particular depende apenas da diferença entre o nível de habilidade do indivíduo e a dificuldade do item em questão (Scheiblechner, 2009). No entanto, o Modelo Rasch foi desenvolvido tendo em vista apenas itens de natureza dicotômica. Assim, uma extensão adequada para itens politômicos, como aqueles pontuados em escala Likert, é o modelo *Rating Scale* (Andrich, 1978). Esse modelo pode ser expresso como:

$$P(x=1 \mid \beta_s, \delta_i) = \frac{e^{\beta_s - (\delta_i - \tau_k)]}}{1+e^{[\beta_s - (\delta_i - \tau_k)]}} \tag{2}$$

Onde:

P = probabilidade de resposta correta ao item i pelo indivíduo s;

β_s = localização, nível de habilidade ou traço latente do indivíduo s;

δ_i = localização, valor escalar ou dificuldade geral do item i;

τ_k = localização do ponto de corte (*threshold*) k do item i;

e = número nepperiano, aproximadamente 2,7183.

No modelo *Rating Scale*, para todo item de um conjunto com uma mesma escala de avaliação, a soma dos parâmetros δ_i e τ_k representa a dificuldade δ_{ik}, ou seja, o nível β_s a partir do qual há uma probabilidade mínima de 50% de endossar determinada categoria de um item. Ou seja, em vez de haver uma equação apenas descrevendo a probabilidade de endosso de um item – como no modelo (1) –, há k equações para cada item, as quais permitem estabelecer a probabilidade de um indivíduo qualquer, com um nível de traço latente β_s específico, passar por determinado ponto de corte δ_{ik} e endossar uma categoria da escala de resposta de determinado item. Nesse contexto, pontos de corte designam o ponto de intersecção entre as curvas de probabilidade das categorias consecutivas de resposta da escala, sendo sempre o número de categorias da escala menos um. Além disso, no modelo *Rating Scale*, as distâncias entre os pontos de corte são fixas para todos os itens, variando apenas sua localização no contínuo latente. Assim, cada parâmetro de dificuldade δ_{ik} de um item particular depende apenas de somar a localização específica desse item à estrutura de pontos de corte τ_1, τ_2,..., τ_k, fixa para todos os itens. Por exemplo, dados *n* itens avaliados em escala Likert de cinco pontos (isto é, com quatro pontos de corte, τ_1, τ_2, τ_3, τ_4), para saber a dificuldade de endossar, no item *x*, o ponto quatro da escala (isto é, δ_{x3}), basta somar a dificuldade geral δ_i do item *x* à dificuldade relativa do parâmetro τ_3.

A aditividade dos parâmetros dos Modelos Rasch e *Rating Scale* é indicada pela inexistência de interação (isto é, multiplicação) entre eles, uma propriedade conhecida como *objetividade específica* (Wright, 1997). A objetividade específica dos Modelos Rasch e *Rating Scale* significa que o ordenamento das pessoas em termos de β_s independe dos itens utilizados para a avaliação, bem como o ordenamento dos itens em termos de δ_i ou δ_{ik} independe da amostra empregada. Outros modelos de *TRI*, como o de Birnbaum (1958), acrescentam um novo parâmetro, α (discriminação), que multiplica o termo ($\beta_s - \delta_i$), modelando a inclinação da curva característica para o item *i*. Contudo, a inclusão desse parâmetro inviabiliza a separação entre os parâmetros dos itens e das pessoas, uma vez que o ordenamento dos itens em termos de probabilidade estimada de resposta poderá variar em função do nível de traço latente considerado.

O fato de a variável dependente dos Modelos Rasch e *Rating Scale* ser um efeito aditivo dos parâmetros do modelo levou alguns autores a considerar essa situação um caso específico da *Teoria de Medida Aditiva Conjunta* (Bond, & Fox, 2007; Brogden, 1977; Keats, 1967; Perline, Wright, & Wainer, 1979; para uma introdução à *Teoria de Medida Aditiva Conjunta*, ver o Capítulo 1). Segundo esses autores, diversas condições axiomáticas da *Teoria de Medida Aditiva Conjunta* (por exemplo, o duplo cancelamento) são mantidas quando os itens se ajustam ao Modelo Rasch (o que vale também para o modelo *Rating Scale*). Entendido dessa maneira, o Modelo Rasch representaria um teste empírico da aditividade dos parâmetros envolvidos, garantindo que o produto final do processo seria uma *medida* de fato. Embora essa interpretação não seja isenta de críticas importantes (por exemplo, Michell, 2008; mas veja Sijtsma, 2012), a separação entre os parâmetros das pessoas e dos itens nos Modelos Rasch e *Rating Scale* apresenta diversas vantagens para o desenvolvimento de instrumentos de avaliação da personalidade e da psicopatologia.

A Figura 10.1 apresenta um mapa de alguns dos itens do instrumento *Center for Epidemiologic Studies Depression Scale* (CES-D: Radloff, 1977) a partir de uma amostra de 266 estudantes universitários. Trata-se de sete itens representativos de afetos negativos e desesperança, típicos do Transtorno Depressivo Maior. O mapa dos itens situa, na mesma métrica, o nível de depressão das pessoas da amostra ("#*s*") e a dificuldade geral δ_i dos itens. Em função das já descritas características de separação entre os parâmetros do modelo *Rating Scale*, é possível dispor os itens em uma ordem invariável e crescente de dificuldade. No exemplo, o item mais ameno foi "6. Senti-me deprimido", ao passo que o item mais severo foi "9. Considerei que minha vida tinha sido um fracasso". Portanto, os itens estão situados de tal modo que é viável antecipar um provável curso da patologia depressiva, de modo que, *muito provavelmente* (embora não necessariamente), o endosso do item 9 seja acompanhado também pelo endosso de todos os itens mais amenos. Um mapa dos itens como o da Figura 10.1, dessa maneira, fornece informações úteis de um ponto de vista teórico e clínico, indicando quais itens são mais adequados para avaliar níveis distintos do quadro depressivo – ou seja, para quais grupos populacionais os itens são informativos. Além disso, o mapa permite identificar, facilmente, regiões do traço latente que não estão sendo devidamente cobertas pelos itens utilizados, podendo orientar práticas de refinamento dos instrumentos.

Figura 10.1 ■ Mapa de itens de autorrelato de depressão.

```
PERSON - MAP - ITEM
          <more>|<rare>
 5             +
               |
               |
               |
              .|
               |
 4             +
               |
               |
               |
              .|
               |
 3             +
              .|
               |
               |
              .|
               |
 2             +
              .|
               |
               |T
               | 9. Considerei que minha vida tinha  sido um fracasso
             .T|
 1             +
              .| 17. Tive crises de choro
               |S
              .|
               |
           .## |
 0             +M 10. Senti-me amedrontado
          .### |
               | 14. Senti-me sozinho
           .# S|  18. Senti-me triste
               |S 13. Falei menos que o habitual
                  6. Senti-me deprimido
           .## |
-1             +
           .## |
               |
          .### |T
               |
       .###### |
-2             +
              M|
      .####### |
              .|
        .##### |
               |
-3             +
               |
      ######## |
               |
              S|
               |
-4            .+
  .########### |
               |
               |
               |
               |
-5    .####### +
          <less>|<frequ>
EACH "#" IS 4. EACH "." IS 1 TO 3
```

Apresentação do estudo

A psicopatia é um constructo psicológico composto por três domínios fenotípicos distintos: (1) *Meanness*, uma propensão à exploração interpessoal, agressão instrumental, falta de escrúpulos, falta de empatia, falta de remorso, crueldade e insensibilidade; (2) *Boldness*, uma tendência à dominância social, assertividade e ousadia, bem como a se manter calmo e focado em situações potencialmente estressoras; e (3) *Disinhibition*, uma propensão à desvalorização pelo atraso e ao envolvimento em comportamentos impulsivos, não planejados e desajustados socialmente (Patrick, Fowles, & Krueger, 2009). A ilustração metodológica proposta neste capítulo aborda a construção de um conjunto preliminar de itens para avaliar as características do domínio *Meanness*, que abrange os aspectos mais centrais e invariáveis culturalmente da psicopatia (Cooke, Michie, Hart, & Clark, 2005). O instrumento foi desenvolvido para a pesquisa em populações não forenses e não prisionais, como estudantes universitários. Portanto, parte-se da concepção teórica da psicopatia como um constructo dimensional e cujas características não estão restritas a grupos particulares de indivíduos antissociais (Guay, Ruscio, Knight, & Hare, 2007; Murrie *et al.*, 2007).

Métodos

Participantes e procedimentos

Os participantes do presente estudo foram 224 estudantes de graduação de cursos da Universidade Federal do Rio Grande do Sul (UFRGS), sendo 58,9% do sexo feminino. As idades dos participantes variaram de 18 a 54 anos (média = 23,76; *DP* = 8,02). Os participantes eram de vinte cursos distintos de graduação, sendo que os cursos mais prevalentes na amostra foram Química (18,1%), Letras (16,3%) e Psicologia (11,2%). Quanto à etnia, houve 82,1% de indivíduos brancos, 11,2% negros, 4,5% pardos, 0,9% indígenas e 0,4% amarelos. A amostra foi composta por conveniência.

Os dados foram coletados em salas de aula, após aprovação do projeto de pesquisa pelo Comitê de Ética do Instituto de Psicologia da UFRGS e autorização dos professores para a utilização de trinta minutos de aula para a aplicação dos questionários. Todos os participantes assinaram termos de consentimento previamente à participação no estudo. As coletas são parte de um estudo maior, referente à tese de doutorado do primeiro autor (sob a orientação do segundo autor).

Instrumento

Os itens do instrumento foram construídos a partir de: (1) uma análise qualitativa da estrutura fatorial de 34 instrumentos prévios para a avaliação da psicopatia; (2) modelos neuropsicológicos acerca do constructo (Corr, 2010; Wallace, & Newman, 2008); (3) estudos experimentais na área (por exemplo, Dindo, & Fowles, 2011); (4) uma avaliação feita por juízes acerca da pertinência conceitual e clareza na redação de uma versão inicial dos itens; e (5) uma entrevista com três indivíduos com baixo nível educacional (Ensino Fundamental incompleto) para verificar a acessibilidade da escrita dos itens a todos os indivíduos da população geral. No total, foram elaborados trinta itens cobrindo os aspectos do domínio *Meanness*, sendo a análise desses itens o foco deste capítulo. Todos os itens foram escritos em formato de pergunta, seguindo o exemplo do instrumento *Sensitivity to Reward and Sensitivity to Punishment Questionnaire* (Torrubia, Ávila, Moltó, & Caseras, 2001). Esse formato permite contextualizar o conteúdo dos itens sem perder a relativa generalidade das tendências sendo avaliadas. A escala de resposta utilizada foi 1 = *Definitivamente não*, 2 = *Acho que não*, 3 = *Acho que sim* e 4 = *Definitivamente sim*. Informações sobre a fidedignidade dos itens são apresentadas mais adiante.

Análise de dados

A estimação dos parâmetros do modelo *Rating Scale*, a avaliação do ajuste dos itens e a construção do mapa dos itens foram feitas com o programa *WINSTEPS* 3.72.2 (Linacre, 1991). O método de estimação empregado pelo programa é o *Joint Maximum Likelihood*, que busca estimar os parâmetros das pessoas e dos itens simultaneamente em um processo iterativo. Três aspectos principais guiaram a análise da adequação dos itens: (1) os índices de ajuste *infit* e *outfit*; (2) a unidimensionalidade e a independência local dos itens do instrumento; e (3) o funcionamento diferencial do item (*differential item functioning* ou *DIF*) quando considerado o sexo dos indivíduos. Esses aspectos são descritos, brevemente, a seguir.

Os índices de ajuste *infit* e *outfit* indicam o quanto a variabilidade dos escores nos itens é explicada pelo modelo da Equação 2 (p. 337). Quanto mais próximo de 1,00, mais um item é consistente com o modelo, sendo aceitável um ajuste dentro de um intervalo de 0,60 a 1,40 (Bond, & Fox, 2007). Embora os valores de referência sejam os mesmos, os índices de ajuste *infit* e *outfit* fornecem informações diferentes e complementares sobre o comportamento dos itens. Especificamente, o *infit* indica o quão consistentes com o modelo foram as respostas de indivíduos com um nível de traço latente próximo à dificuldade do item, ao passo que o *outfit* é mais sensível a respostas de indivíduos com um nível menor ou maior do que a dificuldade do item (Bond, & Fox, 2007).

A unidimensionalidade e a independência local foram analisadas mediante a inspeção da saliência dos contrastes principais e das correlações residuais entre os itens, respectivamente. Contrastes principais representam possíveis dimensões extras presentes nos dados, identificadas via análises de componentes principais dos resíduos da matriz dos dados após a remoção da variância explicada pelo modelo. Uma recomendação nesse sentido é considerar negligenciáveis contrastes principais com um autovalor de até 2,00 (Linacre, 2011). Por sua vez, a análise da dependência local permite investigar a existência de pares de itens correlacionados para além do traço latente avaliado pelo instrumento, constituindo um diagnóstico complementar de possíveis violações da unidimensionalidade. No caso da análise de dependência local, foram toleradas correlações residuais de até $r = 0{,}30$, ou seja, até cerca de 10% de variância compartilhada não atribuível ao traço latente avaliado pelo instrumento.

O *DIF* caracteriza vieses nas respostas aos itens em função de violações da invariância dos parâmetros desses itens ao serem considerados diferentes grupos populacionais de indivíduos (Embretson, & Reise, 2000). No caso do sexo dos indivíduos, a presença de *DIF* indica que o parâmetro da dificuldade do item é substancialmente variável entre homens e mulheres. Tratando-se de instrumentos avaliativos de psicopatologia, uma forma de *DIF* para o sexo ocorre quando há um nível diverso de patologia associado a, pelo menos, uma das categorias do item em homens e mulheres. O *DIF* para o sexo foi avaliado mediante o contraste *DIF*, consistindo na diferença entre as estimativas de dificuldade do item calculadas, separadamente, para homens e mulheres. Foram considerados potencialmente problemáticos valores $\geq$ 0,43 (Linacre, 2011).

Resultados

Uma análise preliminar dos trinta itens mostrou, apesar dos valores adequados para os índices *infit* e *outfit* em todos os itens, um autovalor de 2,5 para o primeiro contraste principal e três pares de itens com correlações residuais acima de 0,30. Em virtude disso, para cada par, um dos itens foi deletado, sendo removidos os itens "Em seu ponto de vista, concorda que criminosos são pessoas iguais a todo mundo, mas que apenas foram burras o suficiente para serem capturadas pela justiça?", "Tem facilidade para conquistar as pessoas e fazê-las gostar de você?" e "Estaria disposto ou disposta a ajudar alguém que estivesse precisando de ajuda se soubesse que ninguém ficaria sabendo de sua boa ação ou que você não receberia nada em troca fazendo isso?" (pontuação reversa). Após a remoção dos referidos itens, o primeiro contraste principal apresentou um autovalor de 2,0 (5% da variância total), exatamente no limite superior do intervalo de valores recomendados (Linacre, 2011). Os 27 itens restantes apresentaram um ajuste aceitável ao modelo *Rating Scale*. É possível ver, na Tabela 10.1, que as médias dos índices *infit* (1,03) e *outfit* (1,01) ficaram bastante próximas do valor ideal, sendo que apenas dois itens apresentaram valores *outfit* acima de 1,40. Esses itens foram mantidos porque seus respectivos valores *infit* (que indicam o quão adequado os itens foram para as pessoas com um nível de traço latente compatível com a dificuldade do item) sugeriram bom ajuste.

Tabela 10.1 ■ Dificuldade dos itens, ajuste ao modelo *Rating Scale* e funcionamento diferencial para o sexo.

Item		δ_i	*Infit*	*Outfit*	Contraste *DIF*
27.	Deixaria de ganhar um bom dinheiro para poder salvar a vida de alguém que convive com você? (REVERSO)	1,44	1,00	0,79	0,55
26.	Sente-se indignado ou indignada ao ver uma pessoa decente e trabalhadora sofrer uma injustiça? (REVERSO)	0,84	1,33	1,29	−0,08
25.	Pensa, quando está em meio a colegas de trabalho ou estudo, que são todos inferiores quando comparados a você?	0,62	0,80	0,73	−0,19
24.	Quando conveniente, finge que possui mais necessidade que as outras pessoas para obter vantagens como atendimento prioritário ou atenção especial?	0,55	0,91	0,81	$0,12^{+}$
23.	Em um dia de bom humor, consegue se sentir indiferente, como se não tivesse nada a ver com a situação, ao ver um cachorro ou outro animal sendo maltratado?	0,52	1,25	1,10	0,00
22.	Acredita que é importante retribuir favores? (REVERSO)	0,43	1,04	1,09	0,00
21.	Considera o *status* social ou a riqueza das pessoas um fator importante para decidir com quem se relacionar em termos de amizade ou namoro?	0,37	1,21	1,17	−0,16
20.	Sente-se culpado ou culpada depois que diz ou faz algo que pode ter magoado outra pessoa? (REVERSO)	0,36	1,10	1,06	$-0,34^{+}$
19.	Algumas vezes, não dá a mínima quando sabe que alguém está passando por um momento ruim, mesmo que essa pessoa seja um amigo ou familiar com quem você não esteja brigado?	0,26	1,22	1,17	$0,18^{+}$

18.	Às vezes, usa ameaças (falsas ou verdadeiras) para convencer as pessoas a fazerem o que você quer?	0,24	0,95	0,93	0,00
17.	É desinteressado ou desinteressada pelas pessoas a ponto de se questionar se já amou alguém de verdade?	0,22	1,28	1,45	−0,23
16.	Estaria disposto ou disposta a trabalhar com pessoas inescrupulosas e sem ética se tivesse a chance de ganhar um bom dinheiro em troca?	0,18	0,94	0,88	−0,11
15.	Considera ser melhor que seus amigos ou amigas em inventar desculpas esfarrapadas para não ter de assumir a responsabilidade por algo que você fez?	0,13	0,96	0,91	−0,26
14.	Tenta, em geral, passar uma imagem de bom cidadão, ainda que tenha que enganar as pessoas em certas ocasiões?	0,12	0,84	0,88	0,02
13.	Sente prazer em despertar inveja nas outras pessoas?	0,05	0,87	0,82	−0,11
12.	Algumas vezes, finge gostar de uma pessoa para tirar alguma vantagem da situação?	0,02	1,01	0,96	0,06
11.	Consegue fingir que nada aconteceu quando alguém flagra você em uma situação indesejada?	−0,24	0,94	0,91	−0,34
10.	Tenta, com frequência, fazer os outros acreditarem que você sabe mais do que realmente sabe sobre determinado assunto?	−0,24	0,82	0,81	0,00
9.	Considera-se superior às pessoas que você acha que não gostam de você?	−0,29	0,95	0,92	0,15
8.	Tem facilidade para demonstrar emoções que não são aquelas que você está sentindo de verdade?	−0,29	1,10	1,09	0,00

7.	Concorda que, na maioria das vezes, a vítima de um golpe é a maior culpada, uma vez que foi tola e ingênua o suficiente para se deixar ser enganada?	−0,43	0,96	1,05	−0,24
6.	Se possível, usaria seus "contatos" para tentar levar vantagem em um negócio, competição ou concurso?	−0,47	0,92	0,91	0,06
5.	Gosta de receber privilégios, tratamento diferenciado ou parecer mais importante do que as outras pessoas em uma situação social?	−0,53	0,81	0,81	0,15
4.	Tem preocupação que outras pessoas pensem que você é esnobe e arrogante? (REVERSO)	−0,81	1,36	1,43	0,48
3.	É o tipo de pessoa que pensa mais nas necessidades dos outros do que em si mesmo? (REVERSO)	−0,84	1,10	1,15	0,08
2.	Consegue passar uma boa impressão de si mesmo em qualquer situação?	−1,02	1,04	1,19	0,27
1.	É bom ou boa em escolher as palavras adequadas para tentar convencer as outras pessoas a fazerem as coisas para você?	−1,19	1,01	1,10	0,03
Média		0,00	1,03	1,01	0,003

Nota: $^{+}p < 0,05$. O nível de significância refere-se ao teste GMHDIF.

A Figura 10.2 apresenta a estrutura de mensuração para a escala Likert utilizada para a pontuação dos itens. Os pontos de corte fixos estimados para a escala Likert foram: $\tau_1 = -0,63$ (entre os pontos 1 e 2 da escala), $\tau_2 = -0,24$ (entre os pontos 2 e 3) e $\tau_3 = 0,86$ (entre os pontos 3 e 4). Portanto, verificou-se haver uma dificuldade crescente para os pontos da escala Likert dos itens, aspecto desejável para um instrumento com itens politômicos com uma mesma escala de pontuação (Bond, & Fox, 2007). Os parâmetros δ_i, na Tabela 10.1 indicam a localização dessa estrutura de mensuração no contínuo do traço latente para cada item, fornecendo uma noção da dificuldade geral para cada item. De posse dessas informações, para saber a dificuldade δ_{ik} de endossar uma categoria específica na escala Likert de um item, basta somar o δ_i do item ao ponto de corte τ imediatamente anterior a essa categoria. Por exemplo, o nível β_s em que um indivíduo tem exatamente 50% de probabilidade de endossar as categorias três e quatro do item “Sente prazer em despertar inveja nas outras pessoas?” é 0,91 ($\delta_i + \tau_3$, isto é, 0,05 + 0,86). Acima desse nível de traço latente, a probabilidade de endossar a categoria quatro é gradualmente maior do que 50%.

Figura 10.2 ▪ Estrutura de mensuração estimada para a escala Likert utilizada.

```
CATEGORY PROBABILITIES: MODES - Structure measures at intersections
P    -+---------+---------+---------+---------+---------+---------+-
R 1.0 +                                                  +
O     |                                                 |
B     |1111                                            44|
A     |   111                                        4444 |
B  .8 +      111                                    444   +
I     |      111                                 44      |
L     |         1                              44       |
I     |         11                            44        |
T  .6 +           11                          44         +
Y     |           1                         4           |
   .5 +            11                       44          +
O     |             1          3333 44                 |
F  .4 +              11    3333   *333                    +
      |           2222*222*3    44   333                  |
R     |         2222    1*3 222  4      333               |
E     |       222     33 1   2**        333             |
S  .2 +     2222     333   11 44  22         333      +
P     |  2222       33     4*1   222         33333 |
O     |22222       3333     444  111    2222           33|
N     |    333333    44444       11111  2222222          |
S  .0 +*********444444444444          11111111111**********+
E    -+---------+---------+---------+---------+---------+---------+-
     -3        -2        -1         0         1         2         3
     Person [MINUS] Item MEASURE
```

A Tabela 10.1 também apresenta resultados da análise de *DIF* dos itens considerando o sexo dos indivíduos. Valores positivos no contraste *DIF* indicam uma dificuldade maior para indivíduos do sexo masculino, e vice-versa. Apenas dois itens apresentaram um contraste *DIF* acima de 0,43, a saber, os itens 4 (mais severo para mulheres) e 27 (mais severo para homens). Ambos foram excluídos. O conjunto final de 25 itens apresentou uma fidedignidade para os itens de 0,98 e de 0,81 para as pessoas. Assim, houve um razoável nível de precisão (baixo erro-padrão) para as estimativas paramétricas dos itens (δ_i) e das pessoas (β_s).

Figura 10.3 ■ Mapa dos itens (itens com codificação reversa marcados com um asterisco).

```
Person - MAP - Item
           <more>|<rare>
  2              +
                 |
                 |
                 |
                 |
                 |
                 |
               # |
  1              +T
                 | 26*. Sente-se indignado ou indignada ao ver uma pessoa decente...
                 |
               . | 24. Quando conveniente, finge que possui mais necessidade...
                   25. Pensa, quando está em meio a colegas de trabalho ou estudo...
             # T|S 23. Em um dia de bom humor, consegue se sentir indiferente...
                   22*. Acredita que é importante retribuir favores?
               . | 20*. Sente-se culpado ou culpada depois que diz ou faz algo que pode ter magoado...
                   21. Considera o status social ou a riqueza das pessoas como um fator importante...
              ## | 17. É desinteressado ou desinteressada pelas pessoas...
                   19. Algumas vezes, não dá a mínima quando sabe que alguém está passando...
                   18. Às vezes, usa de ameaças (falsas ou verdadeiras) para convencer as pessoas...
                   16. Estaria disposto ou disposta a trabalhar com pessoas inescrupulosas...
              .# | 14. Tenta, em geral, passar uma imagem de bom cidadão...
                   15. Considera ser melhor do que seus amigos ou amigas em inventar desculpas...
                   13. Sente prazer em despertar inveja nas outras pessoas?
  0    ######### +M 12. Algumas vezes, finge gostar de uma pessoa para tirar alguma vantagem...
            .## S|
           ##### | 8. Tem facilidade para demonstrar emoções que não são aquelas que você está...
                   10. Tenta, com frequência, fazer os outros acreditarem que você sabe mais...
                   11. Consegue fingir que nada aconteceu quando alguém flagra você...
                   9. Considera-se superior às pessoas que você acha que não gostam de você?
          .##### | 7. Concorda que, na maioria das vezes, a vítima de um golpe é a maior culpada...
      ########## |S 6. Se possível, usaria seus "contatos" para tentar levar vantagem em um negócio...
                   5. Gosta de receber privilégios, tratamento diferenciado...
      ########## |
      .######### |
       ######## M| 3*. É o tipo de pessoa que pensa mais nas necessidades dos outros...
 -1  ########### +T 2. Consegue passar uma boa impressão de si mesmo em qualquer situação?
          .##### | 1. É bom ou boa em escolher as palavras adequadas para tentar convencer...
        ######## |
             .## |
          ##### S|
               . |
             .## |
             ### |
 -2          ### +
              # T|
             .## |
                 |
                 |
               . |
                 |
                 |
 -3              +
                 |
                 |
               . |
                 |
                 |
                 |
                 |
 -4              +
           <less>|<frequ>
EACH "#" IS 2. EACH "." IS 1.
```

Discussão

O objetivo deste capítulo foi apresentar uma ilustração do emprego do modelo *Rating Scale* na construção de um instrumento psicométrico para avaliar algumas características da personalidade psicopática. As análises apresentadas tiveram como foco o ajuste dos itens ao modelo, o *DIF* considerando o sexo dos indivíduos respondentes e a construção de um mapa dos itens do instrumento. Apesar do ajuste adequado de todos os itens do conjunto inicial, três itens tiveram de ser excluídos em função da presença de correlações residuais (isto é, dependência local). A dependência local, portanto, é um aspecto que deve ser investigado mesmo quando os itens se ajustam ao modelo, uma vez que representa uma importante variação comum entre os itens que não pode ser atribuída ao traço latente avaliado. Em muitas situações, a dependência local pode ocorrer em razão de uma similaridade entre itens em termos de conteúdo. Por exemplo, o item excluído "Tem facilidade para conquistar as pessoas e fazê-las gostar de você?" apresentou uma correlação residual de $r = 0{,}34$ com o item "Consegue passar uma boa impressão de si mesmo em qualquer situação?". Nesse caso, apesar de não degradar o modelo, os itens contribuem com uma parcela de variância espúria e que não acrescenta informação à avaliação do nível de traço latente dos indivíduos. Essa variância espúria pode, por sua vez, enviesar análises dos dados feitas subsequentemente.

Enquanto itens redundantes são desejáveis quando o modelo em questão é derivado da *Teoria Clássica dos Testes* (por exemplo, Tau-Equivalência Essencial, como no caso do Alpha de Cronbach), o mesmo não ocorre com os Modelos Rasch. O objetivo, no último caso, é obter um conjunto invariável e, ao mesmo tempo, informativo e abrangente dos diversos níveis da dimensão psicológica em questão. Construir um instrumento com itens que são paráfrases uns dos outros, de fato, aumenta a consistência interna dos indicadores. Todavia, isso se dá ao custo de que esses indicadores tendem a ter um nível de dificuldade muito próximo. Isso pode resultar em uma reduzida capacidade do instrumento de oferecer informações que permitam discriminar indivíduos com um nível de traço latente não pertencente à estreita faixa abrangida pelos itens. Tratando-se de constructos de natureza psicopatológica, é importante atentar a esse aspecto, tendo em vista que indivíduos com características clínicas são exatamente aqueles situados nos extremos da distribuição da variável. Assim, os Modelos Rasch e *Rating Scale*, ao contrário dos modelos da *Teoria Clássica dos Testes*, oferecem informações quanto a esse aspecto fundamental.

Como visto no mapa dos itens na Figura 10.3, apesar de diversos itens (a partir do item 13) terem apresentado um nível de severidade bastante acima da amostra utilizada para a calibração, os primeiros onze itens se mostraram representativos de boa porção da distribuição do traço latente na amostra universitária. Outra informação que aponta no mesmo sentido foi a fidedignidade das pessoas, da ordem de 0,81, indicando que os itens se mostraram úteis (informativos, precisos) para discriminar entre os níveis variáveis do traço latente entre os indivíduos. Além disso, a fidedignidade dos itens foi de 0,98, sugerindo que as estimativas de dificuldade encontradas foram suficientemente estáveis para esperar resultados semelhantes com amostras independentes. Assim, o mapa dos itens gerou um escalonamento dos itens em termos de dificuldade geral δ_i, sendo os itens mais severos localizados na porção superior do gráfico, e os mais amenos, situados na porção inferior. O resultado foi um contínuo descritivo do domínio *Meanness* da psicopatia, em que é possível entender, qualitativamente, as características provavelmente presentes em um indivíduo a partir da informação de seu nível de escore latente ou, simplesmente, da resposta a um ou mais itens do instrumento. Em acréscimo, fica claro quais itens seriam mais adequados em uma situação de pesquisa com amostras clínicas.

O modelo *Rating Scale* também estimou as distâncias entre os pontos de corte τ_k da escala Likert de quatro pontos utilizada. Essas estimativas são úteis em dois sentidos. Em primeiro lugar, para cada item, somá-las ao parâmetro da dificuldade geral δ_i resulta nos valores δ_{ik} dos itens, indicativos do nível de habilidade necessário para o endosso de cada categoria da escala no item em questão. Em segundo lugar, permitiu verificar que não houve violação do ordenamento estocástico das categorias. Essa violação pode ocorrer quando as categorias ordinais da escala não mantêm uma função monotônica crescente com o nível de traço latente β_s. Embora haja questionamentos sobre se a violação da ordem dos parâmetros δ_{ik} dos itens representa um problema real para a qualidade dos instrumentos psicométricos em geral (Adams, Wu, & Wilson, 2012), é sempre relevante uma investigação nesse sentido.

Por fim, o *DIF* é um dos tópicos mais importantes quando a construção de um instrumento psicométrico tem como objetivo a invariância dos parâmetros dos itens (Andrich, 1988; Bond, & Fox, 2007; Wright, 1997). Embora seja recomendado a leitores e leitoras explorar a possibilidade de vieses em função de variáveis demográficas, como grupo de origem étnica, *status* socioeconômico etc., por motivos didáticos, a investigação manteve-se centrada apenas na variável sexo. Dois dos itens apresentaram um contraste *DIF* acima de 0,43, valor crítico sugerido como indicativo de um *DIF* de magnitude moderada (Linacre, 2011). Nessa situação complexa, três decisões poderiam ser tomadas: (1) separar o banco de dados entre os sexos e computar as estimativas paramétricas de δ_i para cada item; (2) manter todos os itens, ignorando o viés em função de não ser de grande magnitude; e (3) eliminar os itens 4 e 27. No presente estudo, foi tomada a decisão mais conservadora (3), que resultou na exclusão do item mais severo do instrumento, o item 27 (δ_i = 1,44). Para uma situação de pesquisa com uma amostra forense ou prisional, entretanto, seria interessante manter o referido item e avaliar o efeito de sua eliminação quanto à fidedignidade das pessoas.

Considerações finais

Este capítulo buscou oferecer uma ilustração do uso de Modelos Rasch para a construção e o refinamento de instrumentos psicométricos de avaliação das diferenças individuais. Ressalta-se que o conjunto de itens apresentado ao final deste trabalho constitui apenas uma versão preliminar do instrumento, cuja elaboração segue em andamento. O desenvolvimento de um instrumento com boas propriedades psicométricas é um processo complexo e que envolve a exclusão, o acréscimo e a reformulação de itens, além de, em alguns casos, a ampliação da amostra de calibração, a fim de reduzir o erro-padrão das estimativas paramétricas. Autores interessados podem obter mais informações sobre o instrumento ou sobre aspectos teóricos relacionados à personalidade psicopática com os autores do capítulo.

Referências

Adams, R. J., Wu, M. L., & Wilson, M. (2012). The Rasch rating model and the disordered threshold controversy. *Educational and Psychological Measurement, 72*(4), 547-573.

Andrich, D. (1978). A rating formulation for ordered response categories. *Psychometrika, 43*(4), 561-573.

Andrich, D. (1988). *Rasch models for measurement*. London: Sage.

Birnbaum, A. (1958). *On the estimation of mental ability (Series Report No. 15, Project No. 7755-23)*. Randolph Air Force Base: USAF School of Aviation Medicine.

Bollen, K. A. (2002). Latent variables in psychology and the social sciences. *Annual Review of Psychology, 53*(1), 605-634.

Bond, T. B., & Fox, C. M. (2007). *Applying the Rasch model: fundamental measurement in the human sciences*. New York: Routledge, Taylor & Francis Group.

Borsboom, D. (2008). Latent Variable Theory. *Measurement: Interdisciplinary Research, & Perspective, 6*(1-2), 25-53.

Brogden, H. E. (1977). The Rasch Model, the law of comparative judgment and additive conjoint measurement. *Psychometrika, 42*(4), 631-634.

Cooke, D. J., Michie, C., Hart, S. D., & Clark, D. (2005). Searching for the pan-cultural core of psychopathic personality disorder. *Personality and Individual Differences, 39*(2), 283-295.

Corr, P. J. (2010). The psychoticism-psychopathy continuum: a neuropsychological model of core deficits. *Personality and Individual Differences, 48*(6), 695-703.

Dindo, L., & Fowles, D. (2011). Dual temperamental risk factors for psychopathic personality: evidence from self-report and skin conductance. *Journal of Personality and Social Psychology, 100*(3), 557-566.

Embretson, S. E., & Reise, S. P. (2000). *Item response theory for psychologists*. Mahwah: Lawrence Earlbaum Associates.

Guay, J.-P., Ruscio, J., Knight, R. A., & Hare, R. D. (2007). A taxometric analysis of the latent structure of psychopathy: evidence for dimensionality. *Journal of Abnormal Psychology, 116*(4), 701-716.

Keats, J. A. (1967). Test Theory. *Annual Review of Psychology, 18*(1), 217-238.

Linacre, J. M. (1991). *A user's guide to Winsteps, Program Manual 3.72.0*. Chicago: Winsteps.com.

Linacre, J. M. (2011). *A user's guide to Winsteps, Program Manual 3.74.0*. Chicago: Winsteps.com.

Michell, J. (2008). Conjoint measurement and the Rasch paradox: a response to Kyngdon. *Theory & Psychology, 18*(1), 119-124. doi:10.1177/095935430 7086926

Murrie, D. C., Marcus, D. K., Douglas, K. S., Lee, Z., Salekin, R. T., & Vincent, G. (2007). Youth with psychopathy features are not a discrete class: a taxometric analysis. *Journal of Child Psychology and Psychiatry, and Allied Disciplines, 48*(7), 714-723.

Patrick, C. J., Fowles, D. C., & Krueger, R. F. (2009). Triarchic conceptualization of psychopathy: developmental origins of disinhibition, boldness, and meanness. *Development and Psychopathology, 21*(3), 913-938.

Perline, R., Wright, B. D., & Wainer, H. (1979). The Rasch Model as Additive Conjoint Measurement. *Applied Psychological Measurement, 3*(2), 237-255.

Radloff, L. S. (1977). The CES-D Scale A Self-Report Depression Scale for Research in the General Population. *Applied Psychological Measurement, 1*(3), 385-401.

Rasch, G. (1960). *Probabilistic models for some intelligence and attainement tests*. Copenhagen: Danmarks Paedogogiske Institut.

Scheiblechner, H. H. (2009). Rasch and pseudo-Rasch models: suitableness for practical test applications. *Psychology Science Quarterly, 51*, 181-194.

Sijtsma, K. (2012). Psychological measurement between physics and statistics. *Theory & Psychology, 22*(6), 786-809.

Torrubia, R., Ávila, C., Molto, J., & Caseras, X. (2001). The sensitivity to punishment and sensitivity to reward questionnaire (SPSRQ) as a measure of Gray's anxiety and impulsivity dimensions. *Personality and Individual Differences*, *31*, 837-862.

Wallace, J. F., & Newman, J. P. (2008). RST and psychopathy: associations between psychopathy and the behavioral activation and inhibition systems. In P. J. Corr (Ed.). *The Reinforcement Sensitivity Theory of Personality* (pp. 398-414). New York: Cambridge University Press.

Wright, B. D. (1997). A history of social science measurement. *Educational Measurement: Issues and Practice*, *16*(4), 33-45.

> *"Quanto maior é a ilha do conhecimento, maior é a zona costeira da imaginação..."*
>
> (Sockman, R. W.)

Capítulo

11

A Medida de Habilidades Cognitivas Amplas da Bateria de Fatores Cognitivos de Alta Ordem (BaFaCAlO): Empregando o Modelo Rasch Bifatorial

Cristiano Mauro Assis Gomes
Universidade Federal de Minas Gerais
Hudson Fernandes Golino
Universidade Federal de Minas Gerais

OBJETIVO

Este capítulo apresenta uma aplicação prática do Modelo Rasch na construção de medidas em Psicologia, por meio de sua utilização na elaboração da medida de quatro habilidades amplas de uma bateria de inteligência.

A arquitetura da inteligência

A Psicometria concebe a inteligência como uma rede hierárquica de habilidades dispostas em níveis distintos (Bickley, Keith, & Wolfle, 1995; Carroll, 1993; Cole, & Randall, 2003; Johnson, & Bouchard Jr., 2005a, 2005b; Johnson, Nijenhuis, & Bouchard Jr., 2007; Marañon, & Andrés--Pueyo, 2000). Cada um dos níveis dessa arquitetura corresponde a diferentes graus de abrangência e especialização de operações mentais. O modelo *Cattell-Horn-Carroll* (*CHC*) é considerado o estado da arte da Psicometria nos estudos sobre inteligência. Ele sustenta uma arquitetura intelectual com três níveis. O primeiro nível é formado por dezenas de habilidades cognitivas que indicam operações cognitivas bem especializadas e específicas. O segundo é formado por dezesseis habilidades bem mais genéricas e amplas que as habilidades do primeiro nível, e o terceiro nível é formado pelo fator geral de inteligência.

Carroll (1993, 2003) defende a tese de que qualquer teste de inteligência mobiliza pelo menos uma habilidade de primeiro nível, uma habilidade de segundo nível, e o fator geral de inteligência, a única habilidade do terceiro nível. Com relação à medida, essa condição é um desafio, pois uma boa medida foca apenas seu constructo-alvo. Quanto menor a influência de outras variáveis na medida de um constructo, melhor serão sua validade e sua confiabilidade. Articulando as evidências de Carroll (1993, 2003) com a necessidade de foco da medida, pode-se argumentar que a medida dos componentes da inteligência será mais válida e confiável se considerar a condição hierárquica a qual eles estão submetidos. Em termos procedimentais, uma boa medida em inteligência deve separar a influência das habilidades de outros níveis da medida de uma habilidade-alvo qualquer.

Bateria de Fatores Cognitivos de Alta-Ordem (BaFaCAlO)

A BaFaCAlO foi elaborada para mensurar, em amostras brasileiras, seis das oito habilidades cognitivas de segundo nível do modelo de

Carroll (1993): a inteligência fluida (*Gf*), a inteligência cristalizada (*Gc*), a habilidade visuoespacial (*Gv*), a fluência (*Gr*), a memória de curto prazo (*Gsm*) e a rapidez cognitiva (*Gs*), assim como o fator geral (*g*) de terceiro nível do modelo de Carroll (1993). A BaFaCAlO é formada por dezoito testes de inteligência, do tipo lápis-e-papel, com um tempo-limite para sua resolução. Em termos procedimentais, a BaFaCAlO é aplicada individual ou coletivamente por psicólogos ou estudantes de Psicologia devidamente treinados.

O modelo teórico da BaFaCAlO pressupõe que a variância no desempenho das pessoas nos dezoito testes que compõem a bateria é explicada por habilidades cognitivas nos três níveis do modelo de Carroll (1993), seguindo o argumento comentado anteriormente de que o desempenho das pessoas em testes de inteligência é explicado por pelo menos uma habilidade cognitiva em cada um dos três níveis do modelo de Carroll (1993). A teoria presente na BaFaCAlO concebe que o fator geral de terceiro nível de Carroll (1993) explica parte do desempenho das pessoas em todos os dezoito testes da bateria. Além da influência geral de *g*, seis habilidades cognitivas amplas explicam o desempenho das pessoas em conjuntos específicos de testes: (1) os testes *MV*, *MA1* e *MA2* são explicados por *Gsm*; (2) os testes *VZ*, *P3*, *MV* e *CF* são explicados por *Gv*; (3) os testes *RG*, *RL* e *I* são explicados por *Gf*; (4) os testes *V1*, *V2* e *V3* são explicados por *Gc*; (5) *Gs* explica os testes *P1*, *P2*, *P3* e *N*; (6) *Gr* explica *FF*, *FI1* e *FI2*. Além disso, cada teste é explicado por uma habilidade cognitiva específica de primeiro nível. O desempenho das pessoas no teste *MV* é explicado pela habilidade memória visual, de primeiro nível do modelo de Carroll (1993). Já o desempenho das pessoas no teste *MA1* é explicado pela habilidade memória associativa, e assim por diante.

Em suma, todos os testes da BaFaCAlO são explicados por pelo menos três habilidades cognitivas: uma habilidade do terceiro nível do modelo de Carroll (1993), o fator geral de inteligência, uma habilidade de segundo nível deste modelo, e uma habilidade de primeiro nível desse mesmo modelo, sendo condizente com o argumento de que nenhum teste de inteligência é explicado única e exclusivamente por uma única habilidade cognitiva, mas por uma hierarquia de habilidades em níveis distintos.

Objetivo

O argumento de que níveis de habilidades explicam conjuntamente o desempenho das pessoas nos testes de inteligência implica um desafio. Nenhum teste de inteligência é explicado por apenas uma habilidade intelectual, de modo que a medida de qualquer habilidade sofre a influência de outras habilidades. Visando maximizar a unidimensionalidade da medida, de modo que o foco da medida seja na habilidade-alvo, a influência de habilidades cognitivas de níveis distintos da arquitetura intelectual deve ser retirada da medida. O objetivo deste capítulo é apresentar a medida de quatro habilidades de segundo nível do modelo de Carroll (1993) sem a influência do fator geral de terceiro nível e a influência de fatores específicos de primeiro nível do modelo de Carroll (1993). As habilidades de segundo nível a ser medidas são inteligência fluida (*Gf*), inteligência cristalizada (*Gc*), memória de curto prazo (*Gsm*) e habilidade visuoespacial (*Gv*), por meio do desempenho de pessoas em onze testes da BaFaCAlO.

Método

Participantes

Fizeram parte do estudo 292 estudantes que realizaram todos os dezoito testes da BaFaCAlO. Desse total, 231 (79,1%) participantes eram alunos de uma escola da rede federal de ensino do município de Belo Horizonte, Minas Gerais, Brasil. Os outros 61 (20,9%) participantes eram alunos de um programa de ensino médio de jovens e adultos da mesma instituição. Quanto ao sexo, 156 (53,4%) participantes eram do sexo feminino, e 136 (46,6%), do sexo masculino. A idade dos participantes variou entre 14 e 20 anos, apesar da presença de 83 casos em que não foi possível a obtenção da idade. Os participantes se distribuíram em 27 (9,2%) alunos de 14 anos, setenta (24,0%) de 15 anos, 66 (22,6%) de 16 anos, 35 (12,0%) de 17 anos, seis (2,1%) de 18 anos, três (1,0%) de 19 anos e dois (0,7%) de 20 anos.

Instrumentos

BaFaCAlO

Conforme já dito, a bateria possui dezoito testes, sendo que onze deles foram usados neste trabalho. Eles serão sucintamente descritos a seguir.

1. **Teste de Indução (I)**: composto por quinze itens e um tempo-limite de catorze minutos para sua execução. Cada item é composto por cinco grupos de quatro letras. Entre os cinco grupos há quatro que apresentam um mesmo padrão, uma mesma regra de organização de suas letras. O respondente deve identificar o grupo que não apresenta esse padrão e marcá-lo com um X.
2. **Teste de Raciocínio Lógico (RL)**: composto por trinta itens e um tempo--limite de 24 minutos para sua execução. Cada item é formado por uma conclusão proveniente de duas premissas lógicas que não têm nenhuma relação com o mundo. O objetivo do respondente é indicar se a conclusão presente no item é adequada ou inadequada em relação às premissas do item. O respondente deve marcar uma de duas opções dadas.
3. **Teste de Raciocínio Geral (RG)**: composto por quinze itens e um tempo--limite de dezoito minutos para sua execução. Cada item é formado por um problema lógico-matemático, composto por um enunciado e um espaço para sua resolução. O respondente deve interpretar o enunciado, resolver o problema e escolher uma das cinco opções de respostas do conjunto de múltiplas-escolhas.
4. **Teste de Compreensão Verbal 1 (V1)**: composto por 24 itens e um tempo--limite de seis minutos para sua execução. Cada item é formado por uma palavra de referência e cinco palavras de múltipla-escolha. O respondente deve identificar a palavra que melhor se aproxima, em termos de significado, da palavra de referência e marcar um X nessa opção.
5. **Teste de Compreensão Verbal 2 (V2)**: composto por dezoito itens e um tempo-limite de cinco minutos para sua execução. Cada item é formado por uma palavra de referência e cinco palavras de múltipla-escolha. O respondente deve identificar a palavra que melhor se aproxima, em termos de significado, da palavra de referência e marcar um X nessa opção.

6. **Teste de Compreensão Verbal 3 (V3)**: composto por dezoito itens e um tempo-limite de cinco minutos para sua execução. Cada item é formado por uma palavra de referência e quatro palavras de múltipla escolha. O respondente deve identificar a palavra que melhor se aproxima, em termos de significado, da palavra de referência e marcar um X nessa opção.
7. **Teste de Memória Associativa 1 (MA1)**: a tarefa consiste em aprender um conjunto de pares com uma palavra e um número de dois dígitos. Na folha de exercício, apenas as palavras são apresentadas, em ordem diferente da folha de aprendizado, e o examinando deve colocar os números correspondentes às palavras. O teste contém quinze itens, três minutos para memorização e dois minutos para resolução.
8. **Teste de Memória Associativa 2 (MA2)**: a tarefa consiste em aprender um conjunto de nomes e sobrenomes. Na folha de exercício, apenas os sobrenomes são apresentados, em ordem diferente da folha de aprendizado, e o examinando deve escrever os nomes correspondentes aos sobrenomes, tal qual na folha de aprendizado. O teste contém quinze itens, três minutos para memorização e dois minutos para resolução.
9. **Teste de Memória Visual (MV)**: a tarefa consiste na identificação de mapas presentes previamente em uma folha de estudo. O teste contém doze itens, três minutos para memorização e quatro minutos para resolução da folha de exercício.
10. **Teste de Flexibilidade de Fechamento (CF)**: o teste apresenta alguns modelos. Esses modelos são figuras de quatro linhas com suas pontas determinadas por cinco pontos. Cada item possui uma região quadrada demarcada internamente por vários pontos livres. A tarefa consiste na cópia fiel do modelo, em termos de forma, tamanho e direção, por meio da ligação dos pontos livres. O teste possui 32 itens e um tempo-limite de doze minutos.
11. **Teste de Visualização (VZ)**: cada item possui uma figura bidimensional com linhas numeradas e pontilhadas, bem como a letra X em uma face da figura. A figura deve ser dobrada mentalmente, utilizando-se as linhas pontilhadas, tendo como referência para a frente da figura a face marcada com a letra X. Cada item também possui um objeto tridimensional representando a figura bidimensional já dobrada. Esse objeto possui letras para identificar suas várias linhas. A tarefa consiste no

pareamento das letras presentes no objeto tridimensional com os números da figura bidimensional não dobrada. O teste possui 30 itens, cinco para cada um dos seis desenhos, e um tempo-limite de doze minutos.

Coleta e análise de dados

Os testes foram aplicados conjuntamente, de forma coletiva, e sempre por psicólogos ou estudantes de Psicologia devidamente treinados. Os testes foram aplicados em turmas escolares, sendo duas sessões por turma, com tempo médio de cem minutos por sessão. Além dos dois conjuntos de testes aqui relatados, foram aplicados outros testes nas duas sessões. Foram tomados todos os cuidados éticos em relação aos participantes, e a pesquisa contou com a aprovação do Comitê de Ética da UFMG (n. ETIC 181/06).

Resultados e discussão

O primeiro passo para uma medida das quatro habilidades, *Gf*, *Gc*, *Gv* e *Gsm*, envolve verificar se o procedimento de ortogonalização dos fatores de níveis distintos se ajusta aos dados. A análise fatorial confirmatória permite modelar o procedimento e verificar o grau de ajuste do modelo.

Não foi possível analisar diretamente os 224 itens dos onze testes relacionados à medida das quatro habilidades amplas (*Gf*, *Gc*, *Gv* e *Gsm*), em função da demanda de processamento computacional envolvida. Assim, duas matrizes foram analisadas. A primeira matriz contém 120 itens dos testes *RL*, *RG*, *I*, *V1*, *V2*, *V3*, e que mensuram, teoricamente, as seguintes habilidades: *g*, de terceiro nível, *Gc* e *Gf*, de segundo nível, e *RL*, *RG*, *I* e *V*, de primeiro nível. A segunda matriz contém 104 itens, dos testes *VZ*, *CF*, *MA1*, *MA2* e *MV*, e que mensuram, teoricamente, as seguintes habilidades: *g*, de terceiro nível, *Gv* e *Gsm*, de segundo nível, e *VZ*, *CF*, *MA* e *MV*, de primeiro nível.

A identificação do número correto de fatores para cada uma das duas matrizes e a relação dos fatores com os itens é um processo que envolve tanto estratégias confirmatórias de análise quanto momentos exploratórios em que determinadas hipóteses de relação mostram-se não convergentes e necessitam ser alteradas. Muitos modelos são testados e alterados. Em função de seu tamanho, a sequência de modelos intermediários testados e analisados, e que propiciaram a produção dos dois modelos finais, não será apresentada.

O modelo final *Gc-Gf* apresentou bom grau de ajuste aos dados ($\chi^2 = 255,65$, $gl = 205$, $p = 0,01$, $CFI = 0,96$, $TLI = 0,96$, $RMSEA = 0,03$). Dos 120 itens, 99 permaneceram para a análise Os itens eliminados são descritos na sintaxe utilizada no software *Mplus 5.2* para a realização do modelo ortogonalizado dos fatores via modelagem por equação estrutural. O sofware *Mplus* é indicado para realizar procedimentos exploratórios e confirmatórios de dados dicotômicos por meio de matrizes de correlação tetracórica. A seguir, apresentamos a sintaxe na Figura 11.1:

Figura 11.1 Código utilizado para gerar a análise.

```
INPUT INSTRUCTIONS
DATA:  FILE IS GcGf.dat;
VARIABLE:  NAMES ARE u1-u120;
CATEGORICAL ARE u1-u7 u9 u11 u12 u15 u16 u18 u19 u21-u24 u27-u60
    u62-u68 u70-u75 u77-u78 u80-u81 u83-u84 u86-u87 u89-u95 u98-u103
    u105-u108 u110 u112-u115 u117-u120;
    USEVARIABLES ARE u1-u7 u9 u11 u12 u15 u16 u18 u19 u21-u24 u27-u60
    u62-u68 u70-u75 u77-u78 u80-u81 u83-u84 u86-u87 u89-u95 u98-u103
    u105-u108 u110 u112-u115 u117-u120;
  ANALYSIS:
      PARAMETERIZATION = THETA;
      ITERATIONS = 100000;
      H1ITERATIONS = 100000;
MODEL:  g BY u1-u7 u9 u11 u12 u15 u16 u18 u19 u21 u23 u24 u27-u41 u44-u57 u59 u60
    u62 u63 u65 u67 u68 u70 u74 u75 u77-u78 u80 u83 u87 u90 u91 u93 u95 u102 u103
    u105-u107 u113 u114 u118-u120;
      Gf BY u1-u7 u9 u11 u12 u15 u19 u22-u23 u29-u31 u33-u36 u38-u60;
      Gc BY u62-u68 u70-u74 u77-u78 u80-u81 u83-u84
     u86 u89-u95 u98-u103 u105-u108 u110 u112-u115 u117 u118 u120;
      RL BY u5 u12 u15 u19 u22 u24;
      V1 BY u65 u73 u75 u81 u103;
      V2 BY u86-u87 u89-u90 u92-u95 u98-u102;
       g with Gc@0;
       g with Gf@0;
       g with V1@0;
       g with V2@0;
       g with RL@0;
       Gc with Gf@0;
```

```
        Gc with V1@0;
        Gc with V2@0;
        Gc with RL@0;
        Gf with V1@0;
        Gf with V2@0;
        Gf with RL@0;
        V1 with V2@0;
        V1 with RL@0;
        V2 with RL@0;
OUTPUT: STANDARDIZED;
```

A Tabela 11.1 indica as cargas fatoriais das habilidades de terceiro, segundo e primeiro nível sobre os itens. Lembrando que, pelo fato de os fatores serem ortogonalizados entre si, as cargas dos fatores sobre o item não sofrem a influência de nenhum outro fator do modelo, de modo que pode ser entendida como explicação específica desse fator sobre o item. Nesse sentido, uma carga fatorial menor que 0,3 (em qualquer item), apesar de pequena, foi considerada relevante, pois foi obtida após o controle da explicação da variância do item por meio de variáveis latentes concorrentes.

Tabela 11.1 ■ Modelo fatorial final *Gc-Gf*.

g						*Gc*			*Gf*			*RL*		
item	*c*	*p*	item	*c*	*p*	item	*c*	*p*	item	*c*	*p*	item	*c*	*p*
RL1	0,65	0,00	RG11	0,55	0,00	*V1*-1	0,60	0,00	*RL1*	0,23	0,02	*RL5*	0,72	0,00
RL2	0,64	0,00	RG12	0,45	0,00	*V1*-21	0,50	0,00	*RL2*	0,34	0,00	*RL12*	0,69	0,00
RL3	0,56	0,00	RG14	0,37	0,00	*V1*-3	0,54	0,00	*RL3*	0,27	0,00	*RL15*	0,25	0,00
RL4	0,26	0,00	RG15	0,22	0,01	*V1*-5	0,30	0,00	*RL4*	0,17	0,05	*RL19*	0,52	0,00
RL5	0,22	0,01	*V1*-2	0,19	0,03	*V1*-6	0,56	0,00	*RL5*	0,43	0,00	*RL22*	0,28	0,00
RL6	0,57	0,00	*V1*-3	0,22	0,01	*V1*-7	0,68	0,00	*RL6*	0,25	0,00	*RL24*	0,38	0,00
RL7	0,35	0,00	*V1*-5	0,60	0,00	*V1*-8	0,47	0,00	*RL7*	0,23	0,00			
RL9	0,54	0,00	*V1*-7	0,19	0,03	*V1*-10	0,22	0,00	*RL9*	0,20	0,03		*V1*	
RL11	0,45	0,00	*V1*-8	0,27	0,00	*V1*-11	0,41	0,00	*RL11*	0,27	0,00	item	carga	*p*
RL12	0,22	0,01	*V1*-10	0,50	0,00	*V1*-12	0,41	0,00	*RL12*	0,25	0,00	*V1*-5	0,45	0,01
RL15	0,46	0,00	*V1*-14	0,66	0,00	*V1*-13	0,42	0,00	*RL15*	0,44	0,00	*V1*-13	0,46	0,07
RL16	0,81	0,00	*V1*-15	0,78	0,00	*V1*-14	0,43	0,00	*RL19*	0,37	0,00	*V1*-15	0,41	0,03
RL18	0,63	0,00	*V1*-17	0,34	0,00	*V1*-17	0,39	0,00	*RL22*	0,40	0,00	*V1*-21	0,55	0,08
RL19	0,24	0,00	*V1*-18	0,27	0,00	*V1*-18	0,48	0,00	*RL23*	0,21	0,01	V3-1	0,29	0,03
RL21	0,35	0,00	V1-20	0,19	0,04	*V1*-20	0,58	0,00	*RL29*	0,31	0,00			
RL23	0,62	0,00	*V1*-23	0,27	0,00	*V1*-21	0,64	0,00	*RL30*	0,45	0,00		*V2*	
RL24	0,24	0,00	*V2*-3	0,46	0,00	*V1*-23	0,49	0,00	*I1*	0,21	0,10	item	carga	*p*

RL27	0,63	0,00	*V2-6*	0,24	0,02	*V1-24*	0,39	0,00	*I3*	0,46	0,00	V2-2	0,48	0,00
RL28	0,50	0,00	*V2-7*	0,23	0,01	V2-2	0,36	0,00	*I4*	0,49	0,00	V2-3	0,46	0,00
RL29	0,59	0,00	*V2-9*	0,30	0,00	V2-5	0,34	0,01	*I5*	0,50	0,00	V2-5	0,55	0,00
RL30	0,47	0,00	*V2-11*	0,31	0,00	V2-6	0,29	0,00	*I6*	0,43	0,00	V2-6	0,61	0,00
I1	0,77	0,00	*V2-18*	0,26	0,00	V2-7	0,33	0,00	*I8*	0,59	0,00	V2-8	0,33	0,00
I2	0,35	0,00	*V3-1*	0,50	0,00	V2-8	0,39	0,00	*I9*	0,46	0,00	V2-9	0,56	0,00
I3	0,40	0,00	*V3-3*	0,22	0,01	V2-9	0,23	0,01	*I10*	0,51	0,00	V2-10	0,51	0,00
I4	0,49	0,00	*V3-4*	0,47	0,00	V2-10	0,27	0,03	*I11*	0,28	0,00	V2-11	0,50	0,00
I5	0,51	0,00	*V3-5*	0,18	0,03	V2-11	0,23	0,00	*I12*	0,60	0,00	V2-14	0,57	0,00
I6	0,72	0,00	*V3-11*	0,47	0,00	V2-14	0,30	0,00	*I13*	0,53	0,00	V2-15	0,30	0,00
I7	0,59	0,00	*V3-12*	0,44	0,00	V2-15	0,35	0,00	*I14*	0,19	0,03	V2-16	0,54	0,00
I8	0,40	0,00	*V3-16*	0,28	0,00	V2-16	0,36	0,00	*I15*	0,39	0,00	V2-17	0,63	0,00
I9	0,63	0,00	*V3-17*	0,73	0,00	V2-17	0,33	0,06	*RG1*	0,26	0,00	V2-18	0,36	0,00
I10	0,54	0,00	*V3-18*	0,19	0,02	V2-18	0,21	0,01	*RG2*	0,45	0,00			
I11	0,38	0,00				V3-1	0,39	0,00	*RG3*	0,26	0,00			
I14	0,43	0,00				V3-3	0,31	0,00	*RG4*	0,22	0,01			
I15	0,26	0,01				V3-4	0,37	0,00	*RG5*	0,54	0,00			
RG1	0,54	0,00				V3-5	0,51	0,00	*RG6*	0,54	0,00			
RG2	0,53	0,00				V3-6	0,70	0,00	*RG7*	0,47	0,00			
RG3	0,74	0,00				V3-8	0,52	0,00	*RG8*	0,57	0,00			
RG4	0,37	0,00				V3-10	0,40	0,00	*RG9*	0,56	0,00			
RG5	0,37	0,00				V3-11	0,51	0,00	*RG10*	0,61	0,00			
RG6	0,64	0,00				V3-12	0,62	0,00	*RG11*	0,69	0,00			
RG7	0,53	0,00				V3-13	0,50	0,00	*RG12*	0,71	0,00			
RG8	0,59	0,00				V3-15	0,56	0,00	*RG13*	1,00	0,00			
RG9	0,62	0,00				V3-16	0,44	0,00	*RG14*	0,79	0,00			
RG10	0,48	0,00				V3-18	0,39	0,00	*RG15*	0,85	0,00			

O modelo final *Gv-Gsm* apresentou bom grau de ajuste aos dados ($\chi^2 = 216{,}29$, $gl = 173$, $p = 0{,}01$, $CFI = 0{,}99$, $TLI = 0{,}99$, $RMSEA = 0{,}03$). Dos 104 itens, 103 permaneceram para análise. O item eliminado foi descrito na sintaxe utilizada no software *Mplus 5.2* para a realização do modelo ortogonalizado dos fatores via modelagem por equação estrutural. A sintaxe é apresentada na Figura 11.2:

Figura 11.2 Código utilizado para gerar a análise.

```
DATA:     FILE IS GvGy.dat;
VARIABLE: NAMES ARE u1-u104;
   CATEGORICAL ARE u1-u24 u26-u104;
   USEVARIABLES ARE u1-u24 u26-u104;
   MISSING ARE ALL (9);
```

```
ANALYSIS:
    PARAMETERIZATION = THETA;
    ITERATIONS = 100000;
    H1ITERATIONS = 100000;
MODEL: g BY u1-u24 u26-u99 u101-u104;
    Gv BY u11 u12 u15-u24 u26-u30 u34 u36-u38 u43-u46 u52-u54 u60-u62 u94-u96 u98-u101
    Gsm BY u63-u97 u99 u101-u104;
    CF BY u31-u62;
    MA1 BY u63 u64 u66 u70 u71 u73 u74 u77;
    MA2 BY u78-u92;
    MV BY u93-u104;
    g with Gv@0;
    g with Gsm@0;
    g with CF@0;
    g with MA1@0;
    g with MA2@0;
    g with MV@0;
    Gv with Gsm@0;
    Gv with CF@0;
    Gv with MA1@0;
    Gv with MA2@0;
    Gv with MV@0;
    Gsm with CF@0;
    Gsm with MA1@0;
    Gsm with MA2@0;
    Gsm with MV@0;
    CF with MA1@0;
    CF with MA2@0;
    CF with MV@0;
    MA1 with MA2@0;
    MA1 with MV@0;
    MA2 with MV@0;
OUTPUT: STANDARDIZED;
```

A Tabela 11.2 apresenta as cargas fatoriais do modelo *Gv-Gsm* dos fatores sobre os itens da BaFaCALO. Conforme já argumentado, foram consideradas relevantes as cargas fatoriais menores que 0,3, apesar de serem cargas pequenas.

Tabela 11.2 ■ Cargas fatoriais do modelo *Gv-Gsm*.

g						*Gsm*			*Gv*			*CF*			*MA2*		
item	*c*	*p*	item	*c*	*p*	item	*c*	*p*	item	*c*	*p*	item	*c*	*p*	item	*c*	*p*
VZ1	0,83	0,00	*CF23*	0,59	0,00	*MA1*-1	0,42	0,00	*VZ11*	0,15	0,06	*CF1*	0,43	0,00	*MA2*-1	0,22	0,02
VZ2	0,92	0,00	*CF24*	0,38	0,00	*MA1*-2	0,65	0,00	*VZ12*	0,17	0,06	*CF2*	0,42	0,00	*MA2*-2	0,17	0,06
VZ3	0,83	0,00	*CF25*	0,63	0,00	*MA1*-3	0,67	0,00	*VZ15*	0,16	0,04	*CF3*	0,45	0,00	*MA2*-3	0,44	0,00
VZ4	0,84	0,00	*CF26*	0,67	0,00	*MA1*-4	0,56	0,00	*VZ16*	0,28	0,00	*CF4*	0,41	0,00	*MA2*-4	0,46	0,00
VZ5	0,86	0,00	*CF27*	0,60	0,00	*MA1*-5	0,81	0,00	*VZ17*	0,22	0,00	*CF5*	0,51	0,00	*MA2*-5	0,43	0,00
VZ6	0,78	0,00	*CF28*	0,56	0,00	*MA1*-6	0,71	0,00	*VZ18*	0,18	0,00	*CF6*	0,60	0,00	*MA2*-6	0,45	0,00
VZ7	0,73	0,00	*CF29*	0,59	0,00	*MA1*-7	0,64	0,00	*VZ19*	0,28	0,00	*CF7*	0,59	0,00	*MA2*-7	0,37	0,00
VZ8	0,83	0,00	*CF30*	0,61	0,00	*MA1*-8	0,27	0,00	*VZ20*	0,21	0,01	*CF8*	0,50	0,00	*MA2*-8	0,47	0,00
VZ9	0,71	0,00	*CF31*	0,55	0,00	*MA1*-9	0,45	0,00	*VZ21*	0,20	0,01	*CF9*	0,49	0,00	*MA2*-9	0,29	0,00
VZ10	0,81	0,00	*CF32*	0,52	0,00	*MA1*-10	0,78	0,00	*VZ22*	0,38	0,00	*CF10*	0,50	0,00	*MA2*-10	0,42	0,00
VZ11	0,82	0,00	*MA1*-1	0,13	0,13	*MA1*-11	0,59	0,00	*VZ23*	0,35	0,00	*CF11*	0,32	0,00	*MA2*-11	0,30	0,00
VZ12	0,85	0,00	*MA1*-2	0,30	0,00	*MA1*-12	0,36	0,00	*VZ24*	0,39	0,00	*CF12*	0,51	0,00	*MA2*-12	0,46	0,00
VZ13	0,70	0,00	*MA1*-3	0,25	0,00	*MA1*-13	0,52	0,00	*VZ26*	0,30	0,00	*CF13*	0,50	0,00	*MA2*-13	0,37	0,00
VZ14	0,76	0,00	*MA1*-4	0,31	0,00	*MA1*-14	0,75	0,00	*VZ27*	0,32	0,00	*CF14*	0,55	0,00	*MA2*-14	0,16	0,09
VZ15	0,81	0,00	*MA1*-5	0,20	0,02	*MA1*-15	0,35	0,00	*VZ28*	0,42	0,00	*CF15*	0,51	0,00	*MA2*-15	0,25	0,01

VZ16	0,93	0,00	*MA1-6*	0,21	0,01	MA2-1	0,40	0,00	*VZ29*	0,44	0,00	*CF16*	0,43	0,00			
VZ17	0,89	0,00	*MA1-7*	0,30	0,00	MA2-2	0,40	0,00	*VZ30*	0,41	0,00	*CF17*	0,50	0,00		*MV*	
VZ18	0,97	0,00	*MA1-8*	0,17	0,05	MA2-3	0,43	0,00	*CF4*	0,13	0,05	*CF18*	0,48	0,00	item	*c*	*p*
VZ19	0,93	0,00	*MA1-9*	0,43	0,00	MA2-4	0,37	0,00	*CF6*	0,24	0,00	*CF19*	0,41	0,00	*MV1*	0,14	0,18
VZ20	0,69	0,00	*MA1-10*	0,18	0,04	MA2-5	0,45	0,00	*CF7*	0,36	0,00	*CF20*	0,56	0,00	*MV2*	0,49	0,00
VZ21	0,76	0,00	*MA1-11*	0,30	0,00	MA2-6	0,22	0,01	*CF8*	0,56	0,00	*CF21*	0,53	0,00	*MV3*	0,43	0,00
VZ22	0,90	0,00	*MA1-12*	0,21	0,02	MA2-7	0,36	0,00	*CF13*	0,13	0,09	*CF22*	0,52	0,00	*MV4*	0,55	0,00
VZ23	0,75	0,00	*MA1-13*	0,33	0,00	MA2-8	0,34	0,00	*CF14*	0,46	0,00	*CF23*	0,59	0,00	*MV5*	0,60	0,00
VZ24	0,81	0,00	*MA1-14*	0,12	0,14	MA2-9	0,37	0,00	*CF15*	0,36	0,00	*CF24*	0,59	0,00	*MV6*	0,19	0,10
VZ26	0,90	0,00	*MA1-15*	0,17	0,05	MA2-10	0,34	0,00	*CF16*	0,64	0,00	*CF25*	0,45	0,00	*MV7*	0,61	0,00
VZ27	0,86	0,00	*MA2-1*	0,13	0,13	MA2-11	0,50	0,00	*CF22*	0,30	0,00	*CF26*	0,41	0,00	*MV8*	0,40	0,04
VZ28	0,88	0,00	*MA2-2*	0,41	0,00	MA2-12	0,37	0,00	*CF24*	0,41	0,00	*CF27*	0,48	0,00	*MV9*	0,28	0,01
VZ29	0,83	0,00	*MA2-3*	0,34	0,00	MA2-13	0,39	0,00	*CF24*	0,39	0,00	*CF28*	0,52	0,00	*MV10*	0,14	0,19
VZ30	0,89	0,00	*MA2-4*	0,34	0,00	MA2-14	0,41	0,00	*CF30*	0,25	0,00	*CF29*	0,62	0,00	*MV11*	0,65	0,00
CF1	0,62	0,00	*MA2-5*	0,34	0,00	MA2-15	0,35	0,00	*CF31*	0,50	0,00	*CF30*	0,50	0,00	*MV12*	0,55	0,00
CF2	0,63	0,00	*MA2-6*	0,29	0,00	*MV1*	0,41	0,00	*CF32*	0,41	0,00	*CF31*	0,54	0,00			
CF3	0,58	0,00	*MA2-7*	0,38	0,00	*MV2*	0,45	0,00	MV2	0,13	0,14	*CF32*	0,55	0,00		*MA1*	
CF4	0,70	0,00	*MA2-8*	0,47	0,00	*MV3*	0,16	0,10	*MV3*	0,38	0,00				item	*c*	*p*

CF5	0,72	0,00	*MA2*-9	0,56	0,00	*MV4*	0,43	0,00	MV*4*	0,14	0,16				*MA1*-1	0,43	0,00
CF6	0,46	0,00	*MA2*-10	0,42	0,00	*MV5*	0,27	0,00	MV6	0,12	0,33				*MA1*-2	0,25	0,00
CF7	0,56	0,00	*MA2*-11	0,30	0,00	*MV7*	0,22	0,00	MV*7*	0,19	0,03				*MA1*-4	0,34	0,00
CF8	0,60	0,00	*MA2*-12	0,33	0,00	*MV9*	0,19	0,04	MV*8*	0,26	0,43				*MA1*-8	0,33	0,00
CF9	0,62	0,00	*MA2*-13	0,38	0,00	*MV10*	0,25	0,01	MV*9*	0,16	0,12				*MA1*-9	0,36	0,00
CF10	0,44	0,00	*MA2*-14	0,43	0,00	*MV11*	0,25	0,00							*MA1*-11	0,31	0,00
CF11	0,63	0,00	*MA2*-15	0,49	0,00	*MV12*	0,35	0,00							*MA1*-12	0,53	0,00
CF12	0,61	0,00	MV1	0,43	0,00										*MA1*-15	0,76	0,00
CF13	0,58	0,00	MV2	0,53	0,00												
CF14	0,45	0,00	MV3	0,37	0,00												
CF15	0,44	0,00	MV4	0,55	0,00												
CF16	0,59	0,00	MV5	0,56	0,00												
CF17	0,62	0,00	MV6	0,33	0,00												
CF18	0,43	0,00	MV7	0,59	0,00												
CF19	0,82	0,00	MV9	0,27	0,00												
CF20	0,66	0,00	MV10	0,38	0,00												
CF21	0,59	0,00	MV11	0,57	0,00												
CF22	0,71	0,00	MV12	0,36	0,00												

Tendo em vista que os dois modelos apresentaram bom ajuste aos dados, a matriz de relações variáveis latentes-itens a ser modelada para a medida Rasch foi definida a partir das relações de ambos os modelos. A matriz modelada é definida, *a priori*, no software *Conquest*. Ele permite que a medida Rasch seja obtida por meio da relação prévia de diferentes variáveis latentes e seus respectivos itens. Dentro da matriz, um mesmo item pode ser um indicador da medida de diferentes variáveis latentes, assim como as variáveis latentes podem ser ortogonalizadas de modo a obter uma medida das variáveis latentes em que a influência de variáveis latentes concorrentes é retirada da medida de cada uma. A sintaxe construída para a geração da medida ortogonalizada no software *Conquest* é apresentada na Figura 11.3:

Figura 11.3 Códigos utilizados

```
datafile DADOS.dat;
format responses 1-224;
Labels << DATA1.lab;
delete !item (8,10,13,14,17,20,25,26,61,69,76,79,82,85,86, 88,96,97,104,109,111,116,145);
set constraint=cases,update=yes,warnings=no;
score (0,1) (0,1) (0,1) ( )( )( )( )( )( )( )( )( )! item (1-4,6,7,9,11,23,29-31,33-36,38-41,44-57,59,60);
score (0,1) (0,1) (0,1) ( ) (0,1) ( )( )( )( )( )( )( )( )! item (5,12,15,19,22);
score (0,1) (0,1) ( )( )( )( )( )( )( )( )( )( )( )! item (16,18,21,27,28,32,37,119,121-130,133-134);
score (0,1) (0,1) ( )( ) (0,1) ( )( )( )( )( )( )( )! item (24);
score (0,1) ( ) (0,1) ( )( )( )( )( )( )( )( )( )! item (42,43,58);
score (0,1) (0,1) ( ) (0,1) ( )( )( )( )( )( )( )( )! item (62,63,67,68,70,74,77,78,80,83,91,105-107,113,114,118,120);
score (0,1) ( )( ) (0,1) ( )( )( )( )( )( )( )( )! item (64,66,71,72,84,108,110,112,115,117);
score (0,1) (0,1) ( ) (0,1) ( ) (0,1) ( )( )( )( )( )( )! item (65,103);
score (0,1) ( )( ) (0,1) ( ) (0,1) ( )( )( )( )( )( )! item (73,81);
score (0,1) (0,1) ( )( )( ) (0,1) ( )( )( )( )( )( )! item (75);
score (0,1) ( )( ) (0,1) ( )( ) (0,1) ( )( )( )( )( )! item (89,92,94,98-101);
score (0,1) (0,1) ( )( )( )( ) (0,1) ( )( )( )( )( )! item (87);
score (0,1) (0,1) ( ) (0,1) ( )( ) (0,1) ( )( )( )( )( )! item (90,93,95,102);
score (0,1) (0,1) ( )( )( )( )( ) (0,1) ( )( )( )( )! item (131,132,135-144,146-150);
score (0,1) (0,1) ( )( )( )( )( ) (0,1) ( ) (0,1) ( )( )! item (154,156-158,163-166,172-174,180-182);
score (0,1) (0,1) ( )( )( )( )( )( )( ) (0,1) ( )( )! item (151-153,155,159-162,167-171,175-179);
score (0,1) (0,1) ( )( )( )( )( )( ) (0,1) ( ) (0,1)( )( )! item (183, 184,186,190,191,193,194,197);
score (0,1) (0,1) ( )( )( )( )( )( ) (0,1) ( )( )( )! item (185,187-189,192,195,196);
score (0,1) (0,1) ( )( )( )( )( )( ) (0,1) ( )( )(0,1) ( )! item (198-212);
score (0,1) (0,1) ( )( )( )( )( )( ) (0,1) ( )( )( ) (0,1)! item (213,217,222-224);
score (0,1) (0,1) ( )( )( )( )( ) (0,1) (0,1) ( )( )( ) (0,1)! item (214-216,219,221);
score (0,1) (0,1) ( )( )( )( )( ) (0,1) ( )( )( ) (0,1)! item (218);
score (0,1) ( )( )( )( )( )( ) (0,1) ( )( )( )( ) (0,1)! item (220);
```

```
model item;
export parameters >> GERAL1.prm;
export reg_coefficients >> GERAL1.reg;
estimate !method=montecarlo,nodes=200,conv=.01;
reset;
datafile DADOS.dat;
format responses 1-224;
Labels << DATA1.lab;
delete !item (8,10,13,14,17,20,25,26,61,69,76,79,82,85,86,88,96,97,104,109,111,116,145);
set constraint=cases,update=yes,warnings=no;
score (0,1) (0,1) (0,1) ( ) ( ) ( ) ( ) ( ) ( ) ( ) ( ) ( )! item (1-4,6,7,9,11,23,29-31,33-36,38-41,44-57,59,60);
score (0,1) (0,1) (0,1) ( ) (0,1) ( ) ( ) ( ) ( ) ( ) ( ) ( )! item (5,12,15,19,22);
score (0,1) (0,1) ( ) ( ) ( ) ( ) ( ) ( ) ( ) ( ) ( ) ( )! item (16,18,21,27,28,32,37,119,121-130,133-134);
score (0,1) (0,1) ( ) ( ) (0,1) ( ) ( ) ( ) ( ) ( ) ( ) ( )! item (24);
score (0,1) ( ) (0,1) ( ) ( ) ( ) ( ) ( ) ( ) ( ) ( ) ( )! item (42,43,58);
score (0,1) (0,1) ( ) (0,1) ( ) ( ) ( ) ( ) ( ) ( ) ( ) ( )! item (62,63,67,68,70,74,77,78,80,83,91,105-107,113,114,118,120);
score (0,1) ( ) ( ) (0,1) ( ) ( ) ( ) ( ) ( ) ( ) ( ) ( )! item (64,66,71,72,84,108,110,112,115,117);
score (0,1) (0,1) ( ) (0,1) ( ) (0,1) ( ) ( ) ( ) ( ) ( ) ( )! item (65,103);
score (0,1) ( ) ( ) (0,1) ( ) (0,1) ( ) ( ) ( ) ( ) ( ) ( )! item (73,81);
score (0,1) (0,1) ( ) ( ) ( ) (0,1) ( ) ( ) ( ) ( ) ( ) ( )! item (75);
score (0,1) ( ) ( ) (0,1) ( ) ( ) (0,1) ( ) ( ) ( ) ( ) ( )! item (89,92,94,98-101);
score (0,1) (0,1) ( ) ( ) ( ) ( ) (0,1) ( ) ( ) ( ) ( ) ( )! item (87);
score (0,1) (0,1) ( ) (0;1) ( ) ( ) (0,1) ( ) ( ) ( ) ( ) ( )! item (90,93,95,102);
score (0,1) (0,1) ( ) ( ) ( ) ( ) ( ) (0,1) ( ) ( ) ( ) ( )! item (131,132,135-144,146-150);
score (0,1) (0,1) ( ) ( ) ( ) ( ) ( ) (0,1) ( ) (0,1) ( ) ( ) ( )! item (154,156-158,163-166,172-174,180-182);
score (0,1) (0,1) ( ) ( ) ( ) ( ) ( ) ( ) ( ) (0,1) ( ) ( ) ( )! item (151-153,155,159-162,167-171,175-179);
score (0,1) (0,1) ( ) ( ) ( ) ( ) ( ) ( ) (0,1) ( ) (0,1) ( ) ( )! item (183, 184,186,190,191,193,194,197);
score (0,1) (0,1) ( ) ( ) ( ) ( ) ( ) ( ) (0,1) ( ) ( ) ( ) ( )! item (185,187-189,192,195,196);
score (0,1) (0,1) ( ) ( ) ( ) ( ) ( ) ( ) (0,1) ( ) ( ) (0,1) ( )! item (198-212);
score (0,1) (0,1) ( ) ( ) ( ) ( ) ( ) ( ) (0,1) ( ) ( ) ( ) (0,1)! item (213,217,222-224);
score (0,1) (0,1) ( ) ( ) ( ) ( ) ( ) (0,1) (0,1) ( ) ( ) ( ) (0,1)! item (214-216,219,221);
score (0,1) (0,1) ( ) ( ) ( ) ( ) ( ) (0,1) ( ) ( ) ( ) ( ) (0,1)! item (218);
score (0,1) ( ) ( ) ( ) ( ) ( ) ( ) (0,1) ( ) ( ) ( ) ( ) (0,1)! item (220);
model item;
import init_parameters << GERAL1.prm;
import init_reg_coefficients << GERAL1.reg;
import anchor_covariance << GERAL1.cov;
export parameters >> GERAL1.prm;
export reg_coefficients >> GERAL1.reg;
export covariance >> GERAL1.cov;
estimate !method=montecarlo,nodes=4000, conv=.0001;
show !estimates=latent, tables=1:2:3:4 >> GERAL2.shw;
show cases !estimates=eap >> GERAL1.eap;
show cases !estimates=latent >> GERAL1.latent;
quit;
```

A Tabela 11.3 apresenta os graus de dificuldade e de ajuste (*infit*) de cada item ao Modelo Rasch estipulado pela sintaxe descrita.

Tabela 11.3 ■ Dificuldade e ajuste de cada item em relação ao modelo utilizado.

item	dificuldade	*infit*	item	dificuldade	*infit*	item	dificuldade	*infit*
RL01	–1,74	0,89	*V1*-20	0,03	0,98	*CF08*	–0,96	1,17
RL02	–1,52	0,85	*V1*-21	–0,75	1,03	*CF09*	–0,58	0,92
RL03	–1,02	1,03	*V1*-23	1,57	0,98	*CF10*	–1,81	1,11
RL04	–1,52	0,93	*V1*-24	2,75	1,02	*CF11*	–0,84	1,09
RL05	–0,97	1,04	*V2*-03	0,57	1,19	*CF12*	–0,90	1,07
RL06	–1,52	1,12	*V2*-05	0,03	1,02	*CF13*	–0,50	1,00
RL07	0,08	1,21	*V2*-06	0,63	1,22	*CF14*	–0,57	1,11
RL09	–1,12	1,14	*V2*-07	1,51	1,03	*CF15*	–0,46	1,10
RL11	–0,86	1,05	*V2*-08	0,95	1,01	*CF16*	–0,50	1,00
RL12	–0,94	1,05	*V2*-09	0,73	1,08	*CF17*	–0,74	0,87
RL15	–0,67	1,15	*V2*-10	0,03	1,02	*CF18*	–0,08	1,15
RL16	–1,21	0,81	*V2*-11	–0,19	1,05	*CF19*	0,00	1,00
RL18	–1,15	0,80	*V2*-14	0,64	1,02	*CF20*	–0,13	0,85
RL19	–0,70	0,75	*V2*-15	0,62	1,00	*CF21*	0,21	0,93
RL21	–0,45	0,90	*V2*-16	0,06	1,01	*CF22*	–0,14	0,90
RL22	–0,65	0,77	*V2*-17	1,12	0,96	*CF23*	–0,13	0,81
RL23	–0,20	1,07	*V2*-18	0,82	1,07	*CF24*	0,40	0,91
RL24	–0,63	0,94	*V3*-01	1,16	1,09	*CF25*	0,35	0,81
RL27	–0,26	0,85	*V3*-03	–0,54	0,96	*CF26*	0,69	0,87
RL28	–0,88	0,82	*V3*-04	–0,71	1,14	*CF27*	1,73	0,99
RL29	–0,28	0,99	*V3*-05	–0,19	1,13	*CF28*	0,57	0,90
RL30	–0,39	0,83	*V3*-06	–1,44	1,01	*CF29*	0,95	0,95
II01	–1,33	1,02	*V3*-08	0,23	0,93	*CF30*	–0,81	1,06
II02	–2,11	0,94	*V3*-10	1,93	0,96	*CF31*	–0,79	0,98
II03	–1,31	1,09	*V3*-11	1,49	1,07	*CF32*	–0,73	1,00
II04	–0,98	0,95	*V3*-12	0,86	1,03	*MA1*-01	–0,26	1,09
II05	–0,18	0,87	*V3*-13	0,07	0,99	*MA1*-02	0,09	0,96
II06	–0,35	1,10	*V3*-15	2,38	0,97	*MA1*-03	–0,99	0,93

II07	–0,26	0,92	*V3*-16	0,40	1,19	*MA1*-04	–0,26	1,06
II08	–0,21	0,83	*V3*-17	1,02	1,11	*MA1*-05	–0,41	1,15
II09	–1,59	0,98	*V3*-18	0,10	1,04	*MA1*-06	–0,80	0,98
II10	–1,10	1,16	*VZ01*	–0,79	0,90	*MA1*-07	–0,31	1,12
II11	–1,71	1,00	*VZ02*	0,81	1,11	*MA1*-08	–0,16	0,97
II12	–0,08	0,90	*VZ03*	0,14	1,02	*MA1*-09	0,15	1,02
II13	–0,62	0,89	*VZ04*	0,44	0,96	*MA1*-10	–0,19	1,17
II14	–1,38	1,00	*VZ05*	0,41	0,93	*MA1*-11	0,51	1,10
II15	–0,21	1,16	*VZ06*	0,04	0,94	*MA1*-12	–0,16	0,90
RG01	–0,46	0,91	*VZ07*	0,68	0,94	*MA1*-13	–1,42	0,92
RG02	–0,44	1,02	*VZ08*	0,71	0,96	*MA1*-14	0,56	1,09
RG03	–1,95	1,09	*VZ09*	0,48	0,95	*MA1*-15	–0,63	0,95
RG04	–0,68	0,76	*VZ10*	–0,88	1,08	*MA2*-01	–0,11	0,97
RG05	–0,04	0,92	*VZ11*	–0,13	0,94	*MA2*-02	0,46	1,24
RG06	–0,53	1,06	*VZ12*	0,50	0,95	*MA2*-03	–0,30	1,07
RG07	–0,35	0,75	*VZ13*	0,78	0,95	*MA2*-04	0,14	1,02
RG08	–0,23	0,86	*VZ14*	–0,90	1,04	*MA2*-05	–0,49	0,97
RG09	0,10	1,18	*VZ15*	–0,41	0,97	*MA2*-06	–0,02	1,10
RG10	–1,20	1,02	*VZ16*	0,26	1,01	*MA2*-07	0,24	1,15
RG11	–1,23	0,97	*VZ17*	0,20	1,06	*MA2*-08	0,23	1,08
RG12	–0,52	1,11	*VZ18*	0,12	1,08	*MA2*-09	–0,61	0,94
RG13	–0,39	1,03	*VZ19*	–0,38	1,00	*MA2*-10	–0,22	0,96
RG14	–0,03	0,98	*VZ20*	0,40	0,97	*MA2*-11	–0,27	0,89
RG15	–0,32	0,93	*VZ21*	0,37	0,98	*MA2*-12	–0,10	0,89
V1-02	–0,07	1,03	*VZ22*	–0,01	0,97	*MA2*-13	–1,04	0,91
V1-03	–0,60	1,10	*VZ23*	–0,11	1,06	*MA2*-14	–0,36	1,07
V1-04	–0,34	0,97	*VZ24*	0,27	0,96	*MA2*-15	–0,30	0,96
V1-05	0,13	1,05	*VZ26*	–0,43	0,88	*MV01*	–0,57	0,87
V1-06	1,02	0,98	*VZ27*	0,03	0,95	*MV02*	–0,25	0,91
V1-07	–1,51	1,00	*VZ28*	–0,39	0,96	*MV03*	–0,34	0,79
V1-08	0,65	1,09	*VZ29*	0,22	0,98	*MV04*	–0,60	1,04
V1-10	0,47	0,99	*VZ30*	0,19	0,93	*MV05*	–0,20	1,01
V1-11	1,30	1,01	*CF01*	0,10	1,09	*MV06*	–0,32	0,81

V1-12	–0,23	1,04	*CF02*	–0,14	1,05	*MV07*	0,09	1,04
V1-13	0,62	1,01	*CF03*	–0,99	1,01	*MV08*	0,10	1,07
V1-14	0,78	1,18	*CF04*	–0,53	0,89	*MV09*	0,32	1,20
V1-15	1,40	1,12	*CF05*	–1,08	1,06	*MV10*	0,88	1,09
V1-17	–1,45	0,90	*CF06*	–0,59	0,94	*MV11*	0,49	1,19
V1-18	1,35	1,14	*CF07*	–0,49	0,97	*MV12*	0,65	1,11

A dificuldade dos itens variou entre −2,11 e 2,75 ($M = -0{,}16$; $DP = 0{,}79$). O ajuste dos itens, verificado por meio do *infit meansquare*, variou entre 0,75 e 1,24 ($M = 1{,}00$; $DP = 0{,}10$), ficando na faixa considerada ideal de ajuste (ver Capítulo 6). A confiabilidade das dimensões foi de 0,94 para o fator geral (*g*) de inteligência, 0,83 para a inteligência fluida (*Gf*), 0,71 para a inteligência cristalizada (*Gc*), 0,44 para a habilidade visuoespacial (*Gv*) e 0,53 para a memória de curto prazo (*Gsm*). Quando o modelo utilizado foi o modelo multidimensional com apenas *Gf*, *Gc*, *Gv* e *Gsm*, sem estimar o fator geral *g* e os fatores específicos (em uma estrutura bifatorial), os índices de confiabilidade foram muito superiores. *Gf* apresentou confiabilidade de 0,95, *Gc* de 0,80, *Gv* de 0,93 e *Gsm* de 0,84.

Considerações finais

Há, na área de investigação sobre a inteligência, um desafio que diz respeito à mensuração de níveis distintos de habilidades que, em conjunto, explicam o desempenho das pessoas em testes de inteligência. Como apontado anteriormente, nenhum teste de inteligência é explicado por apenas uma habilidade intelectual, de modo que a medida de qualquer habilidade sofre a influência de outras habilidades. Para que se maximize a unidimensionalidade da medida e para que a habilidade-alvo seja o foco, é necessário controlar a influência de habilidades cognitivas de diferentes níveis da arquitetura intelectual. Este capítulo teve como objetivo apresentar a medida de quatro habilidades de segundo nível do modelo de Carroll (1993) sem a influência do fator geral de terceiro nível e dos fatores específicos de primeiro nível. Para isso, adotou-se uma estratégia de duas etapas. Na primeira, foi utilizada a análise fatorial confirmatória para verificar se o procedimento de ortogonalização dos fatores distintos se ajustava aos dados. A matriz de dados foi quebrada em duas para aumentar a eficiência computacional da estimação do ajuste dos modelos. Os resultados indicaram um adequado grau de ajuste aos dados do modelo final *Gc-Gf* (χ^2 = 255,65; *gl* = 205, *p* = 0,01; *CFI* = 0,96; *TLI* = 0,96; *RMSEA* = 0,03), sendo que, dos 120 itens, 99 permaneceram para análise. Na mesma linha, o modelo final *Gv-Gsm* apresentou bom grau de ajuste aos dados (χ^2 = 216,29, *gl* = 173, *p* = 0,01, *CFI* = 0,99, *TLI* = 0,99, *RMSEA* = 0,03), sendo que, dos 104 itens, 103 permaneceram para a análise.

Na segunda etapa, o Modelo Rasch bifatorial foi utilizado para extrair uma medida das habilidades de segundo nível. Os resultados apontaram que os itens selecionados na primeira etapa se ajustam de maneira bastante adequada ao Modelo Rasch bifatorial, com *infit* médio de 1,00 (*DP* = 0,10; *Mín* = 0,75; *Máx* = 1,24). A confiabilidade das dimensões-alvo avaliadas, isto é, *Gf*, *Gc*, *Gv* e *Gsm*, variaram entre 0,44 e 0,83. Essa é uma diferença considerável, em termos de confiabilidade, dos valores encontrados utilizando-se o Modelo Rasch multidimensional sem estimar o fator geral *g* e os fatores específicos (em uma estrutura bifatorial). Quando apenas as dimensões *Gf*, *Gc*, *Gv* e *Gsm* foram estimadas, a confiabilidade variou entre 0,80 e 0,95.

A relevância de se utilizar um Modelo Rasch bifatorial na mensuração de variáveis-alvo pertencentes ao segundo nível do modelo de Carroll (1993, 2003) diz respeito à influência das dimensões em outros níveis de seu modelo, isto é, do impacto do fator geral de inteligência e dos fatores de primeiro nível na validade e confiabilidade dos fatores de segundo nível. Como apontado anteriormente, quanto menor a influência de outras variáveis na medida de um constructo, melhores serão sua validade e sua confiabilidade. Articulando as evidências de Carroll (1993, 2003) com a necessidade de foco da medida, argumentou-se neste capítulo que a medida dos componentes da inteligência será mais válida e confiável se considerar a condição hierárquica a qual eles estão submetidos, e o Modelo Rasch bifatorial é ideal para tal objetivo. Em termos procedimentais, uma boa medida em inteligência deve separar a influência das habilidades de outros níveis da medida de uma habilidade-alvo qualquer. Realizando esse procedimento, os resultados obtidos neste capítulo mostraram que os itens da BaFaCAlO se ajustam ao Modelo Rasch bifatorial, mas apresentou evidências de que, quando se controla o efeito do fator geral e dos fatores específicos (permitidos com o uso do Modelo Rasch bifatorial), a confiabilidade da inteligência fluida, da inteligência cristalizada, da memória de curto prazo e da habilidade visuoespacial fica bem menor.

Referências

Adey, P., Csapó, B., Demetriou, A., Hautamäki, J., & Shayer, M. (2007). Can we be intelligent about intelligence? Why education needs the concept of plastic general ability. *Educational Research Review, 2*(2), 75-97. Recuperado em 25, janeiro, 2008, de http://doi:10.1016/j.edurev.2007.05.001

Almeida, L. S., Lemos, G., Guisande, M. A., & Primi, R. (2008). Inteligência, escolarização e idade: normas por idade ou série escolar? *Avaliação Psicológica, 7*, 117-125.

Beauducel, A. (2001). Problems with parallel analysis in data sets with oblique simple structure. *Methods of Psychological Research Online, 6*(2), 141-157. Recuperado em 25, janeiro, 2007, de http://www.mpr-online.de

Beauducel, A., Brocke, B., & Liepmann, D. (2001). Perspectives on fluid and crystallized intelligence: facets for verbal, numerical, and figural intelligence. *Personality and Individual Differences, 30*, 977-994.

Bickley, P. G., Keith, T. Z., & Wolfle, L. M. (1995). The three-stratum theory of cognitive abilities: test of the structure of intelligence across the life span. *Intelligence, 20*, 309-328.

Carroll, J. B. (1993). *Human cognitive abilities: a survey of factor analytic studies*. New York: Cambridge University Press.

Carroll, J. B. (2003). The higher-stratum structure of cognitive abilities: current evidence supports g and about ten broad factors. In H. Nyborg (Org.). *The scientific study of general intelligence: tribute to Arthur R. Jensen*. (pp. 1-20). Oxford: Elsevier Science/Pergamon Press.

Cattell, R. B. (1971). *Abilities: their structure growth and action*. Boston: Houghton Mifflin.

Cole, J. C., & Randall, M. K. (2003). Comparing the cognitive ability models of Spearman, Horn and Cattell, and Carroll. *Journal of Psychoeducational Assessment*, *21*, 160-179.

Colom, R., Abad, F. J., Rebollo, I., & Shih, P. C. (2005). Memory span and general intelligence: a latent-variable approach. *Intelligence*, *33*, 623-642.

Colom, R., Rebollo, I., Palacios, A., Juan-Espinosa, M., & Kyllonen, P. C. (2004). Working memory is (almost) perfectly predicted by g. *Intelligence*, *32*, 277-296.

Ekstrom, R. B., French, J. W., Harman, H. H., & Dirmen, D. (1976). *Manual for kit of factor-referenced cognitive tests*. Princeton: Educational Testing Service. *Estudos de Psicologia (Natal)*, *11*(3), 323-332.

Flores-Mendoza, C., & Nascimento, E. (2001). Inteligência: o constructo melhor investigado em psicologia. *Boletim de Psicologia*, *51*(114), 37-64.

Frazier, T. W., & Youngstrom, E. A. (2007). Historical increase in the number of factors measured by commercial tests of cognitive ability: are we overfactoring? *Intelligence*, *35*, 169-182.

Garcia Jr., A. J., & Noronha, A. P. P. (2007). Inteligência emocional e provas de raciocínio: um estudo correlacional. *Psicologia. Reflexão e Crítica*, *20*, 480-489.

Gardner, H. (2006). On failing to grasp the core of MI theory: a response to Visser *et al*. *Intelligence*, *34*, 503-505.

Gignac, G. E. (2007). Working memory and fluid intelligence are both identical to g?! Reanalyses and critical evaluation. *Psychology Science*, *49*(3), 187-207.

Guadagnoli, E., & Velicer, W. F. (1988). Relation of sample size to the stability of component patterns. *Psychological Bulletin*, *103*(2), 265-275.

Gustafsson, J-E. (1984). A unifying model for the structure of intellectual abilities. *Intelligence*, *8*, 179-203.

Haier, R. J., White, N. S., & Alkire, M. T. (2003). Individual differences in general intelligence correlate with brain function during nonreasoning tasks. *Intelligence*, *31*, 429-441.

Helms-Lorenz, M., van de Vijver, F. J. R., & Poortinga, Y. H. (2003). Cross--cultural differences in cognitive performance and Spearman's hypothesis: g or c? *Intelligence*, *31*, 9-29.

Henson, R. K, & Roberts, J. K. (2006). Use of exploratory factor analysis in published research: common errors and some comment on improved practice. *Educational and Psychological Measurement*, *66*(3), 393-416.

Horn, J. L. (1968). Organization of abilities and the development of intelligence. *Psychological Review*, *75*(3), 242-259.

Johnson, W., & Bouchard Jr., T. J. (2005a). Constructive replication of the visual perceptual-image rotation model in Thurstone's (1941) battery of 60 tests of mental ability. *Intelligence*, *33*, 417-430.

Johnson, W., & Bouchard Jr., T. J. (2005b). The structure of human intelligence: it is verbal, perceptual, and image rotation (VPR), not fluid and crystallized. *Intelligence*, *33*, 393-416.

Johnson, W., Nijenshuis, J., & Bouchard Jr., T. J. (2007). Replication of the hierarchical visual-perceptual-image rotation model in de Wolff and Buiten's (1963) battery of 46 tests of mental ability. *Intelligence*, *35*, 69-81.

Linacre J. M. (2002). What do infit and outfit, mean-square and standardized mean? *Rasch Measurement Transactions*, *16*(2), 878.

Lohman, D. F. (2001). Fluid intelligence, inductive reasoning, and working memory: where the Theory of Multiple Intelligences falls short. In N. Colangelo, & S. Assouline (Orgs.). *Anais, Talent Development IV: Proceedings from the 1998 Henry B., & Jocelyn Wallace National Research Symposium on talent development* (pp. 219-228). Scottsdale: Gifted Psychology Press.

Luo, D., Thomspon, L. A., & Detterman, D. K. (2003). The causal factor underlying the correlation between psychometric g and scholastic performance. *Intelligence*, *31*, 67-83.

Marañon, R. C., & Andrés-Pueyo, A. (2000). The study of human intelligence: a review at the turn of the millennium. *Psychology in Spain*, *4*(1), 167-182.

McArdle, J. J., Hamagami, F., Meredith, W., & Bradway, K. P. (2000). Modeling the dynamic hypoteses of Gf-Gc theory using longitudinal life-span data. *Learning and Individual Differences*, *12*, 53-79.

McGrew, K. S., Keith, T. Z., Flanagan, D. P., & Vanderwood, M. (1997). Beyond g: the impact of Gf-Gc specific cognitive ability research on the future use and interpretation of intelligence tests in the schools. *School Psychology Review*, *26*, 189-201.

Pasquali, L. (2002). Inteligência: um conceito equívoco. In R. Primi. (Org.). *Temas em avaliação psicológica* (pp. 56-60). Campinas: Ibap.

Primi, R. (2002). Inteligência fluida: definição fatorial, cognitiva e neuropsicológica. *Cadernos de Psicologia e Educação – Paideia, 12*(2-3), 57-77.

Primi, R. (2003). Inteligência: avanços nos modelos teóricos e nos instrumentos de medida. *Avaliação Psicológica, 2*(1), 67-77.

Primi, R., & Almeida, L. S. (2002). Inteligência geral ou fluida: desenvolvimentos recentes na sua concepção. *Sobredotação, 3*(2), 127-144

Primi, R., Santos, A. A. A., & Vendramini, C. M. (2002). Habilidades básicas e desempenho acadêmicos em universitários ingressantes. *Estudos de Psicologia (Natal)*, *7*(1), 47-55.

Primi, R., Cruz, M. B. Z., Muniz, M., & Petrini, M. C. (2006). Validade de constructo de um instrumento informatizado de avaliação dinâmica da inteligência fluida. *Psico (PUCRS)*, *37*,109-122.

Roberts, R. D., Goff, G. N., Anjoul, F., Kyllonen, P. C., Pallier, G., & Stankov, L. (2000). The Armed Services Vocational Aptitude Battery (ASVAB) little more than acculturated learning (Gc)!? *Learning and Individual Differences, 12*, 81-103.

Salthouse, T. A. (2004). Localizing age-related individual differences in a hierarchical structure. *Intelligence, 32*, 541-561.

Schelini, P. W. (2006). Teoria das inteligências fluida e cristalizada: início e evolução. *Estudos de Psicologia (Natal), 11*(3), 323-332.

Schelini, P. W., & Wechsler, S. M. (2005). Bateria multidimensional de inteligência infantil: desenvolvimento de instrumento. *Psico-USF, 10*(2), 129-139.

Schelini, P. W., & Wechsler, S. M. (2006). Estudo da estrutura fatorial da Bateria Multidimensional de Inteligência Infantil. *Estudos de Psicologia (Campinas)*, *23*, 105-112.

Spearrit, D. (1996). Carroll's model of cognitive abilities: educational implications. *International Journal of Educational Research, 25*(2), 107-198.

Sternberg, R. J. (2006). The rainbow project: enhancing the SAT through assessments of analytical, practical, and creative skills. *Intelligence, 34*, 321-350.

Tirre, W. C., & Field, K. A. (2002). Structural models of abilities measured by the Ball Aptitude Battery. *Educational and Psychological Measurement, 62*, 830-856.

Undheim, J. O., & Gustafsson, J. E. (1987). The hierarchical organization of cognitive abilities: restoring general intelligence through the use of Linear Structural Relations (LISREL). *Multivariate Behavioral Research*, *22*, 149-171.

Watkins, M. W., Wilson, S. M., Kotz, K. M., Carbone, M. C., & Babula, T. (2006). Factor structure of the Wechsler Intelligence Scale for Children – Fourth Edition among refereed students. *Educational and Psychological Measurement*, *66*, 975-983.

Wechsler, S. M., & Schelini, P. W. (2006). Bateria de habilidades cognitivas Woodcock--Johnson III: validade de constructo. *Psicologia: Teoria e Pesquisa*, *22*, 287-295.

Wechsler, S. M., Vendramini, C. M., & Schelini, P. W. (2007). Adaptação brasileira dos testes verbais da bateria de habilidades cognitivas Woodcock-Johnson III. *Interamerican Journal of Psychology*, *41*, 45-55.

"O problema fundamental de progresso científico, e um direito fundamental da vida cotidiana, é o de aprender com a experiência..."

(Jeffreys, H.)

Capítulo 12

Considerações sobre a medida de traços latentes na educação

Amanda Amantes
Universidade Federal da Bahia
Geide Coelho
Universidade Federal do Espírito Santo
Rafael Marinho
Universidade Federal de Minas Gerais

OBJETIVO

Neste capítulo fazemos uma reflexão introdutória sobre o processo de mensuração no campo das ciências humanas. Essa reflexão se insere em uma discussão mais ampla acerca da importância de se associarem métodos qualitativos e quantitativos para responder a questões específicas, no sentido de obter maior coerência interna nas pesquisas da área. Discutimos algumas características fundamentais do processo de mensuração utilizando analogias com medidas usualmente concebidas no campo das ciências.

Discussão introdutória

A área das ciências humanas, em especial a Educação, é demarcada por pesquisas que subtendem principalmente métodos de análise de natureza qualitativa. O foco em apresentar um quadro de pessoas e relações em um contexto particular, bem como descrever com detalhes o fenômeno, muito tem contribuído para investigar questões pertinentes sobre aprendizagem e outros processos a ela relacionados.

Entretanto, problemas de natureza causal, questões que remetem à comparação de parâmetros e questões que requerem uma investigação de efeitos de atributos ou de elementos inerentes ao desenvolvimento têm se revelado cada vez mais essenciais para fundamentar a compreensão desse processo.

Esses problemas demandam metodologias que evidenciem mudanças no tempo, diferenças entre traços ou estados latentes e padrões de comportamento. Nesse sentido, a análise qualitativa, embora essencial em primeira instância, torna-se limitada, pois não fornece elementos suficientes para interpretar o processo: seus procedimentos não permitem mensurar e/ou comparar os atributos de maneira a atender critérios específicos de objetividade e confiabilidade.

Recentemente, muito se tem discutido sobre o rigor e a qualidade das pesquisas na área de ciências humanas (Marczyk, DeMatteo, & Festinger, 2005; Chatterji, 2004; Shaffer, & Serlin, 2004; André, 2001; Ryan, & Bernard, 2000). Essas discussões concentram-se principalmente na coerência interna dos trabalhos, detendo-se, em especial, na adequação dos métodos empregados para a coleta e análise de dados aos objetivos e pressupostos teóricos levantados, ressaltando a questão da validade e confiabilidade (Golafshani, 2003; Gorard, 2002; Morse, Baret, Mayan, Olson, & Spiers, 2002).

Muitos pesquisadores defendem que é necessário empregar métodos mistos para que evidências específicas sejam construídas e interpretadas de maneira adequada. A triangulação de dados e de técnicas, bem como a utilização de metodologias quali-quanti de análise, são métodos considerados válidos para garantir mais adequação e coerência nas investigações (Saglam-Arslan, 2010; Shaffer, & Serlin, 2004; Golafshani, 2003).

Contudo, essa coerência demanda não apenas o emprego de tais métodos, mas também a conformidade da metodologia aos objetivos, questões, problemas, referenciais teóricos e resultados.

O emprego de métodos mistos pode fornecer elementos consistentes para lidar com muitos aspectos problemáticos de investigações, mas, para isso, é preciso atentar à qualidade das medidas dos atributos que se pretende investigar. As medidas de atributos são necessárias quando se pretende fazer comparações entre diferentes indivíduos, entre diferentes grupos ou entre diferentes elementos que mudam ao longo do tempo (Singer, & Willett, 2003). Por isso, é essencial avaliar e considerar a importância e a qualidade da medida, além de estabelecer maior clareza em relação às variáveis manifestas que representam o traço latente a ser acessado.

Medidas em ciências humanas

Os objetos de estudo na área de ciências humanas geralmente são traços latentes, que são atributos abstratos, construídos (ou inventados) a partir de uma teoria (ou um conjunto de teorias), mas que podem ser relacionados a dados observáveis por essa mesma teoria. Desse modo, é possível obter indícios e evidências a respeito desses atributos por meio de variáveis manifestas.

Atributos tais como entendimento, compreensão, atitudes, habilidades e tantos outros relacionados ao desenvolvimento podem ser avaliados desde que tenhamos uma teoria substancial que os associe a algum elemento explicitamente observado. Descrever qualitativamente esses atributos analisando os elementos a que se referem é de suma importância para avaliar os detalhes que lhes são característicos, bem como obter indícios para sustentar argumentos qualitativos em relação a eles.

Contudo, quando lidamos com comparações (entre sujeitos, entre grupos, entre momentos diferentes etc.) considerados teoricamente distintos em uma escala hierárquica de valores (ainda que de cunho estritamente qualitativo), admitimos que há alguma diferença em relação aos atributos latentes. Investigar essas diferenças não é uma tarefa de fácil execução, pois demanda estabelecer elementos confiáveis para que comparações sejam realizadas de maneira adequada. Isso implica a definição teórica dos atributos, além da definição da mensuração de elementos correlatos e a determinação de métodos que evidenciem a mudança, como a construção de escalas, análises de progresso, testes de hipóteses e outros. Assim, a apropriação de métodos quantitativos se faz necessária, pois a constatação da mudança implica mensuração e avaliação de diferenças subjacentes às características dos atributos investigados.

Entretanto, não há uma defesa em prol da utilização de métodos quantitativos em detrimento dos qualitativos. A coerência interna das pesquisas subtende "superar o falso dualismo 'qualitativo' e 'quantitativo'" (Pring, 2000, como citado por Gorard, 2002, p. 346) para que seja possível elaborar e utilizar metodologias válidas que abarquem técnicas de ambas as vertentes, a fim de garantir que as questões sejam tratadas de maneira adequada.

Consideremos, por exemplo, uma pesquisa que tenha como objetivo a investigação do efeito de uma intervenção didática na aprendizagem dos alunos. Um caminho promissor é verificar se houve ou não aprendizagem avaliando a competência em diferentes momentos: antes, durante e depois da intervenção (Amantes, 2009). Isso, por si só, já exige pelo menos uma estatística descritiva (e, como defendemos, exige mais do que isso). Caso contrário, poderemos ter, no máximo, "indícios", já que as diferenças encontradas podem ser fruto do acaso da escolha da amostra ou do acaso na interação do aluno com o instrumento de avaliação.

Além disso, para identificar se a intervenção é a provável causa da aprendizagem, devemos estar cientes dos efeitos que outros fatores (além da intervenção) podem ter na aprendizagem dos alunos. Porém, se o número de fatores que queremos cercar for grande (e, de fato, é enorme o número de fatores relevantes no processo, dada a complexidade do fenômeno da aprendizagem), precisaremos de uma amostra grande de alunos para que o efeito desses fatores não seja avaliado com base em casos particulares.

Queremos ressaltar, porém, que nem todo tipo de dado numérico é adequado ao tratamento por estatísticas paramétricas, como cálculos de médias e desvios amostrais e populacionais, testes de hipóteses sobre essas estatísticas e parâmetros, análises de variância, regressão, entre muitos outros (Triola, 2008). Portanto, nos casos em que as perguntas de pesquisa só possam ser abordadas por métodos mistos (quali-quanti), devemos tomar o cuidado de verificar se os indicadores observáveis (que se relacionam, por meio de uma teoria, ao constructo latente) podem ser representados em uma escala intervalar.

Atualmente, muitas pesquisas em ciências humanas têm se apropriado de metodologias e métodos para lidar com observáveis em termos de escalas intervalares de medidas. Modelos psicométricos, Teoria de Resposta ao Item e modelagem Rasch são cada vez mais utilizadas nesse sentido, e o principal intuito é obter uma escala que permita atribuir aos traços latentes um caráter de medida. No entanto, para que possamos considerar os valores estimados como "medidas", em um sentido mais restrito do termo, devemos verificar se a relação entre eles e os observáveis atendem a certas regras, que chamaremos de "características fundamentais de mensuração". No entanto, antes de analisar quais seriam essas regras, vamos fazer uma breve reflexão sobre o ato de medir.

O ato de medir e objetividade específica

Quando pensamos em mensurar, o instrumento mais simples que podemos imaginar é uma régua. As pessoas pensam na régua como um instrumento preciso (desde que bem calibrada), capaz de fornecer, por exemplo, a medida de comprimento de um objeto, sem maiores problemas, dentro de um limite de precisão.

Entretanto, uma reflexão um pouco mais aprofundada nos faz pensar que nenhuma régua, por mais bem calibrada que seja, está isenta de problemas fundamentais. Em primeiro lugar, qualquer régua apresentará, em maior ou menor grau, uma calibração imperfeita. Em segundo lugar, o comprimento da régua depende de outros fatores, como a temperatura em que ela se encontra (e, em última instância, até mesmo da pressão no meio em que ela está imersa). Além disso, o ato de medir o comprimento de um objeto com uma régua sempre dependerá de ações humanas, como posicionar corretamente a régua e fazer a leitura. A medição do comprimento de um objeto é, em última instância, uma interpretação subjetiva sobre a posição das extremidades do objeto em relação a uma referência (no caso, as marcas na régua). A régua é um dispositivo que operacionaliza, com imperfeição, a ideia abstrata de comprimento (Wright, 1997).

Mas é claro que essas são ponderações que, apesar de filosoficamente relevantes, não tornam problemática a ideia de medir, por exemplo, a altura de uma criança e compará-la à altura de outras crianças da população. Ou seja, mesmo com todas essas questões a respeito do processo de medida, podemos criar uma dimensão abstrata que chamamos "comprimento", uma unidade abstrata que denominamos "metro" e procedimentos concretos que nos permitem operacionalizar as ideias de "comprimento" e "metro" na prática. Desde que as coisas estejam funcionando bem, ou seja, desde que esse procedimento nos forneça informações coerentes e úteis, não há motivos para que nos preocupemos demais com as componentes subjetivas e aleatórias do processo de medida.

Quando analisamos o processo de medir temperaturas, a situação se torna um pouco mais problemática. Uma unidade de medida de temperatura, como o °C, não é diretamente associada a algo concreto (como o metro pode ser associado a um bastão de determinado comprimento). Pensar em uma unidade de medida de temperatura nos faz perceber mais facilmente o quanto há de invenção humana na criação de uma variável mensurável, de uma dimensão de medida e de uma escala. Thurstone (1931) já ponderava que

> Há uma falácia popular que se refere à unidade de medida como uma coisa – tal como um pedaço de bastão. Isso não é assim. Uma unidade de medida é sempre um processo de algum tipo que pode ser repetido sem modificação nas diferentes partes do contínuo de medida (p. 257).

Diante do exposto, podemos considerar que as medidas em ciências exatas e as medidas em ciências humanas não são de naturezas tão diferentes. Como qualquer dimensão de medida (qualquer variável) é uma criação abstrata, assim como qualquer escala, o desafio para fazer medidas em ciências humanas reside, então, em elaborar constructos e unidades de medida que possam ser operacionalizados de maneira mais sistemática.

Podemos idealizar um constructo chamado "proficiência em física", por exemplo, e construir instrumentos para medi-lo. No entanto, esse processo de mensuração deve obedecer a certas regras. Se isso for possível, poderemos obter medidas da "proficiência em física" e utilizá-las para comparar diferentes sujeitos ou monitorar a evolução de um sujeito através do tempo (sempre em relação a esse constructo). Se não for possível (ou improdutivo) operacionalizar a "proficiência em física", podemos tentar modificar o modo como a definimos, por exemplo, separá-la em componentes menores. Nesse caso, o que nos permite concluir se a definição que criamos para um constructo está coerente é a verificação de sua adequação ao que chamaremos de "características fundamentais de mensuração".

Imagine um termômetro, *T*1, com as seguintes características: ele só possui duas leituras possíveis: "temperatura superior a 30° C" e "temperatura inferior a 30° C". Outro termômetro, *T*2, também possui apenas duas leituras possíveis: "temperatura superior a 31° C" e "temperatura inferior a 31° C".

Suponha que utilizemos o termômetro *T*1 para medir a temperatura de um objeto e que façamos a leitura: "temperatura inferior a 30° C". Após esse procedimento, resolvemos medir a temperatura desse objeto utilizando o termômetro *T*2. É razoável que esperemos encontrar o resultado "temperatura inferior a 31° C".

Se o erro intrínseco dos termômetros for aproximadamente 2° C (termômetros extremamente imprecisos), pode ser que uma leitura "temperatura superior a 31° C" em *T*2 não nos espante tanto. Porém, podemos esperar que, se tomarmos as medidas da temperatura do objeto em cada um dos termômetros alguma centenas de vezes, a leitura "temperatura superior a 31° C" no termômetro *T*2 ocorra com frequência menor que a leitura "superior a 30° C" no termômetro *T*1.

E se isso não ocorrer? Pode ser que a temperatura esteja variando entre uma medição e outra (outras variáveis estarão influenciando). Mas se o objeto estiver razoavelmente isolado termicamente da vizinhança poderemos pensar em duas possibilidades: ou os termômetros estão descalibrados, ou nossa operacionalização do conceito de temperatura está com problemas.

O mesmo se aplica a dois instrumentos (dois itens) elaborados para medir a "proficiência em física". Outras variáveis podem influenciar o processo de medida (é bem difícil isolar o sistema, neste caso), os itens podem estar descalibrados ou a operacionalização da ideia abstrata de "proficiência em física" pode não funcionar.

No entanto, se o processo de medida ocorrer como esperado, então, temos uma operacionalização útil de um constructo (abstrato e inventado) chamado "proficiência em física". Felizmente, em muitos casos, nas ciências humanas, especialmente na Educação, é possível obter operacionalizações úteis de ideias abstratas, como podemos verificar em trabalhos de vários pesquisadores da área (Bond, & Fox, 2007).

Essa operacionalização, contudo, não é direta, e subtende uma complexidade com a qual devemos lidar. No caso das ciências humanas, muitos fatores desconhecidos estão envolvidos, ficando mais evidente a influência dos componentes aleatórios (inerente a qualquer ato de medida). Portanto, um modelo que relacione um observável a um constructo teórico no contexto das Ciências Humanas é mais bem delimitado em uma perspectiva probabilística.

Voltemos à analogia com os termômetros. Suponha que tenhamos dois termômetros de mercúrio, *T*1 e *T*2, que possuem apenas uma marca sem numeração. Assim, cada termômetro pode fornecer apenas dois resultados: "coluna de mercúrio passou da marca" ou "coluna de mercúrio não passou da marca". Chamaremos esse tipo de termômetro de "termômetro dicotômico". Suponha também, que tenhamos dois objetos, *A* e *B* (ambos isolados termicamente), cujas temperaturas queiramos medir.

Para que nossa ideia de temperatura seja uma invenção útil, o processo de medir as temperaturas de *A* e *B* usando *T*1 e *T*2 deve obedecer às seguintes regras:

- Se, utilizando *T*1, verificamos que a temperatura de *A* é menor que a de *B*, o mesmo deve ser verificado ao utilizar *T*2.

- Se, para o objeto A, verificamos que a marca em $T2$ corresponde a uma menor temperatura que a marca em $T1$, o mesmo deve ser concluído utilizando-se o objeto B.

Podemos ir mais além e pensar que, ao medir (a temperatura, por exemplo), estamos submetendo o objeto a um conjunto de "testes". Suponha que tenhamos um termômetro de mercúrio bem calibrado, graduado em unidades de °C, e que, ao colocarmos o termômetro em contato com um objeto A, verificamos que a extremidade da coluna de mercúrio está entre as marcas 35 °C e 36 °C. Nesse caso, podemos pensar que o objeto passou no teste "temperatura maior que 35 °C", mas não passou no teste "temperatura maior que 36 °C". Podemos, ainda, dizer que o objeto passou por todos os "testes" "mais fáceis": "temperatura maior que 34 °C", "temperatura maior que 33 °C", ... ; e não passou nos "testes" "mais difíceis": "temperatura maior que 37 °C", "temperatura maior que 38 °C", ...

Se cada "teste" fosse feito com um "termômetro dicotômico", ainda poderíamos esperar que um objeto "aprovado" no teste realizado pelo "termômetro dicotômico de 36 °C", também seria aprovado no teste do "termômetro dicotômico de 35 °C". Mas talvez estejamos confiando demais na exatidão e perfeição desses instrumentos.

Como já discutido, dois termômetros jamais estarão perfeitamente calibrados, as leituras são atos subjetivos feitos por seres humanos, as temperaturas podem variar no tempo etc. Isso fica evidente se pensarmos em "termômetros dicotômicos" cujos valores de temperatura são muito próximos. Por exemplo: se um objeto passou no "teste" do "termômetro dicotômico de 36 °C" não podemos dizer com certeza se ele passará no teste do "termômetro dicotômico de 35,99 °C" (lembrando que os "testes" seriam feitos por termômetros diferentes). Podemos, no máximo, dizer que é mais provável que ele passe no teste de 35,99 °C do que no de 36 °C. Essa última situação ilustra melhor o fato de que todo processo de medida tem, em última instância, uma componente estocástica. Isso é ainda mais evidente quando pensamos em medidas na Educação (ou nas ciências humanas em geral), em que não há isolamento do sistema e a subjetividade de interpretações é muito maior.

Portanto, devemos reformular as "regras" sugeridas anteriormente. Um meio eficaz de fazer isso é pensar em termos de probabilidade:

- Se a probabilidade de a coluna de mercúrio "passar" da marca do termômetro *T*1 for menor para a medição da temperatura do objeto *A* que para a medição da temperatura do objeto *B*, então, a probabilidade de a coluna de mercúrio "passar" da marca no termômetro *T*2 também deve ser menor para a medição da temperatura de *A* que para a de *B*. Ou seja, a comparação entre as medidas dos objetos não pode depender de qual instrumento está sendo utilizado.
- Se, para medições da temperatura do objeto *A*, a probabilidade da coluna de mercúrio em *T*2 "passar da marca" é menor que a probabilidade de a coluna de mercúrio em *T*1 "passar da marca", o mesmo deve ser verdade para medições da temperatura do objeto *B*. Ou seja, a comparação entre as dificuldades dos "testes" não pode depender de qual objeto está sendo mensurado.

Em outras palavras, as propriedades (temperatura) dos objetos não dependem das características dos termômetros e as propriedades dos termômetros (leitura da marca) não dependem das características dos objetos. A essa ideia o matemático dinamarquês Georg Rasch deu o nome de "objetividade específica" (Rasch, 1977).

O mesmo raciocínio pode ser aplicado no caso em que se deseja medir um atributo como "proficiência em física" (em vez de temperatura) por meio de itens de física (em vez de termômetros). Para que tenhamos uma medida válida, as proficiências estimadas dos sujeitos não podem depender de quais itens estão sendo utilizados para estimá-la, e as dificuldades dos itens não podem depender de quais sujeitos os itens estão medindo.

Portanto, se quisermos criar medidas de atributos latentes baseados em observáveis, devemos nos assegurar de que as medidas desses atributos atendam ao requerimento de objetividade específica em sua formulação probabilística. Os modelos psicométricos que nos permitem estimar medidas de traços latentes em escalas intervalares a partir de observáveis, respeitando esse requerimento, são chamados de "Modelos Rasch" (em homenagem ao matemático Georg Rasch), discutidos neste livro.

Mensuração e coerência interna

A medida nas ciências humanas subentende a consideração de que existem atributos associados a observáveis que, em alguma instância, podem ser contados e medidos nos termos considerados anteriormente. Isso nos permite pensar em métodos que nos forneçam parâmetros para lidar com esses atributos em uma escala que tenha propriedades intervalares, o que se constitui em ferramenta poderosa de análise e amplia as possibilidades de investigar fenômenos educacionais.

Nesse sentido, podemos investigar com mais propriedade alguns constructos que carregam em sua concepção o caráter de mudança.

> Até a mais ingênua das concepções de desenvolvimento humano, aprendizagem escolar, reabilitação física e uma gama de condições investigadas nas ciências humanas, possuem, em seu foco, a ideia de mudança no tempo (Bond, & Fox, 2007, p. 164).

Para investigarmos, por exemplo, o progresso do entendimento sobre algum conteúdo, devemos estabelecer critérios que nos permitam afirmar que o entendimento avaliado em determinado instante é hierarquicamente maior ou menor que outro entendimento avaliado em instante anterior ou posterior. Isso requer mensurar o constructo "entendimento", definido e estabelecido em termos hierárquicos por pressupostos teóricos bem definidos.

A apropriação de metodologias que compreendem a medida de traços latentes tem sido utilizada no campo da Educação em algumas investigações cujo foco está na mudança. O reconhecimento de que é necessário ir além de descrições do fenômeno para lidar com problemas causais, de efeitos e de comparações tem norteado a busca por métodos que proporcionem maior coerência.

Isso pode ser fortemente constatado em trabalhos que avaliam progresso na aprendizagem com aporte teórico no desenvolvimento cognitivo por estágios hierárquicos de conhecimento. Dawson e Stein (2008) integra o modelamento Rasch à analise qualitativa de categorização de respostas para investigar o progresso de atributos na perspectiva de habilidades dinâmicas (Fischer, 1980, 2008). Amantes (2009) utiliza a escala intervalar dos parâmetros da proficiência em domínios de conhecimento distintos para avaliar o progresso do entendimento, definido a partir de categorias hierárquicas. Coelho e Borges (2010) estabelecem um sistema de classes de entendimento sobre circuitos elétricos e utilizam também a escala intervalar para verificar as diferenças.

Da mesma maneira, Meagher-Lundberg e Brown (2001) e Hattie e Brown (2004) utilizam a Taxonomia SOLO (Biggs, & Collis, 1982) para desenvolver ferramentas de acesso para o Ensino e Aprendizagem (asTTLe) e trabalham com medidas em escalas intervalares. Thomas, Holton, Tagg e Brown (2002) submetem itens sobre leitura e matemática à avaliação de professores e analisam seus resultados também a partir da Taxonomia SOLO e modelagem Rasch. Nessas pesquisas, podemos constatar a apropriação dos métodos quantitativos de mensuração e análise (estatísticas paramétricas) para fundamentar análises qualitativas referentes a uma teoria subjacente aos pressupostos da pesquisa. Todos esses são exemplos de investigações que utilizam métodos de acesso a traços latentes com o intuito de fundamentar melhor as análises para obter evidências mais consistentes.

Devemos ressaltar, entretanto, que a utilização de metodologias que compreendem medidas e análises estatísticas não é suficiente para lidar com todos os aspectos dos fenômenos em ciências humanas, devido, sobretudo, à complexidade inerente aos objetos de estudo. Os testes estatísticos fornecem parâmetros confiáveis para interpretar fenômenos em termos de comparações de atributos que podem ser generalizados, mas isso pode diminuir a riqueza de detalhes que são significativos e essenciais para entender os processos de maneira mais pontual.

Nesse sentido, a triangulação de dados e de análises é promissora para que tenhamos resultados mais contundentes e significativos. O estabelecimento dos critérios de coleta e análise deve estar em conformidade com as questões de pesquisa levantadas. Devemos estar cientes de que, qualquer que seja a metodologia empregada, ela apresentará limites e possibilidades de abrangência.

A coerência se estabelece a partir do rigor que estabelecemos nas escolhas referentes aos pressupostos teóricos e aos métodos de análise. Para lidar com problemas e questões de diferentes naturezas, é preciso construir um desenho de pesquisa que possa atender à especificidade das questões levantadas, ao mesmo tempo que garanta generalidade aos apontamentos.

Desse ponto de vista, devemos reconhecer as dificuldades e limitações de um único método, em decorrência, sobretudo, da complexidade dos objetos com os quais lidamos.

Tratando-se de comparações, seja entre sujeitos ou ao longo do tempo, assim como em investigações de efeitos, defendemos que a medida de observáveis relacionados a atributos latentes, estabelecidos qualitativamente, pode nos fornecer evidências mais coerentes. Se realizada conforme os parâmetros aqui explicitados como fundamentais (objetividade específica), a medida poderá ser concebida em uma escala intervalar, e esse fator possibilita fazer inferências consistentes sobre as diferenças entre as unidades com as quais lidamos.

É preciso que tenhamos clareza do significado da medida, de suas aplicações e de sua acepção em meio a determinado contexto de investigação. Isso nos garante mais *expertise* para avaliar a adequação de diversas metodologias a problemas específicos. Uma melhor compreensão dos aspectos principais relacionados à mensuração nos instrumentaliza a traçar planos e estratégias de ação no campo investigativo que explore melhor nossos dados e, consequentemente, forneça evidências mais bem fundamentadas. Com isso, estaremos nos valendo de metodologias cada vez mais robustas e, como resultado, teremos uma ascensão do rigor e qualidade em nossas pesquisas.

Referências

Amantes, A. (2009). *Contextualização no ensino de física: feito sobre a evolução do entendimento dos estudantes*. Tese de doutorado, Universidade Federal de Minas Gerais, Belo Horizonte, Minas Gerais, Brasil.

André, M. (2001). Pesquisa em educação: buscando rigor e qualidade. *Cadernos de Pesquisa, 113*, 51-64.

Biggs, J. (1995). Assessing for learning: some dimensions underlying new approaches to educational assessment. *The Alberta Journal of Educational Research, 41*(1), 1-17.

Biggs, J., & Collins, K. (1982). *Evaluating the Quality of Learning: The SOLO Taxonomy*. New York: Academic Press.

Biggs, J., & Collis, K. (1991). Multimodal learning and the quality of intelligent behavior. In H. A. H. Rowe (Ed.). *Intelligence: reconceptualization and measurement* (pp. 57-76). Hillsdale: Lawrence Erlbaum.

Bond, G. T., & Fox, C. M. (2007). *Applying the Rasch model: fundamental measurement in the human sciences* (2nd ed.). Mahwah: Lawrence Erlbaum Associates.

Bond, L., Smith, T. W., Baker, W. K., & Hattie, J. A. (2000). *The certification system of the National Board for Professional Teaching Standards: a construct and consequential validity study (research report)*. Greensboro: University of North Caolina at Greensboro, Center for Educational Research and Evaluation.

Chatterji, M. (2004). Evidence on "What Works": an argument for Extended-Term Mixed-Method (ETMM) Evaluation Designs. *Educational Researcher, 33*(9), 3-13.

Coelho, G. R., & Borges, O. (2010). Construindo uma escala para avaliar o entendimento dos estudantes em eletricidade. Encontro de Pesquisa em Ensino de Física, XII, Águas de Lindoia, SP. In *Atas*.

Dawson, T. L., & Wilson, M. (2004). The LAAS: a computerizes developmental scoring system for small and large-scale assessments. *Educational Assessment, 9*, 153-191.

Dawson, T. L., & Stein, Z. (2008). Cycles of research and application in education: learning pathways for energy concepts. *Mind, Brain, e Education, 2*(2), 90-103.

Design-based Research Collective. (2003). Design-based research: an emerging paradigm for educational inquiry. *Educational Researcher, 32*(1), 5-8.

Fischer, K. W. (1980). A theory of cognitive development: the control and construction of hierarchies of skills. *Psychological Review, 87*, 477-531.

Fischer, K. W. (2008). Dynamic cycles of cognitive and brain development. In A. M. Battro, & K. W. Fischer (Eds.). *The educated brain*. Cambridge: Cambridge University Press.

Golafshani, N. (2003). Understanding reliability and validity in qualitative research. *The Qualitative Report, 8*(4), 597-607.

Gorard, S. (2002). Can we overcome the methodological schism? Four models for combining qualitative and quantitative evidence. *Research Papers in Education, 17*(4), 345-361.

Hattie, J. A. C., & Brown, G. T. L. (2004, september). *Cognitive processes in asTTle: The SOLO taxonomy*. asTTle Technical Report #43, University of Auckland/Ministry of Education.

Marczyk, G., DeMatteo, D., & Festinger, D. (2005). *Essentials of research design and methodology*. Hoboken: John Wiley & Sons.

Mead, R. (2008). *A Rasch primer: the Measurement Theory of Georg Rasch Psychometrics services research memorandum 2008-001*. Maple Grove: Data Recognition Corporation.

Meagher-Lundberg, P., & Brown, G. T. L. (2001). Item signature study: report on the characteristics of reading texts and items from calibration 1 (technical report, n. 12). Auckland: University of Auckland, Project asTTle.

Morse, J, Baret, M., Mayan, M., Olson, K., & Spiers, J. (2002). Verification strategies for establishing reliability and validity in qualitative research. *International Journal of Qualitative Methods, 1*(2), 1-19.

Pring, R. (2000). Editorial conclusion: a philosophical perspective. *Oxford Review of Education, 26*(3-4), 495-501.

Rasch, G. (1977). On specific objectivity: an attempt at formalizing the request for generality and validity of scientific statements. *Danish Yearbook of Philosophy, 14*, 58-94.

Ryan G., & Bernard, H. R. (2000). Data management and analysis methods. In N. Denzin, & Y. Lincoln (Eds.). *Handbook of qualitative research* (2nd ed., pp. 769-802). Thousand Oaks: Sage Publications.

Saglam-Arslan, A. (2010). Cross-grade comparison of students' understanding of energy concepts. *Journal of Science Educational and Technology*, (19), 303-313.

Shaffer, D. W., & Serlin, R, C. (2004). What good are statistics that don't generalize? *Educational Researcher, 9*(33), 14-25.

Singer, J. D., & Willett, J. B. (2003). *Applied longitudinal data analysis: modeling change and event occurrence*. New York: Oxford University Press.

Thomas, G., Holton, D., Tagg, A., & Brown, G. T. L. (2002). *Numeracy item signature study: a theoretically derived basis (technical report n. 25)*. Auckland: University of Auckland, Project asTTle.

Thurstone, L. L. (1931). Measurement of social attitudes. *Journal of Abnormal and Social Psychology*, *26*, p. 249-269.

Triola, M. F. (2008). *Introdução à estatística* (10a ed.). Rio de Janeiro: LTC.

Wright, B. D. (1997). A history of social science measurement. *Educational Measurement: Issues and Practice*, *16*(4), 33-45.

Wright, B. D. (1998). Where do dimensions come from? *Popular Measurement*, *1*(1), 32.